"十二五"普通高等教育本科国家级规划教材

新编21世纪法学系列教材
总主编　曾宪义　王利明

中国法律思想史

第四版

History of Chinese Legal Thoughts

马小红　姜晓敏　著

中国人民大学出版社
·北京·

编审委员会

作 者 简 介

马小红　中国人民大学法学院教授，博士研究生导师；司法文明协同创新中心兼职研究员；中国人民大学历史与社会高等研究所合作教授；中国人民大学法律文化研究中心主任；董必武法学思想（中国特色社会主义法治理论）研究会副会长；中国法律思想史研究会副会长；北京市法学会中国法律文化研究会会长。主讲中国法制史、中国法律思想史、中华法律文明史等课程。代表性著作有：《礼与法：法的历史连接》《中国古代法律思想史》《百年回眸：法律史研究在中国》（执行主编）。在《中国社会科学》《法学研究》《中国法学》《北京大学学报》《中国人民大学学报》《法学家》等刊物发表百余篇学术论文。

姜晓敏　中国政法大学法学院教授，法律史研究所副所长，兼任中国法律思想史专业委员会常务理事、北京市中国法律文化研究会副会长、董必武法学思想研究会（中国特色社会主义法治理论研究会）理事、中国政法大学监狱史学研究中心研究员、中国政法大学法学院刑法史研究中心主任。主讲中国法律思想史、中国法制史、中国刑法史等课程。代表性著作有：《西汉对犯罪的预防与惩治》、《中国传统法律意识与和谐理想》（副主编）。在《法学家》《法学杂志》《政法论坛》等刊物发表《谈谈对中国传统刑事法律的认识》《晚清的死刑废除问题及其历史借鉴》《班固"法自然"观初探》等数十篇学术论文。

内 容 提 要

中国法律思想史源远流长，中国传统法律思想博大精深。为适应本科教学的特点，本书在设计上精选的是本学科传统而稳定的教学内容，主要向学生系统介绍了中国历史上出现的学派和思潮的代表人物的基本法律观点和主张。全书共分三编十章。上编"先秦法律思想"包括前三章：古代国家与法律的起源、夏商西周的法律思想、春秋战国的法律思想；中编"秦朝至清的法律思想"包括第四至八章：秦汉时期的法律思想、魏晋南北朝的律学、隋唐时期的法律思想、宋明时期的法律思想以及明末清初时期的法律思想；下编"近代的法律思想"包括最后两章：如何挽救大清帝国的法律设想、怎样建构中华民国的法律论争。

为了帮助学生对中国法律思想的产生、形成、发展、演变有一个较为明晰的印象，对传统法律文化的特征有初步的认识，并对中国法律思想史的学术意义和现实价值有一定的理解，本书以"简明扼要、中心突出、概念准确、条理清晰"为编写指导思想，将重点放在"介绍专业基础知识和观点"上，以与学术专著相区别。为了开拓学生的学术视野，加深对经典的理解，提高学生学术兴趣，培养其学术研究能力，本教材每章之后附有"相关事例""原典阅读书目""原典阅读举例""延伸阅读书目""延伸阅读举例"等内容。而大量插图的运用，无疑使本教材在叙述风格上更为直观、生动。

总　序

曾宪义

在人类文明与文化的发展中，中华民族曾作出过伟大的贡献，不仅最早开启了世界东方文明的大门，而且对人类法治、法学及法学教育的生成与发展进行了积极的探索与光辉的实践。

在我们祖先生存繁衍的土地上，自从摆脱动物生活、开始用双手去进行创造性的劳动、用人类特有的灵性去思考以后，我们人类在不断改造客观世界、创造辉煌的物质文明的同时，也在不断地探索人类的主观世界，逐渐形成了哲学思想、伦理道德、宗教信仰、风俗习惯等一系列维系道德人心、维持一定社会秩序的精神规范，更创造了博大精深、义理精微的法律制度。应该说，在人类所创造的诸种精神文化成果中，法律制度是一种极为奇特的社会现象。因为作为一项人类的精神成果，法律制度往往集中而突出地反映了人类在认识自身、调节社会、谋求发展的各个重要进程中的思想和行动。法律是现实社会的调节器，是人民权利的保障书，是通过国家的强制力来确认人的不同社会地位的有力杠杆，它来源于现实生活，而且真实地反映现实的要求。因而透过一个国家、一个民族、一个时代的法律制度，我们可以清楚地观察到当时人们关于人、社会、人与人的关系、社会组织以及哲学、宗教等诸多方面的思想与观点。同时，法律是一种具有国家强制力、约束力的社会规范，它以一种最明确的方式，对当时社会成员的言论或行动作出规范与要求，因而也清楚地反映了人类在各个历史发展阶段中对于不同的人所作出的种种具体要求和限制。因此，从法律制度的发展变迁中，同样可以看到人类自身不断发展、不断完善的历史轨迹。人类社会几千年的国家文明发展历史已经无可争辩地证明，法律制度乃是维系社会、调整各种社会关系、保持社会稳定的重要的工具。同时，法律制度的不断完善，也是人类社会文明进步的显著体现。

由于发展路径的不同、文化背景的差异，东方社会与西方世界对于法律的意义、底蕴的理解、阐释存有很大的差异，但是，在各自的发展过程中，都曾比较注重法律的制定与完善。中国古代虽然被看成是“礼治”的社会、“人治”的世界，被认为是“只有刑，没有法”的时代，但从《法经》到《唐律疏议》、《大清律例》等数十部优秀成文法典的存在，充分说明了成文制定法在中国古代社会中的突出地位，唯这些成文法制所体现出的精神旨趣与现代法律文明有较大不同而已。时至20世纪初叶，随着西风东渐、东西文化交流加快，中国社会开始由古代的、传统的社会体制向近现代文明过渡，建立健全的、符合现代理性精神的法律文明体系方成为现代社会的共识。正因为如此，近代以来的数百年间，在西方、东方各主要国家里，伴随着社会变革的潮起潮落，法律改革运动也一直呈方兴未艾之势。

从历史上看，法律的文明、进步，取决于诸多的社会因素。东西方法律发展的历史均充分证明，推动法律文明进步的动力，是现实的社会生活，是政治、经济和社会文化的变迁；同时，法律内容、法律技术的发展，往往依赖于一大批法律专家以及更多的受过法律教育的社会成员的研究和推动。从这个角度看，法学教育、法学研究的发展，对于法律文明的发展进步，也有着异常重要的意义。正因为如此，法学教育和法学研究在现代国家的国民教育体系和科学研究体系中，开始占有越来越重要的位置。

中国近代意义上的法学教育和法学研究，肇始于19世纪末的晚清时代。清光绪二十一年（公元1895年）开办的天津中西学堂，首次开设法科并招收学生，虽然规模较小，但仍可以视为中国最早的近代法学教育机构（天津中西学堂后改名为北洋大学，又发展为天津大学）。三年后，中国近代著名的思想家、有“维新骄子”之称的梁启超先生即在湖南《湘报》上发表题为《论中国宜讲求法律之学》的文章，用他惯有的富有感染力的激情文字，呼唤国人重视法学，发明法学，讲求法学。梁先生是清代末年一位开风气之先的思想巨子，在他的辉煌的学术生涯中，法学并非其专攻，但他仍以敏锐的眼光，预见到了新世纪中国法学研究和法学教育的发展。数年以后，清廷在内外压力之下，被迫宣布实施“新政”，推动变法修律。以修订法律大臣沈家本为代表的一批有识之士，在近十年的变法修律过程中，在大量翻译西方法学著作，引进西方法律观念，有限度地改造中国传统的法律体制的同时，也开始推动中国早期的法学教育和法学研究。20世纪初，中国最早设立的三所大学——北洋大学、京师大学堂、山西大学堂均设有法科或法律学科目，以期“端正方向，培养通才”。1906年，应修订法律大臣沈家本、伍廷芳等人的奏请，清政府在京师正式设立中国第一所专门的法政教育机构——京师法律学堂。次年，另一所法政学堂——直属清政府学部的京师法政学堂也正式招生。这些大学法科及法律、法政学堂的设立，应该是中国历史上近代意义上的正规专门法学教育的滥觞。

自清末以来，中国的法学教育作为法律事业的一个重要组成部分，随着中国社会的曲折发展，经历了极不平坦的发展历程。在20世纪的大部分时间里，中国社会一直充斥着各种矛盾和斗争。在外敌入侵、民族危亡的沉重压力之下，中国人民为寻找适合中国国情的发展道路而花费了无穷的心力，付出过沉重的代价。从客观上看，长期的社会骚动和频繁的政治变迁曾给中国的法治与法学带来过极大的消极影响。直至70年代末期，以“文化大革命”宣告结束为标志，中国社会从政治阵痛中清醒过来，开始用理性的目光重新审视中国的过去，规划国家和社会的未来，中国由此进入长期稳定、和平发展的大好时期，以这种大的社会环境为背景，中国的法学教育也获得了前所未有的发展机遇。

从宏观上看，实行改革开放以来，经过二十多年的努力，中国的法学教育事业所取得的成就是辉煌的。首先，经过“解放思想，实事求是”思想解放运动的洗礼，在中国法学界迅速清除了极左思潮及苏联法学模式的一些消极影响，根据本国国情建设社会主义法治国家已经成为国家民族的共识，这为中国法学教育和法学研究的发展奠定了稳固的思想基础。其次，随着法学禁区的不断被打破、法学研究的逐步深入，一个较为完善的法学学科体系已经建立起来。理论法学、部门法学各学科基本形成了比较系统和成熟的理论体系和学术框架，一些随着法学研究逐渐深入而出现的法学子学科、法学边缘学科也渐次成型。1997年，国家教育主管部门和教育部高校法学学科教学指导委员会对原有专业目录进行了又一次大幅度调整，决定自1999年起法学类本科只设一个单一的法学专业，按照一个专业招生，从而使法学学科的布局更加科学和合理。同时，在充分论证的基础上，确定了法学专业本科教学的14门核心课程，加上其他必修、选修课程的配合，由此形成了一个传统与更新并重、能够适应国家和社会发展需要的教学体系。法学硕士和博士研究生及法律硕士专业学位研究生的专业设置、课程教学和培养体系也日臻完善。再次，法学教育的规模迅速扩大，层次日趋齐全，结构日臻合理。目前中国有六百余所普通高等院校设置了法律院系或法律本科专业，在校本科学生和研究生已达二十余万人。除本科生外，在一些全国知名的法律院校，法学硕士研究生、法律硕士专业学位研究生、法学博士研究生已经逐步成为培养的重点。

众所周知，法律的进步、法治的完善，是一项综合性的社会工程。一方面，现实社会关系的发展，国家政治、经济和社会生活的变化，为法律的进步、变迁提供动力，提供社会的土壤。另一方面，法学教育、法学研究的发展，直接推动法律进步的进程。同时，全民法律意识、法律素质的提高，则是实现法治国理想的关键的、决定性的因素。在社会发展、法学教育、法学研究等几个攸关法律进步的重要环节中，法学教育无疑处于核心的、基础的地位。中国法学教育过去二十多年所走过的历程令人激动，所取得的成就也足资我们自豪。随着国家的发展、社会的进步，在21世纪，我们面临着更严峻的挑战和更灿烂的前景。“建设世界一流法学教育”，任重道远。

首先，法律是建立在经济基础之上的上层建筑，以法治为研究对象的法学也就成为一门实践性很强的学科。社会生活的发展变化，势必要对法学教育、法学研究不断提出新的要求。经过二十多年的奋斗，中国改革开放的前期目标已顺利实现。但随着改革开放的逐步深入，国家和社会的一些深层次问题，比如说社会主义市场经济秩序的真正建立、国有企业制度的改革、政治体制的完善、全民道德价值的重建、环境保护和自然资源的合理利用等等，也已经开始浮现出来。这些复杂问题的解决，无疑最终都会归结到法律制度的完善上来。建立一套完善、合理的法律制度，构建理想的和谐社会，乃一项持久而庞大的社会工程，需要全民族的智慧和努力。其中的基础性工作，如理论的论证、框架的设计、具体规范的拟订、法律实施中的纠偏等等，则有赖于法学研究的不断深入，以及高素质人才特别是法律人才的养成，而培养法律人才的任务，则是法学教育的直接责任。

其次，21世纪是一个多元化的世纪。20世纪中叶发生的信息技术革命，正在极大地改变着我们的世界。现代科学技术，特别是计算机网络信息技术的发展，使传统的生活方式、思想观念发生了根本的改变，并由此引发许多人类从未面对过的问题。就法学教育而言，在21世纪所要面临的，不仅是教学内容、研究对象的多元化问题，而且还有培养对象、培养目标的多元化、教学方式的多元化等一系列问题，这些问题都需要法学界去思考、去探索。

中国人民大学法学院建立于1950年，是新中国诞生后创办的第一所正规高等法学教育机构。在半个多世纪的岁月中，中国人民大学法学院以其雄厚的学术力量、严谨求实的学风、高水平的教学质量以及丰硕的学术研究成果，在全国法学教育领域处于领先地位，并开始跻身于世界著名法学院之林。据初步统计，中国人民大学法学院已经为国家培养法学专业本科生、硕士生、博士生一万余人，培养各类成人法科学生三十余万人。经过多年的努力，中国人民大学法学院形成了较为明显的学术优势，在现职教师中，既有一批资深望重、在国内外享有盛誉的法学前辈，更有一大批在改革开放后成长起来的优秀中青年法学家。这些老中青法学专家多年来在勤奋研究法学理论的同时，也积极投身于国家的立法、司法实践，对国家法制建设贡献良多。

有鉴于此，中国人民大学法学院与中国人民大学出版社经过研究协商，决定结合中国人民大学法学院的学术优势和中国人民大学出版社的出版力量，出版一套“21 世纪法学系列教材”。自 1998 年开始编写出版本科教材，包括按照国家教育部所确定的法学专业核心课程和其所颁布印发的《全国高等学校法学专业核心课程基本要求》而编写的 14 门核心课程教材，也包括法学各领域、各新兴学科教材及教学参考书和案例分析在内，到 2000 年 12 月 3 日在人民大会堂大礼堂召开举世瞩目的“21 世纪世界百所著名大学法学院院长论坛暨中国人民大学法学院成立五十周年庆祝大会”之时，业已出版了 50 本作为 50 周年院庆献礼，到现在总共出版了 80 本。为了进一步适应高等法学教育发展的形势和教学改革的需要，最近中国人民大学法学院与中国人民大学出版社决定将这套教材扩大为四个系列，即：“本科生用书”“法学研究生用书”“法律硕士研究生用书”以及“司法考试用书”，总数将达二百多本。我们设想，本套教材的编写，将更加注意“高水准”与“适用性”的合理结合。首先，本套教材将由中国人民大学法学院具有全国影响的各学科的学术带头人领衔，约请全国高校优秀学者参加，形成学术实力强大的编写阵容。同时，在编写教材时，将注意吸收中国法学研究的最新的学术成果，注意国际学术发展的最新动向，力求使教材内容能够站在 21 世纪的学术前沿，反映各学科成熟的理论，体现中国法学的水平。其次，本套教材在编写时，将针对新时期学生特点，将思想性、学术性、新颖性、可读性有机结合起来，注意运用典型生动的案例、简明流畅的语言去阐释法律理论与法律制度。

我们期望并且相信，经过组织者、编写者、出版者的共同努力，这套法学教材将以其质量效应、规模效应，力求成为奉献给新世纪的精品教材，我们诚挚地祈望得到方家和广大读者的教正。

2006 年 7 月 1 日

序　言

法学教育是高等教育的重要组成部分，是建设社会主义法治国家、构建社会主义和谐社会的重要基础，并居于先导性的战略地位。在我国社会转型的新世纪、新阶段，法学教育不仅要为建设高素质的法律职业共同体服务，而且要面向全社会培养大批治理国家、管理社会、发展经济的高层次法律人才。近年来，法学教育取得了长足的进步，法科数量增长很快，教育质量稳步提高，培养层次日渐完善，目前已经形成了涵盖本科生、第二学士学位生、法学硕士研究生、法律硕士研究生、法学博士研究生的完整的法学人才培养体系，接受法科教育已经成为莘莘学子的优先选择之一。随着中国法治事业的迅速发展，我们有理由相信，中国法学教育的事业大有可为，中国法学教育的前途充满光明。

教育的基本功能在于育人，在于塑造德才兼备的高素质人才。法学教育的宗旨并非培养只会机械适用法律的“工匠”，而承载着培养追求正义、知法懂法、忠于法律、廉洁自律的法律人的任务。要完成法学教育的使命，首先必须认真抓好教材建设。我始终认为，教材是实现教育功能的重要工具和媒介，法学教材不仅仅是法学知识传承的载体，而且是规范教学内容、提高教学质量的关键，对法学教育的发展有着不可估量的作用。

第一，法学教材是传授法学基本知识的工具。初学法律，既要有好的老师，又要有好的教材。正如冯友兰先生所言：“学哲学的目的，是使人作为人能够成为人，而不是成为某种人。其他的学习（不是学哲学）是使人能够成为某种人，即有一定职业的人。”一套好的教材，能够高屋建瓴地展示法律的体系，能够准确简明地阐释法律的逻辑，能够深入浅出地叙述法律的精要，能够生动贴切地表达深奥的法理。所以，法学教材是学生学习法律的向导，是学生步入法律殿堂的阶梯。如果在入门之初教材就有偏颇之处，就可能误人子弟，学生日后还要花费大量时间与精力来修正已经形成的错误观念。

第二，法学教材是传播法律价值理念的载体。好的法学教材不仅要传授法学知识，更要传播法律的精神和法治的理念，例如对公平、正义的追求，尊重权利的观念。本科、研究生阶段的青年学子，正处在人生观、价值观形成的阶段，一套优秀的法学教材，对于他们价值观的塑造和健全人格的培养具有重要意义。

第三，法学教材是形成职业共同体的主要条件。建设社会主义法治国家，有赖于法律职业共同体的生成。一套好的法学教材，向法律研习者传授共同的知识，这对于培养一个接受共同的价值理念、共同的法律思维、共同的话语体系的法律共同体，具有重要的作用。

第四，法学教材是所有法律研习者的良师益友。没有好的教材，一个好的教师或可弥补教材的欠缺和不足，但对那些没有老师指导的自学者而言，教材就是老师，其重要作用是显而易见的。

长期以来，在我们的评价体系中，教材并没有获得应有的注重，对学术成果的形式优先考虑的往往是专著而非教材。在不少人的观念中，教材与创新、与学术精品甚至与学术无缘。其实，要真正写出一部好的教材，其难度之大、工作之艰辛、影响之深远，绝不低于一部优秀的专著，它甚至可以成为在几百年甚至更长的时间内发挥作用的传世之作。以查士丁尼的《法学阶梯》为例，所谓法学阶梯，即法学入门之义，就是一部教材。但它概括了罗马法的精髓，千百年来，一直是人们研习罗马法最基本的著述。日本著名学者我妻荣说过，大学教授有两大任务：一是写出自己熟悉的专业及学术领域的讲义乃至教科书；二是选择自己最有兴趣、最看重的题目，集中精力进行终生的研究。实际上，这两者是相辅相成的。写出一部好教材，必须要对相关领域形成一个完整的知识体系，还要能以深入浅出的语言将问题讲清楚、讲明白。没有编写教材的基本功，实际上也很难写出优秀的专著。当然，也只有对每一个专题都有一定研究，才能形成对这个学术领域的完整把握。

虽然近几年我国法学教育发展迅速，成绩显著，但是法学教育也面临许多挑战。各个学校的师资队伍和教学质量参差不齐，这就更需要推出更多的结构严谨、内容全面、角度各有侧重、能够适应不同需求的法学教材，为提高法学教学和人才培养质量、保障法学教育健康发展提供前提条件。

长期以来，中国人民大学法学院始终高度重视教材建设。作为新中国成立后建立的第一所正规的法学教育机构，中国人民大学法律系最早开设了社会主义法学教学课堂，编写了第一套社会主义法学讲义，培养了新中国第一批法学本科生和各学科的硕士生、博士生，产生了新中国最早的一批法学家和法律工作者。中国人民大学法律系因此被誉为“新中国法学教育的工作母机”。半个多世纪以来，中国人民大学法学院为社会主义法制建设培养了大批优秀的法律人才，并为法学事业的振兴和繁荣作出了卓越贡献，也因此成为引领中国法学教育的重镇、凝聚国内法律人才的平台和沟通中外法学交流的窗口，并在世界知名法学院行列中崭露头角。为了对中国法学教育事业作出更大的贡献，我们有义务也有责任出版一套体现我们最新研究成果的法学教材。

承蒙中国人民大学出版社的大力支持，我们组织编写了本套教材，其中包括本科生用书、法律硕士研究生用书、法学研究生用书和司法考试用书四大系列，分别面向不同层次法科教育需求。编写人员以中国人民大学法学院教师为主，反映了中国人民大学法学院整体的研究实力和学术视野。相信本套教材的出版，一定能够为新时期法学教育的繁荣发展发挥应有的作用。

是为序。

2006年7月10日

第四版说明

本次修订距第三版发行的时间时隔四年。四年中，本教材作者的教学与科研工作又有了一定的进展，一些学术观点在积累中日臻成熟。所以，本次教材的修订，就内容而言主要是增加了“延伸阅读举例”中作者认为比较成熟的自己的研究成果，以便可以在教学中与学生进行直接的沟通，获取反馈意见，达到教学相长、科研与教学相互促进的目的；此外，对一些错字及标点符号的不当使用进行了纠正，并努力使语言的表达更为准确。

第一章至第五章由马小红撰写并修订，第六章至第十章由姜晓敏撰写并修订。

感谢自本教材出版以来读者提出的宝贵意见，感谢中国人民大学出版社的支持及每一次修订时提出的细致的修改建议。

马小红

2019年4月7日星期日

前　言

一、编写的缘起

这本简明版的《中国法律思想史》本科教材的写作源于对十多年前《中国法律思想发展简史》的修改。1994年受中国政法大学教材编委会的委托，我主编了自己从事教学以来的第一本教材，虽然信心不足，几次推辞，但最后还是组织教研室的同仁开始撰写。直到现在我都感谢当时的系主任裴广川教授，如果没有他的鼓励和赏识，当时的我绝不会有如此的勇气来“主编”一本教材。而在主编这本教材的过程中，同仁之间对“教材”定义的切磋也使我终生受益。当时，我们为教材定的“标准”是：学生通过阅读教材，在专业方面应该达到这样的水平：第一，系统了解中国历史上出现的学派和思潮的代表人物，掌握这些代表人物的基本法律观点和主张；第二，能够对中国法律思想的产生、形成、发展、演变有一个较为明晰的印象，对传统法律文化的特征有初步的认识；第三，能够对中国法律思想史的学术意义和现实价值有一定的理解。鉴于此，我们确定了“简明扼要、中心突出、概念准确、条理清晰”的编写指导思想。《中国法律思想发展简史》将重点放在“介绍专业基础知识和观点”上，以与学术专著区别。

转眼十余年过去了，我们当时定的“标准”虽然有些幼稚，但也实用，该书在教学中也受学生的欢迎，因为其作为教材，与专著的区分是明显的。学术专著是研究或解决学术问题的，其以推进学科研究为目的。这便是本科教材与专著的区别所在。许多教材在教学中不受学生欢迎的一个重要原因就是没有明确地区分教材与专著的不同性质。有的教材各章节内容的取舍、体例不合理，论证深浅不一，或章节失于疏阔，甚至遗漏了一些专业必备的基础知识，而有的章节又过于专题化，类似于研究论文。学生在阅读完教材后难以系统地掌握本学科的基本知识与体系。但是，十余年的时光，使我感到在原有的基础上“修订”非常困难。一是受当时研究水平的限制，《中国法律思想发展简史》所介绍的“基础知识和观点”已经远远落后于今天的学术研究。尤其中华民国时期丰富的法律思想，在教材中几乎阙如，这种阙如给学生以“不完整”的感觉。从目前的研究中提炼出“通说”并深入地阐述自己的观点，虽然难度很大，但却势在必行。这就是，我们常说的有时教材较论著的写作更为艰难的原因。在新章节的设置上尤为如此，既要照顾到学界的共识，又要有自己的观点，二者兼顾，成为教材写作中的难点。二是《中国法律思想发展简史》过于注重对学生进行“知识”的灌输，而对学生在学习能力与兴趣的培养上做得不足。比如，对学科经典著作及观点的介绍很少，不利于开拓学生的学术视野，以摆脱应试教育影响下“死记硬背”的不良学习习惯。三是对知识点的介绍缺乏“系统”性，“简要”两字做到了“简”，而“要”字不足。这与我们当时的研究水平有关。1994年，距我研究生毕业仅7年，我在讲台上的历史只有6年。现在回想起当时的“书生意气”，只能用“初生牛犊不怕虎”来形容。我现在以二十余年的研究和教学经验回观自己当年的一些观点，感到确实不是“修订”所能解决的。

由于以上的原因，我找到中国政法大学法学院姜晓敏副教授，说明自己的想法，表明自己想与她合作，重新写一本中国法律思想史本科教材的愿望。因为姜晓敏是我第一个硕士研究生，毕业后一直从事中国法律思想的教学与研究，后来在郭成伟教授的门下攻读中国传统法律文化，在讲台上也已经度过了十多个春秋。其在课堂上很受学生的欢迎，同时也有自己编写的教材出版。另外，在合作《中国法律思想发展简史》时，我们也有过愉快的合作。这本教材中的亮点——中华民国法律思想史的“重头戏”，完全仰仗于她的努力。令我高兴的是姜晓敏对我想法的支持，我们拟定了写作大纲，中间虽然因为各自的工作写写停停，但两年多来，工作一直在继续。由于有了中华民国的章节，这本教材较以往的教材可以说更加完善。

另外，为了开拓学生的学术视野，本教材每章之后有“延伸阅读书目”；为了加深对专业经典著作的理解，又有“延伸阅读举例”。希望这些设计能达到开拓学生学术视野、培养学生学术兴趣、提高学生学术研究能力的目的。

二、中国法律思想史学的发展

中国法律思想史学是以中国历史上出现的各个学派及其代表人物的法律理论与观念为研究对象的，但中国法律思想史学研究的范围不限于“述往事”，它是一门涉及史学、哲学、法学等多学科领域的交叉学科。我们的先辈在本学科的建立和发展上倾注了心血。

中国法律思想史学的发展经历了两个关键时期。一是20世纪二三十年代的形成时期，二是20世纪八九十年代的恢复、发展时期。

20世纪初，中国法律思想史作为一门新型学科而出现。新学科的出现与发展，必然与时代息息相关。19世纪中叶，中国遭受到亘古未有的民族灾难，这一灾难激发了中国人民变法图强的激情，也引起了学界的变革。至19世纪末，效法西方、变法图强成为社会潮流，而学界引进西方的一些理论与学说也成为时尚。西方学说的传入引起中国学界对传统学说的反省，其中，中西方社会对“法”的截然不同的认识引起了人们的注意。1896年“戊戌变法”前，梁启超作《中国宜讲求法律之学》[①]，坦言中国自秦汉后，法学不兴、礼义不明，社会因而日益坠入黑暗，而西方近百年来却是法学大兴，法制也“日讲日密”，社会因而走向文明昌盛。梁启超认为，中国落后的根本原因不是船不坚、炮不利，而是社会制度与观念落后于西方，法律制度与法观念的僵化，学界关于法律研究的落后即为显著一例。在此，应该注意的是梁启超所言的“法律之学”，无论是从概念上说，还是从研究方法上说，都已不是传统意义上的“法律之学”了。在梁启超的研究中，以往附属于史学的“刑法志”及附属于经学的传统律学仅仅是新建法律之学的历史研究资料和新法的一个部分。梁启超是站在一个有别于传统，亦有别于

① 参见梁启超：《饮冰室合集》（文集1—9），北京，中华书局，1989。

西方，同时两者兼而有之的立场，采取近代法学研究方法对中国传统法律进行重新研究的。1904年，梁启超写成《中国法理学发达史论》[①] 与《论中国成文法编制之沿革得失》[②]，率先将传统法律分为理论与制度两部分，并以西方法理学的方法进行分析。中国法制史、中国法律思想史学科设置即萌芽于此。在中国法律思想史学科的创立过程中，梁启超实有开创之功绩。

梁启超所著《中国法理学发达史论》重点论述的是中国“法”及法观念的起源，先秦儒家、法家与道家、墨家的法律主张，尤其是儒家的“礼治主义”与法家的“法治主义”由兴而衰的历史过程。作为一门学科，它还远远不够完善并缺乏系统性。

梁启超后，杨鸿烈作《中国法律发达史》[③]，以中国法律制度史为主，同时也涉及法律思想的内容，即每章之后都列出若干重要人物，并介绍这些人物的法律主张和思想；1936年又出版了《中国法律思想史》。[④] 此时，中国法制史方面的著作、教材已出版四十余种，而中国法律思想史方面的著作尚不足十种，通史教材仅此一种，因此，将杨鸿烈所著《中国法律思想史》视为中国法律思想史学科的奠基之作，丝毫也不过分。

杨鸿烈所著《中国法律思想史》共分5章：第一章为导言，第二章为殷周萌芽时代，第三章为儒墨道法诸家对立时代，第四章为儒家独霸时代，第五章为欧美法系侵入时代。除杨鸿烈所著《中国法律思想史》外，在20世纪三四十年代，还出版了一些有关法律思想的专题著作，如丘汉平的《先秦法律思想》[⑤]、王振先的《中国古代法理学》[⑥]、陈启天的《中国法家概论》[⑦]、秦尚志的《中国法制及法律思想史讲话》[⑧]，等等。可以说，中国法律思想史作为一门学科，此时已经形成。

在叙述中国法律思想史学科设立的过程中，我们应该注意到一个现象，即中国法制史的研究与中国法律思想史的研究虽同时起步，却发展不平衡，1949年前中国法制史方面的教材和研究著作已出版近五十种，而问津中国法律思想史的学者却寥寥无几，究其原因可能有这样两点：一是中国传统学术以经学为主，视法律之学为“俗流”。当西方法学涌入后，中西比较，人们容易找到制度上的对应，却难以发现思想上的对应。于是只要涉及法律思想，人们言必称西方，错误地认为，在中国古代，只有法律制度，没有法律思想。二是思想史研究的难度比较大。对于擅长形象思维的中国人来说，制度的研究远比思想的研究实在，所以有许多学者以为制度即为思想之体现，研究了制度，就可体味到制度背后蕴藏的思想，这是一种事半功倍的捷径。杨鸿烈在著《中国法律思想史》时，之所以要力陈制度史与思想史不同，目的就是要澄清人们的这种误解。杨鸿烈指出：“中国法律思想史是研究几千年以来各时代所有支配法律内容全体的根本原理，同时阐明此等根本原理在时间上的变迁与发达及其在当时和后代法律制度上所产生的影响。”并强调指出：“要想彻底了解所谓世界五大法系之一的中国法系的内容，最先的急务即要懂得贯通整个‘中华法系’的思想。”

---

①② 参见梁启超：《饮冰室合集》（文集10—19），北京，中华书局，1989。

③ 杨鸿烈：《中国法律发达史》，上海，商务印书馆，1930。

④ 杨鸿烈：《中国法律思想史》，上海，商务印书馆，1936。

⑤ 丘汉平：《先秦法律思想》，上海，光华书局，1931。

⑥ 王振先：《中国古代法理学》，上海，商务印书馆，1933。

⑦ 陈启天：《中国法家概论》，上海，世界书局，1943。

⑧ 秦尚志：《中国法制及法律思想史讲话》，上海，世界书局，1943。

20世纪后半叶，中国法律思想史学科的发展经历了一段探索、停滞、恢复发展的过程。

自1978年至今三十余年来，中国法律思想史研究的发展可谓迅猛，概括地说，发表的有关研究论文已数千篇，出版的有关专著、教材、工具书也很多。下面着重介绍几本在学科发展中具有典型意义的教材：

第一，张国华主编的《中国法律思想史》① 是教育部规定的全国高等院校的法学统编教材，也是新中国成立以来第一部“中国法律思想史”的教材。全书共四十余万字、12章，以历史发展为序，以重要历史人物的法律主张和观点为核心，归纳了五十余名重要政治家、思想家、学者、农民起义领袖的法律思想：第一章，奴隶制形成和发展时期（夏商西周）的法律思想；第二章，奴隶制瓦解时期（春秋）的法律思想；第三章，封建制形成时期（战国）的法律思想；第四章，封建制巩固和发展时期（秦汉）的法律思想；第五章，封建制进一步发展时期（三国两晋南北朝）的法律思想；第六章，封建制高度发展时期（隋唐）的法律思想；第七章，封建制衰落时期（辽宋金元）的法律思想；第八章，封建制进一步衰落时期（明清）的法律思想；第九章，鸦片战争时期的法律思想；第十章，太平天国时期的法律思想；第十一章，戊戌变法时期的法律思想；第十二章，辛亥革命时期的法律思想。作者认为中国法律思想史以中国历史上各种法律观点、理论、学说的内容、本质、作用、特点以及其产生、发展和相互斗争、相互吸收的过程与规律作为研究对象，其包括各个历史时期的占统治地位的法律思想，也包括不占统治地位的其他的法律思想。作者认为，中国法律思想史在“五四运动”以前具有宗法思想渗透一切、皇权至上、等级特权观念浓厚、重德轻刑、重义轻刑的特点。

第二，1984年甘肃人民出版社出版了张国华、饶鑫贤主编的《中国法律思想史纲》，上下两册，共八十余万字。全书分为5编、22章，书后附中国法律思想史主要参考书目。此书是作为北京大学法律系本科教材出版的，其总结了1982年法律出版社出版的统编教材的经验和不足，不再孤立地阐述各个时代代表人物的思想，而是力图凸显学派及代表人物的法律思想产生的文化、社会背景，突出中国法律思想史的发展、演变过程。作者依据社会形态的不同，将中国法律思想的发展阶段分为五大时期，设编，旨在使读者抓住历史发展的脉络，区别不同社会形态中不同阶级实质的法律思想。每一社会形态内，按各种法律思想相互关联的程度和发展、演变的阶段，以不同的集团、学派或朝代为标志，划分为若干章，每章内以集团、学派、人物为主体，划分为若干节，旨在使读者掌握重要的学派与人物的法律观点和主张。这种编写体例的目的在于力戒简单、孤立地排列组合人物，而将人物及思想放在特定的历史环境和时代思潮中加以分析、考察，使其同整个中国法律思想的发展进程联系起来。作者在“绪论”中就中国法律思想史研究的指导思想、研究对象与范围、研究方法、意义作了论述，认为中国法律思想史是一门专史，它与法制史、思想史、政治史、哲学史及法理学既有区别又有联系，中国法律思想史的研究目的在于批判地继承历史文化遗产，古为今用，为现实的社会主义法制建设提供经验和借鉴。这部教材的出版在学界引起了广泛的影响，当时各高等院校尚未有自己编写的“中国法律思想史”教材，因此，大都借用此书作为本科教材，而且此后各院校在编写教材时也大都以此为范本。

第三，1991年北京大学出版社出版了张国华的《中国法律思想史新编》。全书共分10讲，

---

① 张国华主编：《中国法律思想史》，北京，法律出版社，1982。

三十余万字。这部教材有两点格外引人注目：其一，这部教材的著者张国华先生从事中国法律思想史的教学与研究几十年，道德文章为学界所推崇。作者言这部教材是“多年积累而成”，可见其分量。其二，这部教材是当时众多教材中难得一见的个人撰写的教材，其体例、内容、论证的统一、完善确实是当时乃至于现今“主编制”盛行下的教材难以比拟的。

《中国法律思想史新编》的出版，可以说是1936年杨鸿烈著《中国法律思想史》后，本学科在发展过程中的重大突破。

兹将张国华先生所著《中国法律思想史新编》的“前言”全文转引，期望读者在阅读完这篇“前言”后能对“中国法律思想史”学科的发展及今后学科发展的趋势有一个基本的了解。

“这是一部作者从事中国法律思想史的教学和科研工作多年积累而成的编著。由于工作繁忙，无暇就正有道、集思广益，只能是一孔之见、一得之愚，聊供读者参考。

“本书之所以名曰‘新编’，其故有三：其一，顾名思义是相对‘旧编’而言。此之前，作者曾先后主编过同类性质的高等学校教材《中国法律思想史》《中国大百科全书·法学卷·中国法律思想史分支学科》，又与另一教授共同主编过《中国法律思想史纲》上、下册，该书上册曾获1987年全国优秀教材奖，但洋洋八十万言，分量太重，学生阅读不易。其二，与第一部《中国法律思想史》比较，本书从内容到形式都有所更新，并尽可能吸收中外包括海峡两岸学者的较新研究成果，择善而从，纠正了一些错讹。但限于水平和所能看到的图籍不多，挂一漏万，有不少真知灼见很可能失之交臂。人总是有倾向性的，见仁见智，难以整齐划一，只能求同存异，不能强加于人。作者是主张在马克思主义指导下，百花齐放、百家争鸣的。否则，不但真理难明，学术也不可能繁荣。其三，在法律史上我们有个习以为常的传统，就是将思想史和制度史截然分开，形成两张皮，即使是联系很密切的问题也各说各的，不越雷池一步；二者共同的纵向联系、横向联系同样被人为地割裂，互不相通。近年来，不少学者已感到这种分工过细、过于机械的做法并非上策。加之各自又只是在一个平面上来谈问题，毫无立体感；只谈静态，不谈动态；只谈论点，不谈实践，殊不合理。其实，仅就中国法律史而论，也是个多方位、多层次的系统工程，不应当把思想史和法制史看成两个孤立的世袭领地。因此，有人索性主张将二者结合起来改写成法律史或法律文化史，冶上下古今、立体平面、动静诸态以及各种纵横联系于一炉。但兹事体大，又涉及学科分类的现行体制，一时很难毕其功于一役。我们限于学力和水平只能逐步改善，小作变动。该书基本上仍以思想史为主，加进一些必要的制度史内容。至于大改大革，只好俟诸来日和寄希望于后来居上的新秀。最后，关于断限问题，暂采上不封顶下及辛亥革命和‘五四运动’以前的划分法。是为序。”

以上三部教材代表了20世纪80年代至今三十余年间中国法律思想史学科的教材所取得的一次又一次的进展。

三、学习和研究中国法律思想史的意义

任何一个学科，对不同的人群有着不同的意义。

中国法律思想史对一般的读者来说，兴趣本身就是一种意义。如果通过对本教材的阅读，读者感受到了中国法律思想的深沉博大，并有所感悟，得到了学习的乐趣，这就是学科的意义和价值。

而对从事法律工作的“法律人”来说，在中国这个具有浓厚历史氛围的国度中，了解历史，了解传统法律在现实中的作用和影响，可以说不可或缺。因为任何一个民族和国家的法律都凝结着民族的传统文化和精神。如果只关注现行的法规、法条及法律，法律人充其量只是制度的工具。只有在深刻地理解了法律背后的精神时，法律的宗旨在法律实施时才会得以充分地体现，法律才能真正达到维护正义的目的。因此，从立法来说，立法指导思想的确立远比对一些法规、法条的加加减减重要。唐律若不是将“礼”的精神注入律典之中，就很难成为后世立法修律者的圭臬。同样，若裁断判决只是机械地套用法律条文，法官充其量只能称为“刀笔吏”；若非心存宽厚与正义，只以官司的输赢为目的，律师也妄称为“师”，只能算为“讼棍”。过去学界一直认为在中国法律思想的发展中，先秦法家注重法的规范、强制作用，而儒家则轻视法律。其实这是一种不准确的解读，与法律的价值取向和社会效果相比，儒家认为，法的精神所在决定了法的善恶，所以法律的宗旨比法的条文更为重要。从这一角度来看，儒家并不轻法，在中国法律发展中，儒家的贡献是第一位的，因为它们强调“法律人”对法的正确解读和作为“法官”必备的经学修养。这一点，对现实社会中从事法律职业的人来说是应该值得深思的。

对有志于从事法学，尤其是法律史研究和教育的人来说，法史的研究当然是职业，但更是职责和事业。我们将会通过严谨的学术研究，在事实的基础上对中国古代法律、传统法律及近代法律的变革作出我们的分析和考察。更为重要的是，我们认为对一个民族和国家来说，传统是不可以，也不必要中断的，中国传统法律文化中有大量的可供现代法治发展借鉴的资源，我们不乏形成自己独特的法治模式的历史条件和文化底蕴。

中国法律思想史作为一门学科，还具有以下意义：

首先，中国法律思想史是学术性极强的专业。学术的目的在于追求真理。因此，作为一门学科，其学术性愈强，科学性也就愈大，内容体系也就相对成熟。中国法律思想史的教学与研究以恢复历史客观真实、总结历史发展规律为目的，学科的基本内容不受其他因素干扰，许多定论，不会随现实生活的变化而改变，这也是中国法律思想史教材及专业内容相对稳定的原因所在。又由于中国法律思想史涉猎广泛、内容丰富，其可以多角度地考察问题，避免了社会科学分工日细而造成的学术观点狭窄、片面的缺憾。它有利于加强读者和学生的综合分析问题、考察问题的能力，有利于培养学生严谨的治学作风，提高学生的文化素质。

其次，中国法律思想史并不是一门空谈学术的课程，其对现实具有借鉴价值。中国是一个历史悠久、传统气息浓厚的国度，生于斯、长于斯的每一个人无不打上传统的印记。马克思在《路易·波拿巴的雾月十八日》中提醒人们：人们自己创造自己的历史，但是他们并不是随心所欲地创造，并不是在他们自己选定的条件下创造，而是在直接碰到的、既定的、从过去承继下来的条件下创造。一切已死的先辈们的传统，像梦魇一样纠缠着活人的头脑。不了解历史，就无法把握现实。历史的经验告诉人们，现实的发展既不可能完全背离传统，也不必要完全抛弃传统。传统是历史发展的惰性力，与传统过分对立的改革往往会被传统所具有的惰性力粉碎。同样，现实法制如果不对传统法律进行科学的甄别，也难免误入歧途。不了解中国传统法律的思想基础，对五千年传统法律观的演化进程及其影响不进行全面、系统的研究，“建设具有中国特色的社会主义法制”“依法治国，建设社会主义的法治国家”都会成为空话。中国法律思想史的研究有利于引导人们对现行法律建设的种种问题进行深层次的思考，使人们避免在

“传统化”与“非传统化”的选择中徘徊不定或持偏激的态度。

最后，自近代始，一论及法律、法学、法律思想，人们言必称希腊、罗马。当人们用西方价值观来衡量中国古代文明时，常常感到这也不是、那也不足。中国法律思想史将告诉人们：中国传统法律有糟粕，亦有精华。春秋战国时的学术繁荣毫不逊色于古希腊、罗马。儒家的人治思想与西方亚里士多德的贤人政治并驾齐驱。法家的“法治”体系独具特色，“缘法而治”的思想对今天的法制仍有借鉴意义。中国传统法律体系，较西方更加注意感化的作用、注意道德的束缚，因而形成“综合治理”的思想。这种极富有“人情味”的社会治理手段现已为其他国家的法学研究者所推崇。中国传统的礼教观、伦理道德观及法律须与社会发展相协调的观点已受到国内外学者的高度重视和一定程度的认可。尽管传统有着消极的一面，但传统中毕竟凝聚着民族的精华，放弃或抛弃传统的民族，是没有希望的民族。

我们应该认识到传统法对现代社会的一些不适应，也应该认识到传统法在历史上所曾有过的积极作用及在现实社会中它可以起到的积极作用。只有如此，我们才能清醒地认识到所谓法治的建设、法观念的更新等都不是独立的，它无法“超前”进行，而是必须与社会整体发展相协调。只有熟知传统才有可能改造传统，如果不顾忌传统的客观约束力、不注意社会整体发展的水平而对传统法观念进行强行改造，即使法学可以一时成为“显学”，人们的法观念会产生一时的变化，但终究难免不落个“邯郸学步”或“非驴非马”的结局。通过中国法律思想史的学习和研究，我们想真诚地告诉学生：珍惜我们的传统法，因为珍惜是复兴的前提；因为一个国家和民族的法律发展无法离开传统的平台；因为传统法的改造成功之日，才是具有中国特色的法治实现之时。

马小红

目　录

上篇　先秦法律思想

中篇　秦朝至清的法律思想

下篇　近代的法律思想

上篇

先秦法律思想

历史概况

距今大约五千年，中国进入了“黄帝时代”。史圣司马迁作《史记》以《五帝本纪》为开篇，以黄帝为五帝之始。今人的考古发掘也证明五千年前的黄帝时代是中华文明的起源和形成时代。黄帝时期，社会的经济生活有了很大的发展，部落之间的接触也日益频繁，由此部落间发生的摩擦和战争也逐渐增多。司马迁这样描述了黄帝时代的战争：“轩辕（黄帝）时代，神农氏日益衰败。部落诸侯间不断进行战争，暴虐的人鱼肉、侵凌百姓，而神农氏不能制止。于是轩辕以干戈征伐不遵守规矩的诸侯，诸侯都来归顺轩辕。轩辕对归顺的部落施以仁政，并加强武备，发展农业，安抚万民并以猛兽熊、罴、貔、貅、貙、虎之名命名部落士卒，鼓励他们勇猛杀敌。轩辕率众在阪泉与炎帝经过三次大规模的战争，终于如愿以偿，击败了炎帝。蚩尤作乱，不服从轩辕的命令。轩辕再次征调诸侯军队，在涿鹿（涿鹿）与蚩尤展开大战并擒杀了蚩尤。于是，各部落都尊轩辕为天子，代替了神农氏的统治，这就是黄帝。”① 黄帝时代，在战争中获胜的部落，就成为征服者，失败的部落就成为被征服者，被征服者如果反抗，就会受到“刑”的镇压；黄帝时代的部落内部也由于经济的发展，部落成员间产生了贫富分化，有了初步的等级制度。推测，此时法律已经萌芽，其产生于部落间的战争和部落习俗。黄帝、颛顼、帝喾、尧、舜五帝后，约公元前21世纪，中国进入了夏代。

夏（约前21世纪—约前16世纪）是中国历史上唯一无文字可征的世袭王朝，也是中国历史上出现的第一个分封制的国家，据《史记·夏本纪》记载，自夏禹传位于子启，至夏桀亡夏，夏代历时近五百年。与黄帝时代有着明显的不同，夏代的王位是世袭制的，王位世袭制的确立是国家诞生的标志。

商（约前16世纪—约前11世纪）是继夏之后的王朝，商族原是臣属于夏王朝的一个方国，主要活动于黄河中下游地区。大约在公元前16世纪，商人在其首领汤的带领下，联合一些反对夏统治的部落或方国讨伐暴虐无道的夏桀，推翻了夏朝，建都于亳（今河南商丘），后数次迁都，至盘庚时定都于殷（今河南安阳）。自商汤开国至商纣亡国，商朝政权维系了近六百年，至公元前11世纪周人推翻了商纣王，结束了商的统治。

夏商时期，法律已经出现，所以《左传·昭公六年》中记述“夏有乱政而作《禹刑》，商有乱政而作《汤刑》，周有乱政而作《九刑》”。从后人的追记中，可以看到夏商时期的人们笃信鬼神，统治者的权力被认为是神授予的，法也被认为是神意的体现。崇尚神灵，是不同地区的人类社会发展伊始阶段的共同特征。

商朝晚期内外矛盾尖锐，公元前1027年，周武王联合周部族周边的一些中小部族，趁商王室主力军队征战于东夷之机，进兵商都朝歌，讨伐商纣王。双方在牧野决战，纣王临时组织的武装力量阵前倒戈，商朝统治被推翻。周部族开始建立对中原及周边地区进行有效统治的中

---

① 《史记·五帝本纪》载：“轩辕之时，神农氏世衰。诸侯相侵伐，暴虐百姓，而神农氏弗能征。于是轩辕乃习用干戈，以征不享，诸侯咸来宾从。而蚩尤最为暴，莫能伐。炎帝欲侵陵诸侯，诸侯咸归轩辕。轩辕乃修德振兵，治五气，艺五种，抚万民，度四方，教熊罴貔貅貙虎，以与炎帝战于阪泉之野。三战，然后得其志。蚩尤作乱，不用帝命。于是黄帝乃征师诸侯，与蚩尤战于涿鹿之野，遂禽杀蚩尤。而诸侯咸尊轩辕为天子，代神农氏，是为黄帝。”

央政权，定都镐京（今陕西省西安市），史称“西周”。

西周（约前 11 世纪—前 771）是中国分封制的鼎盛时期。西周总结了夏商二代的统治经验，并结合周人的实际情况创立了一系列制度，史称“周公制礼作乐”。西周的礼乐刑罚、典章制度对中国古代社会几千年的政治、法律、经济、文化等都有着深刻的影响，也对春秋战国时期的诸子学说，尤其是儒家思想的形成有着奠基的作用。从武王建国，到王室衰微，平王东迁，西周政权维系了二百五十余年。

春秋战国（前 770—前 221），始于周平王东迁，止于秦的统一。春秋战国时，铁器被普遍地用于农业生产，生产力的发展进入了新的阶段。生产力的发展引发了生产关系的变革，诸侯国势力逐渐强大，周天子的“天下宗主”地位被动摇，列国兼并，传统分封制度遭到破坏。近六百年间，天下纷争，先有齐、晋、韩、楚、郑五霸相争，后有齐、楚、韩、赵、魏、燕、秦七雄逐鹿。

经济的发展、政治上的“礼崩乐坏”、列国竞相兼并的局势使春秋战国时期的统治者求贤若渴，不拘一格收揽人才，而此时各阶层、各集团利益的代言人也或向君主献计献策，或著书立说阐明主张，于是形成了各种学派，出现了百家争鸣的局面。“百家争鸣”促进了学术的繁荣、思想的开放，因而春秋战国成为中国思想发展的黄金时代，即使现在，我们在研究天人关系、名实关系、义利关系、人性善恶、伦理道德等问题时也要在春秋战国诸子学说中寻找宝藏，而法律问题正是春秋战国时政治家、思想家十分关注的问题。汉初，史学家司马迁之父司马谈将先秦诸子学说归纳为阴阳、儒、墨、名、法、道德（道）六家①，每一家都从不同的角度对法、法律进行了阐述，其中法家对法的作用的阐述在中国古代史上更是达到了“前不见古人，后不见来者”的程度。对后世法律思想与制度影响较为深远的有儒、法、阴阳、道、墨诸家。各家的思想有针锋相对之处，也有互相采纳、融合之处，而且愈到战国中后期，相互间的融合趋势就愈加明显。春秋战国时诸子学说的对立与融合，为秦汉之后的“大一统”文化打下了基础。

重要内容提示

1. 中国古代法律起源的途径
2. 夏、商神权法思想
3. 西周神权法思想的发展
4. 西周的宗法制度与礼治思想
5. 周公的法律主张
6. 春秋战国的百家争鸣与诸子学说
7. 儒家的法律主张
8. 孔子的法律思想的主要内容
9. 孟子的法律思想的主要内容
10. 荀子的法律思想的主要内容

---

① 参见《史记·太史公自序》。

11. 法家的法律主张
12. 商鞅的法律思想的主要内容
13. 韩非子的法律思想的主要内容
14. 儒法两家在法律问题上的对立与融合
15. 先秦法律思想的演变

第一章

古代国家与法律的起源

内容提要

中国法律起源于五千年前的黄帝时代，其主要有两条形成的途径：一是起源于部落战争中的“刑”，即针对异族或被征服部落的反抗者使用的镇压手段，这种手段充满了血腥与残暴。二是产生于部落内部的风俗习惯，即礼，其主要作用在于规范部落内部成员的言行，从中我们可以体会到法律的温情。法律起源的途径，对法律制度、思想、观念的形成有着至关重要的作用。探讨中国古代国家与法律的起源，有助于我们理解中国古代法律在此后漫长的发展中所形成的礼法合一的特征。

学习本章要注意理解不同国家和地区的法律文明起源所共有的一般规律，以及中国古代国家和法律起源的独特之处。

本章阐述中国古代国家与法律的起源。需要说明的是：因为年代的久远、资料的匮乏，我们只能根据考古成果和后人的追记进行归纳，这种归纳，由于受到资料有限的制约，无法是完整、详细的，有时甚至是不确定的。

第一节　国家的起源

有关国家与法律的起源问题，不同的学派有不同的观点。恩格斯在《家庭、私有制和国家的起源》中，总结了以往的研究成果，归纳出国家形成的普遍规律，提出了国家形成的标准。恩格斯的理论观点对于我们研究中国国家和法律的起源有着指导意义，因为不同地区的国家和法律的起源有普遍的规律。但同时，我们还应该注意中国古代国家与法律的起源，也有着自己的独特性。

在中国，国家与法律的起源始于黄帝时代，至夏禹时，国家的形态已经基本具备。

一、国家产生的标准

按照恩格斯的理论，国家的产生有以下两个明显的标志：

（1）由原先按血缘划分国民变为"按地区来划分它的国民"，即国家产生之前，共同居住、生活在一起的氏族成员都具有血缘的关系，而国家的统治是按地域划分行政组织的。与氏族时期不同，国家产生后，居住在同一地域甚至生活在一起的人们之间未必具有血缘的关系。

（2）氏族社会的民主制度瓦解，"公共权力"设立，氏族民主选举制或禅让制变为世袭制。所谓"公共权力"，就是将以往氏族成员所具有的权利剥夺一部分，改为统一由部落首领或王来行使。以往氏族制下所没有的专门的军队、监狱及各种强制机关在此时也出现了，并成为公共权力的象征。

二、中国古代国家的起源

黄帝故里

说明：黄帝，传说距今五千年前的英雄，也是中华民族公认的始祖。传说宫室、衣裳、舟车、弓矢、文书、图画、律历、算数并盛于黄帝之时，黄帝时的发明一直影响到我们今天。即使现在在传说的黄帝活动区域也广泛地建有黄帝祠堂，每年举行公祭。图为河南新郑黄帝祠堂。

图片来源：http://travel.shangdu.com/henan/xinzheng/tu.shtml。

1. 五帝[①]时期国家已经开始形成

（1）黄帝在战争中确立了自己的权威，并获得了对辽阔疆土的统治权。

《史记·五帝本纪》记，通过战争，黄帝的统治区域东至于海、西至空桐（陇西一带）、南

---

① 五帝，为中国古代社会的传说时期，距今大约五千年。古籍记载帝系不一。如《易·系辞下》记载，五帝为伏羲、神农（炎帝）、黄帝、尧、舜；《帝王世纪》记为少昊、颛顼（高阳）、高辛、尧、舜。本书取《史记·五帝纪》所记，为黄帝、颛顼、帝喾（高辛）、尧、舜。

至江（湖南一带），并以涿鹿（河北一带）作为都城。黄帝的一生在征战中度过，“迁徙往来无常处，以师兵为营卫”。

（2）五帝时期出现了“官”，统治者垄断了祭祀上天的权力。

黄帝置左右大监，到各个地区巡视；又置官而统领不同的氏族。黄帝之后，颛顼对部落内部的风俗进行了改革：“绝地天通”①，即将祭祀上天的权力收归为帝（首领）所独有。最高统治者垄断了祭祀上天的权力，“君权神授”思想开始萌芽。

（3）氏族民主制度尚存在。

自黄帝至舜，我们可以看到人类社会的“地域关系”正在逐渐取代“血缘关系”，而国家的“公共权力”也正在萌芽中。但是氏族社会的民主制仍然存在，其最为典型的表现就是“禅让制”② 的存在。

2. 夏的建立与国家的形成

（1）禅让制变为世袭制。

禹为部落首领时，传统的氏族民主制度遭到破坏。禹的儿子启以武力夺得帝位，建夏，并将帝位传给自己的儿子，开启了王位世袭。

（2）划分“九州”。

夏代，国家已经形成。《左传·襄公四年》引述周太史辛甲《虞人之箴》说：“芒芒禹迹，画为九州。”这说明禹统治时期，已突破了以血缘关系为基础划分居民的传统，开始将自己统辖的地域划分为9个区域，以地域为单位，统辖居民。

（3）“公共权力”在夏代逐渐完备。

《礼记·明堂位》记载，“夏后氏官百”。这说明夏已有了官僚机构。夏在中央设有掌管畜牧的“牧正”、掌管造车的“车正”、掌管王族膳食的“庖正”等，在地方则有管理九州居民的“州牧”。作为这种“公共权力”的重要构成，武装力量——专门的军队在夏也已具备。据文献记载，夏也有了监狱，称为夏台、圜土。

3. 中国古代国家形成的特殊性

国家的产生还有其他的标准，比如，经济上出现了铁器并以此作为生产工具，文化上一般应该有了文字。

中国国家在形成时的特殊性表现在，在经济、文字相对滞后的状况下，国家就已经产生。这与世界其他地区在铁器和文字出现后方形成国家的情况有所不同。

夏是一个既无铁器（青铜器也极少，并主要用于礼器的铸造，未用于生产及日常生活）又无文字可征的王朝。但在夏代，甚至更早的尧舜禹时期，确实有了“公共权力”，并有了按“地域划分居民”的萌芽。

经济、文化形态尚处在部落联盟即氏族血缘制的后期，但政治形态已经进入了文明社会，具有国家的完整形态，学界将这一现象称为“政治早熟”，并认为“因为早熟，没有来得及清

---

① 《尚书·吕刑》。

② 禅让制，部落时期的政治制度，即通过部落成员的民主选举和部落首领的亲自考察，将帝位（首领）让与贤者。传说帝尧让位于舜，舜让位于禹。其与后世传位于子的“世袭制”不同。

算氏族制度，反而在它的废址之上，建立了城市＝国家，也即是‘诸侯的营垒，经济的赘疣’，或者是‘公族国家’”①。

维护并改造原有的血缘组织使其服务于国家，而不是简单地“清算”传统，是中国国家起源的特征，这也是中国人格外珍惜传统的历史渊源。

第二节　中国古代法律的起源

与国家的起源相辅相成，中国古代法律的起源也经历了一个漫长的发展过程。中国法律起源的途径有二：一是自黄帝时便日益频繁的部落战争，导致了“刑”的出现，即古人所言“刑起于兵”。这种以军事首长权威为后盾的“法”是后世刑律之源。二是部落时期庄严的祭礼导致了“礼”的形成与发展。这种以神权为后盾的“法”，其内容博大精深，既包括了国家的典章、家族的规约、民间的习俗，也包括了人们对法的价值的追求。它是中国古代法的精神与核心之所在。

一、“刑起于兵”

黄帝战蚩尤图

图片来源：http：//www.fs7711.com/03ZHMJ/01yuanshi/new _ page _ 2189.htm。

兵，即战争。古人认为最早的刑罚起源于战争。这种记载符合中国法律起源的实际状况。在黄帝时代，战争的本身即征讨就是一种刑罚。

1. 黄帝时代的部落战争

五六千年前，生活于中原大地上的人类来到了文明社会的门槛，“未有宫室”“未有火化”“未有麻丝”的茹毛饮血的原始蒙昧时代结束了。在文明社会曙光升起的同时，与社会进步相

① 侯外庐、赵纪彬、杜国庠：《中国思想通史》，第1卷，17页，北京，人民出版社，1957。

伴而来的痛苦也与日俱增，野蛮的部落战争笼罩着人类。地广人稀、部落间相安无事的宁静被争夺土地、财富甚至人口的战争击碎，至今仍被国人引以为自豪的祖先黄帝就是这种时势造就出来的英雄。

黄帝时期对周围部落发动的战争，与原始社会因血亲复仇而产生的战争已有明显的不同，黄帝时期战争的目的是掠夺与征服。掠夺，当然是为了本部落的经济利益；征服，则是为了本部落对于其他的部落具有支配的权力、具有宗主的地位，这已经带有明显的政治性了。为了取得和维持宗主地位，战争不得不旷日持久地进行。黄帝与炎帝“三战然后得其志”①。此时的战争不仅持续的时间长，而且规模浩大，双方投入的兵力都十分可观。黄帝得到雕、鹰、鸢、鹖等族的拥戴，装扮成熊、罴、豹、虎的部落勇士，在各自氏族图腾的引导下，跟随黄帝，将炎帝部落击败。② 黄帝的赫赫战绩，终于使“诸侯咸来宾从”③。“宾从”的诸侯当然对黄帝俯首称臣，这正是黄帝时期战争的目的所在。

也许正是自黄帝成为部落盟主的那一时刻起，凝聚着不同氏族部落标志的龙图腾出现了，而聚集在这一图腾下的人们便开始以龙的传人自居。此后，黄帝的后裔——“龙子龙孙们”如尧、舜、禹等分别与九黎、三苗等进行过类似黄炎般的战争，结果“龙”的势力日益壮大，越来越多的氏族、部落站到了“龙”的旗帜下。经过战争的洗礼，充满生机、强有力的中原文化在当时及以后的历史发展中，具有不可争辩的正统地位。

2. 战争中的号令与对被征服者的镇压是“刑”产生的温床

(1) 战争中的号令演变为法，“刑”成为惩罚违背号令者的手段。

“掠夺战争加强了最高军事首长以及下级军事首长的权力”④。这种产生于兵戎之中的权力，就是“法”的温床。为取得战争的胜利，部落首领需要发号施令，加强个人的权威；部落中的战士需要服从，需要牺牲个人的利益以服从全局的利益。战争中的分工，改变了部落成员间的平等的关系，虽然部落首领与部落成员在根本利益上并无后世那样大的分歧，但这种权威与服从、指挥与被指挥的关系，随着旷日持久的部落间战争而日趋稳定时，战时的号令便演变成平时的规范，而且这种规范是不可触犯的，因为战争早已将赏罚甚至生杀的大权交到了部落首领的手中。勇敢的部落战士，在无情地摧毁敌人的同时，却不自觉地将“法”的枷锁套在了自己的身上。到了夏朝初期，严厉的军法早已使人们在从事战争时忘却了血缘的亲情。《尚书》中记载了夏启征讨有扈氏的军令：《甘誓》。⑤ 这是文献记载中最早的军法。已有了“王”之称的启告诫全军将士，必须听命于统帅，否则便是“不恭命”。恭命者，赏；不恭命者，诛及子孙。

(2) 用刑征讨、镇压敌对部落和被征服者。

军法对本部落成员的束缚已够严厉，而对敌对或被征服部落的成员更是充满了血腥味。对敌对部落的征伐，本身便是一种极刑，故而《汉书·刑法志》言，“大刑用甲兵”。《尚书·舜

---

①③ 《史记·五帝本纪》。

② 《列子·黄帝》记：黄帝与炎帝战于阪泉之野，“帅熊、罴、狼、豹、虎为前驱；雕、鹖、鹰、鸢为旗帜”（胡厚宣：《甲骨文“昆”字说》，载《甲骨探史录》，北京，三联书店，1982）。根据胡厚宣对“昆”的解释，可以推测《列子》的记载并非只是神话。雕等旗帜应为氏族徽章，熊等则为部落战士的装扮。

④ 《马克思恩格斯选集》，3版，第4卷，181页，北京，人民出版社，2012。

⑤ 据专家考证，《甘誓》是后人追记的夏启时的军令，大约成文于战国。

典》记载舜对掌刑官皋陶说，“蛮夷猾夏，寇贼奸宄。汝作士”，即四方蛮夷侵我华夏，无恶不作，命你为士，用刑去镇服他们。对被征服者的镇压当然十分残酷，《汉书·刑法志》言，“大刑用甲兵，其次用斧钺；中刑用刀锯，其次用钻凿；薄刑用鞭扑”。征服者认为，将斧钺、刀锯、钻凿、鞭扑这些残忍的施刑手段用于被征服者身上，可谓以毒攻毒，“报虐以威”①。只有如此，才能迫使敌人改“邪”归“正”。在二里头文化的墓葬中，人们发现一些“骨架残缺不全，或身首异处，或上肢与下肢分置两处，或数具骨架成层叠压埋葬”的墓坑②，这些被“层叠压埋”的人并非自然死亡，因为他们的骨架上至今留有斩割与捆绑的痕迹。这也就是当时违法触刑者所得到的下场。

法，毕竟在部落战争的刀光剑影中诞生了。在后世社会中，这种起源于战争的法演变为刑律，不仅对被征服者适用，而且对整个国家所辖地区具有普遍的效力。

二、具有法律性质的“礼”发轫于祭祀与习俗

发端于部落战争的刑，仅仅是中国传统法的一个组成部分，若要完整地论述法的源头，在中国就不能不论及“礼”。恩格斯说：“……如果不是对财富的贪欲把氏族成员分裂成富人和穷人，如果不是‘同一氏族内部的财产差别把利益的一致变为氏族成员之间的对抗’……”，法和国家就不会产生。③ 如果说部落战争是法产生的外部原因，那么部落内部成员间关系的变化则是法产生的内部原因，这也是中国古代法在残酷的同时，又充满了温情的原因。

1.“礼”源于部落祭祀活动的仪式程序，具有神圣性

礼，源于部落中的祭祀活动。人类社会伊始，对天地鬼神的相信，并不亚于今人对科学的信仰。世间万物，人间的吉凶祸福，莫不受冥冥之中的神明的支配——这种观念对当时人来说绝无一丝一毫的荒谬：部落的兴旺、繁衍完全系之于天地鬼神的庇护。因此，争取神明的欢喜与保佑是部落的头等大事。讨取神明欢喜的途径是向神贡献出最好的、最珍贵的礼品，这就是祭祀。祭祀须有仪式与程序，这就是礼的渊源。最初的礼，是从饮食开始的：先民们将食料放在火中烧，将猎物放在火上烤。以地为器皿，挖个洞盛满酒浆；用蒯草扎成鼓槌，以地为鼓，载歌载舞，将最好的食品献给鬼神以表达敬仰。④ 祭祀中，人们必须按礼所规定的仪式程序去做才能准确表达出人们对天地鬼神的感激与敬畏，人们确信，只有举止如礼，神明才能接受供品，否则，就是对神明的亵渎，违礼者必遭神的惩罚。因此，礼不仅具有强制性，而且具有神秘性。这种以神权为后盾的礼，在当时无疑具有法的性质。当社会发生巨变，部落规范已无法制约人们的言行时，礼的内容便超越了祭祀的范围，担负起改造旧的风俗习惯、建立新的行为规范的使命。礼，通过祭祀，将人间的秩序，变成神的旨意。

---

① 《尚书·吕刑》。

② 参见殷玮璋：《二里头文化探讨》，载《考古》，1978（1）。

③ 参见《马克思恩格斯选集》，3版，第4卷，181页，北京，人民出版社，2012。

④ 《礼记·礼运》托孔子之言描述了礼所产生的过程：“夫礼之初，始诸饮食，其燔黍捭豚，汙尊而抔饮，蒉桴而土鼓，犹若可以致其敬于鬼神。”

2. 礼成为习惯法

礼与风俗习惯亦有着千丝万缕的联系。从礼的内容来看，风俗习惯是礼的直接渊源。许多风俗习惯，通过祭祀直接演化为礼。无论是《仪礼》还是《礼记》，都直接记载了大量的风俗习惯。从适用范围上说，最初的礼与风俗习惯都以具有共同信仰、共同祖先的成员为对象。不同的部落，有不同的祖先、不同的神祇、不同的风俗习惯，因而也就有不同的礼。

礼，作为新的行为规范，当然与以往的风俗习惯有着明显的不同。部落的风俗习惯是部落成员在长期的共同生活中自然而然形成的，它依靠着部落首领的榜样、公众的舆论、道德及部落成员发自内心的情感而实现。礼则是通过祭祀而逐步确立的，它比风俗习惯更具有权威，而且更规范，它是维护部落首领权威的工具。礼的实现，虽然也需要舆论的维护，需要同一部落成员所具有的共同信仰，但其最强有力的后盾则是神权。如果说风俗习惯主要是通过人们的“知耻之心”而加以维持，那么，礼则是通过人们的“敬畏之心”来贯彻的。因此，《礼记·曲礼上》开篇便告诫人们：“毋不敬，俨若思，安定辞，安民哉!”

中国法律在形成时，特色已然形成。源于战争的刑，格外重视法的威慑力，手段也极为残酷；源于祭祀的礼，则带有浓厚的血缘亲情，手段也较为温和。融残酷与温情为一体也正是中国古代法律的特色。

相关事例

1. 黄帝时代的战争

轩辕时代，神农氏日益衰败。部落诸侯间不断进行战争，鱼肉侵凌百姓，而神农氏不能制止。于是轩辕以干戈征伐不遵守规矩的诸侯，诸侯都来归顺轩辕。诸侯中蚩尤最为残暴，神农氏无力讨伐。炎帝也想侵凌各部落诸侯，诸侯都归顺了轩辕。轩辕对归顺的部落施以仁政，并加强武备，发展农业，安抚万民并以猛兽熊、罴、貔、貅、貙、虎之名命名部落士卒，鼓励他们勇猛杀敌。轩辕率众在阪泉与炎帝经过三次大规模的战争，终于如愿以偿，击败了炎帝。蚩尤作乱，不服从轩辕的命令。轩辕再次征调诸侯军队，在涿鹿（逐鹿）与蚩尤展开大战并擒杀了蚩尤。于是，天下尊轩辕为帝取代了炎帝，轩辕即为黄帝。①

2. 舜调解纠纷

历山的农人发生了田界的纠纷，舜前往历山，与农人一起种地。大约一年的时间，解决了田界的纠纷。河滨打渔人为争夺有利的打渔地势而产生了纠纷，舜前往与打渔人一起打渔。大约一年的时间，渔人受到舜的教化而将有利的地势让给了长者。东夷制陶人生产出的陶器不结实，舜前往与制陶人一起工作。大约一年的时间，制陶人经过舜的教化而将陶器制造得坚固耐用。孔子对此感叹道：“耕作、打渔、制陶都不是舜的职责。而舜前往解决他们的纠纷，目的

---

① 《史记·五帝本纪》载：“轩辕之时，神农氏世衰。诸侯相侵伐，暴虐百姓，而神农氏弗能征。于是轩辕乃习用干戈，以征不享，诸侯咸来宾从。而蚩尤最为暴，莫能伐。炎帝欲侵凌诸侯，诸侯咸归轩辕。轩辕乃修德振兵，治五气，艺五种，抚万民，度四方。教熊罴貔貅貙虎，以与炎帝战于阪泉之野。三战，然后得其志。蚩尤作乱，不用帝命。于是皇帝乃征师诸侯，与蚩尤战于涿鹿之野，遂禽杀蚩尤。而诸侯咸尊轩辕为天子，代神农氏，是为黄帝。”

是拯救日益衰败的世风。舜是真正的仁义！不辞劳苦而使民众信服。所以说圣人是以德教化天下的。”①

原典阅读书目

1.《史记·五帝本纪》
2.《礼记·礼运》
3.《韩非子·五蠹》

原典阅读举例

太史公曰：学者多称五帝，尚矣。然《尚书》独载尧以来；而百家言黄帝，其文不雅驯，荐绅先生难言之。孔子所传《宰予问五帝德》及《帝系姓》，儒者或不传。余尝西至空桐，北过涿鹿，东渐于海，南浮江淮矣，至长老皆各往往称黄帝、尧、舜之处，风教固殊焉，总之不离古文者近是。予观《春秋》《国语》，其发明《五帝德》《帝系姓》章矣，顾弟弗深考，其所表见皆不虚。②

延伸阅读书目

1. 李学勤．走出疑古时代：修订本．沈阳：辽宁大学出版社，1997
2. ［英］梅因．古代法．沈景一，译．北京：商务印书馆，1959
3. ［美］摩尔根．古代社会：上下册．杨东纯，马雍，马巨，译．北京：商务印书馆，1987
4. 马小红．礼与法：法的历史连接：修订本．北京：中国人民大学出版社，2017

延伸阅读举例

“如果我们能通过任何方法，断定法律概念的早期形态，这将对我们有无限的价值。这些基本概念对于法学家，真像原始地壳对于地质学家一样的可贵。这些观念中，可能含有法律在后来表现其自己的一切形式。我们法律科学之所以处在这样不能令人满意的状态，主要由于对这些观念除了最最肤浅的研究之外，采取了一概加以拒绝的草率态度或偏见。在采用观察的方

① 《韩非子·难一》载：“历山之农者侵畔，舜往耕焉，期年而甽亩正。河滨之渔者争坻，舜往渔焉，期年而让长。东夷之陶者器苦窳，舜往陶焉，期年而器牢。仲尼叹曰：‘耕、渔与陶，非舜官也，而舜往为之者，所以救败也。舜其信仁乎！乃耕藉处苦而民从之。故曰：‘圣人之德化乎！’”

② 《史记·五帝本纪》。

法以代替假设法之前，法学家进行调查的方法和物理学与生物学中所用的调查研究方法十分近似。凡是似乎可信的和内容丰富的、但却绝对未经证实的各种理论，像‘自然法’（Law of Nature）或‘社会契约’（Social Compact）之类，往往为一般人所爱好，很少有踏实地探究社会和法律的原始历史的；这些理论不但使注意力离开了可以发现真理的唯一出处，并且当它们一度被接受和相信了以后，就有可能使法律学以后各个阶段都受到其最真实和最大的影响，因而也就模糊了真理。”①

“按照马克思主义的历史观，生产力是经济基础中最活跃的因素，而在生产力中，生产工具的进步又是生产力发展的标志。现代考古学证明，不少古国的文明时代的开始，和青铜时代的到来大体相当。中国的青铜时代是在什么时候开始的，长期以来是学术界十分关心的课题。”“根据已有的种种发现，有学者提出，仰韶文化可划为新石器时代到早期铜石并用时代。还有学者主张，龙山时代的中晚期已经是青铜时代了。值得注意的是，上述一些最早的铜器都是经过冶铸的，而按照冶金史的一般规律，在发明铜器的阶段，当时的铜器乃是纯铜（即红铜）的小件器物，国外的铜石并用时代主要是这种器物，而在中国这样的阶段还没有被认识。有文章认为这是中国冶金史的特点，中国并没有经过这样的阶段，是否如此，尚待今后考古工作来证明。”②

“综上所述，从考古获得的当时社会的最为直接的信息与历史文献的印证中，我们可以肯定，传说中的夏是确实存在过的，不仅如此，我们还进一步证实了夏王朝已进入阶级社会。这是我国历史上第一个阶级社会。正因如此，我们在文献中所看到的有关夏王朝的传说与夏王朝以前的传说有着明显的区别。《礼记·礼运》托孔子之言，总结了夏禹前后社会的巨变。夏以前‘大道之行’‘天下为公’，而被夏代‘大道既隐’‘天下为家’所代替；‘人不独亲其亲，不独子其子’的氏族大家庭被‘各亲其亲，各子其子’的小家庭所代替；‘选贤与能’的氏族民主制被‘大人世及以为礼’的世袭制所代替；‘城郭沟池以为固’‘谋用是作’的状况代替了‘谋闭而不兴、盗窃乱贼而不作’‘外户而不闭’的田园式社会；君臣、父子、兄弟、夫妇之礼代替了男、女、老、幼、壮、弱的自然分工。由此看来，传说时代，氏族制度逐渐瓦解的趋势在夏时已达到了‘质’的变化。正如恩格斯在论述血缘氏族社会向地域政治社会发展时所指出的那样：‘在新的设防城市的周围，屹立着高峻的墙壁并非无故，它们的壕沟深陷为氏族制度的墓穴，而它们的城楼已经耸入文明时代了。’”③

关键词

部落战争　刑起于兵　礼　习惯法

---

① ［英］梅因著，沈景一译：《古代法》，2页，北京，商务印书馆，1984。

② 李学勤：《走出疑古时代》（修订本），24～26页，沈阳，辽宁大学出版社，1997。

③ 马小红：《礼与法：法的历史连接》（修订本），137～138页，北京，北京大学出版社，2017。

思考题

1. 国家产生的一般标准是什么？
2. 中国国家和法律产生的特殊性是什么？
3. 试论“刑起于兵”。
4. 简述礼与祭祀、部落习俗的关系。

第二章

夏、商、西周的法律思想

内容提要

夏、商、西周时期法律思想的发展主要有两条线索：一是神权法思想形成于夏，兴盛于商，动摇于西周。但西周时期，神权法思想在动摇的同时也得到了补充和发展。夏、商时期神权法思想的内容主要表现在对天的崇敬和执行“天罚”方面。西周在保留商人敬天思想的同时，提出统治者必须“以德配天”，在法律方面主张“明德慎罚”。二是礼治思想形成于夏、商，完善于西周。礼治思想是随着宗法制度的发展而完善的，其以人伦道德①为根本“大法”，提倡尊卑长幼等级有序。无论是神权法思想的进一步发展，还是礼治思想的完善，周初的政治家周公都功不可没。周公的法律主张对儒家及中国古代主流法律思想的影响深远。

夏、商、西周为中国古代法律思想的奠基时期，这一时期出现的一些法律概念和观点，对古代乃至于近现代都有影响。

夏、商、西周时期统治者的法律主张，见诸文献资料，主要有《尚书》《礼记》《周礼》《左传》《国语》《史记》以及春秋战国时期诸子百家的论述。这些资料中，有许多是后人托夏、商、周时期人的伪作，如《礼记》《周礼》，据专家考证成书于战国至汉；有些是后人的追记，如《左传》及诸子著作中所引的夏、商、周资料，《史记》为汉司马迁所作，《尚书》中也有后人窜入的篇章和地方。然而，即使被近代学界认为是“伪书”，即打着当时人的旗号、实际为后人之作的《礼记》《周礼》中也有许多记载，已经被文物资料或考古发掘的资料证实是历史的真实，并可以和考古与文物资料互相印证。

---

① 人伦道德，亦称伦理道德，是指人有别于其他动物的人生之理。按照此理去做，则为符合伦理道德。《孟子》记，远古之时，尧任命舜为司徒，以人伦教民，以别于禽兽。人伦，孟子解释为“父子有亲，君臣有义，夫妇有别，长幼有序，朋友有信”。汉朝后，“三纲五常”高度概括了当时社会的人伦道德。三纲，即君为臣纲，父为子纲，夫为妻纲。五常，即仁、义、礼、智、信。三纲言人伦，五常言道德。

第一节　夏、商、西周的神权法思想

夏、商、西周是中国古代神权法思想形成和发达时期。夏、商时期，统治者宣扬自己身负“天命”，即代表上天统治人间，法律的设立与实行也都是上天的旨意。周人取代商的统治后，则宣扬“天命”不是一成不变的，上天降天命于“有德”之人，从而补充并发展了夏、商的神权法思想。

一、神权法思想产生的根源

安徽皋陶墓前独角兽廌的石雕像

说明：相传皋陶是尧舜时期的司法官，以神兽廌（又称獬豸即独角兽）断狱，至为公正。廌性知有罪，以角触不直者。据《说文》载，中国古代的“法”字写作“灋”；《说文》释义，廌去不直，平直如水。

1. 神权法思想的概念与特征

神权法思想，将人间的统治权以及社会制度（包括法律）说成是神的旨意，是神圣不可侵犯的。神权观念是在原始社会图腾崇拜和祖先崇拜的基础上逐渐形成的，神权法是人类文明发展伊始——国家形成时必经的一个历史阶段。

神权法思想反映于法律方面一般具有以下几个特征。

（1）神（或上天）是至高无上的，而国王的统治权力来源于神，即君权神授。神意，是统治者权力及政权合法性的依据。

（2）统治者所宣布的法律、法令是神的意志的体现，有些甚至就是神的直接命令，而统治者不过是这些具有神性的法律、法规的执行者。所以，违背法令就是违背神意。为了顺应神意，必须严厉制裁违法者。

（3）在司法审判活动中若遇有疑难、无法裁断的案件，则通过特定程序，直接由神裁判。比如，中国古代将法写作“灋”，其中的“廌”，传说是黄帝时期掌管司法裁判的官员皋陶所养的独角神兽。遇有疑难案件时，皋陶就以廌裁断，廌的角触向谁，谁就是有罪或有过的一方。

2. 神权法思想的产生原因

神权法思想的产生有以下三个原因。

（1）自然的压迫。由于生产力低下，人们认识自然的能力有限，对一些无法解释的自然现象充满敬畏，因而形成了原始宗教，认为冥冥之中有超自然力的存在，其不仅主宰着自然界中的一切，如日月星辰的运转、春夏秋冬的替换，等等，而且主宰着人类社会，如生老病死，等等。因此，可以说神权法是由于生产力低下、人们认识自然能力有限而造成的人类对自然的一种曲解。

(2) 社会的压迫。国家形成后，人们对人类社会中的许多现象，如贫富分化、阶级剥削、命运无常，等等，亦无法解释，所以也只有将其归结为神意的安排。

(3) 政治统治的需要。统治者为了解释政权的神圣和自己掌握政权的合理，便会借神权来强化王权。其实，神权法思想的出现与发展是历史发展的必然产物，在人类社会发展的初始阶段，对"神"无条件地信奉，既是统治者维护政权的精神需要，也是被统治者赖以生存的精神寄托。

二、夏、商统治者所宣扬的"天命""天罚"观

1. 夏、商的敬天思想

敬天思想早在夏代已经产生，在商代发展到高峰，其主要表现在祭祀仪式的隆重、完善方面。

(1) 孔子极力赞扬夏禹对鬼神的恭敬和对政事的勤勉：对夏禹我没有任何非议，他自己吃得很差，却用丰盛的祭品祭祀鬼神；自己平时穿得很差，祭神的服装却很精美；住得很差，却尽力兴办水利。[①] 从考古发掘的资料看，夏代的祭祀也具有相当的规模。[②]

(2) 商人对天地鬼神的崇拜可以说达到了极致。甲骨文中有相当一部分为商人占卜时的记录，故甲骨文又有"卜辞"之称。商人的祭祀，无论是规模还是所用的礼器与仪式，都比夏代要复杂得多。无论是从考古发现的墓葬、祭祀坑来看，还是从文献记载来看，敬"上帝"(天)、敬鬼神(祖先)是商代政治中最重要的事。

2. "受命于天"的思想

所谓"受命于天"，就是统治者宣称自己是受上天的委托来统治人间的。在人间，统治者就是上天的代言人。先民笃信上天，不仅认为天具有无比的威力，不可违背，而且认为天公正无私，不可怀疑。谁若得到上天的庇护与赏识，谁就是理所当然的统

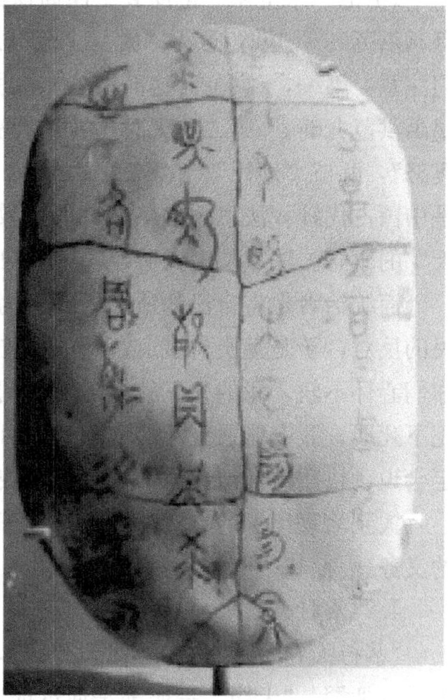

甲骨文图片

说明：甲骨文是商代用以占卜天意的龟甲和兽骨，主要出土于河南省安阳小屯村的商代遗址中。商人常将占卜人的姓名、占卜时间、占卜内容甚至占卜后的吉凶应验刻在占卜的甲骨上，故称"甲骨文"。

图片来源：http：//www.wikilib.com/wiki。

---

① 《论语·泰伯》载："禹，吾无间然矣。菲饮食而致孝乎鬼神，恶衣服而致美乎黻冕，卑宫室而尽力乎沟洫。"

② 参见张之恒主编：《中国考古学通论》，南京，南京大学出版社，1995；《新中国考古五十年》，北京，文物出版社，1999。

治者。《尚书》中记载夏、商统治者反复宣扬自己“服天命”或“受天命”[①]，便是“受命于天”的典型反映。因为“受天命”，所以王权便也有了神性和正当性，成为不可违背和不可怀疑的。

商代统治者“受命于天”的思想表现于两个方面：第一，宣称本部族即商部族的血缘为人间至尊，商部族与上天有着密切的血缘关系。商人在叙述自己的历史时，自豪地说：“天命玄鸟，降而生商。”[②] 第二，神化自己的祖先，宣扬自己故去的祖先已成为上天的好友，常伴随于上天的左右。甲骨卜辞中常常出现商人祖先“宾于帝”即到上天那里去做客的记录。于是商人通过祭祀祖先便可达到垄断上天的权力。“受命于天”为商的统治从血缘上找到了依据，也为商人垄断上天、永得上天庇护找到了借口。

3. “天降典刑”的思想

“天降典刑”与“受命于天”相辅相成。统治者为了加强王权，不仅宣扬自己的统治权来源于上天，而且宣称统治者所制定的一切制度——当然包括法律制度——也是上天所赐。典刑，意为典章法度。

《史记・宋世家》记周武王向商遗民箕子请教为政之道，箕子以“夏政”陈于武王，于是有《洪范》。[③] “洪”意为“大”，“范”意为“法”。箕子向周武王呈献的“夏政”有三点值得我们注意：第一，《洪范》这部大法非人所制定，乃上天所赐，夏禹是《洪范》的执行者：“天乃锡禹洪范九畴。”第二，天对违背“天法”者能给予处罚。禹之父鲧不明大法，“帝（上天）乃震怒”，鲧被“殛死”[④]。第三，《洪范》以自然界的演化规则为法。天意与自然法则的结合，正是中国古代神权法思想的特点，即宗教意义的“天”与哲学意义的“天”相互结合而构成“上天”的概念。法律是上天所赐，也是自然的启发。

商统治者也将自己的所作所为归为天或祖宗的庇护。盘庚迁殷，遭到许多部族内贵族和平民的反对，于是盘庚告诫道：我的祖先曾劳累过你们的祖先，你们现在也是我的臣民。但如果你们心怀不轨，我的先王就会告诉你们的祖先，你们的祖先就会抛弃你们，不救你们，使你们犯下死罪。我有能通上天的大臣，有可以通天的神器，如果我到你们祖先那里告你们，他们一定会说：快用重刑严惩我的子孙。而我的祖先也会将不祥降临到你们身上。[⑤]

大到治理国家的典章法度，小到王的一个举措，无不是天降之“典”，臣民百姓只有顺从的义务。

4. “恭行天罚”的思想

“恭行天罚”，或称为“代天行罚”，主要指夏商统治者借天意对不服从自己统治的敌对势力进行惩罚。“天罚”一般都是通过征讨来实现。夏启为王，有扈氏不服。夏启便作“誓”，对将前往征讨有扈氏的军队说：有扈氏犯有“威侮五行，怠弃三正”之罪，上天命我讨伐消灭

---

① 《尚书》中《康诰》《酒诰》《召诰》等篇。

② 《诗经・商颂・玄鸟》。

③ 《尚书・洪范》的成书时间尚无定论。郭沫若认为其成文于周幽王，“总不会是伪书”（郭沫若：《中国古代社会研究》，113页，北京，人民出版社，1977）。柳诒徵、李钟声等皆以为《洪范》为后人追记的夏代大法。参见柳诒徵编著：《中国文化史》，北京，中国大百科全书出版社，1988；李钟声：《中华法系》，台北，华欣文化事业中心，1985。

④ 《尚书・洪范》。

⑤ 原文见《尚书・盘庚上》。

他，现在我只有听从天意，去征讨有扈氏。① 夏、商时的征讨无不是借“恭行天罚”的名义进行的，如商汤伐夏时亦言：“有夏多罪，天命殛之。”②

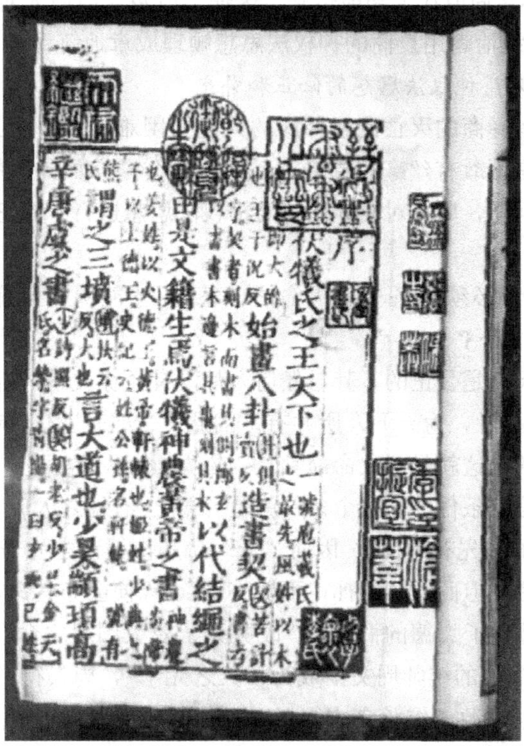
序
伏羲氏之王天下也
始畫八卦造書契以代結繩之
由是文籍生焉伏羲神農黃帝之書
謂之三墳言大道也少昊顓頊高
辛唐虞之書

《尚书》书影（清乾隆武英殿仿宋相台岳珂刻本）

说明：《尚书》汇集了夏、商、西周三代统治者发布的典、谟、诰、誓等，其中有一些为后人伪托之作，但其中的《周书》中也有许多历史的真实记载。《尚书》中的很多内容涉及当时的法律制度及统治者的法律思想，是研究三代法律的重要文献。

三、西周统治者对神权法思想的补充与发展

周人在灭商时，社会的经济、文化发展要远远落后于商，所以在《尚书》中我们常常可以看到周人总是自谦地称为“小邦周”，而对商称“大邦殷”。邦，即“国”的意思。另外，商人又宣称自己为上天子孙，受天之命而治理天下。因此，周人在用武力取代了商的统治后，要维持长治久安必须要解释这样两个问题：第一，上天为什么抛弃了商人？第二，“小邦周”为什么能取代“大邦殷”？夏商时期的神权法思想在周人对“天命”的解释中发生了深刻的变化。

1. 对夏商神权法思想的继承

周人在取代了商人的统治后，仍然宣扬王权来源于“天命”，神权是王权的后盾。借天命实行统治是由当时社会发展的总体水平所决定的。所以与夏、商统治者一样，周统治者也宣扬

① 《史记・夏本纪》载：“有扈氏威侮五行，怠弃三正，天用剿绝其命。今予维共行天之罚。”
② 《尚书・汤誓》。

上天的权威至上，而周人正是秉承了上天的旨意来统治人间的。周公言：天赏识周文王，使我小邦周兴盛。文王通过占卜而知天意，行事敬天，于是得天之命。上天公正而威严，助我小邦周扩大基业。[①] 因此，小邦周取代大邦殷也是“天命”所致，而周人对商的讨伐与取代也正是“恭行天罚”的结果。周统治者用夏商的神权法思想顺理成章地解释了“小邦周”兴起的原因。

2. 以德配天——对夏商神权法思想的修正和补充

对周统治者来说，解释商的灭亡比解释周的兴起要困难得多。因为商人自称为上天之子，而商人对鬼神的祭祀更是不敢有丝毫的怠慢，上天怎么会抛弃如此孝敬的子孙，而将“天命”别移呢？为了解答这一问题，周人对夏、商时的神权法思想进行了修正和补充，提出了“以德配天”说。

“以德配天”即统治者必须具备享有天命之“德”，才能保有天命，统治才具有权威性。“以德配天”的主要内容如下：

首先，周人认为“天”是公正的，其与任何人都没有血缘关系，所以“天命”是可以转移的。“天”是天下人的保护者，为天下人所共有。因此，“天命”不会专归于某一族或某一人，而是会发生变化、转移的，这就是“天命靡常”[②] 或“惟命不于常”[③]。

其次，天命的转移是有条件的，这个条件就是“德”。有德之人有“天命”，所谓“皇天无亲，惟德是辅”[④]。商人的祖先有“德”，因而“天”命其作“天之元子”（即天的长子），掌管天下，成了天下的统治者。但商人的子孙“不敬其德”，天便会夺其命，其失去了“天之元子”的地位，“皇天上帝”抛弃了失德的商人，“改厥元子兹大国殷之命”[⑤]。而周文王却因有德，上天“大命文王”[⑥]，使周人的统帅周文王成为“天之元子”，周人得了天下。因此，在周人看来，王权来源于上天，也来源于统治者自身的“德”性，只敬天地鬼神还不足以“受天命”，只有敬天地鬼神的同时又有“德”，才能“受天命”。

最后，“德”的中心内容是“保民”。因为民心的向背是有德失德的标尺，民心直接反映了天意。周公言：“人无于水鉴，当于民鉴。”[⑥] 意即民是统治者的镜子，统治的好坏从民意中就可以窥见。“敬天保民”由此成为周人为政的理念。

周初统治者的“保民”措施在法律上的体现即“明德慎罚”，要求统治者体恤民生的艰难，克制贪欲，不要妄用民力，使民能安居乐业；对民众要多行教化，而谨慎用刑。“明德慎罚”思想是周初政治家、思想家周公提出的，将在第三节详述。

有的学者认为周人对“天命”并不是真的信奉，而只是一种利用，所以认为西周是神权法思想的动摇时期。这种观点有一定的道理，因为正是周人弘扬的“德”，提高了“民”的地位，产生了重民的思想。春秋战国时神权法思想的瓦解即肇始于此。但这种观点亦有偏颇之处。因为无论是从当时社会生产力发展的水平来看，还是从周人当时的生活状况来看，人对神的崇拜

---

① 《尚书·大诰》载：“天休于宁王，兴我小邦周；宁王惟卜用，克绥受兹命。今天其相民，矧亦惟卜用。呜呼！天明畏，弼我丕丕基。”

② 《诗经·大雅·文王》。

③⑥ 《尚书·康诰》。

④ 《左传·僖公五年》引《周书》。

⑤ 《尚书·召诰》。

⑥ 《尚书·酒诰》。

都是必然的，是难以完全动摇的。所以周人的“以德配天”说只能是对神权法思想的补充，这些补充在后世所产生的影响并不是周人所能预料的。另外，还有一点需要注意：中国古代神权法思想缺乏完整的理论形态，其现实性很强。神权与王权是高度统一的，而不是分离的，更不是对立和制约的。到了周的天下时，这个“统一”达到了更深的层次，即民心——天意——王权都是统一的。也许正是这种“现实性”与“统一性”的高度发达，使中国社会的发展难以形成其他古文明中所具有的那种宗教信念，同时，也难以完全摆脱“上天”及“神”的羁绊。

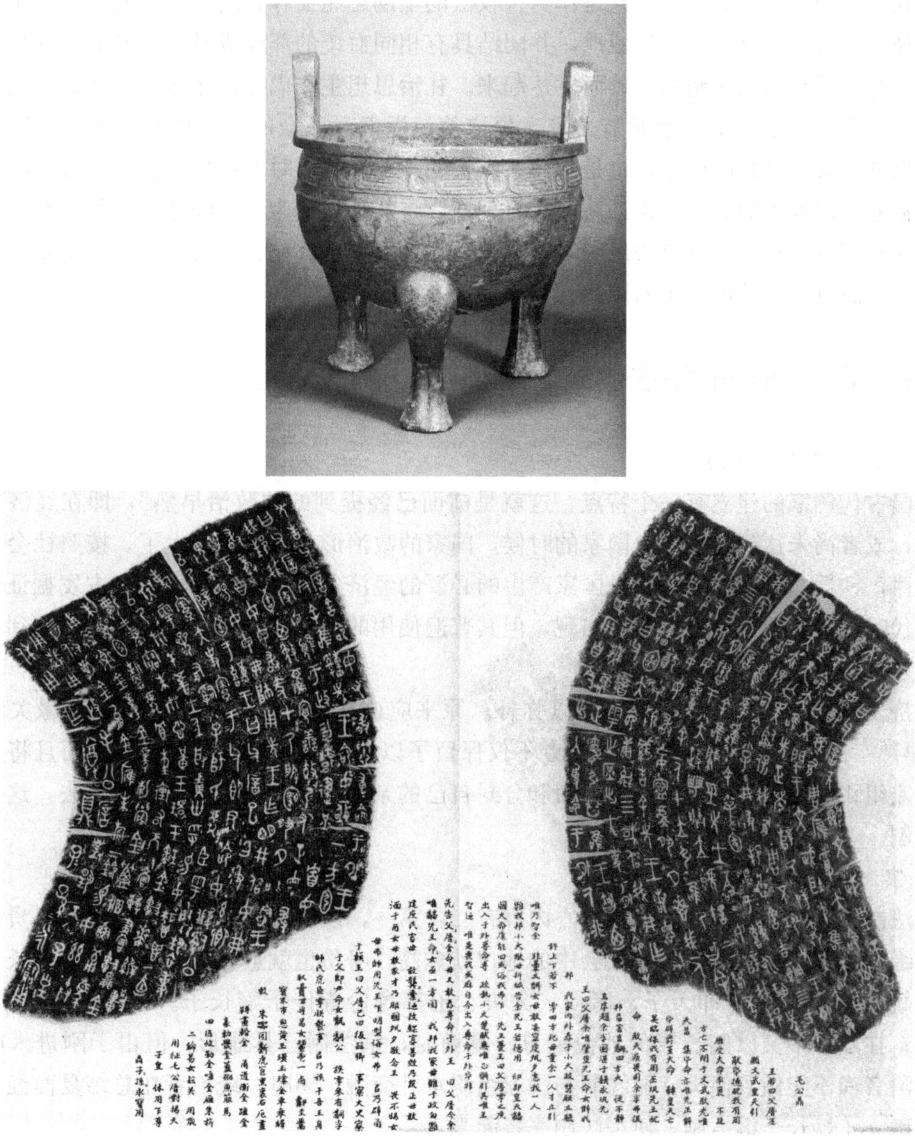

西周晚期毛公鼎及毛公鼎铭文拓片

说明：清道光年陕西省岐山县周原出土，是西周晚期宣王时的一件重器，因器物主人毛公而命名为毛公鼎。鼎上共有铭文 32 行、497 字，是现存青铜器铭文中最长的一篇，是一篇完整的天子对诸侯的册命，内容也涉及西周晚期统治者的法律思想，郭沫若先生认为其“抵得上一篇《尚书》”。鼎铭记述了周宣王对毛公的告诫和赏赐，鼓励毛公为政以善。铭文还追述了周初文、武开国时政治清平的盛况，授予毛公宣示王命的专权。

第二节　夏、商、西周的“礼治”思想

“礼治”思想是与“神权法”思想并行的、维护夏、商、西周社会的另一精神支柱。夏、商时期礼治思想尚不十分发达，它是作为神权法的辅助思想而存在的。礼治的作用在于通过祭祀加强神权（实质上是王权）的威严，并团结具有相同血统的部族成员，共同对付外族。周取代商后，礼治思想因宗法制的完善而发达起来。礼治思想主要倡导由亲亲、尊尊、长长、男女有别等宗法原则而派生出的忠孝节义等人伦道德，提倡对民众的统治以教化为主、以镇压为辅。而忠孝节义等道德的戒律，也是法律所维护的规范。西周时期神权法思想反过来成为礼治思想的辅助，用抽象的天意，论证礼治的合理性，将礼治塑造为“天经地义”的、符合天道神意的理念和制度。总之，神权法思想兴于夏商而在西周得到补充、发展，礼治思想则是于夏具备雏形，于商进一步发展，于西周达到鼎盛。

一、夏、商、西周的宗法制

1. 宗法制产生的原因

中国古代国家的建立有一个特点，这就是前面已经提到的“政治早熟”，即在经济发展尚不充分，或者尚未达到能够产生国家的时候，国家的政治形态却提前诞生了。按照社会发展的一般规律，铁器或青铜器的使用是国家产生的必要的经济条件。迄今为止的考古发掘证明，相当于夏代时期的文明虽有青铜器的出现，但其普遍使用的工具仍然是陶器和石器。直到战国时期铁器才被广泛运用于生产。

经济发展的不足，需要用传统加以弥补。原来应该在国家建立后便瓦解的血缘关系便在“政治早熟”的社会中得到延续。统治者不仅保留了以血缘为纽带的统治方式，而且将这种方式与国家组织直接结合起来，逐级任命和分封自己的亲属担任各级官吏并世袭下去，这就形成了宗法制。

2. 宗法制的内容

宗法制是“礼治”的基础，其核心内容有二：第一，以王室血缘为纽带确定尊卑贵贱的等级。血缘与王室愈近者在国家与社会中的地位就愈高，身份也就愈尊贵。第二，以嫡长子为核心的“嫡长子继承制”，即天子、诸侯、大夫、士等身份皆传予嫡长子。在宗族中，嫡子尊，庶子卑；在嫡子中又以嫡长子的地位最尊。夏商时，宗法制已具雏形，但由于刚进入阶级社会，统治者尚不能做到使氏族血缘制与国家组织水乳交融。周时，统治者在总结夏商经验的基础上，确立了嫡长子继承制，使宗法制完善起来。

宗法制是西周的根本制度。按照宗法关系进行分封以后，形成了天子、诸侯、大夫、士这样的贵族等级。贵族之间形成一种双重关系：一方面是国家结构中的上下级隶属关系，另一方面是宗法制度下的尊卑长幼关系。如此，从国家观念和家族观念两个方面，把统治者紧密联系在一起：天下一家，休戚相关，生死与共。周天子既是国家的元首，又是周族——天下大宗的家长，诸侯在本国中的地位是天子的拟制，大夫则是诸侯的拟制。①

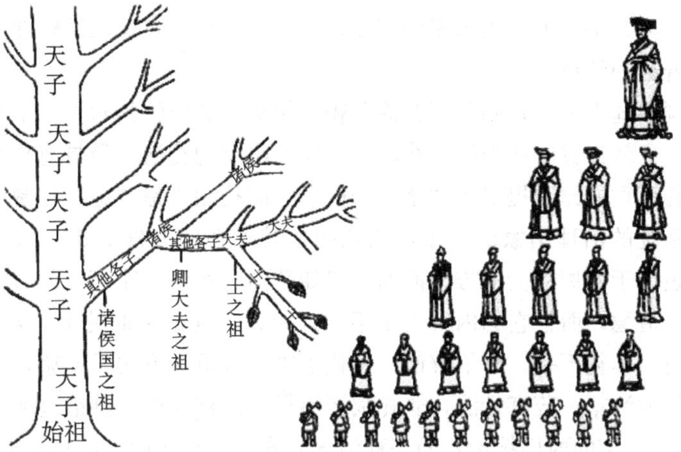

西周宗法制度示意图（说明见注释）

图片来源：http：//www.zszx.info/imagematerial/index.asp？page=158（舟山中学图片素材管理程序）。

二、礼、礼制与礼治

礼，是原始社会末期血缘氏族制的产物，它的出现早于宗法制度。原始社会末期的礼有两项主要的内容：一是祭祀，《说文解字》言："礼，履也，所以事神致福也。"二是通过祭祀而产生的氏族内部的行为规范，合乎规范便为有礼，违犯者则为无礼。由此可见，礼在产生时有两个特点：一是与祭礼相联系，以血缘为基础；二是不带有普遍性，各氏族有各氏族的规范，不同的氏族有不同的礼。

夏朝建立后，由于氏族血缘传统的大量保留，礼也被保留下来，经过更新后保留下来的礼成为约束人们言行的规范，并发展成具有普遍意义的"礼制"。礼制的主要作用有二：一是维

① 西周的宗法制，从形式上体现为宝塔式的分封制度。西周的分封制也有两个主要特点：（1）经济上的土地所有权和政治统治权直接相联系。享有全国土地最高所有权的周天子，成为全国最高的统治者。各级贵族受封以后，对其封地内的所有居民同样享有政治统治权。这种土地所有权和政权的合二而一，对于维护王权极为有利。（2）西周的分封除一部分因功受封的异姓诸侯外，基本上是按宗法关系进行的。天子、诸侯、卿大夫等职位都由嫡长子世袭。嫡长子是土地和权力的法定继承人，地位最尊，称为"宗子"。周天子是全族之主，奉祀全族的始祖，叫"大宗"。他的同母弟与庶兄弟、除嫡长子以外的儿子则封为诸侯，叫"小宗"；诸侯在封国内仿效天子的做法，其爵位也由嫡长子继承，其他的兄弟封为卿大夫，则为"小宗"；卿大夫的爵位同样由嫡长子继承，他的诸弟为士，为"小宗"；士的嫡长子仍为士，其余诸子则为平民。诸侯对于天子来说是"小宗"，但在其本国则为"大宗"；卿大夫对于诸侯为"小宗"，但在其本族为"大宗"，依此类推。按照宗法，"小宗"必须服从和尊敬"大宗"，"大宗"应当保护"小宗"。这种分封制和宗法制相结合的做法，一方面，保证了各级政权主要掌握在被各级统治者认为最可靠的自己亲属手中，并使他们能世代充当封地的统治者及享受封地内的收入，即世卿世禄；另一方面，在天子、诸侯、大夫等各级贵族之间，除了政治上的上下级关系外，又加上一层"小宗"服从"大宗"的宗法关系，用族权来巩固王权。对于异姓贵族，则通过联姻的办法来加强联系。异姓贵族在其封地内也有自己的"大宗""小宗"。这样一来，统治者便把宗法关系直接同整个国家制度结合起来，使族权和王权合二而一。这便是西周的宗法等级制。与这一制度相适应，各个等级都有相应的权利和义务，比如，各诸侯国按时对天子进贡、朝觐、提供劳役以及接受军事调遣、服从裁判等。

护宗法等级，规定不同血缘出身的人具有不同的身份和地位，即“礼者为异”[①]。二是利用血缘纽带，团结族人，以巩固统治。夏、商、西周的礼制，不同于原始社会中的礼：一是其有了等级或阶级的内容。二是其上升为国家的制度，具有普遍性。在国家所辖地区，为国家政权所认可的礼制具有普遍的约束力。

礼治即以礼制治理天下。礼制与“礼治”相辅相成。儒家的创始人孔子称西周是一个“为国以礼”的时代，也就是我们所说的“礼治”时代。西周的礼治，最具有典型意义，因为，周初统治者为了解释商亡的原因提出了“德”的概念，而礼制正是“德”在制度上的体现。如果将礼治作为一个系统的治理国家的体系，则礼制是其外在的表现形式。德是礼治的核心价值观，这个价值观表现于西周社会的方方面面，诸如政治、经济、军事、教育、行政、司法、宗教、祭祀、家庭、道德，而且它的内容无所不包，所以《礼记·曲礼上》言：“道德仁义，非礼不成；教训正俗，非礼不备。分争辩讼，非礼不决；君臣上下父子兄弟，非礼不定。宦学事师，非礼不亲。班朝治军，莅官行法，非礼威严不行。祷祠祭祀，供给鬼神，非礼不诚不庄。”

“礼治”是后人总结的西周统治者的一种治国方式，其于夏商时已具雏形，至西周时完善。“礼治”以宗法制为基础，以礼制为表现形式，以“德”为核心。“礼治”在西周的基本内容是将孝、忠视为治国之本，以确保礼制的推行；“礼治”的特征是体现宗法等级制的精神。

三、西周礼治思想的内容

如同礼制是法律与道德规范的统一体，礼治思想体系也是法律思想与道德观念的统一体。在西周，礼治思想也包含了立法、执法的指导思想。

《礼记·大传》中总结了礼制的原则为“亲亲也，尊尊也，长长也，男女有别”，正是这些原则，产生出西周礼治思想的主要内容，即孝、忠、节、义。

1. 亲亲

亲亲是指亲爱自己的亲属，最重要的是要求子女孝敬父母、小宗服从大宗；分封和任命官吏则依与王室血缘关系的亲疏而定，使亲者贵、疏者贱，即“任人唯亲”。亲亲，确定和维护的是宗法等级制度，与其相应的思想或道德规范则是“孝”，即所谓“亲亲父为首”[②]。

2. 尊尊

尊尊是指下级官吏或身份等级卑贱的人必须尊敬和服从上级官吏或身份高贵的人，小宗必须服从大宗，上下等级制度不得僭越。与亲亲比较起来，尊尊更强调君主的威严，即所谓“尊尊君为首”[③]。与尊尊相应的思想或道德观念则是“忠”，即诸侯忠于天子，大夫忠于诸侯，士忠于大夫。

3. 长长，男女有别

长长是指年幼者应尊敬年长者。男女有别则是强调男尊女卑及男女授受不亲。与长长、男女有别相应的思想和道德观念则是节、义。

《礼记·礼运》中对礼治思想的内容按人们在宗族、社会、家庭、国家中所具有的不同地

---

① 《礼记·乐记》。

②③ 《史记·太史公自序》索隐。

位作了更具体的表述：父慈子孝，兄良弟悌，夫义妇听，长惠幼顺，君仁臣忠。由此我们可以体会到礼治思想的核心确实是“德”。这一思想反映于法律上，便是将道德的规范变成了法律的禁令，不孝不友被视为最大的犯罪，故《孝经·五刑》记：“五刑之属三千，而罪莫大于不孝。”

四、礼治的特征

礼制确定了每个人的身份等级，而礼治思想的特征正是强调这种等级的差异不可改变、天经地义。礼与刑的适用也因等级的不同而不同，即“礼不下庶人，刑不上大夫”①。

“礼不下庶人”主要是指周人的宗法之礼不适用于外族的人。各级贵族依礼制而享受的权利，庶民更是无权享用。

“刑不上大夫”主要是指宫刑不得用于大夫以上的贵族②，而刑罚的锋芒主要是针对被统治者。

“礼不下庶人，刑不上大夫”不仅体现了礼治的特征，而且是指导西周立法、司法的重要原则。由此可以看出西周的法律是一种公开的不平等的特权法。贵族不仅在立法上享有特权，诸如“八议”之类，而且在司法中也享有变通减免之权。

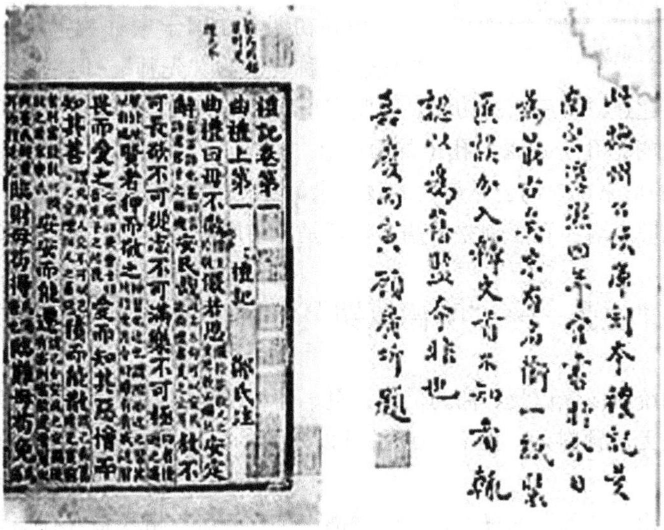
禮記卷第一
曲禮上第一　禮記　鄭氏注
曲禮曰毋不敬儼若思安定辭安民哉
敖不可長欲不可從志不可滿樂不可極
賢者狎而敬之畏而愛之愛而知其惡憎而知其善
積而能散安安而能遷臨財毋苟得臨難毋苟免
嘉慶丙寅顧廣圻題

《周礼》书影

说明：《周礼》是儒家经典，成书在战国至汉时期。其与《仪礼》《礼记》合称“三礼”，是儒家的重要经典。《周礼》是后人对西周官职的追记，其中不乏西周时期真实的历史，但也有许多是后世儒家将自己的理想附会于西周。从思想史角度分析，说明儒家思想发展到战国后期，融合了道、法、阴阳等诸家思想，与孔子的思想不尽相同。

---

① 《礼记·曲礼上》。

② 参见李光灿、张国华主编：《中国法律思想通史》（一），96～99页，太原，山西人民出版社，1994。

第三节 周公的法律思想

周公画像

周公（？—约前 1090），姓姬名旦，周文王之子，武王之弟，成王之叔。其封国在周（今陕西岐山东北），故称周公，或周公旦。据《史记·鲁周公世家》记，周公年幼时十分仁孝，其兄周武王即位后，周公尽力辅政，助武王伐纣，灭殷建周。武王封周公于"少昊之虚曲阜"。周公未亲至封地，而一直留在武王的身边辅佐武王。武王去世时，其子成王年幼，为防天下之变，周公摄政。7 年后，成王长成，周公还政于成王。还政于成王后，周公对成王礼敬有加，"北面就臣位，匔匔如畏然"。周公去世后，成王特赐其封地鲁"有天子礼乐者，以褒周公之德也"①，即可以享受天子才能享受到的礼乐，以表彰周公的伟绩。

唐朝初期，在国学中并祀周公、孔子，称周公为"先圣"，称孔子为"先师"。但宰相长孙无忌认为，周公对天下而言，有超过"帝王"的功业，因此应享有"王"的祭祀规制，不应在国学中立庙祭祀。国学应该祭祀的是孔子，因为孔子的贡献在"学"。周公堪比"先王"，而孔子实为"先圣"。用我们今天的话来说，周公是伟大的政治家，是礼治的实践者；而孔子是伟大的思想家，是礼治思想的理论奠基者。孔子创立的儒学，正是总结周公"礼治"政治的结果。

一、周公的法律主张——"明德慎罚"

周公言：周的统治应该以夏、商为借鉴。夏、商的祖先因得天命而统治天下，这个统治能延续多长时间，是无法预料的。但有一点是可以知道的，这就是夏、商失去天命的原因在于"不敬其德"②。

在此，周公提出了"德"的概念，并将"德"与"天命"相联系：有德者得天下，失德者失天下。这一思想一直影响了中国数千年。

1."明德慎罚"思想的提出

"明德慎罚"思想是周公在告诫康叔时提出的，其集中体现在《尚书·康诰》中。所谓

① 《史记·鲁周公世家》。

② 《尚书·召诰》载："我不可不监于有夏，亦不可不监于有殷。""我不敢知曰，有夏服天命，惟有历年；我不敢知曰，不其延。惟不敬厥德，乃早坠厥命。我不敢知曰，有殷受天命，惟有历年；我不敢知曰，不其延。惟不敬厥德，乃早坠厥命。"

“明德”就是要求统治者体恤民情，“徽柔懿恭，怀保小民，惠鲜鳏寡”①，即自我修养，爱护百姓，同情、照顾鳏寡无依靠的人。所谓“慎罚”就是要求统治者谨慎地适用刑罚，一定要罚当其罪。②

2.“明德”的内容

(1) 要关心民间疾苦，尤其对处于弱势的人们，如对鳏寡、笃疾、孤独无靠者要给予特别的关怀，以体现统治者视民如子的仁慈之心。

(2) 统治者为政要兢兢业业、如履薄冰。周公自身在勤政方面树立了良好的典范，《史记》记周公摄政，“一沐三捉发，一饭三吐哺”。“周公吐哺，天下归心”成为流传至今的成语。

(3) 对同族的贵族要给予特殊的关照，使他们能珍惜名誉、保守节操。周公认为商代灭亡的一个重要原因在于违背了人的本性——亲亲，将刑罚用于同族之人，以致众叛亲离。

(4) 对民众要以教化为主，用古人之法，“胥训告，胥保惠，胥教诲”，即出于仁慈之心而不厌其烦地告诫、教诲他们应该怎样做、不应该怎样做。

3.“慎罚”的内容

(1) 不杀无辜，即不杀无罪的人，不滥杀人。西周统治者认为，社会矛盾激化，民众怨恨统治者，一个重要的原因是刑罚过重，错杀无辜。《尚书·无逸》中说：“则若时，不永念厥辟，不宽绰厥心，乱罚无罪，杀无辜。怨有同，是丛于厥身。”意为：如果有这样的执政——不遵法度，无宽容之心，任意惩罚无罪之人，杀害无辜，结果就是将人民的仇恨集中在自己的身上。

(2)“罪人不孥”。这是针对商统治者“罪人以族”而提出的。周公认识到族诛这种残酷的刑罚不利于体现统治者美好的“德”性，也不利于社会的安定，故而提出“父子兄弟，罪不相及”，即一人犯罪，一人承当。这种“罪止一身”的刑罚主张是符合社会文明进步的，其对后世的影响也是积极的。

(3) 区别对待。在量刑时要考虑不同的情况而加刑或减刑。西周时过失犯罪称为“眚”，故意犯罪称为“非眚”，累犯称为“惟终”，偶犯称为“非终”。周公主张：有人犯的罪虽然不是很严重，但是故意犯罪（非眚），而且是惯犯（惟终），应该加重处罚。相反，有人犯了大罪，但属于过失犯罪（眚）和偶犯（非终），则可以减免刑罚。③

(4) 恰当地适用法条。《尚书·康诰》言，在司法审判中要考虑各地方的风俗和习惯，用“义刑义杀”，防止偏颇。所谓“义”，即“宜”，合适、恰当之意。

周公的“明德慎罚”思想，强调“明德”，即教化，但并不排斥刑罚，相反，对于违背伦理——“不孝不友”、危害统治秩序——“寇攘奸宄，杀越人于货”的犯罪，周公主张“刑兹无赦”④。其实，“慎罚”思想的本身便包含了刑罚不可或缺的判断。在必须适用刑罚的时候，周公强调用刑准确、宽严适度。

---

① 《尚书·无逸》。

② 《尚书·康诰》中，周公言，“惟乃丕显考文王，克明德慎罚”。在《尚书·多方》中又言，“乃惟成汤……以至于帝乙，罔不明德慎罚”。

③ 《尚书·康诰》载：“敬明乃罚。人有小罪，非眚，乃惟终自作不典；式尔，有厥罪小，乃不可不杀。乃有大罪，非终，乃惟眚灾；式尔，既道极厥辜，时乃不可杀。”

④ 《尚书·康诰》。

周公“明德慎罚”的思想对后世法律思想的影响深远。春秋战国时儒家的“为政在德”思想与法家的“缘法而治”思想，尤其汉朝儒法合流后产生的“德主刑辅”的思想，皆可以从周公的思想中找到源流。

山东周公庙中的“制礼作乐”坊

说明：嘉靖三年（公元1524年）刻立，位于大门内西墙上，与“经天纬地”坊相对。“制礼作乐”是周公留给后人的最宝贵，也是最具生命力的遗产。

图片来源：http：//www. sd. xinhuanet. com/lypd/2003－09/14/content _ 3492463. htm。

二、周公法律思想对中国传统法的影响

中国传统法的许多特征、传统社会的治理模式都始自周公。在中国古代社会中，周公是政治家的楷模，周公之礼被奉为万世“经典”。

其实从上述并不丰富的资料来看，周公对中国传统法的形成确实有奠基之功，周公对后世法律的影响可归纳为以下几点：

1. “综合治理”的礼治模式

周公的“礼治”体系确实是一个综合的体系，德、礼、教、刑都是这个体系的有机组成部分。将礼与法、教与刑划分为两个不同的范畴，甚至作为两种对立的治国方法，是春秋之后的事。但是，无论是儒家主张的德、礼、教，还是法家强调的法与刑，在周公的礼治体系中都能找到源头。《礼记·经解》释“礼”：“礼之于正国也，犹衡之于轻重也，绳墨之于曲直也，规矩之于方圆也。”而这个“礼”的解释与齐法家的“法”观念完全相同。齐法家释“法”为“尺寸也，绳墨也，规矩也，衡石也，斗斛也，角量也”①。其实，无论是法家，还是儒家，他们的主张都是弘扬了周公思想的一个方面，正因为两者思想的同源，在其后的发展中才得以顺利地“合流”。汉朝之后，“隆礼至法”的传统法体系，虽与周公综合治理的礼治体系有了很大

① 《管子·士法》。

的区别，但礼法组成的“共同体”这一模式不能不说是效法了周公。

2. 注意对刑罚负面作用的控制

与“教”相比，周公认为“刑”或“罚”是一柄双刃剑。夏商之亡，无不与大开杀戒、滥用刑罚有关。周公对于“刑”可能导致社会矛盾的激化，统治者失去民心，并由此失去天下有着清醒的认识，所以周公强调“教”应是治理天下的主要手段。周公摄政期间，天下并不太平。商王朝遗民的反抗，周边方国的背叛，周族内部的权力之争，这些都不是采用“教”这种和缓的手段可以解决的。因此，周公在主张“教”时，并不放弃“刑”，只是格外强调“慎刑”“慎罚”，力图做到用严谨的态度，准确、适度地使用惩罚手段，将刑的副作用控制在最小的范围内。

周公的这一思想为后世儒家所继承，也为全社会广泛认可。“刑”在人们的观念中确实成为不得已而用之的手段。这一思想在二十五史《刑法志》中有充分的反映。

3. “德”成为预防犯罪的防线

在周公的思想体系中，“德”被强调并与天命相连，经儒家弘扬，成为中国人追求的价值取向。中国人对道德的崇尚并不亚于西方对上帝的信仰。直到今天，中国人对错误或罪行最严厉的谴责词仍然是“缺德”二字。

周公之“德”有统治者之德，如“怀保小民”，扶持弱者，处事公平，勤勉为政，等等。但“德之说”不只是对统治者而言，它还具有普遍性，如对父母的孝敬、对兄弟族人的友爱、对长者的尊敬、对幼小的爱护、对弱势群体的体恤，等等，“不孝不友”在周公看来是最不可饶恕的大罪。[①] 汉之后，在儒家思想的指导下，中国社会以实践忠、孝、节、义作为毕生追求者大有人在。对道德的追求，虽然有时不免与法的规范发生抵触，如为亲复仇、为义试法，等等，但就总体而言，道德的弘扬，有利于制约、预防犯罪及改造罪犯。

四川仁寿县双石牌坊

说明：据说牌坊于西周时就已经存在，在中国古代其用于表彰德功卓著者——功臣、孝子、节妇、烈女、义士，只要合乎朝廷颁发的条例，皆可由朝廷钦赐立坊。图为四川仁寿县双石牌坊，清光绪七年（1881年）为表彰徐母杨氏“夫死从子”，钦旨建造的旌表节孝牌坊。坊高11.17米，用109块石料构成，有90龛戏文和民间故事造像。

① 参见《尚书·康诰》。

在任何研究中国传统文化的著作中，只要谈到“礼治”，孔子必不可缺，“礼治”成为儒家，甚至是中国文化的一个标志。但儒家的礼治思想并不是凭空产生的，其思想的主体来源于周初的政治家周公。从对周礼的竭力赞叹与连做梦都梦到周公来看，孔子对周公的敬仰已到了“高山仰止”的崇拜程度。周公为政所要体现的宗旨正是孔子所要维护和弘扬的，可以说儒家的理论实质上就是对周政的总结，没有周公，就难以成就孔子。也正因如此，我们研究中国古代的传统文化，就不能不研究周公。

相关事例

1. 夏启征讨有扈氏

夏启继承父亲大禹之位，为“天子”。有扈氏不服，夏启兴兵征伐，双方在“甘”（今陕西户县）这个地方展开大战。大战之前，夏启作《甘誓》，约束军队。在《甘誓》中，夏启言：“六军的将领们：我告诉你们，有扈氏忤逆五行之道，不遵循天、地、人之正道，上天命我们剿灭他们。现在我与你们奉行天意，讨伐有扈氏。……听从我命令的人，我将在祖庙位前为他颁赏；不听从我命令的人，我将在社（土地）神位前将他诛杀，并辱及他的子孙。”①

2. 周公摄政制礼作乐

周武王去世，成王年幼，为防天下之变，周公摄政。周公对自己的儿子说：“我是文王的儿子、武王的弟弟、成王的叔父。我的地位在当今的天下来说，已经很尊贵的。但是，我不敢有丝毫的懈怠。沐浴的时候，有人来谈政事，我就绾起头发，有时一次沐浴，被来谈政事的人打断多次。吃饭的时候，有人来谈政事，我就放下饭碗，有时一次用餐，被来谈政事的人打断多次。我‘一沐三捉发’‘一饭三吐哺’，是因为唯恐失去治国的人才。”在摄政的7年间，周公一年救乱，二年克殷，三年践奄，四年建侯卫，五年营成周，六年制礼作乐，七年致政成王。周公的功绩，“救乱”“克殷”“践奄”，在当时必经过惨烈的征伐，但其对后世不过是“俱往矣”的“故事”，对今日而言，更已是不为多数人所知的历史。“建侯卫”“营成周”留给后人的也不过是一些“历史陈迹”，但唯有这“制礼作乐”，几千年来让人难以忘却，其不仅给中华文明打上深刻的烙印，而且影响了世世代代中国人的价值观。②

原典阅读书目

1.《史记·夏本纪》
2.《史记·商本纪》
3.《史记·周本纪》
4.《史记·鲁周公世家》

① 《尚书·甘誓》《史记·夏本纪》。
② 参见《尚书》《史记·周本纪》《史记·鲁周公世家》。

5.《尚书·吕刑》
6.《尚书·周书》中的诰、誓
7.《礼记·礼运》

原典阅读举例

“惟乃丕显考文王，克明德慎罚；不敢侮鳏寡，庸庸、祗祗、威威、显民。”

“别求闻由古先哲王，用康保民，弘于天，若德，裕乃身，不废在王命。”

“敬明乃罚。人有小罪，非眚，乃惟终，自作不典；式尔，有厥罪小，乃不可不杀，乃有大罪，非终，乃惟眚灾，适尔，既道极厥辜，时乃不可杀。”

“有叙时，乃大明服，惟民其敕懋和，若有疾，惟民其毕弃咎，若保赤子，惟民其康乂。非汝封刑人杀人，无或刑人杀人；非汝封又曰劓刵人，无或劓刵人。”

“汝陈时臬事罚，蔽殷彝，用其义刑义杀，勿庸以次汝封。乃汝尽逊，曰时叙，惟曰未有逊事。”

“元恶大憝，矧惟不孝不友……文王作罚，刑兹无赦。不率大戛，矧惟外庶子、训人……乃别播敷。”

“无作怨，勿用非谋，非彝，蔽时忱。”①

“成王幼年，周公践极，制礼作乐，功比帝王。所以禹、汤、文、武、成王、周公为六君子。又说明孝道，乃述周公严配。此即姬旦鸿业，合同王者祀之，儒官就享，实贬其功。仲尼生衰周之末，拯文丧之弊，祖述尧舜，宪章文武，弘圣教于六经，阐儒风于千世，故孟轲称：生民以来，一人而已。”②

延伸阅读书目

1. 张国华．中国法律思想史新编．北京：北京大学出版社，1991
2. 侯外庐，赵纪彬，杜国庠，等．中国思想通史．北京：人民出版社，1957
3. 马小红．礼与法：法的历史连接．北京：北京大学出版社，2004
4. ［法］伏尔泰．风俗论：上册．梁守锵，译．北京：商务印书馆，1995
5. ［法］孟德斯鸠．论法的精神．北京：商务印书馆，1961

---

① 以上引文见《尚书·康诰》。
② 〔宋〕马端临撰《文献通考·卷四三》记唐初宰相长孙无忌言。

延伸阅读举例

“应当指出的是，中国历史上的神权法思想和神权政治都有一个共同的特点，即在全国范围内从未出现过凌驾于世俗之上的教会和教权。中国古代的神权法思想是从属于和服务于奴隶制王权或封建皇权的，其目的在于使王权或神权深化。这和中国古代长期存在着比较强大的王权或皇权的历史条件是分不开的。”①

“实施礼治的方法有两种，即教化与刑罚。这两者在初始时大致有着明确的分工，教化用于本部落或本族成员，刑罚用于敌对及臣属部落和异族。‘所谓德以柔中国，刑以威四夷。’在礼治体系中，教与刑也有大致的分工，即以教化推行礼义（道德），以刑罚维护礼制。

“礼义既然是礼治体系中的主导，教化也自然成为礼治体系中的主要手段。教化的实施远比刑罚复杂，但其极少负面影响。教化的特点是重视环境的营造、重视潜移默化的作用。如《礼记·经解》所言：‘礼之教化也微，其止邪也于未形，使人日徙善远罪而不自知也。’教化的目的在于‘正人心’，使人向善。

“礼治体系中的刑罚，实施起来远比教化简单，其主要目的在于维护礼制，以正人言行。商代由于血缘关系的松散及商人对鬼神的一味敬畏而刑罚格外残酷，周人对此进行了校正。在西周的礼治体系中，刑罚的锋芒深藏。为了使贵族洁身自律、远离犯罪，不辜负自己高贵的血统，西周统治者确立了‘礼不下庶民，刑不上大夫’的刑罚原则。”②

“在别的国家，法律用以治罪，而在中国，其作用更大，用以褒奖善行。若是出现一桩罕见的高尚行为，那便会有口皆碑，传及全省。官员必须奏报皇帝，皇帝便给应受褒奖者立牌挂匾。前些时候，一个名叫石桂（译音）的老实巴交的农民拾到旅行者遗失的一个装有金币的钱包，他来到这个旅行者的省份，把钱包交给了知府，不取任何报酬。对此类事知府都必须上报京师大理院，否则要受到革职处分；大理院又必须奏禀皇帝。于是这个农民被赐给五品官，因为朝廷为品德高尚的农民和在农业方面有成绩的人设有官职。应当承认，在我们国家，对这个农夫的表彰，只能是课以更重的军役税，因为人们认为他相当富裕。这种道德，这种宗法精神，加上对玉皇大帝的崇拜，形成了中国的宗教——帝王和士人的宗教。皇帝自古以来便是首席大祭司，由他来祭天，祭祀天上的神和地上的神。他可能是全国首屈一指的哲学家，最有权威的预言者；皇帝的御旨几乎从来都是关于道德的指示和圣训。”③

“中国的立法者们所做的尚不止此。他们把宗教、法律、风俗、礼仪都混在一起。所有这些东西都是道德。所有这些东西都是品德。这四者的箴规，就是所谓礼教。中国统治者就是因

① 张国华：《中国法律思想史新编》，25 页，北京，北京大学出版社，1991。

② 马小红：《礼与法：法的历史连接》（修订本），161 页，北京，北京大学出版社，2017。

③ ［法］伏尔泰著，梁守锵译：《风俗论》（上册），217 页，北京，商务印书馆，1995。

为严格遵守这种礼教而获得了成功。中国人把整个青年时代用在学习这种礼教上，并把整个一生用在实践这种礼教上。文人用之以施教，官吏用之以宣传；生活上的一切细微的行动都包罗在这些礼教之内，所以当人们找到使它们获得严格遵守的方法的时候，中国便治理得很好了。

"那些不以礼而以刑治国的君主们，就是想要借刑罚去完成刑罚的力量所做不到的事，即，树立道德。一个公民，因为丧失了道德的观念，以致违犯法律，刑罚可以把他从社会里清除出去。但是，如果所有的人都丧失了道德观念的话，刑罚能把道德重新树立起来么？刑罚可以防止一般邪恶的许多后果，但是刑罚不能铲除邪恶本身。因此，当中国政体的原则被抛弃，道德沦丧了的时候，国家便将陷入无政府状态，革命便将到来。"①

关键词

神权法　甲骨文　受命于天　天降典刑　洪范　恭行天罚　以德配天　宗法制　礼　礼制　礼治　亲亲　尊尊　长长　男女有别　嫡长子继承制　周公

思考题

1. 简述神权法思想的内容和产生根源。
2. 简述夏商时期的"天命""天罚"思想。
3. 试论西周"以德配天"的思想。
4. 试论西周礼治思想的内容与特征。
5. 试论周公"明德慎罚"的思想。
6. 简述周公的法律思想对后世的影响。

① ［法］孟德斯鸠：《论法的精神》，313～314页，北京，商务印书馆，1961。

第三章

春秋战国的法律思想

内容提要

春秋战国在中国思想发展史上是一个学派林立、观点纷呈的多元化时代，也是法律思想发展的黄金时代。诸子百家从各自的立场出发，对法律的概念、性质、作用以及发展趋势提出了自己的主张。无论是从研究的深度和广度来说，还是从对历史发展的影响来说，春秋战国法律思想发展的总体趋势在中国古代史上都是空前绝后的，秦汉之后的思想家与政治家无不将春秋战国时期的诸子之学视为思想宝库。百家言中，对中国传统法律影响最为深远的莫过于儒、法两家。儒家"为国以礼""为政以德""身正令行"的改良主张与法家"以法治国"的变革主张形成对立，但是两者亦有相同之处，即主张一统、维护君权、维护社会的等级制。在中国古代法律的发展过程中，法家的理论奠定了制度的基础，儒家的思想则自汉后逐渐成为法的灵魂。

本章的学习重点在于，理解各家尤其儒、法两家的法律思想内容的异同和影响。

春秋战国是中国思想发展的黄金时代，是贤哲辈出的时代。即使在现代，我们在研究天人关系、名实关系、义利关系、人性善恶、伦理道德等问题时，也要在春秋战国诸子学说中寻找宝藏、汲取精华。而法律正是春秋战国时政治家、思想家十分关注的问题。汉初，史学家司马迁之父司马谈将先秦诸子之学归纳为阴阳、儒、墨、名、法、道德（道）六家①，即六个学派。每一学派都从不同的角度对法律进行了阐述，其中，法家对法的阐述更是达到了前所未有的水平。各个学派的思想、观点有针锋相对之处，也有互相采纳、融合之处，愈到战国中后期，不同学派间的相互融合趋势就愈加明显。春秋战国时各学派间的对立与融合，为日后中国传统的"大一统"文化打下了基础。

① 参见《史记·太史公自序》。

第一节　传统法律思想的变革

春秋时期的“礼崩乐坏”反映在法律思想方面主要有两点：第一，夏商西周时期的神权法思想瓦解；第二，随着宗法制的破坏，维护宗法制度的礼治思想开始动摇。

一、神权法思想的瓦解

夏、商、西周“受命于天”的思想在春秋时受到空前的怀疑。著名的政治家子产认为“天道远，人道迩”①，实际上是否定了天对人的支配权力。

春秋时期神权法思想的瓦解表现在以下几个方面。

1. 发展了西周的“重德”传统，对“天”则敬而远之

在解释统治者权力的来源时，夏、商两代基本上持“君权神授”说。从甲骨文对商人祭祀活动的记载中，我们可以看到商人甚至自称自己的祖先“在帝左右”，而帝，即上天，因此，商人认为自己的统治权是“帝”（上天）赋予的，是神圣不可侵犯的。正因笃信天命，商纣王在亡国之时发出了“我生不有命在天乎”之问。②

周人对权力来源的解释比夏、商统治者的解释复杂。一方面，他们继承了“受命于天”的传统；另一方面，他们又提出“德”的概念，并认为上天是公正无私的，上天只将权力授予有德之人，这就是“皇天无亲，惟德是辅”③。周人解释了自己取得权力的原因是“有德”而得“天命”，这一解释表明周人重视统治者自身“德”的修养，但仍认为天子的权力来源于上天。

春秋时期，有更多的政治家、思想家对周人提出的“德”非常重视，而对“上天”或“上帝”持回避甚至否定的态度。由于弘扬了“德”，相对上天而言，人的地位就有了前所未有的提高，于是重民或民本的思想成了当时的时尚。创立了道家学派的老子以“道”为万物之母，否认了有好恶、有喜怒、有意志的超自然的人格神的存在。儒家的创始者孔子对上天的态度也是敬而远之，《论语·述而》言“子不语怪、力、乱、神”，又言孔子的人生态度是“志于道，据于德，依于仁，游于艺”④。可见，相对敬事上天的鬼神来说，孔子更注重人们的自身修养。

2. 强调立法应顺应民心

随着上天权威被削弱，神权政治下产生的法律也开始转向世俗，春秋时许多政治家无不强调“民心”对立法的重要作用。助齐桓公成就霸业的管仲提出了制定与废除制度的原则是大众的好恶：“俗之所欲，因而予之；俗之所否，因而去之。”⑤ 管仲在为政期间也确实贯彻了重民

---

① 《左传·昭公十八年》。迩，“近”之意，意为“天意远而难测，而人间的事情却是离我们很近并可以把握的”。

② 参见《史记·殷本纪》。

③ 《左传·僖公五年》引《周书》。

④ 杨伯峻译注：“孔子说：目标在道，根据在德，依靠在仁，而游憩于礼、乐、射、御、书、术六艺之中。”（杨伯峻译注：《论语译注》，66页，北京，中华书局，2009。）

⑤ 《史记·管晏列传》。

或民本的思想。所以，后人多托管仲之言，来证明“民”在国家兴亡中举足轻重的地位。《管子·牧民》中言：“政之所行，在顺民心；政之所废，在逆民心。”

总之，春秋时期，神权法思想的瓦解，极大地解放了人们的思想，人们开始关注在社会发展中人类的自身力量与地位，开始关注统治者之“德”、民心与天下兴衰之间的关系，法律从神权的笼罩下走向世俗。

二、礼治思想的动摇

1. 主张改良礼治的管仲、子产

尽管春秋已是“礼崩乐坏”的时代，但当时的思想家、政治家对“礼治”的批判却是谨慎的，原因在于维护宗法制度的“礼治”是一个极为复杂的思想体系，其中凝聚了许多传统的优秀成分。尤其让春秋时期的思想家、政治家难以割舍的是礼治思想体系下伦理道德对维护社会安定所具有的巨大作用，因此在对“上天”的怀疑中，“德”的地位在人们的心目中并未被削弱，反而得到了加强。这就是在春秋之时，也有许多思想家、政治家主张改良礼治，而不是否定礼治的原因。其中代表人物是齐国的管仲和郑国的子产。

郑州子产祠

说明：该祠修建于宋朝，也称遗爱祠，历经多次损毁与重修，供后人凭吊。

管仲是春秋前期的政治家、思想家，其辅佐齐桓公40年，助成齐国的霸业。管仲重视礼治所倡导的伦理道德对维护社会安定的作用，所以提出礼、义、廉、耻是“国之四维”。在讨伐楚国时，管仲责备楚王对王室不恭、不合礼教。在向齐桓公献治国之策时，管仲又言：“德礼不易，无人不怀。”[①] 他主张用传统的礼治安抚、收揽人心。但管仲并不主张僵化地固守礼治，而是提出政顺民心的主张。顺应当时的经济发展，管仲提出富国安民之道，“仓廪实而知礼节，衣食足而知荣辱”[②]就是管仲的治国名言。在注重国家经济发展的同时，管仲也主张“以法治国”，即改良西周礼治的“亲亲”原则，按照公平的原则，委重任以有才能的人。对有功的人要用奖赏激励，对有罪的人要用刑罚惩罚，即“劝之以庆赏，纠之以刑罚”[③]，用公正、公开的赏罚来加强国家的权威。

子产是春秋晚期郑国的执政，晚管仲百余年。他在郑国坚定地推行了改革，不仅明智地提出“天道远，人道迩”之论，而且于公元前536年将郑国的法律铸于鼎上予以公开。这是中国法律史上的一次划时代的改革，破坏了礼治时期法律的秘密状态，剥夺了

① 《左传·僖公七年》。
② 《管子·牧民》。
③ 《国语·齐语》。

贵族在司法中临时擅断的权力，在法律上给“民”以新的地位，即民可以根据公布的法律维护并争取自己的权利。然而，在说到传统礼治时，子产仍然要强调“夫礼，天之经也，地之义也，民之行也”①，“德，国家之基也”②。基于对传统礼治的改良态度，子产提出了“宽猛相济”的治国思想③：所谓的“宽”，就是传统的礼乐教化，以说服教育为主。“猛”，就是以刚性的制度规范人们的言行，甚至用严刑震慑、惩罚犯罪。“宽猛相济”的思想对于后世统治者对国家的治理具有深远的影响。

2. 彻底否定礼治的邓析

随着宗法制的解体，春秋时期也有相当一部分人彻底否定传统的“礼治”，郑国私造竹刑的邓析就是其中的典型。

邓析是春秋末期郑国人，其因私造竹刑（私自将刑书刻于竹简上）而被郑国贵族处死。荀子评价邓析“不法先王，不是礼义”④，即不以传统的是非为是非。在夏、商、西周，立法权是由国家统一掌握的，而邓析私造竹刑，本身就僭越了礼制，否定了礼治的价值观。更有趣的是邓析还以刑书私授学生，即教人如何利用国家颁布的刑书打官司。《吕氏春秋·离谓》记，邓析“与民之有狱者约：大狱一衣，小狱襦袴。民之献衣襦袴而学讼者，不可胜数”。意即他与有官司的人约定，若自己帮助当事人的案子是大案，当事人应该给自己“一衣”作为酬金；若是小案子，则以“襦袴”（短衣、裤子）为酬金。而许多人为了学打官司拿着长衣、短衣、裤子送给邓析，拜他为师。

春秋时期礼治的衰败已经难以挽回，这一点从子产与贵族叔向往来的书信中可以看出。晋国贵族叔向曾致书子产，认为子产铸刑书是“弃礼”之举⑤；子产回书相答，说铸刑书实为迫不得已的“救世”之策。子产以公布刑书“救世”，而且这一举措为其他国家所效法，说明建立新的制度、依靠法律富国强兵在春秋时已成为历史发展的趋势。

第二节 春秋战国时期诸子的法律主张

本节简要论述道、墨、阴阳家的法律主张。儒家与法家的法律思想则另设节论述。

一、道家的法律思想

道家的主要代表人物是春秋时期的老子和战国时期的庄子，世称道家为“老庄之学”。

老子是道家的创始人，姓李名耳字聃，又称老聃，生卒年不详。西汉史学家司马迁作《史记》，考证了有关老子的三种说法：一是老子即李聃，时代略早于孔子；二是老子为老莱子，

---

① 《左传·昭公二十五年》。

② 《左传·襄公二十四年》。

③ 《左传·昭公二十年》中子产说：“唯有德者能以宽服民，其次莫如猛。”

④ 《荀子·非十二子》。

⑤ 参见《左传·昭公六年》。

与孔子是同时代人；三是老子是孔子百余年之后的周太史儋。但从《史记》的行文中可以看出司马迁基本倾向第一种意见，而后世学界也基本以此为通说，即认为老子年长于孔子。道家的经典著作《老子》即《道德经》的成书年代也是史家聚讼的问题，目前学界的主流观点认为《老子》一书是老子遗说的发挥，其成书经过了一段相当长的时间，但并不排除其中的一些内容为老子亲自所撰，更不能否定《老子》一书所反映的是老子或接近老子的基本思想。其成书时代不会晚于庄子的生活时代。

庄子画像

庄子（约前 369—前 286）名周，是道家思想的集大成者。其著作《庄子》和春秋战国时其他思想家的著作一样，其中有庄子自己的作品，也有门生后学根据庄子的思想而著者。

道家的法律思想有两个显著的特点：一是崇尚自然，以自然法则为至上；二是具有极强的批判性，认为儒、道、法诸家学说背离“大道”，而背离大道，正是天下大乱的原因。

1.“道法自然”

道家主张以道为本，但什么是“道”？道家却认为这是一个难以说明白的问题，故有“道可道，非常道；名可名，非常名”①之论。

《老子·二十五章》对于我们理解道家的“道”最有帮助，可以说是“道”的概念，抄录如下：“有物混成，先天地生。寂兮寥兮，独立不改，周行而不殆，可以为天下母。吾不知其名，强字之曰道，强为之名曰大。大曰逝，逝曰远，远曰反。故道大、天大、地大、人亦大。域中有四大，而人居其一焉。人法地，地法天，天法道，道法自然。”

根据这一章我们可以归纳出“道”的特征：第一，道是万物之本源，它先天地而生，超越时空。第二，道是一种周而复始、永不停息的运动规律。任何力量都无法阻止道的运行，顺之者昌，逆之者亡。第三，道无声无形，但确实无所不在。它孕生万物，是宇宙之“大”。第四，在宇宙中有四“大”，即人、地、天、道，但道是至高无上的。而这个至高无上的道的原貌就是自然，它是万事万物的规则。

由“道”而产生出的自然法则，在道家看来是最为完美，也最为权威的。这是因为：

（1）自然法则是最公正无私的。“天道无亲，常与善人。”②《庄子·大宗师》亦言：“天无私覆，地无私载。”这就是说自然规则适合于一切，对人也是如此，没有偏私。

（2）自然法则能使万物和谐、平衡：“高者抑之，下者举之，有余者损之，不足者补之。天之道，损有余而补不足。”③

---

① 《老子·一章》。
② 《老子·七九章》。
③ 《老子·七七章》。

(3) 自然法则是永恒的，因其与“道”合，所以它无始无终，永远不会失效。一切人为的法则都无法达到这一境界。

(4) 自然法则广大无边，万事万物无不受其约束，因此“道”虽然无声无形，却具有最高的权威：“天之道，不争而善胜，不言而善应，不召而自来，□[1]然而善谋。天网恢恢，疏而不失。”[2]

鉴于对“道”的崇尚，道家认为人类社会，尤其是统治者在治国时应该效法自然，行无为之政以维持长久。效法自然、合于大道是道家的治国原则，也是道家的法律原则。

道家所说的“道”或“天道”与墨家所言的“天”或“天志”是两个不同的概念。道家的“道”或“天道”是万物之本源，是一种无知无觉但又有规律的客观存在。而墨家的“天”或“天志”则指有意志与喜怒的至高无上的“神”。因此，从某种意义上说，墨家“以天为法”的思想带有浓厚的神权法特色，而道家的“道法自然”思想更具有自然法的特征。

2. 对儒、墨、法诸家学说的批判

道家强调“道”的权威，主张为政者效法自然，认为人类的出路在于“返璞归真”。所以，对于人为制定规则、法令，道家一般都持否定的态度，而且认为人为之事愈多，人类背离大道就愈远，社会就会更加混乱，故而《老子》有“圣人处无为之事，行不言之教”[3] 的训诫。站在维护“道”的立场上，道家认为儒、墨、法诸家的救世之论，对于乱世而言，犹如扬汤止沸、负薪救火。

首先，道家认为儒家提倡的仁、义、礼、智、信是病态社会中的反常现象，因为它既不符合人之本性，更不符合道的宗旨。“大道废，有仁义；慧智出，有大伪；六亲不和，有孝慈；国家昏乱，有忠臣。”[4] 儒家提倡的仁义，在道家看来是迷失人的本性的东西，儒家的说教就如同人体上的“骈拇枝指”[5]：多余并令人生厌。更为重要的是，道家认为“仁义”并不真实地存在，它只是一种虚伪地掩饰大罪恶的工具；且以仁义为法，会造成社会矛盾的冲突和社会的不公。《庄子・胠箧》中指出：“彼窃钩者诛，窃国者为诸侯。诸侯之门，而仁义存焉。”小偷小摸要受到制裁，而偷窃了国家却成了诸侯，而诸侯之门才有所谓的“仁义”。在道家看来，诸侯之门的仁义显然是一种欺世盗名的伪善。

其次，道家反对墨家提倡的“尚贤”。所谓“尚贤”就是崇尚有道德、有才能的人。道家认为正是因为尚贤，民众才有了争心。真正的圣人是从来不表现自己才智的：“圣人抱一为天下式。不自见故明；不自是故彰；不自伐故有功；不自矜故长。”[6] 道家认为尚贤会使人类社会离“道”越来越远。

最后，道家更反对法家提倡的“法治”，并认为天下大乱、人们犯罪增加恰恰就是因为人为法制定得太多太繁。《老子・五七章》中有“法令滋彰，盗贼多有”之语，深刻地指出了“以法治国”必然陷入的困境，即激化社会矛盾，使民众“不畏威”。

---

① 原文缺字，或为“默”，或为“黯”。参见朱谦之撰：《老子校释》，北京，中华书局，1984。

② 《老子・七三章》。

③ 《老子・二章》。

④ 《老子・十八章》。

⑤ 《庄子・骈拇》。

⑥ 《老子・二二章》。

道家对自然法则的崇尚和对现实社会礼法的批判对后世的思想家、政治家的政治、法律主张都有深刻的影响。在中国古代社会，无论是政治家还是思想家，在论及法律时往往强调简约，而且比较注重尽量扼制法的消极面。可以说这是深受道家思想的影响。

帛书《老子》

说明：发现于马王堆汉墓的帛书《老子》，分甲、乙本，经考证属汉文帝以前的旧本，是现存最早的古本。魏晋以来，《老子》传本较多，现在所据大多为唐碑、唐卷。帛书《老子》的出土解决了很多章节中历来争论的问题，也为我们研究老子的法律思想提供了可信的资料。

二、墨家的法律思想

墨子周游列国画像

图片来源：http：//www. tengzhou. gov. cn/mzgl/mzsp/t20040720 _ 25692. htm（滕州党政信息网）。

墨家是战国初期以墨翟即墨子为创始人的一个学派。墨子是春秋末战国初鲁国思想家，出身于平民，精通手工艺，自称“贱人”。墨子早年“学儒者之业，受孔子之术”，后来，墨子认为儒家所讲的周礼“烦扰”，故“背周道而行夏政”①，并创立了墨家学派。从某种意义上说，墨家是最早提出反对“礼治”并与儒学对立的一个学派，墨家在当时的影响并不逊色于儒家，因而孟子有“杨墨之道不息，孔子之道不著”② 之语，而韩非也将儒、墨并称为“显学”③。墨家的著作现存《墨子》53 篇，据考证，其中有些篇目为墨子本人撰写，有些篇目则是墨子门生弟子及后世墨者所述，其中也掺杂了极少儒、道之学说，因此，在运用《墨子》研究墨家思想时应先辨别其真伪。学界认为《墨子》中的《亲士》为道家之说、《修身》为儒家之言，与

① 《淮南子·要略》。
② 《孟子·滕文公下》。
③ 《韩非子·显学》。

墨家学说的宗旨不合。

简要说来，墨家的法律思想有如下内容。

1. “不相爱”为乱世之根源

墨家认为自己所处的时代是一个以强凌弱、以众暴寡、以富侮贫、以贵傲贱的大乱之世。儒家所言的君不君、臣不臣、父不父、子不子在墨家看来只是“乱”的现象，而治乱世，重要的是察明“乱”的根源。

墨家认为乱的根源在于人们不知“相爱”①。父子兄弟不相爱，是家庭不和的原因；君臣不相爱，是国家混乱的原因；诸侯国之间不相爱，攻杀不止，是天下大乱的原因。犯罪也是不知相爱的产物②：比如，盗贼，其偷盗时只知自家的利益而不爱惜别人家的利益，所以去偷别人家的东西；杀人越货的人只知爱惜自己的生命而不知爱护他人的生命，所以才去杀人越货。总之，天下所有的“乱”无不起源于人们的“不相爱”。止乱的根本出路，墨家认为在于使“天下兼相爱，爱人若爱其身”③，即大家互相友爱，像爱护自己一样爱护他人。

2. 以“兼相爱”“交相利”为原则的立法主张

“兼相爱”是墨家的理想，而这一理想的实现要通过人们交往时的“相利”（互通有无，互为有利）行为。统治者要“兴天下之利，除去天下之害”以利民，民要安心本业，努力生产以利国；人与人之间也是如此互助互利，这就是“交相利”④。

“兼相爱”“交相利”成为墨家所主张的立法原则和标准，与其他各家不同的是，墨家并不将法律仅仅视为统治者的治国工具，更不承认法律对等级特权的维护。墨家格外强调法律的正当性——只有仁义的法律，也就是以“兼相爱”“交相利”为目的的法律，才具有正当性，方可称为“法”。而违背了这个原则，就是不仁，而“法不仁，不可以为法”⑤。

3. “以天为法”

如何建立使天下“相爱”“相利”的法律呢？墨家也多有论述。

（1）立法者——天子，应“以天为法”。

墨子要求天子在立法时，体悟天意，“天之所欲则为之，天所不欲则止”⑥。“以天为法”的原因在于“天”的所作所为体现了“兼相爱”“交相利”的精神。比如，“天”造就了世界万物以利民，“天”对万物一视同仁，“人无幼长贵贱，皆天之臣”⑦。墨家的“天”不是夏、商、西周统治者所宣扬的专门维护统治者利益的“天”，在墨家的理论中，天“爱民甚厚”。同时，墨家的“天”也不是道家崇尚的自然之“天”，墨家认为天有意志、有好恶，“天必欲人之相爱相利，而不欲人相恶相贼也”。更为重要的是，墨家认为“天”对天子具有束缚力：“天子为善，天能赏之。天子为暴，天能罚之。”⑧ 这也是天子必须“以天为法”的原因。

---

① 《墨子·兼爱上》言：“圣人以治天下为事者也，不可不察乱之所自起。当察乱何自起？起不相爱。”

② 《墨子·兼爱上》言：“虽至天下之为盗贼者亦然。盗爱其室，不爱异室，故窃异室以利其室；贼爱其身，不爱人，故贼人以利其身。”

③ 《墨子·兼爱上》。

④ 《墨子·兼爱下》。

⑤⑥⑦ 《墨子·法仪》。

⑧ 《墨子·天志中》。

（2）民众以天子为法。

墨家认为天子“以天为法”，臣民则应以天子为法：“凡国之万民，上同乎天子，而不敢下比。天子之所是，必亦是之。天子之所非，必亦非之。”① 意即民众必须效法天子，以天子的是非为是非，而不能以其他人作为标准。

民众效法天子，天子效法天，如此世上就有了统一的标准，就可以实现“兼相爱”“交相利”，而杜绝人们的相憎相恶。

4. 执法要公正

在法律的具体实施中，墨家强调以公正来体现“天志”，威慑犯罪。

墨家的“公正”主要体现在用刑恰当上，包含了四方面的内容：第一，“杀人者死，伤人者刑”②。第二，“杀盗人非杀人”③。在墨家看来，“盗人”亏人自利，实为罪人，所以“杀盗人”并不违背天志，不能判处其犯有杀人罪。第三，赏罚公正，不能因为亲情而曲法，即“勿有亲戚弟兄之所阿”④。第四，“罪不在禁，惟害无罪”⑤。有些不好的言行虽然给社会带来了危害，但如果法律没有规定，就不可视作犯罪。这种颇具“罪刑法定”味道的主张，对于防止统治者的滥刑有着积极的作用。

从《墨子》来看，墨家对法律并无系统的论述，但墨家的法律观及主张很有特色。墨家对平民或小生产者利益的维护，在其法律思想中得到充分的体现。以往维护统治者利益的“天”在墨家学说中成了保护民众、制约统治者，尤其是制约天子的“天”。而法律也从制约百姓、维护统治者利益的工具变为体现“天志”，使天下人相爱、相利的工具。也许正因为这些特色，墨家学说才在服务于专制统治的“大一统”文化中难以找到立足之地。

三、阴阳家的法律思想

阴阳家，或称阴阳五行⑥家，是战国时的一个重要学派，其代表人物是邹衍（约前305—前240）。据《汉书·艺文志》载，阴阳家由古代掌管天文历法的官吏演变而来。阴阳家以阴阳五行的演变解释“天象”及自然界的变化。邹衍用阴阳五行的变化对人类社会的祸福、王朝的兴替加以解释，于是形成了“五德终始”说。

“五德终始”说的主要内容是：与自然界五行相对应的人类社会中有“五德”相互消长、相生相胜（克）。邹衍以此说解释了舜、夏、商、周的兴替：“五德从所不胜，虞土、夏木、殷

① 《墨子·尚同上》。

② 《吕氏春秋·去私》引墨家言。

③ 《墨子·小取》。

④ 《墨子·兼爱下》。

⑤ 《墨子·经说上》。

⑥ “阴阳”是中国古代哲学的基本范畴，是古人用来表示普遍存在的两种互相对立又互相依赖并不断发展变化的事物，如天地、日月、昼夜、寒暑、水火、雄雌、男女，等等。五行指土、木、金、火、水，古人认为此五种物质是构成万物的基本元素，这五种元素的变化，即“相生相胜（克）”，配以阴阳二气的“消长”，使自然界运行有常，诸如春生夏长、秋收冬藏，等等。若阴阳五行运行不畅，就会出现天灾，诸如“阴伏而不能出，阴迫而不能烝，于是有地震”，等等。

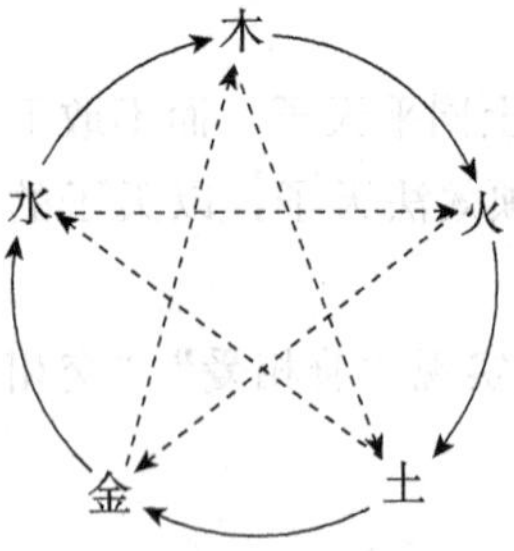

→表示相生
--→表示相克

五行生克示意图

图片来源：http://www.nhhn.gd.cn/zy/2001－7/31a3.htm（阴阳五行学说）。

金、周火。”[①] 意即舜有土德，而夏有木德，与自然界中木克土相对应，夏代舜而成为统治者；商为金德，金克木，故夏为商所灭；周有火德，火克金，故商为周所灭。这种“五德终始”的理论，赋予了王朝的兴衰神秘的色彩，故深受统治者的赞赏。秦始皇统一天下时，按照五德相胜之说，自认为有“水德”，故能克周。每在王朝兴替之际，新建王朝莫不依据“五德终始”的理论证明旧王朝气数已尽，新王朝应运而生。

阴阳家的法律思想主要有两方面的内容。

1. 创立了“时令说”

阴阳家将为政的方式——德与刑附会于阳与阴，德为阳，刑为阴；并认为统治者应顺应天地四时、阴阳的变化而或用德政，或用刑治，不可逆时而动。在春夏阳气兴盛、万物生长之时，为政者应该及时奖励有功者，旌表楷模，以应自然生长之气；而当秋冬阴气上升之时，为政者则应该严惩有罪，以应自然肃杀之气。

反映阴阳家思想的《礼记·月令》这样因时安排了统治者的“政务”：

春季是阳气长、阴气消之时，万物复苏。统治者应行“春令”以应合阴阳五行的变化。在春季须行德政，以助阳气。此时应禁止杀伐，不动土木，多行庆赏、教化，使百姓能体察到上天的好生之德与统治者的仁慈之心。即使对罪犯也要怀有怜悯、体恤之心：“命有司省囹圄，去桎梏，毋肆掠，止狱讼。”

夏季阳盛阴衰，万物生长，应行“夏令”并持续春季的德政，赦免小罪，缓决重囚。“百官静事毋刑，以定晏阴之所成”，即百官应静守其职，勿动刑罚，以稳定阴阳的变化。

秋季阴气长、阳气消，故万物萧瑟，有肃杀之气，统治者应行“秋令”以合阴阳五行的变化。在秋季须以阴助阳、以刑辅德，故应“命有司修法制，缮囹圄，具桎梏，禁止奸，慎罪邪，务搏执。命理瞻伤，察创，视折，审断。决狱讼，必端平。戮有罪，严断刑”，并“申严百刑，斩杀必当”，以刑杀应上天肃杀之气，确立统治者的权威。

冬季阴盛阳衰，应行“冬令”，并保持威严，对犯罪者严惩不贷。

《礼记》是汉朝儒家集其成的儒家经典，但其中吸收了先秦时期的法家、名家、阴阳家等各家的思想。其总结阴阳家的为政原则为：春夏以庆赏，秋冬以刑罚。汉武帝后的正统法律思想中的“司法时令”说直接导源于此。

2. 灾异谴告

阴阳家的法律思想第二方面的内容是创立了灾异谴告说，即如果统治者未按“时令”行政，阴阳就会失调，五行变化就会出现混乱，自然界就会发生灾异。如此一来，自然界中的灾异就变成了上天对人类，尤其是对帝王的警告和惩罚。如《礼记·月令》记：“季春行冬令，则寒气时发，草木皆肃，国有大恐。行夏令，则民多疾疫，时雨不降，山林不收。行秋令，则天多沉阴，淫雨蚤降，兵革并起。”灾异谴告具有神秘的色彩，但是其对于日益强大起来的君权毕竟是一种制约的力量。

阴阳家的学说为后世统治者所采纳，因为它神化了统治者的统治，而且以“阴阳”证明了

① 〔南朝梁〕萧统选编，李善注释：《文选》，沈休文撰“齐故安陆昭王碑文”，李善注引《邹子》。

等级制的合理与永恒。汉朝之后，立法的指导思想“三纲五常”实际上就是将阴阳五行说附会于人事而形成的。但是，阴阳家的学说在神化统治者的同时也束缚了统治者的作为：《史记·太史公自序》引“六家之要指”言：阴阳家“使人拘而多畏”。《汉书·艺文志》言：“及拘者为之，则牵于禁忌，泥于小数，舍人事而任鬼神。”更重要的是，中国古代政治是以王权为中心的大一统集权政治，在这种文化背景下，天道、鬼神都是服务于“人事”的，敬鬼神而远之是其特色，所以秦汉之后，阴阳家学说虽为统治者所用，但终无法独成流派而登大雅之堂。

第三节　儒家的法律思想

儒家学说影响深远，论者见仁见智。梁启超言“史的目的”在于将以往的“真事实”予以“新意义或新价值”并为现代社会的发展提供“资鉴”[①]。俞荣根所著《儒家法思想通论》及《道统与法统》对儒家法思想及后人对儒家法思想的研究辨伪存真、深入考察，赋予儒家法思想以“新意义”和“新价值”，提出儒家的法律思想是“伦理法思想”。该观点在学界影响广泛。

本节是中国法律思想史学习中的重点章节，主要叙述先秦儒家代表人物的礼治、德治和人治的思想，儒家的这些主张与法家的“以法治国”的法律主张有所不同。

一、先秦儒家代表人物及主要思想

先秦儒家是孔子创立的一个学派，孔子死后，儒学分化为八派，但最有影响，也最为人们熟知的儒学继承人是战国时期的孟子和荀子。儒家思想体系以“仁”为核心。在法律方面，儒家主张改良西周的传统并将以周公为代表的礼治主张理论化。儒家认为，西周礼治中蕴涵着人类永恒的精神，不应该过分否定。现实社会的发展应该继承西周礼治的精神而改变其不合时宜的繁文缛节。主张礼治、德治与人治，反对严刑峻法，反对“缘法而治”是儒家法律思想的核心。

（一）孔子及其“礼治”的理想

孔子（前551—前479）名丘，字仲尼，鲁国昌平乡陬邑（今山东省曲阜一带）人，祖先为宋国贵族，因避乱而迁居鲁国，孔子年幼时家境已经败落。孔子30岁时开始招收弟子，从学者甚多，号称弟子三千、贤人七十二。其所创立的儒学成为“显学”。50岁后孔子任过鲁国司空（掌管土木工程之官）、司寇（掌管司法之官）等职，56岁时摄行相事，但仅3个月便离任。后来孔子周游列国，阐述自己的学说与主张，

唐朝吴道子绘孔子像石刻拓片

① 梁启超：《中国历史研究法（补编）》，载梁启超：《饮冰室合集》，第12册，北京，中华书局，1989。

回到鲁国后便开始整理流传的文化典籍，据传《尚书》《诗经》《周易》等皆经孔子的整理。在整理文化典籍的同时，孔子教授弟子，撰写鲁国历史《春秋》。《春秋》以叙述史实为主，但在陈述中表明了孔子自己的善恶是非观，对当时的统治者予以褒贬，蕴涵了礼治的“大义”。司马迁在《史记》中评价道：“春秋之义行，则天下乱臣贼子惧焉。”[①]

1. “仁”的含义

孔子思想的核心是“仁”。仁，有多重含义，但其最根本的意思是“爱人”[②]。孔子的“爱人”是处理人际关系的基本原则。根据这一原则，处理家族关系应该是“父慈、子孝、兄友、弟恭”，处理君臣关系应该是“君使臣以礼，臣事君以忠”[③]，处理一般人与人之间的关系应该是“己欲立而立人，己欲达而达人”[④]和“己所不欲，勿施于人”[⑤]。简言之，就是要求人们做到“孝悌”和“忠恕”。由此可见，西周礼治的主要内容——孝、忠、节、义等伦理观念皆在孔子的学说中得到保留，而且成为“仁”的体现。

2. 礼治与仁的关系

礼治是达到“仁”的途径。孔子的学生颜渊问孔子何为“仁”，孔子答道：“克己复礼为仁。一日克己复礼，天下归仁焉。”颜渊又问如何培养“仁”这种道德修养，孔子又说：“非礼勿视，非礼勿听，非礼勿言，非礼勿动。”[⑥]孔子不能割舍周礼的原因也在此，即礼是“仁”的表现，是培养“仁”心的基本方法。

3. 孔子的理想是建立礼治社会

孔子身处的春秋末期，正是社会激烈变革时期。在变革中，各诸侯国变革的途径并不相同，发展也不平衡。鲁国是周公的旧封，保存了大量的西周传统文化，正所谓“周礼尽在鲁矣”[⑦]。孔子早年曾以“相礼”为业，因而接触周礼的机会也就比较多，并对有关周礼的典章制度进行过专门研究，并且非常喜好。他对“制礼作乐”的周公极为崇拜，并企图通过改良周礼来济世。孔子言：“周监于二代，郁郁乎文哉！吾从周。”[⑧]为了实现这一理想，孔子运用道德说教的方法，将西周的治国方式理论化，建立了被今人总结为“礼治”的思想体系。

实际上，孔子的理想是建立以仁为基础的伦理社会，这个伦理社会的基础是改良了的西周的“礼治”——以道德为主，以制度为辅。礼仪（制）为礼义（其核心为仁，表现为忠、孝、节、义）的体现，礼义为礼仪（制）的灵魂。法家所竭力提倡的“刑”，在孔子“礼治”的“理想国”中只不过是维护礼仪（制）的一种极端手段，不可以成为统治者治理国家的主要方法。制度，包括法家所重视的“刑”，在伦理社会中虽然不可缺少，但绝不能占据主导地位。

（二）孟子及其“仁政”的思想

孟子（约前 372—前 289）[⑨]名轲，字子舆，邹国（今山东邹县一带）人。孟子是鲁国孟孙

---

① 《史记·孔子世家》。

②⑤⑥ 《论语·颜渊》。

③⑧ 《论语·八佾》。

④ 《论语·雍也》。

⑦ 《左传·昭公二年》。

⑨ 关于孟轲的生卒年有多种说法，此说据《中国大百科全书·哲学卷》，北京，中国大百科全书出版社，1987。

氏后代，是孔子之孙子思的再传弟子。40岁前，孟子收徒讲学，以“得天下英才而教育之”① 为乐事。40岁后，孟子周游列国，宣传“仁政”思想，晚年回到邹国著书立说。孟子极为推崇孔子，赞美孔子“出乎其类，拔乎其萃，自生民以来，未有盛于孔子也”②。所以孟子以弘扬孔子的思想为己任，在学术上形成“思孟学派”。思，指子思，孔子之孙。孟子的思想与孔子、子思一脉相承，后世认为孟子忠实地继承了孔子的学说，而孔、孟的学说为儒家的主流，故称“孔孟之道”。

孟子画像

图片来源：http：//www.lcxw.com/Html/msmx/067311054042566.html（聊城新闻网）。

孟子生于战国中期，此时形势已大不同于孔子时代。在频繁的兼并战争中，人民苦不堪言，统治者横征暴敛。大国为进一步拓展疆土而变法以求富国强兵，小国也变法以图自保。于是，法家“以力服人”的霸道之说风行于世。虽知周礼已难以恢复，孔子之学也难行于世，但孟子仍然坚信孔子的学说是救世的唯一途径。在继承孔子学说的同时，孟子也因时、因势补充、发展了孔子的学说，使儒家思想体系更加完善。

孟子对儒学的最大贡献是将孔子的“仁”运用于政治，提出了“仁政”这一概念。孟子的仁政，有以下几个方面的内容。

（1）人性善：“性善”论是仁政的基础。孟子认为孔子所提倡的“仁”是人的天性，“善”是人皆有之的本性，孟子言：“恻隐之心，人皆有之；羞恶之心，人皆有之；恭敬之心，人皆有之；是非之心，人皆有之。”③ 而恻隐之心，正是“仁”的体现；羞耻之心，正是“义”的体现；恭敬之心，正是“礼”的体现；是非之心，正是“智”的体现。仁、义、礼、智，这发端于人之本性的、天经地义的道德观念和规范，正是仁政可行而且必行的天然依据。

（2）民贵君轻：民贵君轻是仁政的核心，也是孟子思想的最为宝贵之处。孟子认为尧、舜之所以得天下，是因为得其民心；桀纣之所以失天下，是因为失其民心。“得天下有道：得其民，斯得天下矣。”④ 在此，孟子区分了“天下”与“国”的概念，并认为以暴力得到国家政权的统治者不能服天下人之心，故而其统治不能长久。在《尽心下》中，孟子说：“不仁而得国者，有之矣；不仁而得天下，未之有也。”意即以不仁的手段而得到国家的人是有的，但不仁者从来也无法得到天下。因为得天下的前提是得民心。孟子认为，即使将天下送给不仁者，不

① 《孟子·尽心上》。
② 《孟子·公孙丑上》。
③ 《孟子·告子上》。
④ 《孟子·离娄上》。

仁者也“不能一朝居也”[①]，因为民心不服。民如此重要，所以孟子主张统治者为政一定要将“民”放在首位，这就是“民为贵，社稷次之，君为轻”[②]。

“民贵君轻”是自西周以来重民思想发展的结晶，与这一思想并行的是，孟子认为君主若为政不仁，就成为背叛天下的“暴君”，因此也就失去了做君主的资格，国家政权也就失去了存在的正当性，人民可以抛弃甚至讨伐暴君。有人说，武王伐纣是以下犯上，是“弑君”。孟子解释说，“闻诛一夫纣矣，未闻弑君也”[③]，即武王伐纣是讨伐暴君，因为纣王早已失去了君主的资格，成为人人可诛的独夫民贼。

（3）兴教化：兴教化是推行仁政的方法。孟子主张的“统一”不仅是政权的统一，更主要的是人心的统一。人心的统一，靠的是耐心的教育和统治者的自我表率作用，即“以德服人”。孟子反对当时诸侯的武力兼并，也反对国君在治理国家时单纯地靠刑罚的约束而“以力服人”。这里涉及我们常用的两个名词，即“王道”和“霸道”。简言之，主张效法先王，“以德（理）服人”，实行仁政、教化者即为“王道”；主张“以力（法）服人”，实行法治[④]者即为“霸道”。孟子的兴教化，就是要通过教育，维护和弘扬人的善良本性；要求统治者体察民之生活的艰辛，行“不忍人之政”[⑤]。“不忍人之政”的推行：首先是要以富民为宗旨，使民能安居乐业。孟子言“夫仁政，必自经界始”[⑥]。经界，即田地的划分。仁政始于将田地分给百姓，使他们有恒产。其次，民富后而可教。在温饱有余的基础上，应以仁、义、礼、智、信教导民众，使他们有更高的道德追求。

孟子提出的“仁政”思想，使儒家的法律主张更具说服力。

（三）荀子及其“有治人，无治法”[⑦] 的思想

荀子画像

荀子名况，字卿，生卒年不可确考，战国末期赵国（今山西南部）人。荀子曾游学于齐国，在齐国国都临淄稷下学宫讲学，颇具声望，受到齐襄王的尊重。后因谗言所逼，离齐至秦，在秦国未被重用，至楚，为兰陵令。后又为谗言所逼归赵，赵国统治者虽听其学说而称“善”，但并不委以重任。荀子再次应楚申春君之邀入楚继任兰陵令。申春君被害后，荀子废居兰陵，著书立说，直至终老。

荀子，虽在政治上一生不得志，但在学术上，却颇有成就。荀子之说本于儒学，兼采各家所长而成为战国后期的儒学泰斗。同时法家的一些著名人物，如韩非、李斯也出其门下。荀子所处时代为战国末期，其时百家诸子学说的发展已

① 《孟子·告子下》。
② 《孟子·尽心下》。
③ 《孟子·梁惠王下》。
④ 中国古代“法治”的概念与今天的“法治”有本质上的不同。
⑤ 《孟子·公孙丑上》。
⑥ 《孟子·滕文公下》。
⑦ 《荀子·君道》。

臻成熟，因此，荀子有条件总结春秋战国诸子之学，包括儒家各派，特别是子思和孟轲的“思孟学派”。在总结诸子思想的过程中，荀子形成了自己独具特色的思想体系。在许多重大问题上荀子与孟子针锋相对，如孟子“法先王”，荀子“法后王”；孟子道“性善”，荀子则认为“性恶”；孟子主张“王道”、反对“霸道”，荀子则主张“王”“霸”并用；孟子重德轻刑，荀子则主张德刑并重。

荀子因为具有朴素的唯物主义思想，而且主张人性本恶，所以受到后世统治者的贬斥。但实际上荀子以儒为本，综合各家，尤其是兼容儒、法的思想对中国古代法律制度和正统法律思想的形成皆有巨大影响，其是力倡礼、法合流的思想先驱。据专家考证，现存的《荀子》32篇，前26篇为荀子亲撰，后6篇为门人弟子所著。

荀子对儒家所提倡的“人治”思想的阐述最为完善，他从以下几个方面论证了“有治人，无治法”①的观点：

（1）法是由人制定的。“有治人，无治法”意为治理好国家的关键是人而不是法，国家治理得好，首要前提是君主的素质，而不是制度的优劣。荀子认为法对治国虽然很重要，是“治之端也”，但法毕竟是由作为统治者的“人”制定出来的，所以说“君子者，法之原也”②，即法的好坏完全取决于作为统治者的“人”的善恶。

（2）法是由人执行的。即使有了良法，也还得靠人来掌握和贯彻，否则，法便成为一纸空文，不能发挥其作用。“故法不能独立，类不能自行。得其人则存，失其人则亡。”③

（3）任何制度都不能对复杂、变化多端的国家大事、社会生活概括无遗。法更是需要有一定的稳定性，不能随机应变，法的漏洞需要人弥补。荀子认为，单纯地依靠法律治国，是有缺陷的：在法律没有或无法规定到的地方，事情就无法办理。而治国只靠官吏依制度行使职能，也是有缺陷的：如果官职的设立不全面，则政事就会荒废。而法律有不周，制度有缺漏，却是无法避免的社会现实。只有德才兼备的“君子”才能理解法的宗旨，明白官职设立的目的，弥补法律与制度的缺失，从而使每项事务都能得到恰当处理。④ 有了“君子”，方可以“有法者以法行，无法者以类举”。即使法律简约，也“足以遍矣”，不会产生事情无法办理、政事荒废的状况。没有“君子”，再完备的法律也无法使社会达到治理，即“法虽具，失先后之施，不能应事之变，足以乱矣”。荀子因而得出结论：“故有良法而乱者，有之矣；有君子而乱者，自古及今，未尝闻也。”⑤ 荀子之所以重“人治”，并不是认为法不重要，而是认为“法”与“人”相比较，应以“人”为重。

二、儒家的礼治、德治、人治思想

从对儒家人物的介绍中，可以看出儒家的理想和治国主张都继承了西周时期的传统。近现代学者用“礼治”“德治”“人治”来概括儒家的思想是恰当的。而孔子、孟子、荀子对礼治、德治、人治的论述各有侧重，同时又兼而有之，即：孔子侧重礼治，但也论述德治与人治的问

①②③ 《荀子·君道》。

④ 《荀子·王制》载：“……法而不议，则法之所不至者必废；职而不通，则职之所不及者必坠。故法而议，职而通，无隐谋，无遗善，而百事无过，非君子莫能。”

⑤ 《荀子·王制》。

题；孟子对孔子的思想的发展重在德治，而荀子对儒家的贡献则在提出了礼法并重以及完善了人治的思想。

1. “为国以礼”[①]的礼治思想

汉朝皇帝刘邦祭孔图

说明：公元前478年，即孔子卒后的第二年，鲁哀公将孔子故宅辟为寿堂，开始对孔子的祭祀。这是最早的祭孔活动。公元前195年，汉高祖刘邦过鲁，首次以“太牢”（即皇帝祭天大典）祭祀孔子，开皇帝祭孔的先河。此后祭孔活动升为祭孔大典。“祭孔”也从此与“祭天”“祭黄”一起成为封建时代的“三大国祭”。

“礼治”是先秦儒家法律思想的主要内容之一，其源于西周传统的治国方式。先秦儒家认为传统的“礼治”经过改良后，可以救世止乱。儒家礼治思想的内容包括确认礼的合理性并确认礼制所维护的道德伦理规范高于法律。

（1）礼治的合理性。

西周的礼制，维护的是宗法等级制，而儒家认为人有尊卑贵贱之等是理所当然之事。孔子经常以“君子”“小人”划分人的等级，孟子的“劳心者治人，劳力者治于人”直到今天也是妇孺皆知的格言。但人的等级究竟是如何形成的？对此，儒家并未详细论述。这在儒家看来也许不成其问题，因为体现尊卑贵贱的礼产自天地、发于人情。后人在总结儒家学说时托孔子之语道出了“礼”源于天地、人情的属性。《礼记·乐记》记：“礼者，天地之序也”。《礼记·坊记》记：“礼者，因人之情而为之节文。”产生于天地、人情的礼，难道还有什么可以怀疑的吗？所以违背了礼，就是违背了天经地义之理，国必乱。孟子言：“上无礼，下无学，贼民兴，丧无日矣。”[②] 大意是：统治者不依礼治国，百姓也得不到教化，乱臣贼子必兴，国家不久就会灭亡。

鉴于此，孔子认为“礼”就是人们言行的最高准则。看到违礼之举，诸如大夫享用了只有

① 《论语·先进》。

② 《孟子·离娄上》。

天子才能享用的“八佾”之舞，祭祀了只有天子才有权祭祀的泰山，孔子都会恨恨地说“是可忍也，孰不可忍也”[1]。在孔子看来，违礼之举就是最大的、不可容忍的犯罪。

（2）礼与法的关系。

第一，礼是法的灵魂。

儒家认为传统礼治所提倡的忠、孝、节、义，礼制所维护的君君、臣臣、父父、子子，是人们的言行与思想的最高准则。礼治理当高于法律。礼与法的关系在儒家看来，礼是法的向导与灵魂，法只有与礼治精神一致时才具有价值，与礼治相悖的法不仅毫无价值，而且是天下大乱的根源，故孔子言：“礼乐不兴，则刑罚不中；刑罚不中，则民无所措手足。”[2]

孔子又言：“父为子隐，子为父隐。直在其中矣。”[3]大意是父亲犯了法，儿子为之隐讳；儿子犯了法，父亲为之包庇，就是公正（直）的体现。孔子的话表明法律与正直、公正并无必然的联系，维护法律的人，未必是正直的人；只有按人之常情办事才算得上正直，因而公正体现于人情之中。所谓“人之常情”，就是西周礼治所提倡的“亲亲也，尊尊也，长长也，男女有别”。符合这种人类社会与生俱来的情感，在孔子看来就是最大的公正。

第二，隆礼、至法。

“隆礼”“至法”是荀子的主张，其体现了荀子的思想体系以儒为本，兼采各家之所长的特点。“隆礼”就是遵奉礼治，是对儒家思想的继承与弘扬。但荀子所讲的“礼”已不完全同于孔孟之礼。“至法”即重视法律的作用，是荀子吸取了法家的理论提出的，也是荀子基于现实社会需要对儒家思想所作的变通。隆礼，即尊崇礼治，因为荀子认为礼治提倡的亲亲、尊尊、长长、男女有别的等级制度是“天下之通义”。至法，强调的是要设立制度，规范人们的言行。荀子认为“治之经，礼与刑”[4]，只有“礼”“刑”并重，国家才得到治理。荀子“隆礼”“至法”的思想开儒、法合流之先河。

孔子杏坛讲学图

说明：孔子提出“有教无类”的主张，将夏、商、西周的贵族教育扩展至布衣平民。他 30 岁时就开始招收弟子，从学者甚多，号称弟子三千、贤人七十二。儒学成为当时的“显学”。在孔子看来，教育的功能远胜于刑罚。他曾断言，如果一个人能做到孝悌，就不会去犯法：“其为人也孝弟（悌），而好犯上者，鲜矣；不好犯上，而好作乱者，未之有也。”

---

① 《论语·八佾》。

②③ 《论语·子路》。

④ 《荀子·成相》。

2. “为政在德”[①]的德治思想

“为政在德”是孔子提出的为政主张，后人总结为“德治”思想。其是先秦儒家法律思想的核心内容，其显然继承了西周“明德慎罚”的思想。德治的主要内容是反对统治者实行“以力服人”的霸道，反对统治者横征暴敛、严刑峻法，主张兴教化，实行以理服人的王道。

(1) 孔子“有耻且格”的思想。

孔子认为单纯地用法律治理国家，用刑罚约束人民，绝不能治理好国家，反而会使民风刁顽，丧失羞耻之心。孔子言：“道之以政，齐之以刑，民免而无耻。道之以德，齐之以礼，有耻且格。”[②] 意即用制度和刑罚去约束人民，人民可以避免犯罪，但却没有羞耻心；用礼与道德去感化人民，人民才会有羞耻之心而不去犯罪。就治国方法而言，孔子毫不迟疑地认为德礼之教优于政刑之治。因为德与礼，可以变人民被动地守法为自觉地守礼，它注重社会的根本治理。“有耻且格”，意为明白了犯罪的可耻而不去犯罪。这正是孔子所追求的理想。

(2) 孟子“以德服人”的思想。

孟子的仁政学说必然导致“德治”的结果。无论是从“人性善”的角度讲，还是从重民的角度讲，孟子都不会赞同法家的学说。

孟子继承了孔子“为政在德”的思想，认为“以力假仁者霸，霸必有大国；以德行仁者王，王不待大。汤以七十里，文王以百里”[③]。其意为：仗恃武力、实力，然后假借仁义之名从事征伐的人，可以称霸，但他必须要凭借强大国力作为基础；而依靠道德推行仁义的人，不需要强大的国力作基础，就可以使天下归服，比如，商汤不过只有七十里的封地，周文王不过只有百里封地，但他们都得到了天下。而“以力服人”与“以德服人”的区别还不止于此，更重要的区别在于得到天下后“以力服人者，非心服也，力不赡也；以德服人者，中心悦而诚服也。如七十子之服孔子也”[④]。意即以力服人不能消除天下之乱，因为人心不服，一旦有人感到有了足够的力量，就会同样以力相争；相反，以德服人才能消除争战不已的灾难，因为人们心悦诚服，就如孔子的学生归服孔子那样。孟子认为只有“得人心”才能得天下，而只有行德治，才能得人心。

得人心的主要途径是统治者必须以“人伦”教化民众，弘扬人的善性，使民众能够自觉做到“父子有亲，君臣有义，夫妇有别，长幼有序，朋友有信”[⑤]，如此，“人人亲其亲，长其长，而天下平”[⑥]。

重视教化是先秦儒家的共同特征，但孟子与荀子关于教化理论的基础却针锋相对：孟子基于“人性善”认为，教化可以保持、弘扬人的本性，所以应重视教化；荀子则基于“人性恶”认为，教化可以掩饰、改造人的本性，所以应重视教化。两者虽对人性的认识不同，但在重视教化方面殊途同归。

(3) 荀子的教化思想。

荀子主张教化的理由与孟子恰恰相反，他认为“人之性恶，其善者伪也”[⑦]。人天生并不

---

①② 《论语·为政》。

③④ 《孟子·公孙丑上》。

⑤ 《孟子·滕文公上》。

⑥ 《孟子·离娄上》。

⑦ 《荀子·性恶》。

具有忠、孝、节、义等善性，所谓的“善”不是先天的，而是通过人为努力达到的，或者说“善”只是人们的后天伪饰。在荀子看来，圣王大禹与暴君夏桀在本性上没有什么不同。所有的人都是“饥而欲食，寒而欲暖，劳而欲息：好利而恶害”①。如果对人的本性不加扼制，天下势必大乱。正因如此，要通过道德教化和法律手段，来改变人的本性。这就涉及荀子“性恶论”中关于人性应当改造、可以改造及如何改造的理论，也就是关于“伪”的学说。伪即人为。荀子言：“不可学、不可事而在天者，谓之性；可学而能、可事而成之在人者，谓之伪；是性伪之分也。”② 可见，“伪”是人类在经过思虑后所采取的改造恶性、趋于向善的自觉能动行为。这是荀子“性恶论”中最为重要的理论，也显示了荀子“性恶论”的儒家基本属性：把着眼点放在人性的改造及矫正上，而不是对人性的桎梏、对人的惩治上。要通过“学”、通过“教”来改造、节制人们的恶性，通过人为的努力、修饰来使人们趋善。由此，荀子肯定了教化的作用。如果说孟子的“人性善”重在说明教化的可行，则荀子的“人性恶”重在说明教化必行。孟子的教化重在预防人们的犯罪，而荀子的教化重在扼制人们的犯罪。

3. 先秦儒家的“为政在人”的“人治”思想

先秦儒家认为：国家的安危取决于统治者，尤其是国君的道德和素质。我们将其归纳为“人治”的思想或“贤人政治”。儒家的“人治”有两个内容：一是君主的言行表率作用重于设法立制，二是在治理国家时选拔德才兼备之人比建立制度更为重要。后人托孔子之言总结为“其人存，则其政举；其人亡，则其政息”③的“为政在人”思想。儒家的“人治”思想体现于法律方面的内容，核心是论证“人”与“法”的关系，即在治国时是统治者的道德品格更为重要还是法律更为重要。儒家的回答是“人”（主要指统治者）的品德与自律更为重要。

（1）孔子和孟子的“为政在人”思想。

孔子认为在治理国家时，最高统治者的言行甚至喜怒直接关系到国家的安危、社会的治乱、人民的苦乐，因为上行下效是普遍的规律。他强调“君子之德风，小人之德草，草上之风，必偃”④，即比喻君子（泛指统治者）的品行为风、小人（泛指民众）的品行为草，就像风往什么方向吹，草就往什么方向倒伏一样，有什么样的统治者，就有什么样的人民。正因为如此，法令执行的最佳途径是统治者。孔子进一步认为：只要统治者身正，即使没有法令，人们仍会效法统治者的榜样去做，国家照样可以很好地运转；相反，统治者自身不正，即使有严厉的法令，人民也不会去遵循。这就是“其身正，不令而行；其身不正，虽令不从。”⑤

孟子继承了孔子“身正令行”的思想，认为“惟仁者宜在高位”⑥。关于“君”与“法”的关系，孟子认为君是主要的，是核心，一个君主的品德决定着一国的风气。此即“君仁，莫不仁；君义，莫不义；君正，莫不正。一正君而国定矣”⑦。

---

① 《荀子·荣辱》。
② 《荀子·正名》。
③ 《礼记·中庸》。
④ 《论语·颜渊》。
⑤ 《论语·子路》。
⑥⑦ 《孟子·离娄上》。

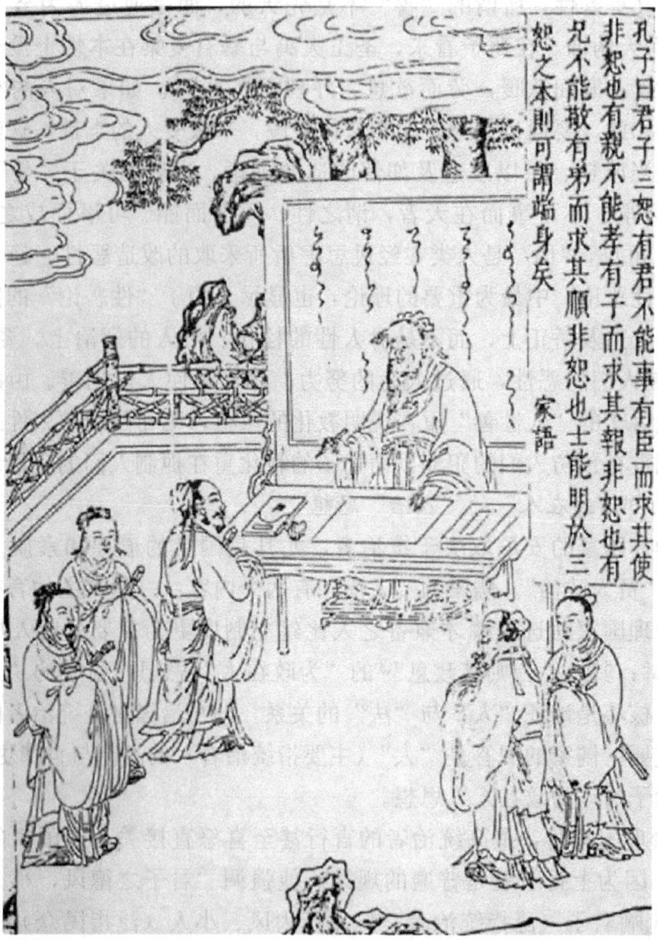

孔子三恕图

说明：《孔子家语》记载孔子曰："君子有三恕，有君不能事，有臣而求其使，非恕也；有亲不能孝，有子而求其报，非恕也；有兄不能敬，有弟而求其顺，非恕也。士能明于三恕之本，则可谓端身矣。"这就是忠恕之道的最直接表述，也体现了孔子"上行下效"的思想，主张统治者应时时处处为民表率、以身作则。

（2）荀子的"有治人，无治法"。

荀子对"人"与"法"关系的论述前面已有介绍，其论述的角度比孔子和孟子的更为完备。如果说孔子和孟子的"人治"主张强调的是统治者的自律，则荀子主要是从法律自身特征论述的，即世上没有包罗万象的法律，法律不是万能的。可以说荀子对人与法关系的论述完善了儒家"为政在人"的思想。

儒家法律思想的特点概括起来是：维护礼治，提倡德治，重视人治。儒家不否认法律的作用，但认为法律在治国中不能占据主导作用，法律的价值必须通过礼治、德治、人治来体现。有学者将这种法律思想总结为"伦理法思想"，并认为这种思想有三方面的含义："第一，儒家伦理法是把宗法家族伦理作为大经大法的法律文化体系；第二，在这个体系中，宗法家族伦理被视为法的渊源、法的最高价值，伦理凌驾于法律之上，伦理价值代替法律价值，伦理评价统率法律评价，立法、司法悉以伦理为转移，由伦理决定其取舍。第三，在现实社会生活和政治生活中，以伦理代替法律，伦理和法律之间没有明确的界限，宗法伦理道德被直接赋予法的性质，具有法的效力，从而形成法律伦理化和伦理法律化的两个取向。”①

三、礼治、德治、人治与法治的关系

儒家的经典中有关法律的论述并不多见，这本身便反映了儒家对法律所持有的审慎态度。孔子的有关主张在当时被法家视为迂阔之论，在后世却又被奉为万世不易的真理，《论语》中的几乎每一句关涉到法律的论述，汉朝以后都被国人奉为经典而流传千古。孔子及其继承者对法律虽然不多但却极为精辟的论述融化为传统法律的精神，奠定了中国传统法律主流观念的基础。我们从法学的角度，归纳一下儒家的法律主张。

1. 法的地位——“礼乐不兴则刑罚不中”

孔子说：“道之以政，齐之以刑，民免而无耻；道之以德，齐之以礼，有耻且格。”② 又言：“名不正，则言不顺；言不顺，则事不成；事不成，则礼乐不兴；礼乐不兴，则刑罚不中；刑罚不中，则民无所措手足。”③ 在孔子的思想体系中，法律只是一种促成名正言顺、事成功就的手段，这种手段与礼乐教化相比，略逊一筹，位居次要的地位。他将德、礼、政、刑的社会效果作了比较，认为：制度与法律可以划一人们的言行，使百姓避免犯罪，但其并不知犯罪的可耻，即“免而无耻”。道德与礼教不但可以统一人们的言行，而且可以统一人们的是非善恶观，可以使百姓有知耻之心，因而自觉地不去犯罪，即“有耻且格”。道德礼教变人们的被动守法为自觉地遵守道德的约束，使人对守法的理解由知其然进入知其所以然。德礼所要达到的社会治理境界较政刑能达到的显然要高出一个层次。

这种对法律的定位，为后世儒家继承，形成了具有中国特色的法律理论与实践。比如，注重法律的社会效果，注重犯罪的预防和社会的综合治理；将法律的条文、制度与法律的精神相比，法律的精神被放在首位；当条文与法律的精神矛盾时，变通条文而追求法律精神的实现。

2. 法的核心——“承天之道以治人之情”

孔子言：“父为子隐，子为父隐。直在其中矣。”④ 又言：“片言可以折狱者，其由（子路）也与?”⑤ 孔子的话表明法律的公正必须与人情相符合。所谓“人情”就是礼教所提倡的“亲亲也，尊尊也，长长也，男女有别”⑥。儒家认为亲爱自己的亲属（孝）、尊敬上级（忠）、恭敬长者、男尊女卑是自然赋予人类的永恒本性，人生在世，就是要根据自己所处的社会角色恰如其分地尽为人之父、为人之子、为人之君、为人之臣、为人之长、为人之幼、为人之夫、为人之妻的责任与情分。父亲或自己的亲人触犯了国法，便去告发，这种举动有违于人情，从而也违背了做人的根本大法，因而不应该提倡。“父为子隐，子为父隐”才合乎人情。当父亲触犯了法律，子女应不惜个人的一切为之隐瞒，以尽孝心。子女犯罪时，作为家长的父母同样应为之隐瞒，以尽慈情。符合人情，在儒家看来就是最大的公正。

---

① 俞荣根：《儒家法思想通论》，134～136页，南宁，广西人民出版社，1992。

② 《论语·为政》。

③④ 《论语·子路》。

⑤ 《论语·颜渊》。

⑥ 《礼记·大传》。

不只是法律，即使儒家视若生命的礼制，一旦与人情相冲突，儒家也毫不犹豫地将人情放于首位。有人问孟子："男女授受不亲，礼与？"孟子肯定地回答："礼也。"又问："见嫂子溺于水中，伸手相救，是否违礼？"孟子又答："见嫂子溺于水中而不伸手相救，是毫无人情的豺狼。男女授受不亲，是礼。伸手救溺水的嫂子是以情济变之道。"① 可见在孟子的思想体系中，情是检验一切的标准，为了合情，可以变礼，法更是在可变之例，唯一不可变的是人类与生俱来的亲情。

"承天之道以治人之情"的主张，体现在中国古代正统法律思想中，是认为呆板地遵循法律条文，将会使官吏变得刻薄、使百姓变得诡诈。法律须顺乎人情、体现人情，官吏审狱时须动之以情，才能助长民风的淳朴，上下才能无欺，社会才能长治久安。在对伦理道德的追求中，法律的条文及制度的约束在人们的心目中远远不能与其应该体现的人伦道德相比。只有与人情及与源于人情的道德相一致时，法律才具有生命力。其实，伦理就是传统法律的核心。

四书书影

说明："四书"是《论语》《孟子》《大学》《中庸》的总称。南宋理学家朱熹将这四部书辑录在一起，加以注释，题称"四书章句集注"，始有"四书"之名。其中，《论语》是孔子的弟子和再传弟子辑录的，其记载了孔子的言行及其与学生的对话；《孟子》是孟子及其学生的著作；《大学》是《礼记》中的一篇，传说是曾参的弟子记述的曾参言论；《中庸》也是《礼记》中的一篇，相传为孔子的孙子子思所著。宋朝以后，把"四书"规定为科举取士的必读书。

3. 法律的目的——"胜残去杀""必也使无讼乎"

孔子说："听讼，吾犹人也，必也使无讼乎。"② 孔子并不讳言现实社会中尚无法消除争

---

① 《孟子·离娄上》载："淳于髡曰：'男女授受不亲，礼与？'孟子曰：'礼也。'曰：'嫂溺，则援之以手乎？'曰：'嫂溺不援，是豺狼也。男女授受不亲，礼也；嫂溺，援之以手者，权也。'"

② 《论语·颜渊》。

讼，而自己解决争讼的方式与其他人也没有什么两样，即“听讼，吾犹人也”，但孔子认为裁断争讼的目的不只是在一时一事的是非，而是社会和睦，即“必也使无讼乎”。注重裁断的社会效果，导引人们礼让和谐、制止争讼，才是孔子“听讼”的目的所在。

“无讼”也是儒家所追求的理想社会的特征。在儒家的理想国中，人的道德是第一位的，在道德的束缚下，无论是治人的“劳心者”还是治于人的“劳力者”，都充分发挥着上天所赋予的善良的本性，“人尽为尧舜”。如孟子描述道：“死徙无出乡，乡田同井，出入相友，守望相助，疾病相扶持，则百姓亲睦。”①

追求“无讼”，必然会提倡忍让、自律。孔子强调“听讼，吾犹人也，必也使无讼乎”，目的是告诫为政者即使在不得已情况下适用法律，进行强制性的裁断，也不要忘记“无讼”的追求；制定法律的时候，也不要失却了对“人”仁慈、怜悯的君子仁心。汉儒解释“无讼”的含义为：“圣人假法以成教，教成而刑不施。故威厉而不杀，刑设而不犯。”②“法者，缘人情而制，非设罪以陷人也。”③ 意即圣人借助法律的威严而达成教化的目的，教化实施得好，犯罪被预防，刑罚就会被搁置不用。这也正是理想的社会治理状态：威严所在人不敢犯罪，刑制虽然设立，但无人触犯。

“无讼”的理想追求对中国古代法律的影响不可低估。汉朝以后，主流思想将“法设而无犯，刑设而不用”作为追求，教化民众不可轻易兴讼。家法、乡规、村约等因此在纠纷的解决中发挥着巨大的作用。

4. 法律实施的最佳途径——“其身正，不令而行”

孔子说：“其身正，不令而行；其身不正，虽令不从。”孔子认为，人与法相比，人的作用是首要的。这句话包含了两方面的内容：第一，君主的知人善任和提高官吏的素质相对制度的建设来说更为重要。达到“无讼”理想的路途中须依仗“善人为政”，而不是靠严刑密法。第二，统治者的表率作用重于其发布的法令。统治者自身行为端正，天下人便会争相效法。统治者自身行为不端，即使设立严刑密法，人们也不会遵守。因而，治国的首务是加强统治者的自律，其次才是建设完备的制度。这便是孔子的人治思想。

儒家的继承者荀子将孔子的“人治”思想系统化。在法与人关系的比较上，荀子提出了“有治人，无治法”的论断。他列举历史经验，说明国家的兴衰存亡在人不在法：夏朝灭亡，不是因为大禹之法佚失，而在于无人能执行大禹之法，因为善法“得其人则存，失其人则亡”。从立法上说，荀子认为“君子者，法之原也”，有了有才干的君子，才可能有好的法律。从执法上说，荀子认为“法不能独立，类不能自行”，有了有才干的君子，法律才能应事之变。

在儒家的法律思想体系中，礼与法虽不可分割，但却有明显的主次之分。礼是法律的目的和灵魂，是不可随意改变的，在法的体系中其处于明显的主导地位。而法律的具体制度和条文应该是礼的体现，在社会发生变动的情况下，法律的制度应该在礼的指导下，顺应时势而变化。在礼与法所构成的儒家的法律思想体系中，法的精神显然比一些具体的规范条文更为重要。

---

① 《孟子·滕文公》。
② 《盐铁论·后刑》。
③ 《盐铁论·刑德》。

第四节 法家的法律思想

在讲述法家的法律思想之前，我们有必要简单地交代几个问题：第一，先秦法家所言之“法”，是指维护君主集权制的法，所以法家提倡的“法治”与我们今天的“法治”有着根本的不同，其既不体现“民主”的精神，也不承认法律具有“至上”的权威。相反，法家的“法治”所需要的是人民对君主的绝对顺从。第二，法家所讲的“法”，法律只是其中重要的内容之一，并不是全部内容，尤其后期法家更着重讲“势”与“术”。在法家的学说里，君主与法的关系是君主凌驾于法律之上，法是君主的御用之器。当然，君主也不是不受法的制约，但这种制约是极其有限的、无力的。第三，由于法家的“法”与君主专制密切相关，所以在古代社会中如果过分强调“法治”就会形成暴政，如《汉书·艺文志》所言：法家的学说“及刻者为之，则无教化，去仁爱，专任刑法而欲以致治，至于残害至亲，伤恩薄厚”。法家学说的消极影响使生活在现代社会的我们也常有感受，如有些人，尤其是一些素质有待提高的执法者，常常将法律视为“治民”之具。第四，我们不能因法家学说在历史与现实社会中的消极作用而否认春秋战国时法家对社会发展的贡献，也不能因为其在历史上曾有过的积极作用而否认其在现实中的消极影响。第五，目前学界有关法家的划分有各种意见，如从理论上划分为法、势、术三派；从地域上划分为齐法家与晋法家；从时间上划分为前期法家和后期法家。为了便于学习，本节只叙述法家所共有的一些思想和观点，这就是：法家推行法治的理论——法治的必然性；法家的法律观——法治的必要性；法家推行法治的方法——法治的可行性。

一、法家代表人物及其思想

商鞅画像

图片来源：http：//kklang.blog.hexun.com/738637。

（一）商鞅及其“法治”思想

商鞅（约前390—前338）姓公孙，名鞅，卫国贵族，所以又称公孙鞅或卫鞅。因在秦国实行变法，被秦封于商（今陕西商县一带），史称商鞅。商鞅是战国时期著名的政治家、法学家，法家理论的主要奠基人之一。韩非认为商鞅与同时代的申不害、慎到各成一系，商鞅重“法”，申不害重“术”，慎到重“势”。商鞅“少好刑名之学”[1]，曾至魏国，为魏相公孙痤的门客，公孙痤临终时曾向魏惠王推荐商鞅，但魏惠王不用。后来商鞅闻秦孝公下令求贤，便离魏入秦。商鞅将“法治”之说献于秦孝公，深得秦孝公的信任，于是在秦变法图强。商鞅在秦国先后两次变法，

① 《史记·商君列传》。

都取得了成功，秦国也因此而富强。公元前338年秦孝公去世，秦国旧贵族以谋反罪陷害商鞅，并处车裂极刑。但商鞅所制定的制度仍然在秦国行用。《商君书》是商鞅及后学的代表作，也是研究商鞅一派法律思想的主要资料。

1. 商鞅变法

商鞅在秦国执政，进行过两次变法，这两次变法的目的在于“富国强兵”。因为要富国强兵，商鞅奖励耕战，对努力耕作、勇敢作战的人给予厚赏，而对游手好闲、怯于为国家作战而逞强私斗的人给予严惩。这种赏罚制度打破了秦国旧的贵族等级制度，给民众以较为平等的晋升机会。经过变法，秦国国力大增。史学家评论，商鞅奠定了秦的霸业基础并使之最终统一了中国。商鞅变法与法律有着不解之缘，秦国的法律在变法中逐渐繁密，可以说秦的繁刑峻罚也始于此。

商鞅第一次变法的主要内容是：第一，实行连坐告奸之法。将秦民按什、伍编入户籍，使其互相监督。一人犯法，同一什、伍之人必须告发，否则也要承担法律责任。而告奸者，则可受赏。第二，鼓励耕战。对努力耕作者可免除徭役，对有战功的人可以授予爵位。相反，对怠于农事而致贫穷者，罚为奴隶。即使宗室，若无军功，剥夺其贵族的身份。第三，用法令迫使有两丁以上的家族分户，大家族分化为个体小家庭，以增加国家的税收。

商鞅第二次变法的主要内容是：第一，设立县制，县官由中央直接委托，增强了中央集权对地方的控制。第二，统一度量衡。第三，开阡陌而平赋税，鼓励农民开垦土地。

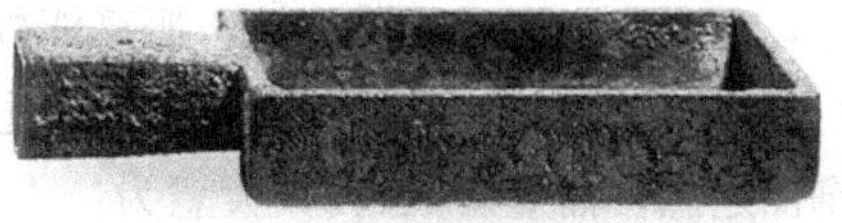

商鞅量

说明：战国时代秦国标准量器，又称商鞅方升。秦孝公时由商鞅制定，因而得名。1966年由上海博物馆征集并收藏。商鞅量实际上反映了法家“法令由一统”的思想。

商鞅在秦国第一次变法时，言新法不便者“以千数”，变法的阻力极大。但在新法实行十年之后，“秦民大说，道不拾遗，山无盗贼，家给人足。民勇于公战，怯于私斗，乡邑大治”①。商鞅的政绩，为其“法治”理论作了最好的注释。秦国的强盛，也为法家法治理论的推行铺平了道路。

2. 商鞅的法律思想

与儒家不同，商鞅对君主的权力和制度的作用都很重视。他强调君主必须要有驾驭臣民的力量，这种力量不是来自君主的个人品质和魅力，而是来自制度。所以商鞅的思想中可以借鉴之处在于淋漓尽致地发挥制度的作用，甚至以为君主也应该“缘法而治”。其思想的缺陷在于强调制度以君主利益为核心，当君主利益与制度产生矛盾时，制度便成为空文。与儒家思想相比，法家对法律的善恶并不关心，其所关心的只是法律对社会秩序维护的效果。

（1）变法理论。

商鞅认为实行法治是时代的要求。因为社会是发展的，治国之道也应随着历史的发展而不断变化，不可一成不变，即“三代不同礼而王，五霸不同法而霸”②。夏、商、西周三代的礼

---

① 《史记·商君列传》。

② 《商君书·更法》。

虽不相同但都统一了天下，春秋时齐、晋、秦、楚、宋（或为齐、晋、秦、吴、越）虽制度各异，但也都能称霸诸侯。商鞅进而认为变法是兴邦之路，拘泥古法、不知变通则是亡国之道："汤、武之王也，不修古而兴；夏、殷之灭也，不易礼而亡。"①

（2）法治的基础。

商鞅认为实行法治是历史的发展和人"好利恶害"的本性所决定的。《商君书·开塞》中总结历史的发展为：人类伊始的"上世"，是"民知其母而不知其父"的时代，以"亲亲"之道治国。"亲亲"即亲爱自己的亲人，这种方法难免会使社会产生不公正。为了纠正这种不公正，出现了主持公正而仁爱的"贤者"，于是社会发展到崇尚"贤人"的"中世"。中世发展到一定阶段，众人以为仁爱可欺而发生社会混乱，于是社会发展到了"下世"。这就是商鞅所言："上世亲亲而爱私，中世上贤而说仁，下世贵贵而尊官。""下世"指战国之时，其特点是立禁、立官、立君。这就是商鞅所强调的法治的特点。难能可贵的是商鞅在叙述历史发展时，并没有厚古薄今，他并不以为上世、中世的"亲亲""上（尚）贤"优于下世的"立禁""立官""立君"，反而认为下世之政改革了中世之弊，中世之政扭转了上世之乱，推行法治是纠正"上贤"之道的必然产物。

此外，商鞅认为推行法治也符合人类"好利恶害"的本性。所谓"好利恶害"，是指人的本性都是喜欢追逐利益，而厌恶、躲避灾祸的。商鞅认为，"好利恶害"是人与生俱来的天赐本性，无论圣人还是平民百姓，概莫能外。也正是由于人有这种本性，刑赏才能起到统一人们言行的作用。《商君书·错法》言："好恶者赏罚之本也。夫人情好爵禄而恶刑罚，人君设二者以御民之志，而立所欲焉。"大意为：人有好恶的本性，是赏罚制度设立的基础。人们喜欢得到奖赏而害怕受到刑罚，君主正可以根据人们的这一本性而驾驭、统治天下。君主所欲行，则设爵禄，人们好爵禄之利，自会趋之若鹜；君主所欲禁，则设刑罚，人们恶刑罚之害，避之犹恐不及。于是君主的好恶、国家的好恶通过赏罚制度的实施便成了民众的好恶。在商鞅看来，以赏罚为主要内容的法治是根据人的本性而实施的治国之道，其比儒家倡导的礼治、德治、人治更为合乎人性和历史的发展。

（3）推行法治的方法。

首先，应做到法、信、权三者的有机结合。法，指国家颁行的法令。商鞅认为法是"国之权衡"②，颁行时必须完备、准确、切实可行。信，指守信，即法一旦颁行，就应该遵循不易，绝不受舆论、亲情等其他因素干涉。信，实际上是强调法的权威性。权，指君主所独有的集一切权力于一身的至高无上的地位。这种在人间社会无可匹敌的"权"，在商鞅看来应是推行法治的后盾。如此，法、信、权成为推行法治所必备的方法或条件。

其次，应做到"一教""一刑""一赏"。一，即划一、统一的意思。"一教"，就是要用法来统一人们的善恶观，统一舆论，统一风俗。有违于法的言行无论打着怎样的旗号，都必须被禁止。"一刑"，有两层含义：一是法律应是统一的、有权威的。二是法令面前除君主之外，应是人人平等的，也就是"刑无等级"③。"一赏"，指国家只能对有功于耕战、遵守法律的人颁

① 《商君书·更法》。
② 《商君书·修权》。
③ 《商君书·赏刑》。

发奖赏。“一教”“一刑”“一赏”的中心思想是用法律统一人们的言行和思想，把人们的行为乃至思想都纳入国家的法治轨道。

最后，应充分发挥刑罚的威慑作用，对违法者施以重刑。商鞅认为刑罚实施后，往往会在社会中引起两种不同的效果：一种是刑罚实施后，起到杀一而儆百的作用。从刑罚的实施中，人们明白了国法的威严，于是不敢轻易触犯法律。刑罚因此起到了严惩罪犯和预防犯罪的双重作用，社会因此而得到治理。另一种是刑罚用过后，人们反而有了轻蔑法律之心，认为刑罚也不过如此。这种用刑方法既不能惩办罪犯，又不能警戒他人，国家因此而乱。商鞅精辟地总结道：“以刑去刑国治，以刑致刑国乱。”① “以刑去刑”的最好方法是重刑，甚至“重刑轻罪”，即对轻罪也处以重刑。商鞅的逻辑是，如果犯很轻的罪都被处以重刑，那么就没有人敢犯重罪了。

3. 商鞅法律思想的评价及影响

从商鞅法律思想的体系中可以看出商鞅所主张的法治，是与君主专制相辅相成的。如果用我们今天的眼光来评判，商鞅法律思想中进化的历史观、法为国家权衡、刑无等级等思想亦有可以借鉴之处。但其强调君主独裁、专制，使法成为御用工具；又强调法可以置道德于不顾，将法视为判断言行、舆论、善恶等一切事物的唯一标准，致使法律沦为强权的工具。重刑思想虽将法律的威慑作用发挥到了极致，但却忽视了其在实践中巨大的负面作用：重刑在发挥威慑作用的同时，更容易导致社会各种矛盾的激化，正如老子所指出的那样“民不畏死，奈何以死惧之”。商鞅法治的宗旨是权力，而不是权利——这是我们在借鉴法家思想时最应警惕之处。

战国后期，商鞅学说已盛传于世，韩非言：“今境内之民皆言治，藏商（鞅）、管（仲）之法者家有之。”② 商鞅是法家思想的奠基者和实践者，法家思想的集大成者韩非深受商鞅学说的影响。而商鞅在秦国推行法家理论，富国强兵取得成功也给法家思想的传播、兴盛开辟了道路。战国最终以秦的统一而结束，商鞅功不可没。

申不害画像

（二）申不害及其“术治”思想

申不害（约前395—前337），郑国人，韩昭侯时为相。申不害的思想融合了道、法两家学说，《史记》言其学“本于黄老而主刑名”③。在先秦

① 《商君书·去强》。
② 《韩非子·五蠹》。
③ 《史记·老子韩非列传》。

法家中，申不害以重“术”而著称。申不害的著作早已佚失，在《群书治要》中存有佚文，后人辑为《申子》。

1. 术治

“术”，译为今意即为“方法”“手段”。申不害讲的“术”，主要是君主的治国之术，包括以下几个方面的内容。

（1）申不害认为君主应有一套公开的行之有效的奖惩制度来治理国家，尤其是治理官吏。这种公开之术，实际上就是主张君主“缘法而治”。这也是学界将申不害归于法家的原因。其言：“君必有明法正仪，若悬衡以称轻重，所以一群臣也。”① 意即君主必须公开法律，就如同秤是“轻重”的标准，法是君主考察群臣的标准。《韩非子·定法》中总结了申不害的这一思想，概括为：“术者，因任而授官，循名而责实，操生杀之柄，课群臣之能者也。”大意为：所谓术，就是根据官职的要求而任用官吏和考察官吏名实是否相符；君主对群臣具有生杀、升贬之权。申不害还认为官吏在各司其职的同时，不得越权，干预非其职守之事。对越权者应处以刑罚。也即既不允许失职，也不允许越权。《韩非子·定法》中还记了一则故事，说明申不害的这一思想：韩昭侯酒醉而卧，负责给韩昭侯保管头冠的官——典冠——怕韩昭侯受凉而给韩昭侯盖上了一件衣服。韩昭侯醒后很高兴，问左右侍从：“谁为我加衣？”侍从回答是典冠所加。韩昭侯听后，同时责罚了典衣与典冠两人。典衣受罚是因其失职，典冠受罚是因其越职。

（2）申不害认为“循名责实”之外，君主还应有一套“藏于无事，窜端匿疏，示天下无为”②之术。这一套“术”要求君主不要将自己的好恶、喜怒示于臣下，以免臣下揣测君主意图而投其所好，从中渔利。对于君与臣的关系，申不害作了这样的分工：“主处其大，臣处其细”；“君知其道也，官人知其事也”；“君设其本，臣操其末”；“君操其柄，臣事其常”③。

2. 术与法的关系

申不害的“术”，为法的施行提供了路径，使法家的法治理论更便于君主操作。但是，过分地强调术的作用，也容易导致君主法律观念的淡化，专以治人之术为本，法律成为术的陪衬或牺牲品。从韩国的变法来看，申不害也确实“不擅其法”，以致“故法未息”，“新法又生”，宪令不一，无法成就霸业。④

（三）慎到及其“势治”思想

慎到（约前390—前315），赵国人，早年“学黄老道德之术”⑤。其思想体系既“尚法”，也“重势”。《汉书·艺文志》将其著作归于法家类，记慎到的著作《慎子》有42篇。我们今天所能看到的《慎子》只有7篇，是后人的辑佚。慎到曾长期在齐国稷下学宫讲学，对于法家思想在齐国的传播起到重大的作用。其重势的思想对法家理论也是一个重要的补充。慎到的法律思想以尚法为前提，但其突出的特点是重视君主所独有并至高无上的权力。慎到认为君主的无上权力，即势，是推行法治的保证。法家的集大成者韩非将其总结为“抱法处势”。

---

① 〔清〕严可均辑：《全上古三代秦汉三国六朝文》辑《申子》佚文。

②③ 《申子·大体》。

④ 参见《韩非子·定法》。

⑤ 《史记·孟子荀卿列传》。

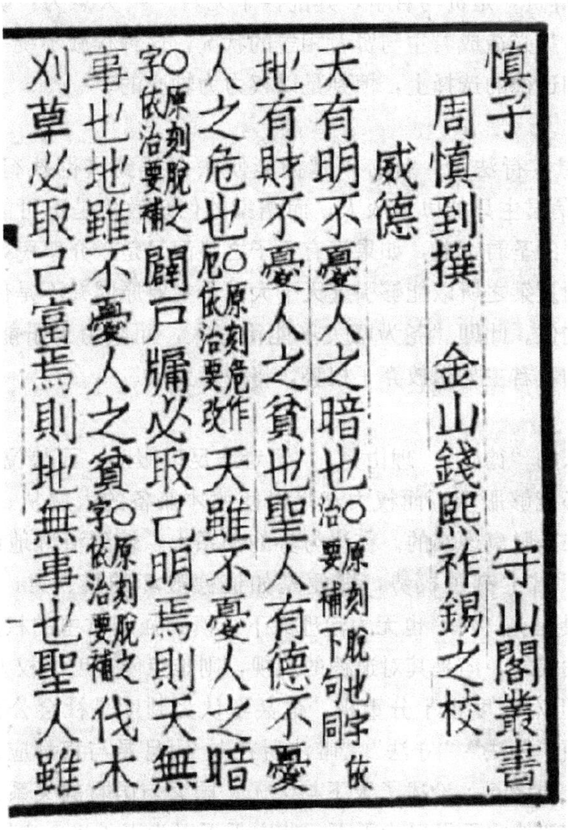
慎子　守山閣叢書
周慎到撰　金山錢熙祚錫之校
威德
天有明不憂人之暗也（原刻脫也字依治要補下句同）地有財不憂人之貧也聖人有德不憂人之危也（原刻危作厄依治要改）天雖不憂人之暗（原刻脫之字依治要補）闢戶牖必取己明焉則天無事也地雖不憂人之貧（原刻脫之字依治要補）伐木刈草必取己富焉則地無事也聖人雖

《慎子》辑佚

图片来源：http：//www.dbk2008.com/cp/resource/articles/969/慎到25650.html（百科在线全文检索）。

1. 尚法

所谓“法”，是指国家的制度规范；所谓“势”，是指君主所具有的至高无上的权力。

慎到重势的思想始于“尚法”（尊重法律）。从批判儒家“人治”思想入手，慎到明确提出了法治优于人治的论断：“君人者，舍法而以身治，则诛赏予夺，从君心出矣。然则受赏者虽当，望多无穷；受罚者虽当，望轻无已。”“君舍法而以心裁轻重，则是同功而殊赏，同罪而殊罚也。怨之所由生也。”① 大意为：帝王统治天下，不以制度为准而以自己的好恶为赏罚的标准，则会造成同罪异罚、同功异赏的状况，这种不公正会使天下人不服而心生怨气。反之，如果君主能“事断于法”，依法而给予人们以应得的赏罚，做到“法之所加，各以其分”，就能使“怨不生而上下和”②。在慎到看来，法律即使有不完善之处，有副作用，但有法总比无法好，因为它可以统一人心，即“法虽不善，犹愈于无法，所以一人心也”③。

此外，慎到还认为儒、墨两家提倡的“尚贤”是致乱之道。因为尚贤，君主至高无上的地位就难以形成，贤者的威望会削弱君主的权威和君主所处的至高无上之势。慎到对君与贤的关

①② 《慎子·君人》。

③ 《慎子·威德》。

系这样论述："立君而尊贤，是贤与君争，其乱甚于无君。"[①] 大意为：确立了君主的统治，又尊敬德才兼备的贤者，势必造成君主与贤者相争的状况，这种权威不统一的混乱比不设君主更可怕。可见，在权力和道德的选择上，慎到是以权力为轴心的。

2. 重势

慎到认为君主要想实行法治，就必须掌握能使法令得到贯彻执行的权势，这个权势是"力"的表现。慎到深信君主只能以力服人，而儒家的仁政教化是不可能治理好国家的。慎到举例说明，儒家所崇拜的圣君帝尧，如果没有天子之势而只是一介草民，他的品德即使再高尚也指挥不了几个人；而夏桀之所以能够引起天下大乱，主要原因并不是他的道德败坏，而是因为他是天子，处天子之位。此即"尧为匹夫不能治三人，而桀为天子能乱天下"[②]。可见，势对于君主是十分重要的，君主如果放弃了权势，将一事无成。

3. 势与法的关系

慎到坚决反对儒家的"德治"，理由是："贤者未足以服众，而势位足以屈贤者也。"意即德才兼备的贤者，未必能够服众；而权力却足以使德才兼备的人屈从。显然，儒家"以德服人"的王道在慎到看来是脱离现实的。在法与势的关系上，慎到清醒地认识到，"法"的推行必须以"势"为后盾，君主有了权势，即便是如道德败坏的桀、纣，也能"令则行，禁则止"[③]。如无权势，即使是尧、舜，也无力治理天下。慎到强调君主的权威，强调国家的实力，无疑是符合当时历史发展的，但是其对道德的藐视，则难免使过度的权力走向非法。

慎到虽重"势"，但对制度也十分重视，他甚至认为制度是社会公正的体现。不但天子、国君以及各级官吏必须"任法""守法""唯法所在"，而且君与官都应该服务于天下和国家。他从天子、国君、官长的缘起，论述了天下与天子、国家与国君的关系："古者，立天子而贵之者，非以利一人也。""故立天子以为天下，非立天下以为天子也；立国君以为国，非立国以为君也；立官长以为官，非立官以为长也。"[④] 正因为立天子、立国君、立官长是为"公"而立，所以法律也是为防止天子、国君、官长行私而设的。这种立法为公的思想即使在今天也有着借鉴的意义。

韩非画像

（四）韩非及其法、势、术结合思想

韩非（约前280—前233），韩国公子，曾师于荀子。《史记·老子韩非列传》记韩非"喜刑名法术之学，而其归本于黄老"。《汉书·艺文志》将韩非的著作《韩非子》55篇归为法家类。韩非于公元前233年受韩王派遣出使秦国，在秦国为秦相李斯所害，死于狱中。韩非生活于战国末年，有条件对春秋战国以来形成的各个学派进行系统的总结。尤其对法家学说，韩非从各个方面探讨了它的利弊，终于形

① 《艺文类聚·卷五四》引文。
②③ 《慎子·威德》。
④ 《慎子·君人》。

成了法家完整的法治理论体系，使韩非成为法家的集大成者。韩非的法律思想，仍然是以“法治”为核心的，这是先秦法家所共有的特征。但对于前期法家的不足，韩非也提出了自己的看法，如商鞅的“徒法而无术”、申不害的“徒术无法”，等等。在总结前期法家法、势、术三派学说的基础上，韩非提出了以法为本，法、势、术结合的思想，使法家的理论更加完善并具有可操作性。

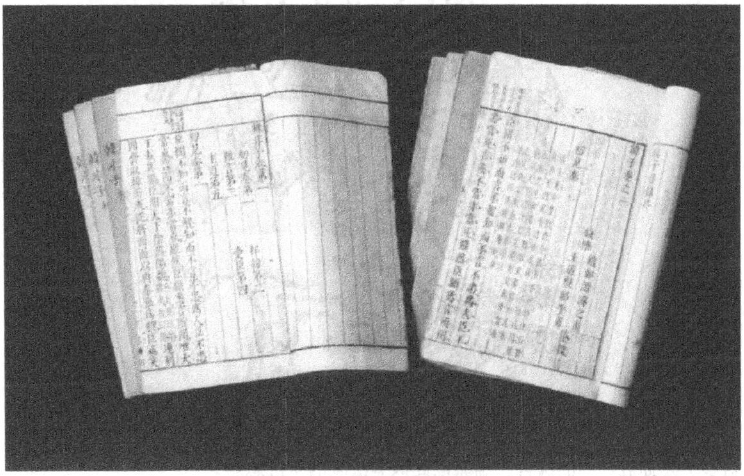

《韩非子》（明万历六年刊本）书影（中国社会科学院哲学研究所藏）

说明：《韩非子》共55篇，绝大部分出自韩非的手笔。

韩非的法律思想体系，概括了前期法家思想的内容，并在其基础上有所发展，简要地说：一是从历史的发展、人性的好利恶害、人口的增长方面论述了法治的必然性。二是从法的本质、特征、作用等方面论述了法治的必要性。三是从法、势、术三者结合方面论证了法治的可行性。

以下以韩非的法律思想为主，兼采其以前法家的论述，明辨其沿革演变，而详细阐述法家的法律主张。

二、法家的法律主张

法家与儒家在主张变革社会这一点上其实并无二致，也并非如后世所认为的那么对立。但在对传统礼治的评价及对传统改造的方式上，法家确实与儒家有所不同。儒家的“中庸”对法家来说是保守与迂腐的代名词。法家主张社会激变，并情不自禁地为社会激变而振奋，矫枉过正是法家认定的社会发展规律。

相对儒家的理想主义而言，法家的主张是现实的。法家认为：儒家所追求的温文尔雅、以理服人的“王道”早已成为过去，社会的发展已进入“竞于气力”、以力服人的“霸道”时代。在这个时代中，一切都以功利、成败为标准，谁能富国强兵、统一天下，谁就是法家所认为的“圣人”。

揠苗助长

说明：出自《孟子·公孙丑》中的寓言。儒家以此讽刺法家的激进思想。

图片来源：http：//www.190x.com/Article/ShowArticle.asp? ArticleID=21（揠苗助长）。

守株待兔

说明：出自《韩非子·五蠹》中的寓言。法家以此讽刺儒家的保守思想。

图片来源：http：//www.maidee.com/program/180925（守株待兔）。

（一）实施法治是历史发展的必然，是人性的必然

法家是一个注重现实的学派，他们认为历史的发展不以任何人的意志为转移。同时，他们还认为“好利恶害”是人类无法改变的本性。从历史发展与人性的角度，法家论证了法治的必然性。

1. 实行法治是历史发展的必然结果

战国后期法家集大成者韩非继承了前期法家对历史的划分，将历史的发展大致划分为上古、中世、当今三大阶段；并指出各代的不同特色："上古竞于道德，中世逐于智谋，当今争于气力。"① 不同的时代，有不同的治理方式。若以上古的"道德"治理中世或当今之世，必为后人所笑。针对儒家赞美的尧舜圣王之道，韩非论道："然则今有美尧、舜、汤、武、禹之道于当今之世者，必为新圣笑矣。"② 法家告诫世人："法古则后于时"③，即抱着传统不放，以上古、中世之道行于当今的人必然会被时代抛弃。在"争于气力"的当今，"欲以先王之政，治当世之民"无异于"守株待兔"④。法家主张顺应历史的潮流，变法图强。法家献给君主治国的良策是"塞民以法"⑤，即实行法治。用韩非的话来说，就是"明主之国，无书简之文，以法为教；无先王之语，以吏为师；无私剑之捍，以斩首为勇"，"境内之民，其言谈者必轨于法"⑥。大意为：现今，英明的国君，在治理国家时不会注重传统的文化教育，只教民众知道现实的法律并加以遵守；不会以先王的经验教导民众，只是教导民众服从官吏或将官吏作为教师，教导民众；不以行侠仗义为荣而只以为国家杀敌为勇。国内的民众言谈话语都必须遵守法律的规定。

法家对历史与时势的精辟分析，宣告无论人们情愿与否，也无论儒家崇尚的礼治王道在历史上起过怎样的作用、有过怎样的辉煌，都已经成为过去。礼治时代结束了，已经到来的是法治的时代。

2. 法治是顺应人性的治理方法

法家还认为实行法治是人性的必然产物，因为，"趋利避害"是人之本性。韩非断言，世上绝没有儒家所宣扬的那种没有利害关系的忠、孝、节、义等道德。父母子女、君臣百姓之间的关系无不与"利""害"二字相联系。比如，君臣之间的关系是"臣尽死力以与君市，君垂爵禄以与臣市"⑦，大意为：臣为君赴死效力，不过是为了用才智甚至生命换取君主手中的爵禄；君给臣以地位、俸禄也不过是为了换取臣的智慧、才能乃至生命。在如此赤裸裸的利害关系中，君主是无法以礼、以德去治理国家的。

在从人性方面论证法治时，战国前、中期的法家有一个明显的缺陷，就是他们没有解释：历史上为什么存在过"礼治"，而且在上古及中世礼治都取得过令人羡慕的成绩？上古、中世时代，人们好利恶害的本性为什么未引起争乱？战国后期的韩非用"人口论"弥补了这一缺陷。韩非认为，德治、人治、礼治只适应于物质极大丰富的上古。物质的丰富使民众不必争抢便可生活得很安逸，所以统治者也无必要处心积虑地设法立制以治民。而当今（战国）之世，人口的急剧增长使物质显得相对贫乏，而物质的贫乏刺激并膨胀了人们好利的本性。道德的感化、礼乐教化及统治者的自律在膨胀了的人性面前早已失去效用，不用严刑峻法不足以止乱。《韩非子·五蠹》论道："古者丈夫不耕，草木之实足食也；妇人不织，禽兽之皮足衣也。不事力而养足，人民少而财有余，故民不争。是以厚赏不行，重罚不用而民自治。今人有五子不为多，子又有五子，大父未死而有二十五孙，是以人民众而货财寡，事力劳而供养薄，故民争，

①②④⑥ 《韩非子·五蠹》。

③ 《商君书·开塞》。

⑤ 《商君书·画策》。

⑦ 《韩非子·难一》。

虽倍赏累罚而不免于乱。”人口的发展、人性的膨胀，使法治的实行成为必要。韩非的“人口论”，完善了法治的学说。

值得注意的是，法家对人性所具有的“好利恶害”本性并不悲观，反而认为正是因为“人性有好恶”，所以“民可治也”[①]。治民的方法就是顺应人的好恶之性，设法立制，合于法者则赏，违于法者则罚。人们受到利益驱使，趋赏避罚是必然之事，法治便也可以顺理成章地实现。根据人性，法家得出了“威势之可以禁暴，而厚德之不足以止乱”[②] 的结论。

（二）法治的合理性

1. 法治较礼治更公正

法家认为，法治具有传统礼治无法比拟的公正性。在礼治体系中，“先王议事以制，不为刑辟”[③]。何种言行为罪、何种罪应处以何处刑罚皆无明确的规定，而且不公之于众，量刑定罪须以礼治的精神为原则，由贵族们“议”而后定。因此，礼治下的“刑”无公正可言。法治则不同，因为，法治之下，法（制度）是公开的。韩非给法下的定义是：“法者，编著之图籍，设之于官府，而布之于百姓者也。”[④] 法是国家制定，官府必须执行，向民众公布的规范。

法又是客观的。法家认为法是国家颁布的客观的言行准则，其所代表的是大多数人的“公”利。齐法家将法比喻成“尺寸也，绳墨也，规矩也，衡石也，斗斛也，角量也”[⑤]。一言以蔽之，法是国家的权衡、人们行为的准则，其不允许任何人挟“私”而随意轻重。法家认为法是充分反映公意的制度，因而其可以“齐天下之动（或作功）”[⑥]。国家有了“至公大定”的法制，就如同经商的人买卖物品时有了衡量轻重的秤、买卖布匹时有了衡量长短的尺。天下人因为有了法而明确了什么可以做、什么不可以做：“有权衡者不可欺以轻重，有尺寸者不可差以长短，有法度者不可巧以诈伪。”[⑦]

法的公正性还表现在法家主张“法不阿贵”“刑无等级”。法家以为法律在确立时可以赋予不同的人以不同的权利和义务，但是，在执行法律时却必须做到“刑过不辟大臣，赏善不遗匹夫”[⑧]。公开、客观、公正是法治优于礼治之所在。

2. 法治较礼治简明，并易于操作

法家认为法治比传统礼治简单易行，易于操作，对治理乱世可以起到立竿见影的效果。在法家眼中，儒家烦琐的道德说教对于拯救乱世、安民治国来说如同儿戏。儒家要建设的道德王国在“人民众而货财寡”的当今之世，在人性膨胀、趋利避害的兼并竞争时代是可望而不可即的幻想。韩非认为提倡礼治、道德不仅无补于世，而且隐患无穷。他提出：“古今异俗，新故异备，如欲以宽缓之政，治急世之民，犹无辔策而御悍马，此不知之患也。”[⑨] 拯救乱世，唯法治一途。

---

① 《商君书·错法》。
② 《韩非子·显学》。
③ 《左传·昭公六年》。
④ 《韩非子·难三》。
⑤ 《管子·七法》。
⑥ 〔清〕钱熙祚撰《守山阁丛书》引《慎子》佚文。
⑦ 〔唐〕马总撰《意林》卷二引《慎子》佚文。
⑧ 《韩非子·有度》。
⑨ 《韩非子·五蠹》。

法家认为当今之世天下大乱的原因在于名分未定，商鞅与慎到几乎用了同样的例子与语言说明天下争战不休的原因："一兔走，百人逐之，非以兔为［可分以为百，由名之未定］也。夫卖［兔］者满市，而盗不敢取，由名分已定也。"① 大意是：一只兔子奔跑，无数人追逐，并不是那些人愚蠢，以为兔子可以分成无数份，而是那只兔子的名分未定，大家认为都有希望得到它。市场上有很多兔子，即使盗贼也不敢明目张胆地去抢夺，原因在于兔子属谁的名分已定。定分才能止争，才能建立起秩序。而法恰恰是定分止争的法宝："故圣人必为法令置官也，置吏也，为天下师，所以定名分也。"② 名分一定，则无论是吏是民、是智是诈、是能是愚，皆知其可为与不可为，天下于是大治。

法可安定天下，还可以富国强兵。韩非将法比作牢笼、将民比作猛虎，认为法对民犹如以牢笼关虎，只有法可以使民与国家保持一致。放弃法律，即使尧舜再世也无法治理今日的天下。法可以统一人们的言行，是"上之所以一民使下"③ 的工具。君主只有实行法治，才可能使全国上下一致，致力于富国强兵的功业。齐法家用这样的语言总结了法治的威力："法者，所以兴功惧暴也；律者，所以定分止争也；令者，所以令人知事也。法律政令，吏民规矩绳墨也。"④ 法治不仅有如此的威力，而且简单易行，"以法治国，举措而已"⑤。君主只要制定好法令并遵循法令，违法者罚，遵法者赏，天下便可以达到治理。法治使君主从复杂的人情中解脱出来，不必整日埋头于道德环境的营造与人格的修养。

3. *法治较人治更有利于社会的长期稳定*

法家认为法治可以确保国家的长治久安。针对春秋战国时的法治思潮，儒家认为，举贤人与建法制相比，前者更为重要，因为国家的安危实系于君主一身，有了贤人，才能有好的法律，法律才能得到准确的执行。此外，儒家不相信世上有万全的法律，认为法律的漏洞需要"人"去弥补。鉴于此，儒家更注重统治者的自身修养与表率作用。可见，人治相对法治而言，更符合儒家的理想。法家对儒家的贤人政治持否定态度。法家认为，实行人治将国家的兴衰存亡完全系于君主一人身上是不明智的，因为君主大都为中庸之才，像尧、舜那样的圣君与桀、纣那样的暴君是"千世而一出"。法制即"缘法而治"，正是以中庸之主治理天下为前提的，法制越完善，天下就越容易治理。若"废势背法而待尧、舜，尧、舜至乃治，是千世乱而一治也"。有尧、舜则治，无尧、舜则乱，天下势必处在长久的混乱之中。相反，若君主实行法治，中庸之主亦可"缘法"而治理好天下，只有"桀、纣至乃乱，是千世治而一乱"。法治与人治的区别就在于此：任人而治则"千世乱而一治"，任法而治则"千世治而一乱"⑥。不仅如此，法家进一步论证道，即使如尧、舜那样的圣君贤人，也不可以只依靠个人品格、才能去治理国家，就如同能工巧匠在工作时也离不开规矩、绳墨，圣君贤人也要依靠法律去治理天下。《韩非子·用人》中这样论证了法与人的关系："释法术而任心治（即人治），尧不能正一国；去规矩而妄意度，奚仲不能成一轮；废尺寸而差短长，王尔不能半中。"⑦

---

① 《商君书·定分》。［ ］号内字据《治要》补。参见蒋礼鸿撰《商君书锥指》，北京，中华书局，1986。

② 《商君书·定分》。

③④ 《管子·七臣七主》。

⑤ 《管子·任法》。

⑥ 《韩非子·难势》。

⑦ 奚仲、王尔皆古代巧匠，奚仲善造车。此话的意思为：即使如奚仲那样善于造车的人若不用规矩，也无法造成一个车轮。即使如王尔那样的巧匠不以尺寸为标准而度测长短，也无法做到符合标准。

因此，法治的优势在于：比人治更有利于国家的长治久安，也较人治更为公平。

（三）实行法治的途径

法家的法治理论在春秋战国时期形成一股思潮并为各国君主所接受的原因在于，其具有极强的实用性和可操作性，即法家为法治的推行设计了种种途径。这是其他学派望尘莫及的。法家认为要实行法治必须具备以下条件。

1. *以法为本*

首先，要有完备的法制，能将君臣百姓的言行皆纳入法的轨道。自春秋时子产铸刑书起，法家便致力于建立完备的法律制度，使法治能有制度上的依据。从考古发掘的战国秦律来看，在法治理论指导下的秦国法律确实十分完备，用“皆有法式”[①] 来形容并不过分。从立法来讲，法家认为法制完备只是实行法治的条件之一，更重要的是立法质量必须能够达到法治的要求。这就要求法律必须合乎实际，必须便于人们理解记忆。而合乎实际的法律必须是顺应人性的。

其次，必须树立法律的权威，严格依法办事。为了树立法律的权威，商鞅提出“一赏”“一刑”“一教”。“一赏”，就是要求君主出于公心，只赏有功于农战、有功于国家的人，而不可“爱其私”，以破坏法制。“一刑”，就是要求君主依照法令惩处违法之人，而不可随意轻重。“一教”，就是要求君主取缔一切与法令不相合的言论学说，用法统一人们的思想。法家虽然认为君主的权力至高无上，但同时也反对君主依个人喜怒而违法破律，指出，君主以喜怒治国，是天下混乱、百姓怨恨的原因。为了确立法的权威，法家认为君主应做到：“言不中法者，不听也；行不中法者，不高也；事不中法者，不为也。”[②] 意即不合乎法的言论，不听；不合乎法的行为（如以情坏法、以礼破法等行为），不加以肯定；不合乎法的事情，不做。

2. *君主要善用赏罚*

法家认为，赏、罚是推动法治实行的杠杆，赏与刑是君主手中的“二柄”[③]，有功必赏、有罪必罚是君主治臣、治民的基本原则。在赏罚的运用上，法家强调“厚赏重罚”“少赏多罚”。厚赏，可以使民心甘情愿地为君、为国效死力；重罚，可使民知国法的威严，因而不敢冒犯。也只有厚赏重罚才能充分利用人们的好利恶害之心，使人们不惜一切代价追逐奖赏，宁死也不敢冒犯法律。厚赏重罚不但起到了鼓励人们为国耕战的作用，而且产生了“以刑止刑”、预防犯罪的效果。赏少，可以使人知得利之不易，因而会加倍努力；罚多，可以使人知国家多“忌讳”（法度），因而不敢轻举妄动。这就是“赏厚而信，刑重而必”，“赏诛之法，不失其议，故民不争”[④]。厚赏重罚可使民“不争”，少赏多罚又可使“民善”。其较儒家以道德说教劝善止恶更为实际，更为简单易行。此外，法家格外强调赏罚必须与舆论保持一致，即法律所严惩的，一定也是舆论所谴责的；君主所赐赏的，也必定是舆论所赞扬的。但法家并不是要法制迁就舆论，相反，法家强调的是舆论必须符合法的规定，即“士不得背法而有名”[⑤]。

---

① 《史记·秦始皇本纪》。
② 《商君书·君臣》。
③ 《韩非子·二柄》。
④ 《商君书·修权》；蒋礼鸿：《商君书锥指》，北京，中华书局，1986。
⑤ 〔唐〕马总撰《意林》引《慎子》佚文。

3. 法、势、术结合

法家认为，君主治国，除了以法为本外，还必须将法、势、术三者结合：法是君主治国的原则，这就是“言行而不轨于法令者必禁”①。法也是君主衡量官吏的标准，官吏无论其人品、才能如何，以守法为贵。在“以法为本”的原则基础上，君主还必须具有能够推行法治的“势”（权势）与“术”（办法），这就是法、势、术结合。

韩非总结了前期法家思想后，认为：国君如龙，势则犹如云雾。若无云雾，龙落尘埃，与蚯蚓无异。君若无势，与普通的百姓也没有什么不同。失势的君主，纵然是一位明法之君，也无法推行法治。在此，韩非又提出了“势治”说，即只有在君主牢牢掌握了权势并推行法治的情况下，天下才能达到治理：“抱法处势则治，背法去势则乱。”② 除法、势结合外，法家还强调法与术的结合，“徒术而无法，徒法而无术”③皆不可达到天下的治理。术，是指治国的方法与推行法治的技巧。韩非认为申不害虽精于术，但“不擅其法，不一其宪令则奸多”④。商鞅虽重视法令，但“无术以知奸”⑤，以致聪明反被别人利用，自己落了个被车裂的下场。因此，术不仅是推行法治的保障，也是用法之人得以自保的保障。法家所言的“术”，主要是君主治臣、治人之术。法家对术的研究十分精细，总起来说术有两类：一类是公开之术，如选任官吏采用“循名责实”之法，即考核官吏的政绩是否与其职位相符、官吏是否胜任职责。另一类则是君主“藏于心中”之术。法家认为君主为了保住自己的权势，可以不择手段地对付威胁自己权位的大臣，如对功高震主的人可行饮食暗害之术，对有谋反嫌疑或心怀不轨的人可行暗中刺探之术，等等。在一般情况下，君主应喜怒不形于色，使臣子无法探清君主之好恶，保持对君主的敬畏。法家言术，虽强调了法、术结合，但却不免自相矛盾之处，尤其是“藏于心中”的御臣之术，早已打破了“有功必赏、有过必罚”的法治原则，违背了“以法为本”的宗旨，实为法家法治理论中的糟粕。

三、“王道”与“霸道”——儒、法两家不同的社会理想模式评析

在中国历史上，“王”与“霸”或“王道”与“霸道”之争实质上就是指儒、法两家不同的治国方策、不同的社会理想之争。

王道是指古圣王，如尧、舜、禹，汤、文王、武王等所行之道。《尚书·洪范》言：“无偏无党，王道荡荡；无赏无偏，王道平平；无反无侧，王道正直。”霸道是指春秋以来，强大的诸侯，如春秋五霸把持王政，“挟天子而令诸侯”之道。⑥

孟子对“王道”与“霸道”的不同作了十分精辟的概括：“孟子曰：以力假仁者霸，霸必有大国；以德行仁者王，王不待大。汤以七十里，文王以百里。以力服人者，非心服也，力不赡也；以德服人者，中心悦而诚服也。如七十子之服孔子也。《诗》云：‘自西自东，自南自

① 《韩非子·问辩》。

② 《韩非子·难势》。

③④⑤ 《韩非子·定法》。

⑥ 《左传·成公二年》记：“五伯之霸也，勤而抚之，以设王命。”疏：“郑玄云：天子衰，诸侯兴，故曰霸。霸，把也，言把持王者之政教，故其字或作‘伯’或作‘霸’也。”（《十三经注疏·春秋左传正义》）

北，无思不服。’此之谓也。”[①] 王道的特征在于行德，以德服人，使东西南北的人心悦诚服而有天下。霸道的特征在于依恃权势和武力而假行仁义，以力服人。所以霸者即使有大国，但民心不服，“力”也会因此逐渐不足。鉴于此，行王道者，如汤王、文王虽无大国，但终会获取天下。而行霸道者虽有大国，也终会因力之不足而衰亡。

儒家推崇的王道始于亲人间的相亲相爱——主要是“父慈子孝”，而成于统治者的仁政德化。《孟子·梁惠王上》言：“养生丧死无憾，王道之始也。”又言：“王如施仁政于民，省刑罚，薄税敛，深耕易耨；壮者以暇日修其孝悌忠信，入以事其父兄，出以事其长上，可使制梃以挞秦楚之坚甲利兵矣。”在儒家的理论中，道德的力量是战无不胜的。儒家的理想社会是建立一个教化流行、人人自律的道德君子国。

法家对儒家的理论并不以为然，尤其对道德和教化毫无信心。他们崇尚的是“力”。法家对人性赤裸裸的剖析令天下道德君子汗颜。韩非子说：家庭中父母子女的关系是“利”“害”关系，所以“产男则相贺，产女则杀之”[②]。因为儿子可以为自己养老送终，而女儿却须嫁人，若“计之长利”，养儿子更为合算。在社会中人与人之间的关系也是“利”“害”关系：“故舆人成舆，则欲人之富贵；匠人成棺，则欲人之夭死也。非舆人仁而匠人贼也，人不贵则舆不售，人不死则棺不买。情非憎人也，利在人之死也。”[③] 大意是：制作车轿的工匠“舆人”都希望人升官发财，而制作棺材的“匠人”却恨不能人们早死。并非舆人仁慈而匠人狠毒，因为舆人之“利”在人富贵；而匠人之“利”在人夭折。政治上的君臣关系，在韩非看来更是与“利”“害”相连：“臣尽死力以与君市，君垂爵禄以与臣市。”[④] 人性如此，何有道德？又哪有什么孝子、慈父、忠臣、仁君？

和不信任伦理道德可以治天下一样，法家对儒家竭力赞美的教化也持否定态度。他们认为，教化是一种事倍功半的治国方法。教化所要达到的“重义轻利”是无法实现的空想，因为其与人性是背离的。法家认为，治理国家最好的手段，是顺应“趋利避害”的人性，利用刑赏。法治不仅比教化更现实，而且更有力。“严家无悍孥，而慈母有败子”是法家献给新时代君主的箴言。温存的教化，将会使百姓和慈母手中的不肖子孙一般，犯上作乱。法家维护制度的手段唯有刑赏：对为国建功立业者施以厚赏，以重利诱人为国尽力；对违背法令者施以重罚，以重刑禁止人们做不利于国家的事情。于是，商鞅毫不怀疑地告诉君王“禁奸止过，莫若重刑”[⑤]。

我们用下列表格来概括儒、法两家的差异。

---

① 《孟子·公孙丑上》。

② 《韩非子·六反》载：“且父母之于子也，产男则相贺，产女则杀之。此俱出父母之怀衽，然男子受贺，女子杀之者，虑其后便，计之长利也。”

③ 《韩非子·备内》。此段大意为：“制作乘舆的人盼望所有的人发财，而制作棺材的人则希望所有的人早死。这并不说明制舆者善而制棺者恶，只不过是制舆者利在人们发达，升官发财的人愈多，其所制之舆的销路就愈好。而制棺者利在人们的死亡，死的人愈多，其所制之棺的销路就愈好。”

④ 《韩非子·难一》。此句大意为：“臣子为了得到君主赏赐的官禄而出卖气力、生命，君主使用官爵利禄换取臣子的效力。”

⑤ 《商君书·赏刑》。

学派＼主张	强调	内容	实施方式	特点	目的	渊源
儒家	礼义	伦理道德	教化	以理服人	王道	礼治中礼义
法家	法治	制度法律	刑罚	以力服人	霸道	礼治中礼仪

《史记》中的《孔子世家》与《商君列传》描述的儒、法两家分别以王道治鲁与以霸道治秦的相同结果令人深思：第一，春秋战国“礼崩乐坏”之际，孔子以礼治鲁与商鞅以法治秦都获得了成功。但孔子注重的是“王道”教化，即以理服人；而商鞅注重的是“霸道”制度，即以力服人。第二，孔子之说虽不见容于当世，但却成为后世的主流学说，汉后以孔子的是非为是非，以致司马迁由衷赞叹“高山仰止”。商鞅之说奠定了秦国的帝业，秦法实际上也为后世所遵循，但商鞅本人及其学说在历史上一直受到人们的批判，被称为“刻薄寡恩”之说。第三，虽然孔子的学说不见容于当世，但孔子的信念不曾动摇，其周游列国，宣扬自己的主张，并教导弟子以“克己复礼”为己任。商鞅被人陷害后，逃亡途中，由于人们遵守“商君之法”，禁止留宿陌生人，而无处投宿，而叹道：“为法之弊，一至此哉！”礼治虽取得了成功，却不见容于世，只有以待后来者复兴；法治虽然取得巨大成效，却又为后人不齿，其原因是复杂的，有待学界的深入思考。

以上为春秋战国诸子的法律思想之简介。在此我们应该注意两个问题：一是虽诸子思想“各引一端”①，具有不同的特色，但它们又是互相吸收和融合的。如孔子曾问礼于老子，墨子本“受孔子之术”，荀子亦接受了法家的某些思想，韩非子则为荀子的学生，等等。春秋战国诸子的思想是在互相借鉴与批判中发展起来的，唯其如此，诸子的思想才使两千五百年后的我们也感到其博大精深。二是本教材所述远远未勾勒出春秋战国时百家争鸣的全貌，其中，名家、杂家的法律思想都在中国法律思想发展史上占有一席之地。名家的“循名责实”促成了中国古代法律注释的发达。杂家的兼容并蓄思想为“大一统”思想的出现开辟了途径。

相关事例

1. 春秋孔子以礼治鲁，鲁国大治，而孔子出游列国

孔子四十二岁时，鲁昭公死，定公即位。定公五年，季桓子嗣立。孔子不仕，专心于诗书礼乐的研究和阐发，追随者甚众，有些甚至远道闻名而来。定公八年，孔子为中都宰，在职一年，四方之人都以孔子为榜样。孔子由中都宰升为司空，又由司空迁职为大司寇。齐国大夫以为齐、鲁相邻，鲁用孔子必会强大，鲁国强大后势必危及齐国。定公十四年，孔子五十六岁。由大司寇摄相事，治理鲁国三个月，鲁国境内买卖无欺、民风纯朴、男女有别、路不拾遗、宾至如归。齐国闻听鲁国大治而恐惧，以为“孔子为政，必会称霸诸侯。而齐国与鲁国相邻，定会首先被鲁国兼并”。于是设计阻止鲁国的强大。齐国选美女八十人、良马三十驷（一百二十匹），馈赠鲁国国君，鲁君由此怠于政事。孔子的学生子路对孔子说：“夫子应该走了。”孔子

① 《汉书·艺文志》。

开始周游列国，宣扬礼教为国的政治理念。十四年后，孔子返回鲁国，开始整理诗书礼乐易，作《春秋》；并以诗书礼乐教弟子三千、身通六艺者七十二人。太史公司马迁赞叹道：“《诗》言：‘高山仰止，景行行止。’我虽然不能达到孔子那样的境界，但我的心对孔子真是向往之至。我读孔子的书，就如看到了他的为人。到鲁地，瞻仰孔子的庙堂车服礼器，久久留恋。天下君主及贤人很多，在世时受到赞誉，死后则名灭。孔子，一介布衣，其学说至今传十余世，学者奉为正宗。天子王侯，凡言《六艺》者，皆以孔子是非为是非。真可以称为至圣。”①

2. 战国商鞅以法治秦，秦国强大，而商鞅名裂

商鞅主张“缘法而治”，秦孝公任商鞅为左庶长，进行变法：将居民按“什伍”编制，一家有罪，其余九家有告发、纠举义务，若不告发，则连坐。奖励告奸，不告奸者处以腰斩之刑，告奸者则与斩敌首同赏，藏匿奸人者则处以与投降敌人一样的刑罚。普通百姓家有二丁，必须分户，不分户，加倍征收赋税。作战勇敢，有军功的人，按功行赏；私自打架斗殴，按情节处以刑罚。鼓励耕织，勤劳而多产者，有赏；懒惰而致贫者，收为官奴婢。虽为宗室，却无军功，则剥夺其为宗室的特权。明确尊卑等级秩序，按等级分给田宅、奴仆等。法行十年，秦国人非常高兴，因为秦国强大起来。而且山中无盗贼，道不拾遗，家给人足。秦虽称霸诸侯，但宗室多怨望，有人劝商鞅去刻薄寡恩之政，商鞅不听。秦孝公死后，太子立，是为秦惠王。有人告商鞅谋反，发兵追捕之。商鞅逃亡至关下，想在一家客居。主人不知来人是商鞅，对商鞅说：“商鞅定的法律规定，客居之人必须要有身份的证明，收留无证明的人，将被绳之以法。”商鞅慨叹：“以法治国的弊病竟然如此。”秦惠王杀商鞅，并车裂示众，又灭商鞅之家。太史公司马迁评论道：“商鞅，是天生的用刑深酷、不讲仁义的刻薄之人。不得志时违心求全，得志时刻薄寡恩、不听良言。我曾经读商君的《开塞》《耕战》书，典型地反映出他的为人。他最终在秦国被人唾弃。”②

原典阅读书目

1.《论语》
2.《孟子》
3.《荀子》
4.《老子》
5.《墨子》
6.《商君书》
7.《韩非子》

① 《史记·孔子世家》。
② 《史记·商君列传》。

原典阅读举例

子曰：道之以政，齐之以刑，民免而无耻；道之以德，齐之以礼，有耻且格。[①]

得百里之地而君之，皆能以朝诸侯，有天下；行一不义，杀一不辜，而得天下，皆不为也。是则同。……人皆有不忍人之心。先王有不忍人之心，斯有不忍人之政矣。以不忍人之心，行不忍人之政，治天下可运之掌上。[②]

太上，下知有之，其次亲而誉之，其次畏之，其次侮之，信不足焉，有不信焉。悠兮，其贵言，功成事遂，百姓皆谓“我自然”[③]。

无国而不有治法，无国而不有乱法；无国而不有贤士，无国而不有罢士；无国而不有愿民，无国而不有悍民；无国而不有美俗，无国而不有恶俗。两者并行而国在，上偏则国安，下偏而国危；上一而王，下一而亡。故其法治，其佐贤，其民愿，其俗美，而四者齐，夫是之谓上一。[④]

上古之世，人民少而禽兽众，人民不胜禽兽虫蛇。有圣人作，构木为巢以避群害，而民悦之，使王天下，号曰有巢氏。民食果蓏蚌蛤，腥臊恶臭而伤害腹胃，民多疾病。有圣人作，钻燧取火以化腥臊，而民悦之，使王天下，号之曰燧人氏。中古之世，天下大水，而鲧、禹治决渎。近古之世，桀、纣暴乱，而汤、武征伐。今有构木钻燧于夏后氏之世者，必为鲧、禹笑矣；有决渎于殷、周之世者，必为汤、武笑矣。然则今有美尧、舜、汤、武、禹之道于当今之世者，必为新圣笑矣。是以圣人不期修古，不法常可，论世之事，因为之备。[⑤]

延伸阅读书目

1. 瞿同祖．中国法律与中国社会．北京：中华书局，1981
2. 杨鸿烈．中国法律发达史：上．上海：上海书店，1990
3. 俞荣根．儒家法思想通论：修订本．南宁：广西人民出版社，1998
4. 俞荣根．道统与法统“正名篇”．北京：法律出版社，1999
5. 马小红．中国古代法律思想史．北京：法律出版社，2004

---

① 《论语·为政》。
② 《孟子·公孙丑章句上》第二节、第六节。
③ 《老子·十七章》。
④ 《荀子·王霸》。
⑤ 《韩非子·五蠹》。

6. 马小红．礼与法：法的历史连接：修订本．北京：北京大学出版社，2017

延伸阅读举例

“春秋战国这一社会大变革时期，也是我国古代各种思想最活跃的时期，出现了‘百家争鸣’的繁荣局面。这时的法律思想也得到了前所未有的大发展，并深入法理学的领域。不少思想家对法律的起源、本质、作用以及法律与政治、经济、时代要求、国家政权、伦理道德、风俗习惯乃至自然环境的关系等基本问题，都提出了一系列具有一定合理因素的新见解，大大丰富了中国以及世界的古代法学。”①

“有学者将儒家法律思想总结为‘伦理法思想’，并认为这种思想有三方面的含义：第一，儒家伦理法是把宗法家族伦理作为大经大法的法文化体系；第二，在这个体系中，宗法家族伦理被视为法的渊源、法的最高价值，伦理凌驾于法律之上，伦理价值代替法律价值，伦理评价统率法律评价，立法、司法悉以伦理为转移，由伦理决定其取舍。第三，在现实社会生活和政治生活中，以伦理代替法律，伦理和法律之间没有明确的界限，宗法伦理道德被直接赋予法的性质，具有法的效力，从而形成法律伦理化和伦理法律化的双向强化运动。”

“儒家伦理法虽然也起到了西方自然法、理性法、神法那样的理想法功能，但不纯粹是思辨性的理想法，它是中国古代经济、政治和社会客观实在的法学结晶，有着它自身的一些特点。”②

关键词

王道　霸道　宽严相济　铸刑书　尚贤　五德终始　时令说　灾异谴告　礼治　仁政　性善　性恶　民贵君轻　父为子隐　子为父隐　隆礼至法　有耻且格　好利恶害　一教一刑一赏　重刑轻罪　法治　术治　势治　厚赏重罚　以法为本

思考题

1. 简述孔子的礼治思想。
2. 简述孟子的仁政主张。
3. 简述荀子“有治人，无治法”的思想。
4. 试论儒家“为国以礼”的思想。

---

① 张国华编著：《中国法律思想史新编》，35 页，北京，北京大学出版社，1991。

② 俞荣根：《儒家法思想通论》（修订本），138 页，南宁，广西人民出版社，1998。

5. 试论儒家“为政在德”的思想。
6. 试论儒家的人治思想。
7. 简述商鞅的法治思想。
8. 简述申不害的术治思想。
9. 简述慎到的势治思想。
10. 简述韩非的法、势、术结合思想。
11. 试论法家对法治合理性的阐述。
12. 试论法家对法治必然性的阐述。
13. 试论法家关于实施法治之途径的设计。
14. 比较儒、法两家法律主张的异同。

中篇

秦朝至清的法律思想

历史概况

公元前221年，秦王嬴政统一中国，结束了战国时期的动荡、分裂局面，建立了中国历史上第一个统一的中央集权制国家。自秦统一后，中国进入了集权制时代，或称帝制时代。其间历经两汉、三国、两晋、南北朝、隋、唐、五代十国、宋、辽、金、元、明、清各朝，至1911年孙中山领导辛亥革命推翻帝制，1912年建立中华民国临时政府，结束了帝制在中国长达两千多年之久的统治。

作为战国中的强国，秦的统一历程开始于商鞅变法。支持商鞅变法的秦孝公以及后任的历代秦国国君，都是法家思想的忠实推行者。完成统一大业的嬴政，更是对法家思想推崇备至。统一后，秦始皇继续推行先秦法家法治理论，兼采阴阳五行学说，建立了以法家思想为指导的专制集权统治。然而秦法繁如秋荼、密如凝脂并且刑罚极为酷烈。秦始皇一味以繁法严刑为后盾，横征暴敛，滥用民力，终于导致官逼民反。公元前209年，陈胜、吴广领导的中国历史上第一次大规模的农民起义爆发了。秦王朝在农民起义的冲击下很快就土崩瓦解，秦统一后，16年而亡。

代秦而起的汉王朝（前206—220）基于秦苛政而夭折及社会经济凋敝的原因，统治思想发生了很大变化。汉初统治者总结秦亡的历史教训，对秦朝的繁法严刑予以严厉批判，而将经过一定改造的黄老思想奉为指导思想，主张无为而治，制定并实施了一整套“扫除烦苛、与民休息”的政策。黄老思想的贯彻实行，稳定了社会秩序，促进了经济发展，出现了“文景之治”的盛世局面。西汉中期，随着汉朝军事、经济实力的增长，黄老思想已不能适应当时建立大一统、巩固和加强专制中央集权的要求，因而，汉武帝毅然摒弃黄老思想而采纳了董仲舒“罢黜百家、独尊儒术”的建议，奉儒学为官学。在这种经过改造的新儒学的指导下，形成了统治中国两千余年的正统法律思想。

可以看出，秦汉之际，是我国帝制初创的时期，指导帝制的思想基础已经确立，这就是以儒学为本的正统思想，而法律思想在这一时期也发生了重大的转变，即由秦朝的严刑峻法到汉初的无为而治，再到汉武帝时以儒家思想为主，兼采法、道、阴阳各家主张，正统法律思想确立。

三国两晋南北朝时期（220—589），天下纷争，王朝更迭频繁，地方割据势力强盛。简言之，这一时期的历史特征有三点：第一，这是中国自秦统一后的第一次大分裂时期。东汉之后先有魏、蜀、吴三国鼎立。经西晋短暂的统一后，北方有五胡十六国，南有东晋，最终形成南北朝各自半壁江山、划江而治的局面。从此，“天下大势，分久必合，合久必分”成为规律。第二，这是中国自秦统一后，经济重心第一次南移。三国时群雄逐鹿中原，西晋末年“八王之乱”及十六国时北方的混乱迫使大批豪族、士子及农民离开北方，迁往南方。大批劳动力的南迁，刺激了南方经济的发展。第三，这是中国自秦统一后，第一次民族大融合时期。东晋末年受中原地区先进文化的影响，西、北边陲的许多民族趁东汉王朝虚弱不堪之时向内地迁徙，与汉民族交错地生活在一起，许多民族被汉族同化。十六国时期，各族贵族在北方建立了割据政权，如匈奴人建立的刘汉政权、鲜卑人建立的前燕、氐族人建立的前秦，等等。十六国最终统一于拓跋鲜卑之手，是为北魏。北魏政权统一了北方。少数民族的内移，激化了民族矛盾，也加速了民族的融合。魏晋南北朝是少数民族“汉化”的过程，也是汉民族更新的过程。

三国两晋南北朝时期，是帝制逐步完善的时期，也是正统思想不断地受到挑战而其内容又不断地吸收少数民族文化而得到丰富的时期。正统法律思想也是如此。

公元581年，掌握北周实权的外戚杨坚，篡夺北周政权，建立了隋朝。隋于公元589年灭南陈，结束了自西晋以来的分裂局面，重新统一了中国。隋文帝总结了历代王朝的统治术，认为长治久安之策有二：首先在于减轻对民众的剥削，因此，他躬行节俭，轻徭薄赋；其次在于严惩不法赃官并使富豪不敢过分作恶。因此，他主张对赃官绳之以重法。隋王朝虽然存在的时间并不长，但其所建立的制度却被唐朝继承并为唐朝的发展奠定了基础。唐朝自618年建元，至907年倾覆，历时近三百年。三百年间，唐朝的基本制度与隋朝一脉相承，但这些制度执行的优劣在前、中、后期大不一样。这是由不同时期统治者的思想及统治集团的能力所决定的。唐朝初期（618—714），以李世民为代表的统治集团，亲眼目睹了隋末农民风暴，他们以此为戒，兢兢业业，以免重蹈隋亡的覆辙。在一批创业功臣的辅助下，李世民采取了擢用贤能、整饬吏治、节欲为政、安人宁国等一系列政策，使社会稳定、人民安居乐业，形成历史上著名的“贞观之治”。这种情况一直持续到武则天执政。唐朝中期（714—820），李唐王朝经过一系列内部夺权斗争及“安史之乱”，由盛而逐渐转为衰败。这期间，土地兼并的发展、贫富分化的加剧迫使统治者改变了税制与兵制。这种改革虽收到一定成效，但是并没有摆脱政治与经济的危机。由于统治者骄奢淫逸，吏风败坏，统治集团日益腐朽。“口蜜腹剑”的李林甫及“不学无术”的杨国忠又先后身居要位，激起朝中正直之士的不满。唐朝后期（820—907），经济危机、政治危机进一步加深。宦官专权、朋党之争、土地兼并、藩镇割据使广大人民处于水深火热之中。统治者中虽不乏有识之士奋起，力图匡救时艰、改革弊政，但由于统治者内部的争斗及两者力量的悬殊，许多开明人士的主张得不到实现，唐王朝的灭亡已成不可挽回之势。公元874年王仙芝、黄巢起义，历时10年，给唐王朝以致命打击。907年，唐王朝在战乱中为朱温篡权而告灭亡。

隋唐是帝制时代的鼎盛时期，承上启下，古代社会的政治、经济、文化发展日臻于成熟，制度文明也日趋完善。就法律思想而言，由于政权力量的强大，正统法律思想的主导地位稳固，经三国两晋南北朝的发展，正统法律思想所倡导的人伦道德被不断地法律化。

自宋（960—1279）以后，中央集权制社会继隋唐的兴盛后开始衰败。史学界的传统观点将宋以后称为帝制时代的后期。这一时期，旧的制度越来越不适应社会生产力的发展，并成为社会进步的严重障碍。但近年来亦有不少学者提出宋是继唐极盛之后，进一步发展时期。无论是衰败还是进一步发展，都说明宋时政治、经济、社会的发展出现了危机（或转机）。为了强化皇帝的权力，宋开始着力设立“分权”的制度。在中央机构中，削弱相权，宰相之下设参知政事；高级将领也只是战时统兵，平时则赋闲，形成“兵无常将，将无常师”的状况，如此则分散了宰相和高级将领的权力。对地方，设中央的派出机构“路”，路，并无行政首长，而主管经济的转运使和主管司法的提点刑狱使等都直接听命于中央。因此，宋的分权意在集权。也正是由于这种分权需要大量的官员，所以宋自建立时起，就官僚机构庞大，赋税入不敷出，国家积贫积弱。而此时，北方、东北方少数民族依次兴起，入主中原。在激烈的民族矛盾面前，腐朽的汉族统治者偏安江南、束手待毙，但在文化心理上总以正统自居，并以传统文化来凝聚汉民族，以图延续自己的统治。这也是宋统治者格外强调儒家思想的正统地位的原因。

元（1271—1368）是中国历史上由蒙古族建立的统一的王朝。1206年蒙古贵族奉铁木真为大汗（大王），尊号为成吉思汗，其不断征服周边的民族。1207年西夏投降蒙古国，同年成吉思汗病逝。1229年，遵照成吉思汗的遗命，窝阔台即大汗之位。1231年，蒙古国联宋灭金。灭金后，蒙古国便开始了对南宋的战争。1260年，忽必烈即大汗位，中原地区成为其政权的中心所在。忽必烈改变了蒙古国传统的统治方式，推行汉法，并于1271年诏告天下，建国号大元。建元后，忽必烈挥兵南下，于1279年即至元十六年完成了统一大业，结束了南北对峙的局面。至1368年明军攻入元大都，元顺帝逃往漠北，元传九代，统治近九十年。作为历史上第一个少数民族建立的统一王朝，元为民族融合与发展提供了有益的经验和教训。

明（1368—1644）是中国历史上继辽、金、元少数民族入主中原后汉人建立的统一的王朝。明统治者继承了宋以来的制度和思想，以加强皇帝的权力作为制度设计的核心：罢宰相之职，而吏、户、礼、兵、刑、工六部长官直接对皇帝负责。明初，太祖朱元璋公开承认明是继元之后的“乱世”，所以主张重刑治国，并加强思想的控制。明朝中期以后，随着土地兼并的加剧、资本主义萌芽的出现，王朝的统治出现前所未有的危机。自万历时始，明朝的农民起义便此起彼伏，从未间断。佃农抗租、军队哗变、奴婢“叛主”，使王朝处于风雨飘摇的境地。万历时期白莲教反朝廷的秘密活动遍布北方。天启年间，天灾引发了王二领导的饥民起义。明末农民大起义以此为开端，历时17年，直至李自成率领农民军攻入北京城，明崇祯皇帝自缢于煤山（今北京景山）。

清（1644—1911）是中国历史上最后一个王朝。清虽是满族贵族所建立的统一王朝，但其统治者推崇汉文化，在1644年入关后，推行汉制，迅速汉化。康熙、雍正、乾隆时期，国力达到鼎盛。道光时期，西方列强武装入侵。在与西方的战争中，腐败的清军节节败退，最终导致国内维新、革命运动。1911年清皇帝被迫逊位。

从思想史的角度来说，宋朝以后，最值得关注的是产生于明清之际的启蒙思想家的思想。相对于1840年后近代启蒙思想家而言，此时的启蒙思想着重于对传统的总结、反省和更新，几乎未受外来思想的影响。启蒙思想家发起的思想启蒙虽不如西方启蒙运动那样声势浩大，但对当时的中国也确实有着振聋发聩的作用，使沉闷了近两千年的思想界为之耳目一新。

重要内容提示

1. 秦汉时期法律思想的转折
2. 汉初黄老学派的法律主张
3. 正统法律思想的确立
4. 正统法律思想的内容与影响
5. 三国两晋南北朝时期法律思想的特点
6. 隋唐时期正统法律思想的法典化
7. 柳宗元对正统法律思想的批判
8. 宋明时期正统法律思想的哲理化

9. 王安石的变法思想
10. 朱熹的法律思想的内容
11. 丘浚对正统法律思想的总结
12. 黄宗羲对传统法律思想的继承和变革

第四章
秦汉时期的法律思想

内容提要

秦汉时期的法律思想处在由法家为主导转向以儒家为主导的时期，这个转折的过渡，是汉初黄老学派“宽简”法令的法律主张。秦王朝统一后沿用法家治国方针的失败，汉初黄老学派对秦严刑峻法的纠正，至汉武帝时期以儒家学说为本，杂糅法家、道家、阴阳家等各家思想，形成正统的法律思想，即为这一历史阶段法律思想发展的主要线索。应该注意的是正统法律思想有关法律的主张与先秦儒家的并不完全相同。为了适应统治的需要，正统法律思想的奠基人董仲舒及其后继者对先秦诸子有益于治国的主张无不采纳，所以可以说正统法律思想是兼采诸子之说的。正统法律思想形成后，指导中国古代的立法、司法达两千年。正统法律思想中“德主刑辅”“礼法结合”的思想自汉武帝后为历代政治家、思想家所继承，即使在今日也有着一定的影响。

本章的重点在于理解正统法律思想形成的历史原因，掌握正统法律思想的基本内容。

秦汉时期的法律思想由春秋战国时期的多元走向“大一统”。秦在统一后，奉行法家理论。为了统一人们的思想，秦始皇实行文化高压政策，凡对法家思想有所质疑皆被视为犯罪。法家理论在“以吏为师”“以法为教”的思想控制中成为国家认可的唯一合法的学说。继秦之后的汉王朝，初期以黄老学派为统治学说，使先秦诸子学说在思想、文化较为宽松的环境中有所恢复。经过七十余年，儒家的思想为统治者所接纳，成为正统思想。随着“大一统”文化的形成、发展，正统法律思想也逐渐形成。自秦统一后，中国古代社会再也未出现春秋战国时期那种百家争鸣的局面。

第一节　秦王朝的“法治”

秦在统一前坚定地奉行法家的法治理论，在统一后便将法治理论推广到中央集权的所辖地区。但秦王朝的法治实践，尤其是统一后的法治实践，与法家的法治理论是有所差异的，其主要表现为：虽然法律制度完备，但皇帝却不能“缘法而治”。

一、秦朝的法律指导思想

1. “皆有法式”

“以法为本”是法家理论的重要内容。秦自商鞅变法后就致力于法律的完善。秦始皇在统一后，更是将“皆有法式”作为追求。

1975 年 12 月在湖北云梦县睡虎地秦墓的考古发掘中，出土了一大批秦代竹简，其中记载了秦统一前的部分法律，内容涵盖刑事法律制度、行政法律制度、经济法律制度、民事法律制度及官吏调查、检验、审理各种案件的程序和文书程式等。可见，秦在统一之前，就已经建立了较完备的法律制度。统一后，秦始皇不仅把原来秦国的法律推行到全国，而且颁布了新的法律法令。始皇二十八年（前 219）《泰山刻石》记载：“皇帝临位，作制明法……诸产得宜，皆有法式。”① 秦始皇以“皆有法式”自诩，说明秦统治者对“法”的重视。事实上，秦王朝也确实是中国古代史上唯一一个公开宣称以法治为统治思想的王朝。

秦始皇画像

说明：秦始皇（前 259—前 210），姓嬴名政，是中国历史上第一个中央集权王朝——秦王朝的缔造者，史称“千古一帝”。秦始皇生于赵国，公元前 246 年 13 岁时继秦王位，22 岁时正式登基。“亲理朝政”后，重用李斯、尉缭等法家，推行富国强兵的战略，于公元前 221 年完成了统一大业，自称始皇帝。50 岁时病死在出巡的路上。

2. “专任刑罚”

但是，秦王朝严密的法律制度并不能约束皇帝。法家的理论在重视法制的同时，赋予皇帝以至高无上的权势。为了保护这独一无二的权势，秦始皇将法家的重刑思想发展到极端，而且在执法上远离了“缘法而治”的原则。《史记·秦始皇本纪》记：秦始皇屡屡法外用刑，对一些不能确定的犯罪也动用酷刑。秦二世更是疯狂地诛杀无辜，以致秦王朝“赭衣塞路，囹圄成市”②。《汉书·刑法志》总结道，秦始皇为政“专任刑罚”。

二、秦法治的得失

秦始皇在统一中国后，为改变由于战国时期诸侯割据造成的各国律令不统一的局面，命令大臣在秦国原有法律的基础上，经过修改、补充，制定了统一的法律，在全国范围内颁布、实

① 《史记·秦始皇本纪》。
② 《汉书·刑法志》。

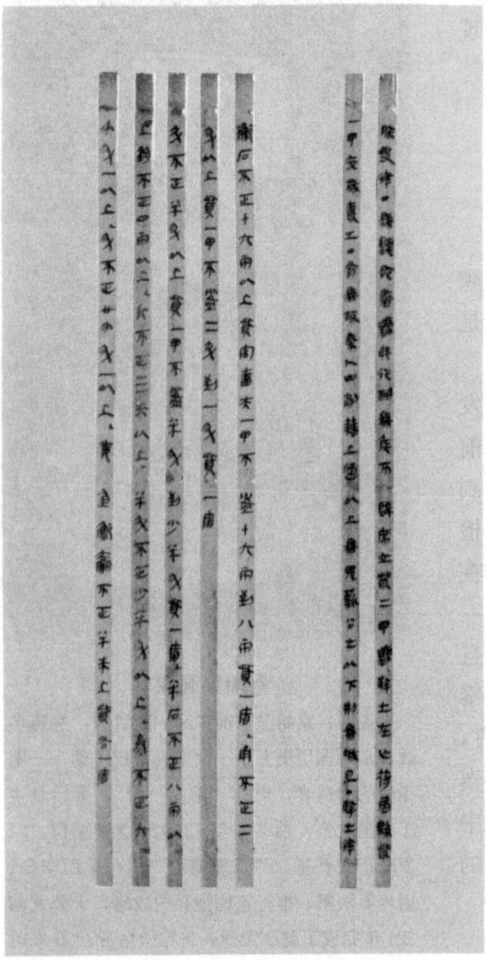

云梦秦简

说明：1975年在湖北省云梦县睡虎地的秦墓中出土了大量的竹简。墓主人叫“喜”，是县一级的掌管法律文书的小吏。出土于此墓中的竹简，除少部分是“喜”的自传外，大部分记载的是秦国从战国晚期到秦始皇时期的律法，对于我们研究秦代法律具有重要意义。

施，开创了“法令由一统”的新局面。这标志着我国古代法制已发展到了一个新的阶段。统一的法律的制定和在全国范围内的实施，对于巩固新的政权、加强中央集权、维护统一局面，以及促进社会经济和文化的复苏与发展都起到了重要的作用。秦法在我国古代法制史和法律思想史上的进步作用是不可否认的。

但是，秦王朝二世而亡的现实，宣告了秦朝法治的失败。这一失败的原因在于法家理论的缺陷以及秦王朝在实践中对这些缺陷的扩大。

1. 法家法治理论自身有无法克服的缺陷

（1）法仅是权力的工具，而不是制约。

法家强调“缘法而治”，但在其法治理论体系中法律仅仅被视为维护专制权力的工具。所以，无论法家怎样强调法的重要性，法都无法制约权力，尤其是皇帝的权力。这样，“缘法而治”便有了前提条件，即法只有与当权者的意志相一致时，才能得到遵守和执行。

（2）重刑主义。

过分地相信法律，尤其是刑罚的威慑作用。在重刑思想的支配下，执法就很难做到“缘法而治”。一般官吏往往会枉入人罪，以博取上级的信任和赏识。也有官吏会将“酷刑”视为治民最为有效的手段，而将“严法”理解为“淫刑”。

（3）封闭性太强。

在诸子学说并存的情况下，法家理论的缺陷尚可得到弥补。当秦在统一后，将法家理论定于一尊，并采取“焚书坑儒”的极端措施时，法家理论的缺陷被扩大。被定于一尊的法家学说不但迫使其他学说转入“地下”，而且自身的发展也从僵化走向窒息。

（4）利攻不利守。

按照法家重刑主义的理论，法网繁密、刑罚严酷，必能使百姓因畏刑而安分守己，听任统治者役使、调度，不敢有任何犯上作乱的念头。这种严刑峻法，在战国时期诸侯混战的形势下是行之有效的。那时民心思安，渴望结束战乱、完成统一，因而秦国君民一心、勤勉耕战。秦法对于保证秦国统治者的各项政策、法令得到贯彻实施无疑起到了积极作用，因而基本上是顺应民心、顺应时代的。但在夺得天下后，严刑峻法容易导致社会矛盾的激化。

2. 秦王朝的法治扩大了法家法治理论的缺陷，导致了暴政的产生

秦在统一后将法家学说定于一尊，实行文化专制主义，致使法家理论失去了战国时的战斗力，而日益僵化，终致衰亡。而秦统治者在立法上虽然做到了严密完备，但在执法上却以权力为中心、以皇帝的是非为是非，难以做到“缘法而治”；在执法中以“杀人众者为忠臣”①。由此，法治不仅不能划一人们的言行，反而激化了社会各方面的矛盾。

“专任刑罚”导致了秦的暴政，也使人们失去了对秦政权的信任和希望，“法治”随着秦王朝的灭亡而被后人指责、摒弃。

第二节　汉初黄老学派的法律思想

一、黄老学派的概念

西汉王朝建立之初，经济凋敝，天下饥馑。不仅人民四处流亡、无以为生，而且王朝国库空虚、财源枯竭。鉴于秦朝夭折的历史教训，西汉统治者清楚地知道，继续奉行秦时的暴政，只会导致新政权的垮台。于是西汉初期的统治基本以黄老“无为”思想为指导，实行轻徭薄赋、约法省禁、奖励耕织、与民休息的政策，以缓和阶级矛盾，保障社会稳定发展。

黄老学派，是指以黄帝、老子学说为宗旨的学派。其源于先秦道家，是先秦道家的一个分支。黄老学派在政治上主张统治者清静无为、与民休息，在法律上主张约法省禁、轻刑轻罚。黄老学派的特点是具有包容性和过渡性。西汉王朝初期，统治者一般都会以黄老思想作为指导，用无为之策，恢复经济的发展和稳定初建的政权。但当王朝进入中期，社会经济由恢复转为发展时，黄老思想由于不能适应发展的需要而被儒学取代。在法律思想上，汉初黄老学派的法律思想，带有明显的包容各家学说的特征。这一阶段的法律思想处在由尚法转为崇儒的过渡时期。

二、黄老学派的形成和发展

黄老学派产生于战国中期，这一时期的黄老学派既崇尚无为而治又强调法治。战国时期著名的法家代表人物，也大多出身于黄老学派门下，如申不害“本于黄老而主刑名”②。战国时期的黄老学派，具有明显的道、法结合而以道为主的特征。

黄老学派的进一步发展，是从战国末年到西汉初的一百余年间，特别是在汉文帝、景帝统治的时期。西汉初期统治者鉴于秦朝的教训，多推崇黄老之学。如汉高帝时，萧何、曹参先后任宰相，都推行无为而治的政策。集黄老学派之大成的著作《淮南子》，对于黄老学派主张的清静无为、务德化民、约法省禁、宽简刑罚、顺应民心等思想，作了进一步的阐发，完善了黄

---

① 《史记·李斯列传》。

② 《史记·老子韩非列传》。

老学派的理论体系，促成了黄老之学盛极一时的局面。这时的黄老之学已不仅是道、法两家思想的结合，而被改造为兼取各家精粹，以儒、道、法三家为主的“结合体”。

三、汉初黄老学派法律思想的基本内容

1. 以道为本、文武并用、德刑相济——黄老学派对儒家思想的兼容

汉初黄老思想既强调道家的无为，又重视法家的法治，同时也包容儒家的礼治，是道、儒、法三家的结合。在黄老学派看来，道是万物之根本，德、刑是治国的手段，不同的手段有不同的作用：法律只能起到威慑与事后的惩罚作用，礼义道德的作用是教化与怀柔。因此，德与刑是治国安民不可缺少的方法，二者并不是对立的，而是相辅相成的：刑罚惩罚犯罪，德教预防犯罪。统治者只有将两种手段相济为用，国家才能够长治久安。虽然黄老学派的德刑相济，与儒、法两家有所不同，是“以道为本”的，但从形式上说，其与先秦儒家的德刑关系理论并不相悖，与荀子“隆礼至法”的思想尤为吻合。这一思想的提出并被广为接受，反映出儒家思想在长期受排斥后的新生，也反映出黄老学派包容的特点。

2. 重视法律，要求统治者明法——对法家思想的兼容

汉初黄老学派的学说在很大程度上是针对法家的弊病提出的。法家的重刑主义、严刑峻法都受到汉初黄老学派的严厉批判。值得肯定的是黄老学派并未全盘否定法家的学说，对于法家思想中的一些有益成分，黄老学派采取了吸纳的态度。比如，黄老学派并不否定法律的作用，与法家一样认为：法律是天下人言行举止的“度量”，也就是说，法律是衡量一切人、一切事的标准，是君主评断一切人、一切事的标准，因此帝王必须重视法律。黄老学派主张将法律公之于众，而帝王动静守法，由此便可以达到无为而治。

（1）立法简明并公布于众。

陆贾在《新语·至德》中指出：“威不强还自亡，立法不明还自伤。”意即立法不明，反而会使统治者伤及自身。陆贾所言的“明”，是简明之意。明智的统治者，使立法简明扼要，并在制定之后较长的时间内不随意改动，保证其具有较强的稳定性。同时，法律制定后，还要公布于众，让百姓及时了解法律的内容。百姓只有了解了法律的内容，才能知道可以做什么和不可以做什么，才能按照法律规定调整自己的行为。将制定的法律公布于众，是法律能够得到贯彻、实施的切实、有效并且不可缺少的保证。

（2）统治者进退循法。

汉初黄老学派强调国君必须一举一动都遵循法律。因为在一个国家里，国君掌握最高政权，国家是繁荣昌盛还是没落，很大程度上取决于国君的道德才能。唯有国君带头依法办事，自觉守法，法令才能更好地被贯彻、执行。汉初，文帝出行时，曾有人惊了御马。廷尉张释之奏报文帝说：“此人依法当处以罚金。”文帝认为处罚太轻，大为恼怒。张释之坚持依法处罚，并向文帝指出：法律是天下百姓与君主共有的，法律怎样规定，就应该怎样办，而不能随意加重或减轻，否则，法律就没有威信可言。如果法律没有威信，百姓依据什么规范自己的言行

呢？文帝最终表示同意张释之的意见。[①]（见下图）汉初类似这样的君主循法事例很多，其典型地表现了汉初黄老思想对法家思想的吸收和对君主执政的影响。

汉文帝时期廷尉张释之执法图

3. 约法省禁、刑不厌轻——以道为本

汉初黄老学派认为，秦统一后仅十几年就亡国，最重要的原因之一就是秦法过于繁密和过于严酷。为保证国家的安定，法律自然是不可缺少的统治工具，但法律绝不能像秦法那样繁杂，因为正如道家所言“法令滋彰，盗贼多有”：法律越是繁杂严酷，民众就越不畏惧，犯罪

① 《汉书·张释之传》载：“上行出中渭桥，有一人从桥下走，乘舆马惊。于是使骑捕之，属廷尉。释之治问。曰‘县人来，闻跸，匿桥下。久，以为行过，既出，见车骑，即走耳。’释之奏当：‘此人犯跸，当罚金。’上怒曰：‘此人亲惊吾马，马赖柔和，令它马，固不败伤我乎？而廷尉乃当之罚金？’释之曰：‘法者天子所与天下公共也。今法如是，更重之，是法不信于民也。且方其时，上使使诛之则已。今已下廷尉，廷尉，天下之平也。一倾，天下用法皆为之轻重，民安所错其手足？唯陛下察之。’上良久曰‘廷尉当是矣’。”

就越多。因此，就治理国家而言，刑罚越轻越好。

汉初黄老学派吸取秦亡的教训，反对秦朝重刑轻罪的思想和方针，提出“刑不厌轻”“罚不患薄”，刑罚务须宽、轻的主张。在执法过程中，黄老学派也主张宁可漏判有罪之人，也不能错判无辜之人，只要对罪行有一点疑问，就不可随意诛杀，这样才能树立起法律的威信。

汉初在黄老“约法省禁”思想的指导下，进行了一系列刑罚改革。文帝时期集其成：一是废除连坐收孥法。他认为犯罪之人已被判刑，如果把他的父母、妻子、兄弟及其他无辜之人一同治罪，是不公正的。这样的法，无法体现仁义、公正之心。二是废除诽谤妖言法，实行文化思想上的宽松政策，因而汉初被秦下令禁止的儒家学说等逐渐得到恢复。三是废除肉刑。将毁坏人体器官、致人终身残废的黥刑、斩左右趾、宫刑等，以笞刑、徒刑等替代，给罪人以自新之路。汉文帝推行的这些措施，清楚地反映了汉初黄老学派简刑、轻刑的主张。

四、汉初黄老法律思想的历史作用和影响

对于汉初黄老法律思想在中国法律思想史上的特殊历史作用和影响，可以从以下几方面来认识。

首先，汉初统治者鉴于秦亡的教训，对秦朝奉行的“专任刑罚”的统治思想持批判态度。黄老学派主张的约法省禁、与民休息，成为汉初统治者的立法指导思想。在此思想指导下，汉初统治者减轻对人民的压迫、轻徭薄赋，为人民创造了一个比较安定、宽松的生产环境，从而使社会经济得以迅速发展，社会秩序也比较稳定，因而出现了文景时期的大治局面。《汉书·食货志上》记载汉初这一情况时说：“七十年间，国家亡（无）事，非遭水旱，则民人给家足……”意即施行黄老学说 70 年间，国家太平，只要不遭天灾，老百姓基本上温饱有余。由此可见，汉初黄老法律思想对于推动社会经济的恢复，起到了显著的作用。

其次，汉初黄老法律思想一改秦朝专任刑罚、重刑轻罪的做法，以“约法省刑”为指导，缓和了秦以来统治者与被统治者的矛盾，使政权的亲和力增加。而且黄老学派兼采各家合于时宜的思想，使主流法律思想的内容日益丰富。这种包容性为汉中期的儒家所继承，正统法律思想也是在斟酌百家利弊、兼采各家精华的基础上形成的。可见，汉初黄老法律思想的包容性使各家学说得到恢复，其不仅为正统法律思想的形成和发展奠定了基础，而且为正统法律思想提供了方法上的借鉴。

最后，它对于统治阶级的法律思想由秦朝的法家为本转变为西汉中期以后的儒家为本，起到了桥梁和纽带的作用。秦朝，在秦始皇和李斯的主持下，一直推行事皆决于法、专任刑罚的法家理论，对其他各家，尤其是儒家，采用文化高压政策。而汉武帝接受董仲舒的建议，罢黜百家，独尊儒术，逐步使儒家思想控制了法律思想领域。法律思想在秦亡至汉武帝推行独尊儒术政策的短短 70 年间，发生了如此重大的转变，没有汉初黄老法律思想的铺垫、承接是不可能的。黄老法律思想在国家政治生活中的实施，在客观上产生了一种过渡的作用，也为中国正统法律思想的确立拉开了序幕。

第三节 西汉中期正统法律思想的形成

一、正统法律思想的概念

正统法律思想是指汉武帝时确立的，以儒家法律思想为主，兼采阴阳家、法家、道家等各家之说的法律思想。其主要内容有德主刑辅，君权至上，礼律融合，法有等差等。正统法律思想在中国古代社会法律思想的发展史中占有极为重要的地位，它不但长期支配着汉武帝及其之后的立法、司法活动，而且对近代的法律发展亦有很大影响。

董仲舒画像

正统法律思想的理论奠基者是西汉中期的大儒董仲舒。董仲舒（约前 179—前 104），河北广川（今河北枣强县）人，汉景帝时任博士，武帝即位后，以贤良对策得到赏识，任诸侯王相。董仲舒的法律观以儒家思想为基本原则，其信奉孔子的“为政在德”，并将其发展为“德主刑辅”，而“德主刑辅”正是正统法律思想的核心所在。此外，董仲舒用阴阳学将儒家学说神秘化。他认为天是有意志、喜怒和赏罚能力的至高无上的神，人间的一切皆决定于天，“天人感应”：当人类社会的政治符合天意时，上天便以风调雨顺及各种祥瑞加以褒赏。相反，当人类社会的发展有违天意时，上天便以灾异“谴告”并进行惩罚。董仲舒认为，儒家的法律主张，是符合天意与阴阳之道的，因而是千古不易的真理。董仲舒曾著《春秋决狱》，开以儒家经典为司法最高准则之先例，开启了司法领域中的儒法合流。据专家考证，《春秋决狱》至宋朝佚散。董仲舒的“天人感应”与“春秋决狱”理论和实践为正统法律思想的形成奠定了基础。此外，流传至今的《春秋繁露》一书，以阴阳学解释“三纲五常”，并将儒学神圣化、系统化，反映了正统法律思想的主要内容。

二、正统法律思想形成之因

正统法律思想的形成经历了漫长的历史发展时期。自夏、商、西周神权法与礼治思想体系崩溃后，政治家、思想家便致力于新的法律思想体系的创立。其间经过战国至秦的“法治”，又经过汉初“无为而治”，在五百余年的反复探索中，正统法律思想才得以形成。

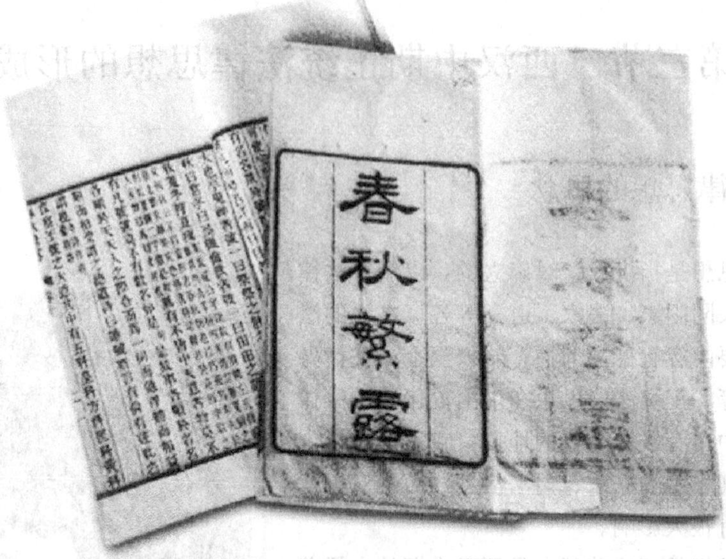

《春秋繁露》书影

说明：流传至今的《春秋繁露》有17卷、82篇。由于书中篇名和《汉书·艺文志》及《汉书·董仲舒传》所载不尽相同，后人疑其不尽出自董仲舒一人之手。《春秋繁露》系后人辑录董仲舒遗文而成，书名为辑录者所加，隋唐以后才有此书名出现。我国现存最早的《春秋繁露》版本，是南宋嘉定四年（1211年）江右计台刻本，现藏于北京图书馆。

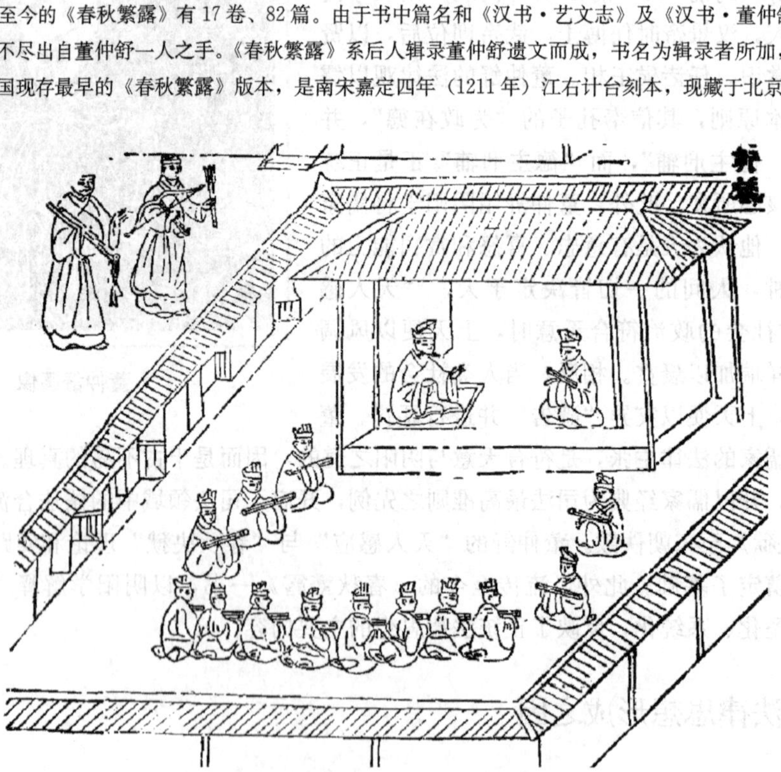

汉朝墓葬中出土的“讲学图”

图片来源：《文物》，1981（10）。

正统法律思想形成于汉武帝时有以下几点原因。

1. 历史上的原因

汉武帝时，汉王朝已发展了近七十年。在这近七十年中，汉朝的经济得到了恢复与发展，《汉书·食货志上》描写了当时家给人足的富足状况："都鄙廪庾皆满，而府库余财。"与汉初"天子不能具钧驷，而将相或乘牛车"的国穷民贫状况相比，早已是今非昔比。汉初，经济凋敝，迫使统治者实行黄老学派"与民休息"的"无为"之策。而汉武帝时，凋敝的经济复苏、繁荣，又迫使统治者不得不改变"无为"政治。随着经济的发展，武帝时期的政治亦发生了变化。汉初由于中央集权力量的不足，不得不实行"郡国并行制"，给地方王国以相对的独立权。汉武帝时，中央集权力量与王国力量都日益壮大，王国的力量对中央集权形成威胁，有尾大不掉之势。黄老学派的"无为"之策不利于中央集权制的加强，也不利于中央对地方的控制。于是，汉武帝采取了一系列措施，打击地方王国的分裂势力，削弱诸侯王的力量，使中央集权得到巩固。政治上的"大一统"与黄老学派"无为"理论格格不入。可以说，政治、经济的发展及加强中央集权制的需要，为正统法律思想取代黄老学派"约法省禁"的"无为"思想提供了时机。

2. 文化思想上的原因

正统法律思想的形成与汉初文化思想的发展有密切的关系。汉初，统治者推崇黄老，以秦急政而亡为戒。黄老学派的宽容、无为，为各学派的生存与发展提供了宽松的环境。自战国以来屡屡受挫的儒家学说亦趁时而兴，墨、名、阴阳、法、纵横各家也获得喘息时机，修补各自的观点。至汉武帝时各学派不但远未泯灭，而且在生存、发展中仍各自发挥着影响。黄老学派在文化思想领域的宽容，为正统法律思想的形成提供了条件。

汉武帝时，黄老思想落伍于现实的发展，各学派的发展也使黄老思想的主导地位岌岌可危。雄才大略的汉武帝认为有必要确立一种足以统一天下人思想的理论，从政治、经济到意识形态实行全面的"大一统"。此时，政治家与思想家又不得不返回到先秦诸子理论的宝库中，寻求"大一统"思想学说。对于法家，经过秦亡的教训，人们认为其理论已不可取；对于道家及黄老学派，汉初七十余年的实践，证明其学说过于消极，利守不利攻，在社会大发展时期这种学说堪称绊脚石；而墨家，由于代表中下层人民的利益，与统治阶级的要求相去甚远，甚至背道而驰；至于阴阳家，由于以自然界的阴阳消长为研究对象，在政治上的作为受到制约，对治国治民缺乏有见识的论述。

此时儒家的学说显示了其他学派所不具备的以下优势。（1）儒家学说在先秦影响巨大，"显学"的地位从未丢失。秦始皇采取文化专制主义时，矛盾所向主要是儒学。但即使在"焚书坑儒"后，儒学在民间的影响力仍不减弱。秦始皇长子扶苏曾以"诸生皆诵法孔子"为由，劝秦始皇改法从儒。①（2）儒家学说既反对苛政，也强调等级名分及君主的权威，所以其既可为统治者所接受，也可为平民所认可，有利于社会矛盾的缓和。（3）儒学是入世之学说，但其所持的"中庸"原则，可以避免法家急功近利给社会带来的不安，也可以避免道家及黄老学派过于消极而给社会发展造成的阻碍。（4）儒家学说中的"民本"思想给专制集权的体制带来了开明的气息。

当此时机，董仲舒以儒学为本，以阴阳学为解释，杂糅各家之长的"天人感应"三策应

---

① 参见《史记·秦始皇本纪》。

运而生并深得汉武帝欣赏。“天人感应”的主要内容是认为儒学经典《公羊春秋》符合上天之意，是永恒之真理。而《公羊春秋》的“微言大义”是主张“大一统”。在法律观上，董仲舒认为“天道之大者在阴阳，阳为德，阴为刑”，因而统治者施政应以德为主而以刑为辅。所谓德，即儒家宣扬的伦理道德。董仲舒认为人伦关系可用“君为臣纲、父为子纲、夫为妻纲”来概括，即“三纲”，而“三纲”符合天道，是天道的体现，“可求于天”①。由人伦关系而产生的仁、义、礼、智、信，即“五常”，则是人之所以为人的道德标准。三纲五常由此而成为天下之“常理”。为了用董仲舒等创设的“三纲五常”的“新儒学”（汉儒学）取代黄老之说，汉武帝采取了“罢黜百家”的断然措施，使正统法律思想随儒学的复兴而成为立法、司法的原则。

3. 汉武帝性格上的原因

汉武帝是中国历史上著名的雄才大略的皇帝，其处在汉朝发展的鼎盛时期。集权的加强、经济的发展为汉武帝建功立业提供了历史时机。史载武帝好大喜功，其在位时，人才济济：朝廷中文有董仲舒、司马迁远见卓识，武有卫青、霍去病抵御匈奴、战功累累。赵过的代田法、张骞的通西域等皆在武帝之朝。人才济济使西汉王朝蒸蒸日上。黄老的消极之说与武帝的好大喜功殊为不符，故而，当董仲舒上疏主张实行“春秋大一统”（用儒家思想统一）时，与武帝一拍即合。因为相对黄老之说而言，儒家学说更入世，更利于进取，也更符合汉武帝的性格。

政治、经济、文化的发展，汉武帝的性格，使黄老学派让位于正统思想成为势在必行之事。

三、正统法律思想的内容

正统法律思想的内容自汉确立后，在漫长的发展道路中被不断地补充、完善。但在汉形成时期，其主要内容大致有以下几点。

1. “王者法天”的神权法思想

首先，皇帝的权力并非不受制约，在“天人感应”的思想体系中，皇帝应该依照上天的旨意而行事，即“王者法天”，否则会遭到“天谴”。比如一年四季，皇帝应该按时令行政事。但“王者法天”更为重要的含义是赋予帝王在人间独一无二的权威，而正统法律思想对帝王所具有的这种权威给予了充分的肯定和阐述。正统法律思想认为，皇帝这种凌驾于一切之上的地位和权威是上天赐予的，上天在人间的代理人是“天子”——皇帝。在神权思想的解释下，皇权被神秘化，皇帝成为人与天的中介，可代天行赏、代天行罚。儒家强调君主的权威，正统法律思想则利用神权使这种权威合法化。

其次，“三纲五常”是正统法律思想维护的核心。在董仲舒“天人感应”的思想体系中，人类社会的君、臣、民等级关系就如自然界中的日、月、星辰关系，日为天上至尊，君（皇帝）则为国之至尊，皇帝独一无二的至尊地位是天所赐。无论是“三纲”还是“五常”，都是上天赋予人类的美德，是人类社会中高于普通法律的大法，若有人违反，则是不赦之罪。

---

①《春秋繁露·基义》。

2.“德主刑辅”的德、刑关系说

“德主刑辅”是正统法律思想的核心，其来源于西周“明德慎罚”与先秦儒家“为政在德”的主张，其主要内容是主张在治国中以教化为主要手段、以法律制裁为辅助手段，以此维护“三纲五常”的伦理道德。

董仲舒从两个方面论证了德、刑间的这种关系。

(1) 从天道上讲：董仲舒认为，天地万物，以阴阳转化为“大”，阳主生，阴主杀；上天有好生之德，故以阳为主、阴为辅。就人类社会统治方式而言：教化为德，德为阳；刑罚为杀，刑为阴。既然上天贵阳贱阴、阳多阴少，那以统治方式亦应“大德而小刑”。

上天又以春夏为先、秋冬为续，体现了阳为本、阴为末的关系，人类社会的统治方式亦应顺应天意以教为政之本，以刑为政之辅，“德而后刑”[①]。

(2) 从“人性”上讲：董仲舒认为“人受命于天，有善善恶恶之性”[②]，“天有阴阳，人有善恶”。在此，董仲舒综合了先秦孟子的“人性善”与荀子的“人性恶”学说，认为人性的善恶不能一概而论，而是因人而异。根据人性中善恶的多少，人可分为三品，即“圣人上品之性”：天生性善，并负有劝导天下人向善之职责的人，这种人是极少数；“中品之性”：身兼善恶两性，经教化可为善者，此种人为大多数；“斗筲下品之性”：恶性根深蒂固，冥顽不化，须以刑罚威吓方可收敛者，此种人为少数。这便是“性三品”之说。董仲舒认为：因为有“斗筲之性”的下品之人，教化对他们无济于事，只能用刑罚惩处和震慑，所以刑不可废。而“中性之人”为大多数，这类人身兼善恶两性，若教化得当，则会弘扬他的善行；若缺少教化，恶性就会膨胀。因为这些人群中的大多数是可以教化的，所以应以教化为主，“德多而刑少”。

至此，董仲舒从“天道”与“人性”两个方面有力地证实了为政须“大德小刑”“先德后刑”“德多刑少”的必然性与合理性，后人综合起来就是“德主刑辅”。还有一点值得注意，即董仲舒虽然强调“德”的重要地位，但并不轻视法律，相反，他认为二者不可缺一：“阳者，天之德也；阴者，天之刑也。”[③] 无论是从体现天意的阴阳变化来说，还是从人有贪恶仁善不同之性的方面来说，刑的废弃都是不可能的。

3. 礼律融合、法有等差的立法主张

“礼者为异”，礼的实质内容就是等级制度。在夏、商、西周社会中礼表现为宗法等级制，自战国变法后礼表现为官僚等级制。正统法律思想用阴阳变化来解释等级制，使等级制合法化、神秘化。在立法上，正统法律思想将礼所体现的等级精神贯彻于法律之中，如确立皇权的威严、保护官僚的特权、承认同罪不同罚的合理，于是形成了礼律融合、法有等差的思想体系。汉朝等级制度十分森严：在上朝时，贵族官僚按品级站班，品阶高者在前，品阶低者在后。上朝时群臣对皇帝行三叩九拜之礼。村野之中、里坊之间，年龄长者位于幼之前，尊者位于卑者之上。举行家宴时，须长者主持；家族中，以尊家长为核心，亲者位于疏者之上、嫡亲位于庶出之前。等等。由此可见，整个社会，无论政治、家庭，都是尊卑有序的。

4. “《春秋》决狱”的司法主张

“《春秋》决狱”是董仲舒的主张，是直接引用《春秋》经义来裁断刑狱之案及争讼，以儒

---

① 《春秋繁露·天辨在人》。

② 《春秋繁露·基义》。

③ 《春秋繁露·王道通三》。

家经典作为司法的最高宗旨，指导司法的一种制度。“《春秋》决狱”的目的是解决法律指导思想与法律制度之间的不协调。汉武帝时，儒家思想的主导地位确立，法律须以儒家倡导的“三纲五常”及教化为宗旨，但当时的法律却是“汉承秦制”，法律制度是在秦法家思想指导下形成的。为解决两者之间的矛盾，当实践中的案例涉及礼与法的关系并产生矛盾时，董仲舒主张以儒家提倡的人伦道德为断案的标准，不惜以礼破律。这一方法得到汉武帝的肯定而被广泛推行，开启了司法领域的礼法合流道路。所以，“《春秋》决狱”兴盛于正统法律思想形成时的汉中期，其后随礼律融合的深入及立法上的“经义入律”而逐渐消失。

“《春秋》决狱”的核心是“原心定罪”，将儒家经义置于法律条文之上。“原心定罪”的主要特点是在量刑时要着重考虑罪犯的犯罪动机。有些人出于善心，比如，为了孝、义等道德而犯了罪，是可以或应该赦免的；而有些人虽言行合法度，但心怀不轨，亦应治罪，所谓“志善而违于法者免，志恶而合于法者诛”①。如孝子出于孝心，为亲复仇而杀人违法，断狱者对孝子不仅不应绳之以法，反而应旌扬其行。

“《春秋》决狱”是礼法融合在司法实践中的表现形式，其反映出正统法律思想强调法的目的、宗旨和精神，将反映“三纲五常”的儒家经典中的“大义”、儒家推崇的礼作为法律维护的对象而置于法律条文之上。

5. 顺天则时的“司法时令说”

“司法时令说”是正统法律思想兼容阴阳学说的体现。正统法律思想认为“天人合一”，人间的赏罚应与“天意”相符。在春夏万物生长之际，应从事教化、奖赏，以褒奖善行；秋冬万物肃杀之时，则应从事断狱活动，以打击罪犯，故而“秋冬行刑”成为制度。“司法时令说”的具体体现是首先要求皇帝“顺天”。若天有反常之象，如灾异、当寒不寒、当暑不暑，则皇帝应反省自己的言行是否有违天意之处。其次要“则时”。如《礼记·月令》中言，当春夏阳和之际，皇帝也应效法天意，善待人犯，停止一般的狱讼审判和拷掠犯人，以体现仁慈好生之德；秋冬时要效法天的肃杀之威，审决死刑犯，严惩犯罪。

四、正统法律思想的特点

“大一统”文化思想背景下形成的中国正统法律思想有以下两个突出的特点。

1. 以儒家为本的正统法律思想的主导地位自汉至清不曾动摇

自汉武帝“独尊儒术”后，正统法律思想随之形成。此时人们所说的“儒家”已与先秦儒家有所不同。正统法律思想的构成是：儒家学说为其主体——德主刑辅、法有等差、以经决狱、家族本位等内容皆来源于儒家。阴阳家学说为其解释——将正统法律思想的内容解释为天意、神意，并将正统法律思想指导下的司法制度神秘化，如“司法时令说”来源于阴阳家。法家、名家、道家为其补充，如强调法为天下公器、上下守法、进退循法、立法应以宽简为本等。

正统法律思想自汉确立以来，直至清朝，期间虽然受到过玄学、佛学的冲击，但其正统地位从未有过动摇。历朝历代，对孔子的崇敬日益有加，以儒学为主体的正统法律思想的地位也

---

① 《盐铁论·刑德》。

伏尔泰坐像

说明：伏尔泰（1694—1778）是法国著名的启蒙思想家。在其巨著《风俗论》中伏尔泰指出了人类从愚昧走向文明的艰苦历程。伏尔泰通过来华的西方传教士了解中国，并认为当时中国在政治、法律、文化、伦理、道德等方面均优于西方封建国家。虽然其中不免有溢美之词，但是这代表了当时许多启蒙思想家对中国的认识。

日益巩固，有人甚至将儒学称为中国的“国教”。由于儒家独尊，所以，儒家的是非便是社会公认的是非。在思想领域中，再也没有呈现战国百家争鸣的局面。对于一些法律问题，即使有所争论，也仅关乎一些具体问题，如立法的技巧、刑罚的宽严、肉刑的废复等。而且争论的双方基本上都以儒家的经典为理论根据，比如，主张废除肉刑的人，以儒家“不忍人之心”的仁政作为依据，认为废肉刑为“千古仁政”；反对废除肉刑的人，则以儒家“刑乱世用重典”的学说为根据，认为乱世之秋，肉刑可立不可废。一些非正统法律思想家对正统法律思想的批判亦多集中于阴阳家的神学观，对儒家的德主刑辅等思想亦持肯定的态度。

因此，可以说，自儒家学说定于一尊后，古代社会的法律思想基本被纳入了“一统”之中，二千余年没有大的突破。不断地完善，但少有创新和突破，是中国古代正统法律思想自汉至清发展中的特点之一。

2. 以礼为本、礼法并举、刑教结合缓和了社会矛盾，中国古代呈现出“开明专制”的气象

先秦思想家孟子是“人性善”论者，但他并不因此而轻视后天的教育。他认为，人们善良的本性只有通过后天不间断的教育才能得到保持。与孟子几乎同时代的思想家荀子是“人性恶”论者，但他因此而更加重视教育的作用。他认为教育可以改造、消除人们原有的恶劣本性，而使伪装的善良得到弘扬。在荀子的学说中，“伪”不是一个贬义词，“伪”是人区别于禽兽的标志，是人类社会进步的标志。因为对恶性有羞耻之心，所以才有了对“伪”的向往和追求。因而他主张“化性起伪”[①]，即通过努力消融原有的恶性而弘扬后天的伪装。“人之初，性

① 《荀子·性恶》。此处的“伪”，系“人为”、伪装、虚伪之意。

本善；性相近，习相远；苟不教，性乃迁”，是古代社会中妇孺皆能背诵的《三字经》的开篇，它道出了教育至关重要、不可或缺的地位。

中国古代教育的中心内容是人伦道德，即所谓的“礼”。为了突出教育的作用，中国古代立法以礼为指导，执法以弘扬礼教为首务。法律条款的确立要体现人伦道德的宗旨，统治者为政要先教而后刑。礼法并举、刑教结合的目的是建造一个“父子有亲，君臣有义，夫妇有别，长幼有叙，朋友有信”①，充满人情味的道德王国。

不可否认的是，礼法并举、刑教结合确实缓和了专制制度的残暴。礼与教虽然没有赋予百姓选举、罢免官吏的权利，但实际上使百姓有了“议政”之权。官吏甚至帝王的品德、才能皆在可“议”之中。人们可以依据礼教臧否官吏的善恶甚至皇帝的昏明。一些落草为寇的“反贼”常常可以依据礼教而振振有词地痛骂皇帝的昏庸、朝廷的无道、官吏的贪暴。惯于逆来顺受的百姓也可以理直气壮地聚于“替天行道”的义旗之下，将“诛暴君”、改朝换代作为奋斗目标。

中国古代法律协调道德、习俗、舆论，使社会的治理形成有机的整体。由于礼教的核心作用，统治者在实施刑罚时有所忌惮。而与刑罚相比，统治者更为垂青的是道德的弘扬、德政的感化、风俗的熏陶、舆论的诱导，等。这种综合治理的法律体系有力地制约了暴政的形成和发展，而使专制呈现“开明”气象。

五、正统法律思想的影响

正统法律思想可谓应运而生，这一思想体系的形成在当时对于社会的稳定、法制的发展无疑都起到了促进的作用。随着历史的发展，正统法律思想经历了发展、完善、僵化乃至衰败的过程。这一思想占据主导地位达近两千年之久，尤其宋朝以后，统治者将其视为“天理”而不允许对其作合理的变革。如秦王朝将法家理论推向极端而使其失去生命力一样，宋以后，正统法律思想逐渐衰败。

历史发展一再证明，“与时俱进”是制度、思想等保持生命力的前提。有些制度在确立时是进步的，但随着历史的发展会走向反面，若固守不变，时间愈长，副作用也就愈大。这是不以人的意志为转移的历史发展规律。今天我们站在今人的立场上来论述正统法律思想的影响，无外乎积极与消极两个方面。

1. 积极意义

正统法律思想的形成维护了当时社会的稳定，促进了经济的发展和中央集权的加强，而且纠正了秦法治的偏差，使法律体系日趋完善。尤其“德主刑辅”的思想强调了统治者的道德感化，使法律内容被大大地丰富，形成综合治理的体系。德与刑、礼与法的相辅相成，是中国古代法律的优良传统。“《春秋》决狱”“司法时令说”对于缓和专制的残暴，防止滥刑滥罚、妄杀无辜也起到了一定的积极作用。

2. 消极影响

“王者法天”的神权法思想将皇权置于法律之上，无法有效地扼制君主因喜怒而滥施赏罚。

① 《孟子·滕文公上》。

“德主刑辅”“《春秋》决狱”又使法律成为经义的附庸，导致人们的法律意识淡化。“司法时令说”虽有抑制滥杀无辜的作用，但亦有滞狱，使赏罚不能及时、准确的副作用。尤其古代社会后期，司法黑暗，“原心定罪”与“司法时令说”为贪官污吏舞文弄墨、屈法徇私、贿赂公行、压榨百姓提供了借口。

相关事例

1. 秦统一，建集权制，创“皇帝”尊号

公元前221年，秦统一了天下。秦王嬴政以为自己连年征战，征服了六国，建立了前所未有的统一的王朝，若仍称“王”，不足以显示秦国的巨大成功，自己的功绩也无法彰显于后世。因此下令，命朝臣“议帝号”。丞相王绾、御史大夫冯劫、廷尉李斯等言：“五帝的时候，辖地千里，远处的诸侯或朝拜或不朝拜，天子无法节制。如今陛下兴兵，平定了天下，海内统一实行了郡县制度，法律由中央王朝统一颁行，这一功绩是史无前例的，即使五帝也难以企及。我们认为，远古有天皇、帝皇、泰皇，而泰皇最为尊贵，所以为王上尊号，称为‘泰皇’。您发布的指示称为‘制’，您的命令称为‘诏’。您自称为‘朕’，以示独一无二。”秦王嬴政言：“尊号去掉‘泰’字，改为‘皇’，采‘帝’称，称为‘皇帝’。其他按照朝臣所议。”皇帝又下达制书：“朕听说，远古时天子有号但无谥。中古天子有号，而且死后还有臣子根据其行为所定的谥。这样做是以子议父，以臣议君主，很无聊，我不能遵循。自今以后，取消谥法。朕为始皇帝，后世以计数，为二世、三世，传之万世，以至于无穷。”①

2. 汉董仲舒“春秋决狱”

汉朝有一件疑案，大致情况是这样的：甲没有儿子，在路旁捡到一个弃儿乙，收为养子。乙长大成人，犯了杀人罪，并将自己杀人的事情告知了养父甲，甲将乙藏匿起来。问：甲是否有罪？董仲舒裁断道：甲无子，将乙抚养大，虽不是亲生，谁又能说两人不是父子呢？《春秋》阐发的大义：父为子隐。因此，甲可以藏匿乙，不应该判甲有罪。②

原典阅读书目

1. 贾谊集．上海：上海人民出版社，1976
2. 《春秋繁露》
3. 《史记·秦始皇本纪》
4. 《汉书·董仲舒传》
5. 《汉书·刑法志》

---

① 《史记·秦始皇本纪》。
② 参见《通典·卷六九·礼二九》。

原典阅读举例

故秦之盛也，繁法严刑而天下振；及其衰也，百姓怨望而海内畔（叛）矣。故周五序得其道，而千余载不绝。秦本末并失，故不长久。由此观之，安危之统相去远矣。野谚曰："前事之不忘，后事之师也。"是以君子为国，观之上古，验之当世，参以人事，察盛衰之理，审权势之宜，去就有序，变化有时，故旷日长久而社稷安矣。①

古人有言："天生五才，民并用之，废一不可，谁能去兵？"鞭扑不可弛于家，刑罚不可废于国，征伐不可偃于天下；用之有本末，行之有逆顺耳。孔子曰："工欲善其事，必先利其器。"文德者，帝王之利器；威武者，文德之辅助也。②

延伸阅读书目

1. 瞿同祖．中国法律与中国社会．北京：中华书局，1981

2. 陈顾远．中国文化与中国法律——陈顾远法律史论集．北京：中国政法大学出版社，2006

3. 张国华．中国法律思想史新编．北京：北京大学出版社，1991

4. [法] 弗朗斯瓦·魁奈．中华帝国的专制制度．谈敏，译．北京：商务印书馆，1992

5. [美] D. 布迪，C. 莫里斯．中华帝国的法律．朱勇，译．南京：江苏人民出版社，1995

延伸阅读举例

"董仲舒是专治《春秋》，以阴阳五行解释王道微旨的大儒。他以德刑与阴阳四时比拟德、刑之不可偏废，犹之不可独阳无阴，也不可但有春秋而无秋冬。他说：'王者欲有所为，宜求其端于天，天道之大者在阴阳，阳为德，阴为刑……阳出布施于上而主岁功，阴入伏藏于下而时出佐阳，阳不得阴之助，亦不能独成岁功。''春者天之所以生也，仁者君之所以爱也；夏者天之所以长也，德者君之所以养也；霜者天之所以杀也，刑者君之所以罚也。由此言之，天人之征，古今之道也。'阳不得阴既不能独成岁功，于是他承认法律有其功能，非教化所能代替，仅恃教化不足为治，必有刑。他所坚持的只是刑、德主从的问题。他以天道之任阳不任阴来喻德大刑小、任德不任刑的道理。'阳为德，阴为刑，刑主杀而德主生。是故阴阳居大夏，而以生育养长为事，阴当居大冬，而积于空虚不用之处，以此见天之任德不任刑也……阳以成岁为

① 《史记·秦始皇本纪》。

② 《汉书·刑法志》。

名，此天意也。王者承天意以从事，故任德而不任刑，刑者不可任以治世，犹阴之不可任以成岁也。为政而任刑，不顺于天，故先王莫之肯为也。今废先王之德教之官，而独任执法之吏以治民，毋乃任刑之意欤？'董仲舒不但在理论上表现出其对于德、刑不偏废的态度，而且事实上他以《春秋》决狱，是以儒家的经义用于法律的第一人，以儒为体，以法为用，实是真正沟通德治、法治，融会儒法两家思想于一的实行家。"①

"秦最重法，秦亡也最速。汉世引为殷鉴，纵然'汉家自有制度，本以霸'，却不能不以'王道杂之'。所以萧何虽制定《九章律》，使律统延续下来，稍后既有儒家叔孙通制定《傍章律》，补助律的所不及。当然以儒说为归，首致儒家法学在实际上有其应用，减少了法家律统的唯一尊严。兼以文帝醉心黄老之治，自然轻视法术；武帝罢黜百家之学，独然推崇儒说，法家学无所用，自难再鸣。"②

"反之，儒家法学不特未尝见衰，且取法家地位而代之。经义折狱由这时起，直至南朝未绝，而大儒董仲舒更是其中的能手，这纯然是自然法、正义法的实际运用。而在注解律令方面，大儒郑玄、马融都参与期间，使礼刑合一，不有所偏。于是向以律家著名的陈宠父子也要喊出'出礼入刑'的千古名言了。"③

"用专制一词来称呼中国政府，是因为中国政府独掌国家大权。专制君主意指主管者或当权者，因为这个称呼可以用于执行法定绝对权力的统治者，也可以用于篡夺专制权力的统治者，而后者执政不论好坏，其政府都不受基本法则的保护。这样就有合法的专制君主与为所欲为的或不合法的专制君主之分……中国皇帝是专制君主，但这个名词适用于哪种含义呢？在我看来，好像我们欧洲人常对中国政府怀有一种不好的印象；但是我们从有关中国的报告中得出结论，中国的制度系建立于明知和确定不移的法律之上，皇帝执行这些法律，而他自己也审慎地遵守这些法律。"④

"在中国，实际上人人是平等的，所有的一切差别，都和行政连带发生，任何人都能够在政府中取得高位，只要他具有才能。中国人既然是一律平等，又没有任何自由，所以政府的形式必然是专制主义。在我们西方，大家只有在法律之前和在对私产的相互尊重上，才是平等的；但是我们同时又有许多权益和特殊权限，因为我们具有我们所谓的自由，所以这些权益都得到保障。"⑤

"儒家是一个在中国影响广泛的学派，要理解中国或中国人首先要了解儒家，即使在当今也是如此。儒学在中国是一个传承最久的学派，自春秋形成以来，经秦王朝的焚书之灾而在汉

① 瞿同祖：《中国法律与中国社会》，312～313页，北京，中华书局，1981。
② 范忠信等编校：《中国文化与中国法系——陈顾远法律史论集》，398页，北京，中国政法大学出版社，2006。
③ 同上书，399页。
④ ［法］弗朗斯瓦·魁奈著，谈敏译：《中华帝国的专制制度》，24页，北京，商务印书馆，1992。
⑤ ［德］黑格尔著，王造时译：《历史哲学》，168～169页，北京，商务印书馆，1963。

中期复兴，成为汉至清历代王朝的主流学派。汉、宋、明以至于当今，每一时代都有每一时代的‘新儒学’。先秦儒家以人性善为基础，充满了以教化弘扬人性的理想主义色彩。汉复兴后的儒家，则淡化了先秦儒家的理想色彩，以人性善恶兼而融合了先秦各家的主张，发展成以儒为本、兼容并蓄的现实主义学派。”①

关键词

皆有法式　专任刑罚　黄老学派　约法省禁　天人感应　三纲五常　性三品　王者法天　大德小刑　德主刑辅　司法时令说　《春秋》决狱　原心定罪

思考题

1. 简述汉初黄老学派的法律主张以及其历史地位。
2. 分析黄老学派与正统法律思想的关系。
3. 分析正统法律思想形成的原因。
4. 简述正统法律思想的内容。
5. 分析正统法律思想对“德主刑辅”的解释。
6. 论述正统法律思想的特点和影响。

① 马小红：《中国法思想史新编》，56页，南京，南京大学出版社，2015。

第五章 魏晋南北朝的律学

内容提要

魏晋南北朝是中国古代社会的发展时期，也是正统法律思想的发展时期。正统法律思想的发展主要表现于律学的兴盛。律学是经学的一个分支，其主要内容是以儒家的经典来研究、解释法律，使礼、法在立法中水乳交融。律学上承正统法律思想确立以来礼、法融合的发展趋势，下启隋唐以礼释律、纳礼入律之先河，在中国法律思想发展史上占有重要的地位。

魏晋南北朝是正统法律思想发展的重要阶段，此时的立法，继续着汉朝以“《春秋》决狱”开始的儒家化的趋势。晋律的修订多由经、律兼通的名儒参与，而晋皇室司马氏本身又是东汉末年以经学传世的世家大族，尤为重视礼教。礼与律的结合不再局限于司法中的“《春秋》决狱”，而是深入立法中。兴于东汉的“以经注律”在此时有了进一步的发展，许多重要的礼的条文直接入于律中，形成礼与律的有机结合。与汉朝相比，此时法律儒家化的程度更为深入和普及，正统法律思想所强调的人伦道德已然成为法律的灵魂。

第一节　律学发展的文化背景

魏晋南北朝时期政权的分裂、经济重心的南移和民族的融合，使秦以来的政治控制有所松弛，从而为文化的发展、思想的宽松提供了有利的时机。此时文化专制主义相对削弱，正统思想虽仍占有主导地位，但其独尊的气势已有所削弱。这一时期的学术思想较秦汉而言相对活跃，学术派别增多。这种不同的学术派别的出现，对正统思想的主导地位构成一定的威胁。但也正是这种威胁和挑战，促使以儒家为本的正统思想不断容纳各学派的思想而丰富自己的体系。所以经过魏晋南北朝时期的发展，正统法律思想较以往具有更强的包容性和变通能力。

为了更好地理解律学，我们有必要对当时的玄学作一介绍。虽律学与玄学不是对立的关系，但玄学的法律主张对正统法律思想确实构成了挑战，而律学正是在玄学的挑战中不断完善的。玄学对礼教的反对，恰恰是为了讥讽当时士大夫虚伪地拘泥礼的条文而丢失了礼的精神。而律学对儒家经典即法律所应该体现的精神的推崇虽在形式上与玄学不同，但在实质上与玄学有着暗合之处。

一、魏晋玄学的发展

玄学是魏晋时期形成的学派，探讨的多是抽象的“玄理”，对法律问题极少论及。但玄学对法律思想的影响并不微弱。

1. 玄学的兴起与发展

东汉末期以来，外戚、宦官相继把持政权，政治日益腐败，在意识形态中占据主要地位的正统学说以儒学的名教纲常与神学谶纬为统治阶级的腐朽无能作粉饰，内容空虚、荒诞。尤其谶纬之学，用迷信的手段宣扬“天命”“天意”及因果报应，除了神化统治阶级的统治外丝毫无助于社会问题的解决。在这种情况下，一部分士大夫突破了正统思想的束缚，力图将儒学从谶纬及繁杂的经学中剥离出来，以恢复“名教”的真实面目。这便是玄学的萌芽时期。

曹魏年间何晏、王弼等研究《老子》《庄子》，用道家“法自然”的思想去解释儒家的经典《周易》，摆脱了用阴阳谶纬释儒的途径。他们认为“名教”出于自然，“名教”与自然的关系是里、表的关系。这是玄学发展的第一阶段。

司马氏为了取代曹魏，以“名教”相标榜而杀戮异己。一些士大夫出于对司马氏的反感，走上了独尚自然之路。是为玄学发展的第二个阶段。其代表人物是嵇康、阮籍。出于政治斗争的需要，他们“非汤武而薄周孔”①，并且不拘礼法、放浪形骸、思想颓废，将礼法之士讥讽为裤中之虱，主张冲破“名教”的束缚，回归自然。他们的思想中有无政府主义的因素，如阮籍提出“无君而庶物定，无臣而万事理”②。

西晋时期，向秀、郭象等注《庄子》，认为“名教”即为自然，老、庄、周、孔实质上没有什么不同。这便是玄学发展的终结阶段。

2. 玄学中的法律主张

(1)“名教出于自然”。

玄学的代表人物何晏、王弼、向秀、郭象在论及“名教”与自然的关系时，用道家的“自然”观赋予“名教”以新的生命。他们认为，正统法律思想中的实质内容即儒家的伦理纲常，与老、庄推崇的自然之道是合二为一的。无论是“名教出于自然”也好，还是“名教即自然”也罢，都是以道家的理论论证了儒家思想的合理性或以儒家的思想证实了“道”的无所不在。

(2) 反对繁法酷刑。

在玄学家的理论中，正统法律思想脱下了神秘、烦琐的阴阳谶纬外衣，而套上了永恒的自然光环。玄学对法律的最大影响便是反对繁法酷刑，主张法令贵简贵无。如王弼在为《道德

---

① 《嵇中散集·与山巨源绝交书》。

② 《阮嗣宗集·大人先生传》。

经》作注时指出："多其法网，烦其刑罚，塞其径路，攻其幽宅，则万物失其自然，百姓丧其手足。"人为的立法越多，社会的出路就越少，以致会造成万物自然生长的规律被破坏，人类社会也无所适从。玄学家主张立法简约，显然是对道家或黄老思想的继承。这种思想被以儒家为本的正统法律思想所认知、采纳，并在立法中有所表现。自汉后开始的对律的删繁就简，以及对律、令、故事等法律体系的构建，说明反对繁法酷刑不仅是玄学家的主张，也是正统法律思想的内容。

(3) 内儒外道。

魏晋玄学思潮使先秦老、庄之说在现实政治中再一次发挥了作用。王弼、何晏、向秀、郭象融道、儒为一体，形成外道内儒的思想体系，为正统思想注入了新的活力。嵇康、阮籍一派基于政治义愤而否定礼法，对儒学过于重视形式、将精神淹没在繁文缛节中的法律主张有所批判。他们的真正目的，是要用简单、直接的形式，反映儒家的精神。

3. 玄学中的政治主张

应该指出的是，阮籍、嵇康等人对礼教的攻击、蔑视及颓废与当时的政治密切相关：他们因憎恨以名教相标榜的司马氏集团，而抨击礼法；他们因在政治上郁郁不得志、备受打击、才华抱负不得施展而绝望、颓废。这一时期（即玄学发展的第二个阶段）的玄学对正统思想的冲击最大。

阮籍、嵇康对礼、法的讥讽实质上揭露了当时政治的黑暗。鉴于政治的黑暗，他们认为法律不过是人们的枷锁。阮籍认为世上暴虐生于君臣礼法之中："君立而虐兴，臣设而贼生，坐制礼法，束缚下民。"① 这种思想曾造成法律虚无主义在晋的盛兴。

我们对于阮籍、嵇康否定礼法的主张，应作全面的分析，即他们否定的是司马氏的礼法，反对的是司马氏的法律。他们以放浪形骸、不拘礼法的形式表示对当时政权的轻蔑。但对纲常名教他们并不完全反对。

二、法律虚无主义

东晋时的思想家鲍敬言继承了阮籍、嵇康一派的思想，明确提出无君、无官（政府）主张，以无君、无官的社会作为人类的理想社会。在法律上，鲍敬言主张废弃刑法、回归自然，具有法律虚无主义的思想。鲍敬言对现实的批判、对现实政治黑暗的揭露给人以深刻的启迪。

鲍敬言否定了君权与法律的神秘性，认为君主与法律是弱肉强食、尔虞我诈的产物。他一针见血地指出，君臣之道，起于强者对弱者的征服、智者对愚者的欺诈："夫强者凌弱，则弱者服之矣；智者诈愚，则愚者事之矣。服之，故君臣之道起焉；事之，故力寡之民制焉。"② 有了君主，便有了贫乏，有了战争，有了贫富不均。在鲍敬言看来君主不仅不神圣，而且是万恶之源。犯罪亦根源于君主制度，因为君臣之道立，"奉上厚则下民贫"，君主及官吏不劳而

---

① 《阮嗣宗集·大人先生传》。

② 〔东晋〕葛洪：《抱朴子·内篇·诘鲍》。

获，使广大农民不得不铤而走险。对于造反的百姓，统治者又“闲之以礼度，整之以刑罚”①，用礼乐政刑去规范、镇压他们，因此，礼乐政刑不仅不是“兴利除害”之具，反而是“屠割天下”之器。鲍敬言认为：只要君主制不灭，无论以礼乐还是政刑治理天下，都是徒劳的。只有“无君无臣，穿井而饮，耕田而食，日出而作，日入而息，汎然不系，恢尔自得，不竞不营，无荣无辱”②，才能杜绝犯罪，回归自然。

鲍敬言的“无君论”与法律虚无主义对正统法律思想是一个极大的冲击。

第二节　律学的沿革及评价

一、律学的沿革

1. 律学的产生

律学是经学的一个分支，其形成于汉朝。汉武帝“罢黜百家”“独尊儒术”，使对儒家经典的研究蔚然成风。在法律领域中，“汉承秦制”，法律制度多为秦时所设，而秦制的设立是以法家“法治”理论为指导的。这样，自汉武帝正统法律思想确立以来，便形成了儒家思想与法家制度之间的矛盾。为了协调这一矛盾，董仲舒采用“《春秋》决狱”的方法，即以儒家的经典《春秋》所体现的精神指导司法，有时甚至以经代法，用经典作为量刑定罪的依据。“《春秋》决狱”这种方式，开启了以经注律的风气。以经注律的目的在于用儒家的学说改造秦留传下来的法制，将法律制度纳入正统思想的轨道，以达到礼、律融合的目的。律学于是成为经学的附属品而诞生了。

2. 律学的发展

东汉时，以经注律之风大盛。叔孙宣、郭令卿、马融、郑玄等以儒家经典为原则对汉律进行了详细注释，以致律的注解繁杂不堪，于是曹魏初期曾下令，规定在司法实践中以郑玄注释为准。③

三国曹魏之时，律学迅速发展，许多经、律兼治的大儒，也开始对律的制定与实施进行深入的研究。更有一批律学家，如陈群、刘邵等，直接参与了当时《新律》的修订，并将自己的研究成果运用于立法实践之中。与汉《九章律》相比，在律学指导下制定的曹魏《新律》，其篇章体例有了较大的变化④：在体例上，集罪名为《刑名》篇，冠于律首，以统诸篇。在内容上，将“八议”引入律中，开始了立法上礼、律融合的新途径。八议，即《周礼》中规定的八种人犯罪须经上奏皇帝及特别审议的程序，并享有减免刑罚的特权。这八种人大都是皇亲国戚或高级官吏、显贵。曹魏时期的《新律》，使律典的体例更为科学、内容更为丰富。

晋代是律学的鼎盛时代。司马氏取代曹魏，建立晋朝，又统一了中国。为了巩固自己的统治，他们极力主张恢复正统学说的地位，并以名教礼法自相标榜。对于以维护正统法律思想为

---

①② 〔东晋〕葛洪：《抱朴子·内篇·诘鲍》。

③④ 参见《晋书·刑法志》。

己任的律学，司马氏统治集团给予高度的重视。晋武帝司马炎于泰始三年（267 年）颁布了《泰始律》（即《晋律》）。这一律典的颁行，凝结着当代律学家的心血。杜预、羊祜等知名律学家皆参与了《泰始律》的修订。他们以儒家经典为指导，对汉、魏以来的律令条款进行了系统的修订，将维护儒家学说的“亲亲、尊尊”的五服制度入于律中，使《晋律》成为第一部儒家化的法典。《晋律》颁行后，杜预、张斐又分别为之作《律本》《律表》，对《晋律》的原则和条文进行了阐述，对《晋律》篇章的变动作了说明，对一些具体的罪名、刑名作了准确的诠释。经晋武帝批准，《律本》《律表》与《晋律》一同颁行天下，时人称为“张杜律”。晋代律学上集汉魏律学发展之大成，下启隋唐律疏学之先河。

二、律学家简介

魏晋南北朝时期，律学家的主要代表人物是张斐、杜预、刘颂。

张斐，魏末晋初时人，晋武帝时曾做过明法掾。张斐虽然官职不高，但对儒家经典及历代兴衰之事却多有研究，是当时著名的律学家。他曾总结秦、汉、魏以来的立法、司法利弊，作《汉晋律序注》与《律解》。这两部律学著作已佚失。其所著《律表》被收录于《晋书·刑法志》中。《律表》对《晋律》的立法原理进行了论证，并总结了前代立法、司法经验。张斐对律的见解，深得统治者的赏识。他提出的一些立法、司法原则也为后世所推崇，如，张斐以为制定法律，须正其理，“理直刑正”；在司法审判中又强调“慎其变”，灵活掌握处刑的轻重，以求理、情、刑的完美结合。张斐对以往法律的总结以及对律“理”的重视，表明正统法律思想正在走向成熟。

杜预（222—284），西晋时人。杜预是经、律兼通的当世大儒，同时也是政治家与军事家。杜预在仕途上历任河南尹、度支尚书、镇南大将军等职。他博学多识，尤为推崇《左传》，自称有“《左传》癖”[①]。在法律上，杜预直接参与了《晋律》的修纂，并为《晋律》作注。《晋书·刑法志》收录了他所著《律本》。杜预提出礼法并用、纳礼入律，维护了正统法律思想；并杂糅了玄学家的思想，提出立法须简约，一反汉末之后法律繁杂之道，为正统法律思想的发展提供了理论支持。

杜预画像

刘颂，西晋时人，出身于名族，本人在晋朝为官近四十年。晋武帝时为尚书三公郎，主管司法具体工作，后升为中书侍郎，又任廷尉，掌管全国的司法审判工作。廷尉实为当时全国最高审判机构的长官。晋灭吴后，刘颂出任河南太守、淮南相；晋惠帝时又回到朝廷，官拜三公尚书、吏部尚书等职。刘颂所任官

① 《晋书·杜预》。

职多与司法审判、监察考核官吏有关，在立法、执法诸方面有着丰富的经验。为廷尉时，人们将他比作西汉著名的执法官吏张释之；为地方官时，人们称他“在官严整，甚有政绩”。其为官以公正廉洁、执法严明、直言敢谏著称。刘颂为官阅历丰富，所以对当时政治的弊端，尤其是法律的弊端，往往能一语中的，故而他“论律令事，为时论所美”[①]。与张斐、杜预相比，刘颂的主张更具有现实性，他主张统一法令、简而不漏；又主张恢复肉刑，依法断案。这些主张对当时的司法实践具有指导作用。

三、评价

魏晋南北朝时期的律学家在中国法律思想发展史上占有重要的地位。律学家身处正统法律思想受削弱之际，负有继往开来的历史使命。他们对礼、法关系的深入研究，在立法、审判原则上的创见为正统法律思想注入了新的内容。在律学家理论中，礼、律融合找到了新的途径，正统法律思想得到丰富并重新充满了活力。事实证明，律学家在继承、发展正统法律思想方面确实不辱使命。

律学家对正统法律思想的发展主要表现于四个方面：第一，在立法上，吸取了玄学家的思想，提倡立法简、直，使律典从烦琐的条款、杂乱的注释中摆脱出来而自成一体。第二，在执法上，吸取了先秦法家的平等观，认为在律典融礼、律为一体的情况下，应依律断罪，从而提高了法律的地位。第三，在审判方面，强调综合考察各方面的情况，使刑、理两全，从而加强了法律的社会效益。第四，对法律的精确解释，统一了人们对法律的理解，可以有效地避免同罪异判的状况。律学家的功绩不仅仅是继承了正统法律思想，而是在继承的同时，将正统法律思想的发展推向深入。隋唐继此发展的趋势，使正统法律思想走向完善。

但是，我们绝不可因此而断定律学家是一个主张“法治”的学派。其实，律学家对律的研究，依附于他们对经的理解。他们研究律的目的，在于使法律更好地体现儒家经典的精神，使礼、律达到完美的结合。重律，是因为律与经相一致。对于与礼相违的律，律学家则称为未“尽理”之法或称为“析薪小理”而加以删除。因此，律学的发展并不是法家“法治”思想的发展，而是以儒家为本的正统法律思想的发展。

第三节　律学家的法律思想

律学家的法律思想虽然不尽相同，各有侧重，但总起来说不外乎两大内容：第一是对正统法律思想的继承；第二是在制定律的过程中，对正统法律思想的某些内容加以修正和补充，使正统法律思想在新形势下得到发展。

晋律第一次把“准五服以制罪”的制度纳入法典之中，作为判断是否构成犯罪及衡量罪行轻重的标准。所谓“五服”，是指《仪礼·丧服》中所制定的五等丧服制度，由重至轻分别为

---

① 《晋书·刘颂》。

斩衰、齐衰、大功、小功、缌麻，每一等都对应一定的居丧时间。死者的亲属根据与死者关系亲疏远近的不同而穿用不同规格的丧服，以示对死者的哀悼。“五服制罪”在刑法方面的适用原则是：亲属相犯，以卑犯尊者，处罚重于常人，关系越亲，处罚越重；若以尊犯卑，则处罚轻于常人，关系越亲，处罚越轻。亲属相奸，处罚重于常人，关系越亲，处罚越重；亲属相盗，处罚轻于常人，关系越亲，处罚越轻。在民事方面，如财产转让时有犯，则关系越亲，处罚越轻。“准五服以制罪”对后世律典影响深远：唐律中大多数条文都因服制不同而规定了轻重不同的刑罚，明清法典均在正文之前附有“五服图”。

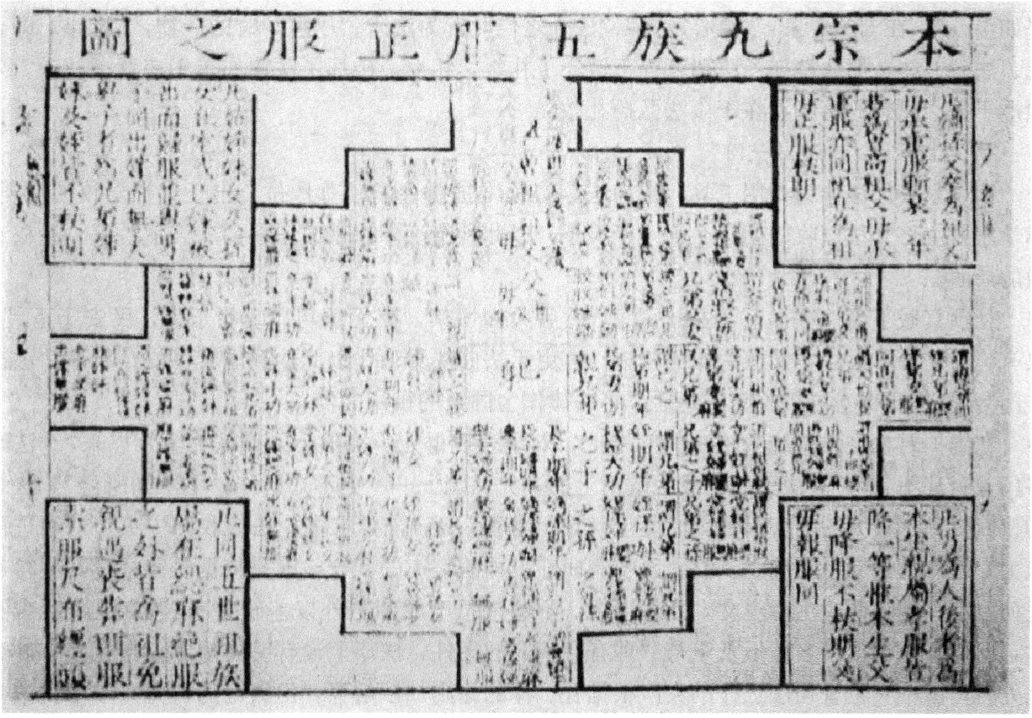

同宗九族五服正服图

以下以《晋书·刑法志》《杜预传》《张斐传》《刘颂传》为资料说明律学家的法律主张。

一、对正统法律思想的继承

律学家一般来说都是正统法律思想的忠诚继承者。在玄学家、政治家、少数民族改革家诸派之中，律学家专注于对法律的研究，坚持正统法律思想的基本原则与体系。律学家大都既“通经”又“明律”，经、律兼治，将汉以来的礼、律融合趋势推向了深入。

1．“礼乐抚于中”

张斐以为律应该体现礼的精神，一部律典应是礼、法合一的完美体现。他解释《晋律》之所以采用刑名篇为首、诸侯篇为末这种体例，意在体现“王政布于上，诸侯奉于下，礼乐抚于中”的原则。“礼乐抚于中”即以礼乐贯穿《晋律》各个篇章，以达到礼、法合一，以礼率律的目的。张斐这一对《晋律》体例的阐发，继承了正统法律思想礼、律融合，纳礼入律的一贯主张。

杜预在注律时，同样注意到“网罗法意，格之以名分”。所谓“名分”便是儒家提倡的尊卑等级制，正统法律思想将之概括为“三纲”。“格之以名分”就是要以“三纲”为宗旨来解释法律的精神所在，以礼为律的指导与灵魂。

刘颂是一个重刑论者，但他不因此而轻视礼的作用。相反，他强调法律必须以“尽理”为标准，若不“尽理”，则须修改之。刘颂的“理”与张斐所言的“礼乐”、杜预所言的“名分”一样，即为道德伦理纲常。刘颂强调，对“尽理”之法必须严格遵守，“行之信如四时，执之坚如金石”。在刘颂看来，“原心定罪”“法外之仁”皆为法未“尽理”时的产物，《晋律》即合礼、法为一体，那么遵守了法律就等于遵守了礼教，相反，破坏了法律亦等于违背了礼教。刘颂严于执法思想的落脚点在于以法弘扬礼教。

2. 君权至上，“法出一门”

律学家皆以法律为御用工具，认为法令必须维护君主的独尊地位。出于维护君权的需要，律学家力主将立法权收归朝廷、统一于天子，以此杜绝汉末以来政出多门、天下纷争、皇权衰微的局面。

杜预直截了当地提出：“法出一门，然后人知恒禁，吏无淫巧，政明于上，民安于下。”① 只有统一立法，人们才知道法律的权威，官吏无法曲法弄巧，以此达到国泰民安。所谓“法出一门”，就是要将立法权收归于朝廷，将法律作为国家的御用之器。

在维护君权、强调统一法令的问题上，刘颂表现得尤为突出。刘颂认为惠帝以来，“法渐多门，令甚不一”，立法不统一成为政治上的一大弊端——“吏不知所守，下不知所避”，法令的权威受到了极大的损害。他因此而上《请刑法画一疏》，要求将立法权收归中央。刘颂进而认为，统一的法令一旦确立，君、臣各有职守。司法官吏的职守，就是依据法律办事，不得有任何改动。他强调“主者守文，死生以之，不敢错思于成制之外以差轻重”。遇有少数疑难案件，即“事无正据，名例不及”与“理有穷塞”的案件，法律上没有明文规定，与礼又有冲突之处时，由中央主管司法工作的大臣根据礼、律的原则加以解释，但大臣的权力只限于对法令的解释，而超出法律之外的“非常之断，出法赏罚”，唯有皇帝才有权行使。这就是所谓“主者守文”“大臣释滞”“人主权断”。值得注意的是刘颂划一法令的主张有两大特点：第一是强调法令的权威。除皇帝外，任何人都不得擅自改动法律。主守官吏更是要以守法为天职，与法令共存亡。第二是将皇权置于法律之上，赋予人主以“权断”之权。这固然是统一法令的需要，但也反映了刘颂具有皇权至上的思想。在维护皇权这一点上，律学家为正统法律思想提供了更为完善的理论依据。

律学家对正统法律思想的继承，不只是停留在理论上，而且体现于修律的实践中。《晋律》中的一些罪名体现了违礼入律的原则，如，“亏礼废节谓之不敬”“陵上僭贵谓之恶逆”“违忠欺上谓之谩”“逆节绝理谓之不道”等。这种将理论用之于实践的风尚为后世立法者所继承，隋唐时正统法律思想的法典化便是这种风尚延续发展的结果。

---

① 《艺文类聚·五四》。

二、对正统法律思想的发展

在忠实地继承正统法律思想的同时，律学家根据时代的变化、律学的发展，不失时机地对正统法律思想的内容进行了补充、修正，从而使正统法律思想得到进一步的发展。

1. “理直刑正”的立法主张

总结以往的经验，律学家认为：法律执行得顺利与否，立法的优劣起着举足轻重的作用。立法合理，法律的执行就顺利。立法违于理，法律在执行中必然会差错百出。以往立法有两大弊端：一是礼、律结合得不十分贴切，以致产生礼、法对立的现象。二是法令过于繁杂，以致前后矛盾，使官吏不知所守、民不知所避。

针对以上两个弊病，律学家提出了对策。

首先，张斐提出进一步融合礼、法，使礼成为用刑的准则，即“理直刑正”。此处的“理”是法之理、律之理、刑之理，亦是万事之理。张斐说：“夫理者，精玄之妙，不可以一方行也。”这就说明张斐之“理”是无处不在的事物发展规律。在中国古代社会中，伦理发达，万物之理归结为一点就是为人处世之理，而为人处世之理即为“三纲五常”。“理直”，即纲常名教大兴；“刑正”即用刑准确无误。在张斐看来，用刑须以兴礼教为前提，如此才能达到用刑的目的。正如孔所子言，“礼乐不兴，则刑罚不中”。

其次，律学家都主张立法须消除繁酷、简明易知。张斐明确指出，《晋律》的首篇“刑名”实为律典之“纲领”，体现了法之“理”。这一篇目的设置，意在使人们明白法律宗旨、原则之所在。其可“经略罪法之轻重，正加减之等差，明发众篇之多义，补其章条之不足”。其可以简化法律条文，突出“理”的指导作用。因此，简明法条，实为“理直”的必要措施。杜预对汉以来“法令滋章，巧饰弥多”的状况进行了抨击，认为“刑之本在于简、直”。律典是国之大法，不是说教论理之书，因此应以准确、易懂、简明为立法标准。只有简单、准确，人们才能记住法律的要求，法律才能发挥效用。也只有简单、准确，天下人尽知，贪官污吏才无法钻法律的空子，鱼肉百姓。刘颂同样主张立法须简明扼要，他认为：只有简明扼要的法律才易于人们遵守。如果立法过于繁密，常常会本末倒置，严惩了微小的犯罪，而脱漏了害政的大奸。如此，法律不仅无法树立权威，反给人以“苛政”的恶劣印象。他提出立法须“简而不漏”“大罪必诛”，如此可以保持法律的权威，也可以“为政不苛”。

2. “随事取法”的审判原则

律学家强调遵法守礼，但他们同时强调礼与律都不是僵化的、一成不变的，礼与法在实践中的运用应随时随事而变易。

张斐认为量刑定罪须“刑”“理”“心”“情”“事”综合考察。他说：“夫刑者，司理之言；理者，求情之机……论罪务本其心，审其情，精其事，近取诸身，远取诸物，然后乃可以正刑。”心，为犯罪动机；情，为人之常情或犯罪时的情绪；事，为犯罪后果。这段话的意思是说：用刑须以理为指导。考察犯罪者的犯罪动机、当时的情绪及犯罪后果，并要甄别犯罪者的供词及当时的人证与物证，然后定罪用刑。这种“本其心，审其情，精其事”的论罪原则弥补了正统法律思想中的“原心论罪”的缺陷，于理于法，两全其美。

杜预认为，在审判中要以充分体现“名分”这个大礼为宗旨，对一些“析薪小理”，即无关宏旨的繁文缛节，可以简化、变易。他提出：“远遵古礼，近同时制，屈除以宽诸下，协一代之成典。”意即综合考察古今变迁，而制定礼乐。史书称其“习于变礼者”。他强调“审名分者，必忍小理”，即当名分与律条产生矛盾时，要存大舍小、变易律令。

虽然刘颂主张严格执法，但他并不反对在审判时“赦小过”。他认为法律的首务是严惩大奸大恶，对一些“微罪”可以赦而不究。他提出“纲举网疏”的司法主张，“纲举”则大奸必惩，“网疏”则小罪可漏。

刘颂的思想最有特色之处，是提出了“重刑”的主张。这与其政治思想不无关系。刘颂认为：汉魏以来，实为“叔世”。刑不制罪，法不胜奸。一味地拘泥于小仁小义，固守烦琐的礼节德治，会导致奸恶凌暴处处泛滥。为此，他主张用严刑重罚来整肃社会。他认为汉文帝除废肉刑，有违圣王之典，是舍弃了大仁的“妇人之仁”。他极力主张恢复肉刑，用肉刑达到“止奸绝本”“以刑止刑”的目的。刘颂恢复肉刑的主张虽不可取，但是他强调用刑的目的在于预防犯罪则不无可取之处。

3. 刘颂“严明执法”的司法主张

律学家中，刘颂最强调法律的权威。为了充分地论证法律的权威性，他将法家的观点纳入自己的思想体系之中。这在当时儒家独尊的情况下是难能可贵的。也正因为如此，刘颂的法律主张才对正统法律思想多有补益。

首先，刘颂提出了“人君所与天下共者，法也”的观点。他认为：人君虽有“权断”之权，但应当与天下之人共同守法，以取信于民。皇帝的“非常之断，出法赏罚”必须有理有节，不可一味乱用。刘颂尤其反对皇帝“法外施仁”，他认为“法外之仁”往往是以小仁小惠而坏大信大法。他告诫皇帝“不可以不信为教”，“不可绳之以不信之法”。

其次，刘颂认为，晋时状况有别于汉。《晋律》已使礼、律得到有机的结合，改变了汉时出现的儒家思想、法家制度相互矛盾的状况，因此，破律即等于坏礼。有鉴于此，他对儒家“议事以制”“看人设教”“随时之宜”重新作了解释。他认为：“议事以制”须依法而议，不得背法“妄议”。“看人设教”“随时之宜”是指立法时须考虑到面对的对象与形势，而在执法中须严格依据法律办事。强调立法上的差异、执法上的平等，是中国古代法律平等的普遍特征。鉴于执法平等的要求，刘颂明确提出了类似于近代罪刑法定主义的司法原则，即：“律法断罪，皆当以法律令正文；若无正文，依附名例断之；其正文、名例所不及，皆勿论。”这是对我国古代司法理论的重要贡献。

4. 律学家对法律的研究成果

魏晋南北朝时期的律学家对法律的研究没有停留于对礼法关系、法律作用等问题的一般论述，而是对前代的法制经验和教训进行了全面的总结，对法之“理”进行了深入的讨论。律学家对法律的研究成果在《晋书·刑法志》中多有记载。

在立法方面，陈群、刘劭总结了以往律典的缺陷：第一，篇目太少，以致条款过于疏阔，许多罪行得不到应有的惩罚。而后人增设的条款又与其本意相离，不成体系，杂乱无章。此即“篇少则文荒，文荒则事寡，事寡则罪漏”，“是以后人稍增，更与本体相离”。第二，汉《九章律》将律典的总纲“具律”置于第六篇，“既不在始又不在终”，不能使人一目了然。鉴于此，《新律》整理了前代所遗留的律令条目，将之系统化，编为 18 篇；又将“具律”改为“刑名”，置于律典之首，使人开卷而知其宗旨。这种律典体例的科学化显然应归功于律学家对律的研究。

晋代律学家对律的研究成果主要集中于三个方面：其一，纳礼入律，“峻礼教之防，准五服以制罪也”，使《晋律》成为儒家化的法典。这一点在前面已有所论述。其二，对律典体例继续修订。晋代继承了曹魏时对律典体例的改革，并对“刑名”篇的内容加以充实，使其起提纲挈领的作用。“刑名”外又设“法例”篇，述“随事轻重取法”的原则。北齐时合“刑名”“名例”为一篇，被置于律典之首，此后历代相沿。其三，用准确的语言对法律专有名词进行了解释，统一了人们对法律的理解。如对罪名故、失、斗、戏的解释是：“知而犯之谓之故，意以为然谓之失。”“两讼相趣谓之斗，两和相害谓之戏”。这种对专有名词深入、具体的解释促进了律学研究的深入，也使律学的研究成果得以及时反映于立法中。

相关事例

1. 孝子长孙虑乞代父死

北魏时，孝子长孙虑的父亲，因厌恶妻子饮酒而以杖击之，结果不慎将妻子打死，被囚于县狱。15岁的长孙虑毅然上书，陈述家境，请求代死：“虑兄弟五人，并各幼稚。虑身居长，今年十五。有一女弟，始向四岁，更相鞠养，不能保全。”因此，他“乞以身代老父命”。判官见此书状，认为长孙虑“于父为孝子，于弟为仁兄”，故上疏请求免去其父的死罪。皇帝下诏减死为流。①

2. 孝女赵娥为父复仇

东汉酒泉烈女赵娥，其父为同县人所杀，赵娥的兄弟也相继病亡。仇家暗自庆幸，以为赵家男儿俱死，复仇无望。赵娥虽已出嫁，并已为人母，但她毅然以复仇为己任。十余年中，她暗携兵器，寻找复仇时机。一次偶然的机会，赵娥与仇人在都亭相遇，她毫不犹豫地拿出武器，刺杀了仇人。复仇后，赵娥到县衙自首，她面无惧色、心无遗恨，对县官说：“父仇已报，请就刑戮。”执掌法度的县官却不忍加刑于孝女，他脱下乌纱帽，告诉赵娥：“宁可不作官，也不会对孝女用刑。”赵娥却不愿贪生，她认为为父复仇可以不顾国法，而为正国法，又可以不惜性命。后来，赵娥因获赦而免于刑戮，州郡官员旌表其间，赐其束帛。②

原典阅读书目

1.《抱朴子》

2.《颜氏家训》

3.《晋书·杜预传》

4.《晋书·刘颂传》

---

① 参见《魏书·孝感传》。

② 参见《后汉书·列女传》。

5.《晋书·刑法志》

原典阅读举例

（晋）文帝为晋王，患前代律令本注烦杂，陈群、刘邵虽经改革，而科网本密，又叔孙、郭、马、杜诸儒章句，但取郑氏，又为偏党，未可承用。于是令贾充定法律，令与太傅郑冲、司马荀顗……典其事，就汉九章律增十一篇，仍其族类，正其体号，改旧律为刑名、法例，辨囚律为告劾、系讯、断狱，分盗律为请赇、诈伪、水火、毁亡，因事类为卫宫、违制，撰周官为诸侯律，合二十篇，六百二十条，二万七千六百五十七言。①

延伸阅读书目

1. 程树德．九朝律考．北京：中华书局，1988
2. 陈寅恪．隋唐制度渊源略论稿．北京：中华书局，1977
3. 祝总斌．中国古代史研究．西安：三秦出版社，2006
4. 马小红．中国法思想史新编．南京：南京大学出版社，2015

延伸阅读举例

“夫汉兴以来，科条无限，《序略》称（《新律》）十八篇，于正律九篇为增；于旁章科令为省。其删削繁芜之功，自不可没。若夫改汉《具律》为《刑名》第一，依古意制为五刑，列之律首，并以八议入律，开晋、唐、宋、明诸律之先河。又如汉时大臣犯罪，动辄指为不道，而魏则无闻。其体例之善，比附之严，亦有未可轻议者。”②

“陈寅恪先生说：‘古代礼律关系密切，而司马氏以东汉末年之儒学大族创建晋室，统制中国，其所制定之刑律尤为儒家化，既为南朝历代所因袭，北魏改律，复采用之，辗转嬗蜕，经由齐、隋，以至于唐，实为华夏刑律不祧之正统。’这段话把晋律在古代法律儒家化中所占之重要地位说得十分明白。我认为这个评价并不过分。所谓儒家化，主要指制晋律时遵循和吸收的是儒家经典中‘礼’的精神和规范。而礼，从战国秦汉以后被儒家视为治国两大手段‘礼’‘刑’中的主要手段，也可以说是战国以后儒家思想之核心……《大戴礼》说：‘礼度，德法也……刑法者，所以威不行德法者也。’东汉王充也强调：‘出于礼，入于刑；礼之所去，刑之所取。’正因如此，法律便应与礼制一致，尽可能地遵循和吸收礼的精神和某些规范，保护礼

① 《晋书·刑法志》。
② 程树德：《九朝律考·魏律考序》，北京，中华书局，1988。

的推行，这……便是儒家化与否的基本标志。晋律正是在汉律一定程度儒家化基础上，以上述思想为指导制定出来的。”①

关键词

玄学　名教出于自然　张斐　杜预　刘颂　礼乐抚于中　理直刑正

思考题

1. 简述玄学家的法律观念。
2. 简述魏晋玄学的发展阶段以及其对正统法律思想的影响。
3. 概述魏晋律学的发展。
4. 概述魏晋律学家对正统法律思想的继承和发展。
5. 简述“理直刑正”的内容。
6. 简述刘颂“严明执法”的主张。
7. 简述律学家的法律研究成果。
8. 分析律学产生的背景及律学在中国古代法律思想发展中的地位。

① 祝总斌：《中国古代史研究》，380页，西安，三秦出版社，2006。

第六章

隋唐时期的法律思想

内容提要

隋文帝杨坚在重新统一天下后，以恢复中原的汉文化为己任，确立了一系列灿然可观的典章制度。他制定和颁行的《开皇律》，以"以轻代重，化死为生"为原则，体现了对封建正统法律思想的继承。然而，隋文帝统治后期和隋炀帝在位期间，以法坏法、有法不依、滥施酷刑，肆意践踏法制，重蹈了秦朝二世而亡的覆辙，为后世留下了深刻的历史教训。唐初以隋为鉴，确定了"安人宁国"的总方针，形成了"贞观之治"的盛世局面。随着政治制度的完备、经济的高度发展，正统法律思想也日趋成熟，礼、法结合基本定局，封建正统法律思想通过贞观定律及永徽作疏而法典化，稳固地确立起主导地位。"安史之乱"后，为匡救时艰，韩愈、柳宗元、白居易等一部分有识之士，对礼刑关系及如何正确运用法律等问题进行了深入论述，丰富了封建正统法律思想的内容，为拯救时弊发挥了一定作用。

第一节　正统法律思想的法典化

隋文帝杨坚在重新统一中国后，认真总结了历代王朝的统治经验，在经济、政治、法律等方面进行了一系列改革。鉴于南北朝时刑罚严酷，以致上下愁怨、内外离心，隋初立法以"以轻代重，化死为生"[①] 为原则，所颁行的《开皇律》较前代简明、完备，废除了鞭刑、枭首、轘裂等酷刑，死刑只用斩、绞，统一了笞、杖、徒、流、死封建五刑制，并减省刑律至500条。《开皇律》博取南北各朝、各民族的法律精粹，择善而从，在古代法制史上具有划时代的意义，因此成为唐朝制律的蓝本。为了防止滥杀无辜，隋文帝还将死刑的决定权收归中央，并

① 《隋书》卷二十五·刑法志。

规定了死刑“三复奏”制度。他强调严格执法，并且身体力行，即使亲生儿子犯罪亦绝不姑息①，从而在一定程度上维护了法律的权威性，使隋初出现了清明、安宁的景象。②

然而让人痛心的是，晚年的杨坚猜忌心日重，常常不依照法律，任情滥罚滥杀。他时常在朝堂上杖杀大臣，甚至一日之中多达数次，并公然下令允许官吏任意杖责属下。为了镇压不断增多的“盗贼”，他近乎丧失理性，竟然规定：“盗一钱以上皆弃市，或三人共盗一瓜，事发即死。”③ 在杨坚的恶劣影响下，隋朝官吏徇私枉法、破坏法制的现象相当普遍，使许多无辜的臣民惨死在严刑峻法之下。杨广即位以后，情况继续恶化④，终于引发了农民大起义，使隋朝迅速灭亡。

唐初统治集团“动静必思隋氏，以为殷鉴”⑤，唐太宗对“水能载舟，亦能覆舟”的君民关系深有体会。为改变隋末以来的衰败局面，他十分重视百姓的安定，确立了“安人宁国”⑥的治国总方针。正是在这一方针的指导下，统治者与民休息，轻徭薄赋，力戒奢靡，重视法制，从而形成了“贞观之治”的盛世局面。⑦

唐朝统治者十分重视法制建设，力图将正统法律思想全面贯彻于实际的立法、司法之中。如何将正统法律思想与法律实践相结合？自西汉中期正统法律思想确立以后，政治家、思想家们便开始了这一探索。无论是引经决狱还是以经注律，都是礼、律结合的重要途径，也是法律儒家化的重要步骤。唐朝发展了晋律儒家化的趋势，通过立法，进一步纳礼入律，完成了封建正统法律思想的法典化，而《唐律疏议》就是这一成果的结晶。

《唐律疏议》书影

图片来源：http://www.kongfz.cn/8931283/135896/。

唐高祖李渊建唐后，即命人参照隋《开皇律》制定《武德律》12篇。唐太宗李世民即位后，又命人修定律令。经过10年努力，终于制成《贞观律》。唐高宗李治登基后，又以《贞观律》为基础，编纂《永徽律》12篇，计502条；其后又对律文作出注解，叫作“律疏”，附于律文之下，经皇帝颁行后，律疏与律文具有同等效力，称为《永徽律疏》，后世称作《唐律疏议》。《唐律疏议》集先秦以来古代立法、司法经验之大成，代表了中国古代律学的最高水平，体

---

① 《资治通鉴》卷一百七十八·隋纪二记载，秦王俊因“违越制度，盛治宫室”被免官，“杨素谏曰：‘秦王之过，不应至此，愿陛下详之！’上曰：‘我是五儿之父，非兆民炎父？若如公意，何不别制天子儿律！以周公之为人，尚诛管、蔡，我诚不及周公远矣，安能亏法乎！’卒不许”。

② 《隋书》卷二·高祖纪下记载，“仓廪实，法令行，君子咸乐其生，小人各安其业，强无陵弱，众不暴寡，人物殷阜，朝野欢娱”。

③ 《资治通鉴》卷一百七十八·隋纪二。

④ 《隋书》卷二十五·刑法志记载，“……更立严刑，敕天下窃盗已上，罪无轻重，不待奏闻，皆斩”。

⑤ 《贞观政要》卷八·刑法。

⑥ 《贞观政要》卷八·务农。

⑦ 《贞观政要》卷一·政体记载，“……官吏多自清谨。制驭王公、妃主之家，大姓豪猾之伍，皆畏威屏迹，无敢侵欺细人。商旅野次，无复盗贼，囹圄常空。马牛布野，外户不闭。又频致丰稔，米斗三四钱。行旅自京师至于岭表，自山东至于沧海，皆不赍粮，取给于路。入山东村落，行客经过者，必厚加供待，或发时有赠遗。此皆古昔未有也”。

现了中国古代法律的基本风格和特征，标志着中华法系的定型，在人类法律史上占有重要地位。其中的法律思想相当丰富，这里只着重论述以下几点。

一、“德礼为本，刑罚为用”思想的法典化

汉朝“《春秋》决狱”的盛行，将儒家经义不断应用于法律实践，奠定了礼、法融合的基础。此后，以经注律、引礼入律的趋势继续发展，儒家思想不断渗透到法律中来。如《曹魏律》中的“八议”制，《晋律》中的“准五服以制罪”制，《北魏律》中的“官当”制，《北齐律》中的“重罪十条”等，都是礼、法融合的产物。不过，在唐以前，不少思想家、政治家对德礼的作用和刑罚的作用，在一定程度上总有对立或割裂的倾向，不能认识到二者在社会生活中也是可以互相补充的。到了唐朝，统治者把德礼和刑罚，在儒家思想主导下统一起来，形成了系统而完整的德主刑辅、礼法融合的思想体系。

奉敕编撰《唐律疏议》的长孙无忌在《唐律疏议序》中提出，“德礼为政教之本，刑罚为政教之用，犹昏晓阳秋相须而成者也”。意即德礼是为政教化的根本，刑罚是为政教化的手段，德礼和刑罚对为政教化之不可缺少，好像黄昏和拂晓相配而成一昼夜、春天和秋天相配而成一年一样。这说明治理国家必须兼用德礼和刑罚，二者之间是主导和辅助的关系。这就将法律的功效和礼义道德的教化作用有机地结合起来，确立了封建正统法律思想在德礼、政刑关系问题上的总方针。

统观《唐律疏议》，立法者尽可能地从儒家经典中找寻每一条律条的立法根据，并尽可能地引用儒家经典的言论来解释律条的含义，使礼义道德的精神完全融化在律文之中。不仅礼之所许，律亦不禁；礼之所禁，律亦不容，而且“尊卑贵贱，等数不同，刑名轻重，粲然有别”①。所以说，礼、法融合在《唐律疏议》中已达到相当完备的程度，这标志着中国古代正统思想的法典化已基本完成。

二、“三纲”思想的法典化

所谓“三纲”，即“君为臣纲、父为子臣、夫为妻纲”，是我国自汉朝以来制定法律的一个根本原则。由于礼、律尚未协调一致，汉律只是初步反映了“三纲”思想。唐律则全面而具体地贯彻了“三纲”的原则，凡是违犯“三纲”的，均被视为触犯了统治阶级的根本利益，被列为“十恶”大罪，是刑罚严厉打击的重点。

1. “君为臣纲”在唐律中的反映

在封建君主专制政体中，人们认为皇帝是奉天命统治臣民、作为百姓的父母降临人世的，因而他的权力至高无上，他的意志就是法律，可谓口含天宪、言出法随。如果图谋危害皇帝，将被看作是违背天道、悖逆伦常的行为。为确保皇帝的权力及人身的绝对安全，唐律进行了周

---

① 《唐律疏议》卷十九·贼盗。

密而细致的规定，设置了谋反[①]、谋大逆[②]、谋叛[③]、大不敬[④]以及危害皇帝安全等诸多罪名。[⑤]凡属违反“君为臣纲”的犯罪，均属罪大恶极，严惩不贷。

以“谋反”罪为例，根据不同情节，唐律分别予以惩处：只要具有犯罪预谋，就构成了谋反罪，和已经着手实施的谋反罪处罚相同，本人处斩，父子株连处绞，其他近亲属充为官奴或流放，财产没收；对于虽有谋反意图而实际上并不能造成危害后果的，也要处斩，父子、母女、妻妾流放三千里；对于实无谋反之计，仅妄为狂悖之语的，也要流二千里。[⑥]

由此可见，“君为臣纲”是制定唐律的指导原则，凡是违背皇帝意志、危害皇帝安全、冒犯皇帝尊严的言行，都将受到法律的严厉制裁。

2. “父为子纲”在唐律中的反映

儒家一向提倡孝道，认为父亲对子女有绝对的统治权，子女必须无条件服从父亲。儒家主张以孝治天下，将之贯穿于君臣、父子、夫妇等各种社会关系之间，要求全体臣民必须恪守孝道。[⑦]

“父为子纲”在唐律中得到了充分的反映，其中“恶逆”[⑧]、“不孝”[⑨]、“不睦”[⑩]、“内乱”[⑪]等行为都被列入“十恶”。其主要目的就是维护以父权为核心的家庭伦理。唐律规定，凡不

---

① 《唐律疏议》卷一·名例规定，“谋反”是指“谋危社稷”。《疏议》解释说：“案公羊传云：‘君亲无将，将而必诛。’谓将有逆心，而害于君父者，则必诛之。”

② 《唐律疏议》卷一·名例规定，“谋大逆”是指“谋毁宗庙、山陵及宫阙”。《疏议》解释说：“此条之人，干纪犯顺，违道悖德，逆莫大焉，故曰‘大逆’。”

③ 《唐律疏议》卷一·名例规定，“谋叛”是指“谋背国从伪”。《疏议》解释说，“……谋背本朝，将投蕃国，或欲翻城从伪，或欲以地外奔”。

④ 《唐律疏议》卷一·名例规定，“大不敬”是指“盗大祀神御之物、乘舆服御物；盗及伪造御宝；合和御药，误不如本方及封题误；若造御膳，误犯食禁；御幸舟船，误不牢固；指斥乘舆，情理切害及对捍制使，而无人臣之礼”。《疏议》解释说：“礼者，敬之本；敬者，礼之舆。故礼运云：‘礼者君之柄，所以别嫌明微，考制度，别仁义。’责其所犯既大，皆无肃敬之心，故曰‘大不敬’。”

⑤ 如《职制律》规定：为皇帝制药有误者绞，“料理简择不精者，徒一年”；为皇帝制作食物，误犯食禁者，“主食绞。若秽恶之物在食饮中，徒二年”；为皇帝制造车船“误不牢固者，工匠绞”。《卫禁律》规定：无凭籍而“阑入宫门，徒二年……殿门，徒二年半。持仗者，各加二等……入上阁内者，绞……若持仗及至御在所者，斩”；登高临视宫中者，“徒一年；殿中，加二等”；未奉诏敕而擅自开闭宫殿门者，绞。

⑥ 参见《唐律疏议》卷十七·贼盗。

⑦ 《礼记·祭义》载：“居处不庄，非孝也；事君不忠，非孝也；莅官不敬，非孝也；朋友不信，非孝也；战阵无勇，非孝也。”

⑧ 《唐律疏议》卷一·名例规定，“恶逆”是指“殴及谋杀祖父母、父母，杀伯叔父母、姑、兄姊、外祖父母、夫、夫之祖父母、父母”。《疏议》解释说：“父母之恩，昊天罔极。嗣续妣祖，承奉不轻。枭镜其心，爱敬同尽，五服至亲，自相屠戮，穷恶尽逆，绝弃人理，故曰‘恶逆’。”

⑨ 《唐律疏议》卷一·名例规定，“不孝”是指“告言、诅詈祖父母父母，及祖父母父母在，别籍、异财，若供养有阙；居父母丧，身自嫁娶，若作乐，释服从吉；闻祖父母父母丧，匿不举哀，诈称祖父母父母死”。《疏议》解释说：“善事父母曰孝。既有违犯，是名‘不孝’。”

⑩ 《唐律疏议》卷一·名例规定，“不睦”是指“谋杀及卖缌麻以上亲，殴告夫及大功以上尊长、小功尊属”。《疏议》解释说：“礼云：‘讲信修睦。’孝经云：‘民用和睦。’睦者，亲也。此条之内，皆是亲族相犯，为九族不相协睦，故曰‘不睦’。”

⑪ 《唐律疏议》卷一·名例规定，“内乱”是指“奸小功以上亲、父祖妾及与和者”。《疏议》解释说：“左传云：‘女有家，男有室，无相渎。易此则乱。’若有禽兽其行，朋淫于家，紊乱礼经，故曰‘内乱’。”

“善事父母”者，均构成“不孝”罪。其中，别籍异财者，处以三年徒刑①；违犯教令或供养有缺的，处以二年徒刑②；得知父母去世却隐瞒消息而不及时举办丧事的，流二千里；守丧期间不穿丧服以及从事娱乐活动的，处以三年徒刑。③依照唐律，凡是亲属之间有关人身、财产的侵犯，都要根据双方血缘远近、尊卑等级的不同而实行同罪异罚。例如，子孙辱骂祖父母、父母的，处以绞刑；殴打的，一律处斩。而祖父母、父母斥骂子孙的，当然无罪，即便殴打致死，也仅处以一年半的徒刑。④

由此可见，唐时父权的范围是比较广泛的，并且得到了法律的有力保障。

3．“夫为妻纲”在唐律中的反映

根据礼制的规定，在婚姻家庭关系中“男尊女卑”，妻子是丈夫的从属物，只能听命于丈夫的安排。唐朝在立法时全面贯彻礼的精神，“夫为妻纲”也是唐律的根本原则之一。唐律中有不少维护夫权、歧视和压迫妇女的法律规定，就是“夫为妻纲”思想的具体反映。

例如，“十恶”中的“恶逆”、“不睦”以及“不义”⑤中的部分规定，就是为了惩治妻子殴打或谋害丈夫及其近亲属、不为丈夫办丧事或进行娱乐、不穿丧服、改嫁等不守妇道的行为。丈夫与妻子在唐律中的地位极不平等。妻子殴打丈夫，处徒刑一年；如果打成重伤，比照普通人加三等处罚；殴死者，处斩。反过来，如果丈夫殴打妻子，一般不治罪；打成重伤的，比照普通人减二等处罚；殴死者，也仅以普通人论处。⑥同是殴伤罪，一则加三等，一则减二等，量刑竟相差五等之多，足见夫妻法律地位的差异相当明显。《户婚律》规定，妻妾不经丈夫同意，擅自离去的，“徒二年；因而改嫁者，加二等”。可丈夫背妻逃亡却不受追究，而且被离弃的妻子必须守期三年，不准改嫁。同时，唐律还肯定了片面休妻的“七出”条规⑦，妻子只要有其中一条，丈夫便有权将其逐出家门。

总之，由上述法律规定可见，“三纲”思想是唐律制定时一以贯之的指导原则。自西汉正统法律思想确立以来，君权、父权、夫权得到统治者的大力提倡，对法律领域的影响日渐加深。由于封建法律制度在初创之时，主要以法家思想为指导，所以在正统法律思想确立之始，思想理论与具体制度不相吻合，经常出现分离、冲突的现象，法典对正统法律思想的反映不充分、不系统。这一状况自汉经魏晋南北朝、隋至唐，都不同程度地存在着，直到唐律实现了正统法律思想的法典化，才基本消除了思想与制度之间的矛盾。这不仅使封建法典的制定日臻完

---

① 《唐律疏议》卷十二·户婚规定，“诸祖父母、父母在，而子孙别籍、异财者，徒三年”。

② 《唐律疏议》卷二十四·斗讼规定，“诸子孙违犯教令及供养有阙者，徒二年”。

③ 《唐律疏议》卷十·职制规定，闻父母丧“匿不举哀者，流二千里；丧制未终，释服从吉，若忘哀作乐……徒三年；杂戏，徒一年，即遇乐而听及参预吉席者，各杖一百”。

④ 《唐律疏议》卷二十二·斗讼规定，“诸詈祖父母、父母者，绞；殴者，斩；过失杀者，流三千里；伤者，徒三年。若子孙违犯教令，而祖父母、父母殴杀者，徒一年半；以刃杀者，徒二年；故杀者，各加一等。即嫡、继、慈、养杀者，又加一等。过失杀者，各勿论”。

⑤ 《唐律疏议》卷一·名例规定，“不义”是指“杀本属府主、刺史、县令、见受业师，吏、卒杀本部五品以上官长；及闻夫丧匿不举哀，若作乐，释服从吉及改嫁”。《疏议》解释说：“礼之所尊，尊其义也。此条元非血属，本止以义相从，背义乖仁，故曰‘不义’。”

⑥ 《唐律疏议》卷二十二·斗讼规定，“诸妻殴夫，徒一年；若殴伤重者，加凡斗伤三等……死者，斩”。反之，“诸殴伤妻者，减凡人二等；死者，以凡人论”。

⑦ 《唐律疏议》卷十四·户婚规定，“七出者，依令：‘一无子，二淫泆，三不事舅姑，四口舌，五盗窃，六妒忌，七恶疾’”。

备，而且使封建正统法律思想体系日益成熟，并在法律实践中发挥了重要作用。

三、“等级特权”思想的法典化

虽然唐律是人类立法史上的杰作，但它毕竟是封建社会的产物，不可避免地带有那个时代的烙印。毋庸讳言，唐律是一部典型的封建统治阶级的特权法，它始终贯穿着以礼为主、礼法结合的精神。《礼记·乐记》云：“礼义立，则贵贱等矣。”按照礼的原则，唐律将人分成许多等级，并为每个等级的人规定了不同的法律地位，赋予了不同的权利和义务。这突出地表现在以下几个方面。

1. 贵族、官吏可以减免刑罚

依照社会身份、地位、职业等方面的差异，唐律将人分成皇帝、贵族官吏、平民、贱民等几个等级。皇帝君临天下，在行政、立法、司法、军事、经济等方面均享有至高无上的权力；贵族官吏可根据自己的阶品相应享有免受刑罚、免纳赋税、免服徭役以及世袭官爵、荫及亲属等特权。贵族官吏是唐律优容的对象，当他们触犯国法时，可依据唐律的议、请、减、赎、官当等条款减免刑罚处分。

“议”即“八议”，源于西周的“八辟”，三国曹魏时入律。《名例律》规定：“八议：一曰议亲（皇帝袒免以上亲及太皇太后、皇太后缌麻以上亲、皇后小功以上亲）；二曰议故（皇室故旧）；三曰议贤（有大德行者）；四曰议能（有大才艺者）；五曰议功（有大功勋者）；六曰议贵（职事官三品以上、散官二品以上及爵一品者）；七曰议勤（有大勤劳者）；八曰议宾（前朝皇室贵族）。”凡属以上范围者，犯罪后皆有减免刑罚的特权。①

请，适用于皇太子妃大功以上亲、应“议”者期以上亲及孙、官爵五品以上的人，他们犯流罪以下可减一等处罚，犯死罪则须上报皇帝裁定。②

减，适用于七品以上之官及应“请”者的亲属，他们犯流罪以下的，可减一等处罚。③

赎，适用于应“议”“请”“减”者和九品以上之官以及七品以上官的祖父母、父母、妻、子孙，他们犯流罪以下的，允许赎罪。④

官当，适用于一般官吏犯罪，他们可以用官品抵罪。⑤

在这样一套完整、严密的制度保护下，绝大多数贵族官吏犯了罪，能够轻易地被减免刑罚，逃脱刑罚的实际执行。这反映了官与民在法律地位上的不平等。

2. 良贱异法

良，指良人，即平民；贱，指贱民，即具有奴隶身份的人，大体分为杂户、官户和部曲、奴婢三等。唐律规定，在政治、经济、法律、社会生活等各方面，贱民的地位均与良人不同。例如，他们不能应考做官；奴婢没有受田的资格，官户、杂户虽可受田，但有严格限制等。贱

---

① 《唐律疏议》卷二·名例“议章”：“诸八议者，犯死罪，皆条所坐及应议之状，先奏请议，议定奏裁……流罪以下，减一等。其犯十恶者，不用此律。”

② 参见《唐律疏议》卷二·名例“请章”。

③ 参见《唐律疏议》卷二·名例“减章”。

④ 参见《唐律疏议》卷二·名例“赎章”。

⑤ 参见《唐律疏议》卷二·名例“官当”。

民中最低等的奴婢被“视同牛马”。《名例律》明确申明“奴婢贱人，律比畜产”，《诈伪律》亦肯定“奴婢有价”。这些生活在社会最底层的人，没有户籍，没有独立的人格，没有人身自由，任凭主人自由处置：“奴婢既同资财，即合由主处分”①。良民与贱民在法律上的不平等，在唐律中多有表现。

在婚姻上，唐律禁止良贱通婚。《户婚律》明确宣称：“人各有耦，色类须同。良贱既殊，何宜配合。”所以法律规定，杂户、官户、奴婢不得娶良人女为妻，违者分别处以杖一百或一年半徒刑；以奴婢冒充良人为夫妻者，加重，徒二年。②

在刑罚上，唐律中有许多良贱同罪异罚的条款。良人侵犯贱民，其处分较常人为轻；贱民侵犯良人，其处分则较常人加重。如《斗讼律》规定，主人谋杀奴婢，至多处徒刑一年；而奴婢谋杀主人，不论首从，一律处斩。主人过失杀死奴婢，不论罪；而奴婢过失杀主人，则处绞刑。③

在诉讼上，唐律从维护尊卑等级的原则出发，不许部曲和奴婢告发主人“谋反、逆、叛”以外的罪行，否则处以绞刑；至于主人告发部曲、奴婢，即使是诬告，“即同诬告子孙之例，其不在坐限”，根本不构成犯罪。④

由此可见，唐朝统治者十分自觉地从立法上维护等级特权，用法律的强制力来保障这种不平等的社会制度。

四、“轻刑慎罪”思想的法典化

“轻刑慎罪”是儒家的一贯主张，正如《尚书·大禹谟》所言：“罪疑惟轻，功疑惟重，与其杀不辜，宁失不经。”隋末，法严刑滥、“生杀任情”，导致“百姓怨嗟，天下大溃”⑤，强大的隋王朝很快被波澜壮阔的农民起义浪潮吞没。有鉴于此，唐初统治集团非常重视继承正统法律思想中的“德治”传统，不仅在立法方面强调宽简，而且在司法方面注重轻刑慎罪，确立了许多体恤罪犯的法律规定。

唐初李渊制定《武德律》时就贯彻了“务在宽简，取便于时”⑥的原则。李世民统治时期，“以宽仁治天下，而于刑法尤慎”⑦。他在称帝后就下达了“死者不可再生，用法务在宽简”的诏令。⑧ 他主持制定的《贞观律》与前代相比，删减的死刑条目将近一半，其他改重为轻的不可胜数，以至于贞观四年（公元630年）“断死刑，天下二十九人，几致刑措”⑨。

统观《唐律疏议》，它对各种犯罪行为所规定的刑罚幅度，总体说来，比以往确有减轻。如以“谋反”“谋大逆”为例，依照汉律，此类罪犯一律处死，其父母、兄弟无论是否成年皆

---

①《唐律疏议》卷十四·户婚。
② 参见上书。
③ 参见《唐律疏议》卷二十二·斗讼。
④ 参见《唐律疏议》卷二十四·斗讼。
⑤《隋书》卷二十五·刑法志。
⑥《旧唐书》卷五十·刑法志。
⑦《新唐书》卷五十六·刑法志。
⑧ 参见《贞观政要》卷八·刑法。
⑨ 同上书。

弃市；而唐律则规定，本人处斩，父亲及十六岁以上的儿子皆绞，十五岁以下的儿子及其他近亲属可以免死，罚没为奴或流放。① 唐律在规定适用刑罚的原则时也体现了轻刑思想。依照《名例律》的规定，犯罪未被发觉前自首的，都可以免除其刑罚。② 老幼废疾者犯罪可以减免刑罚，如果"诸犯罪时虽未老、疾，而事发时老、疾者，依老、疾论"，"犯罪时幼小，事发时长大，依幼小论"。《名例律》在解释量刑的"加""减"时，明确指出：加刑时"不得加至于死"，即只要法律未明文规定可加重至死刑的，就不能判处死刑；而减刑时"二死、三流，各同为一减"，即斩刑减一等直接减为流刑，流三千里减一等直接减为徒三年。

唐统治者对官吏舞文弄法、以重刑牟利的现象有着相当清醒的认识。李世民多次责令司法官员务必慎刑慎杀、依法断罪，并创立了九卿议刑制度及死刑"五复奏"制度。这一思想在《唐律疏议》中也得到贯彻。例如，《断狱律》规定，司法官员判决案件必须具引律、令、格、式正文，违者将依法惩处。对于那些不依法断案、故入人罪或故出人罪的司法官员，将严厉处罚。故入人罪者，即采用虚构事实、增减案情的办法，故意将无罪判为有罪，或将轻罪判入重罪的，"若入全罪，以全罪论；从轻入重，以所剩论"。与此相同，"其出罪者，各如之"，即故意将有罪判为无罪或将重罪减为轻罪的，出其全罪者，以全罪科断；从重入轻者，以所减之罪科断。

唐统治者深深懂得，"棰楚之下，何求而不得"③。他们注意吸取隋代刑讯逼供、滥施刑罚的教训，强调重视犯罪事实、审慎问案。唐律虽然允许刑讯逼供，但对此作出了严格的限制，拷讯超过限定数目的，或以非法手段拷讯的，司法官员都要被杖一百；若拷讯打死人的，则徒二年。④

综上所述，唐律无疑是正统法律思想法典化的产物。它吸收了前代王朝的统治经验和法律原则，近乎完美地将正统法律思想贯彻到法典中，将礼、法融合推进到相当完备的阶段，成为中国古代法典的集大成者和后世各代法律的蓝本。唐律不仅是中国传统法律制度的代表作，也是历代正统法律思想的典范和结晶，无怪乎纪晓岚称"唐律一准乎礼，得古今之平"⑤。唐以后各代王朝都效法唐律，奉正统法律思想为立法、司法的指导原则。

第二节　正统法律思想的发展

一、韩愈对正统法律思想的发展

韩愈（768—824），字退之，号昌黎，邓州南阳（今河南孟县）人，是唐朝杰出的思想家

---

① 参见《唐律疏议》卷十七·贼盗。

② 参见《唐律疏议》卷五·名例。

③ 《汉书》卷五十一·路温舒传。

④ 参见《唐律疏议》卷二十九·断狱。

⑤ 纪昀撰《四库全书总目提要·政书类法令之属》言，"唐律一准乎礼，得古今之平，故宋世多采用之，元时断狱皆每引为据。明洪武初命儒臣同刑官进讲唐律，后命刘惟谦等详定明律，其篇目一准于唐"。

和文学家。韩愈的著作很多，今有《韩愈全集》一书，是研究其思想的重要资料。“安史之乱”后，唐王朝的国势由盛而衰，各种矛盾尖锐对立。在思想领域，李唐皇帝崇尚佛说，又宣布老子为其祖先，使佛教、道教兴盛，对儒家思想的正统地位构成严重威胁。韩愈是唐朝中叶反对佛教、道教，力主复兴儒学的著名代表人物。

韩愈画像

图片来源：http://baike.baidu.com/view/2518.htm。

为了对抗佛、道二教自诩源远流长的“祖统”或“法统”，韩愈提出“道统论”作为捍卫儒学正统的基本理论依据。所谓道统，就是儒家关于道的传承统系。道由尧传于舜，舜传于禹，禹传于汤，汤传于周文王、周武王、周公，周文王、周武王、周公传于孔子，孔子传于孟轲，孟轲死后“不得其传焉”。于是，圣王之道不显，佛教、道教乘机蔓延，危害社会。圣王之道的核心是儒家一向所倡导的仁义道德。佛教、道教虽也讲道，但是不讲仁义。对佛教那种“弃君臣、去父子、禁生养”的道和道教那种“去仁与义”的道，必须坚决反对。[①] 韩愈立志要恢复和发扬儒家的“道统”，以复兴儒学为自己的历史使命。

为了反对佛、道二教“清净”“无为”“无知”“无欲”的人性说，韩愈提出了“性三品”说。根据人性中是否具有和具有多少“仁、义、礼、智、信”五德的情况，将人性划分为上、中、下三等：“上焉者，善焉而已矣；中焉者，可导而已矣；下焉者，恶焉而已矣。”人不仅有性，而且有“喜、怒、哀、惧、爱、恶、欲”这七情。与“性三品”相对应，人的情也分三品。韩愈提出，“圣人”同一般人的差别，不在于消灭情欲，而在于使情欲合乎中道。[②] 这就与佛、道宣扬虚无、遁世的人性论形成了尖锐的对立。

韩愈以儒家“道统”继承人自居，积极弘扬孔孟之道，力图清除佛教、道教的影响，以维护正统思想，巩固统治秩序。其法律思想就反映了这一特点。

1. “圣人”立法设刑与“天刑”说

韩愈认为：儒家的圣人尧、舜、禹、汤、文、武、周公、孔、孟是上品之人，天生性善，道德高尚。他们是自古以来不易之道的继承者和传播者，是他们创造了人类社会，决定着社会历史的发展；是他们使人类结束了茹毛饮血、穴居野处的生活，逐渐从野蛮走向文明。为避免纷争，使人得以安居乐业，圣人制礼、作乐、立政、设刑，创造了法律。[③] 法律来源于“道”，是由传仁义之道的圣人所发明的，它是稳定社会秩序、推动人类进步的重要工具，自然具有无

---

① 参见《韩愈全集·原道》。

② 参见《韩愈全集·原性》。

③ 《韩愈全集·原道》载：“为之礼以次其先后，为之乐以宣其湮郁，为之政以率其怠倦，为之刑以锄其强梗。”

可辩驳的正当性。

韩愈认为法律同时也是受命于天的产物，因而他宣扬“天刑”说。在他看来，天是有意志的，具有赏善罚恶的能力，如果违背了天的意志，就将受到天的惩罚。[①] 自西汉中期以来，神学天命观一直是官方正统思想的重要组成部分，也是封建正统法律思想中“则天顺时”等内容的理论基础。韩愈宣扬“天刑”说，不仅维护了儒家神学天命观的正统地位，而且使法律自身具有不容置疑的神圣性。

从法律的起源看，它是正当的、神圣的；从社会现实状况看，法律的运用又是势在必行、不可避免的。依据“性三品”说，那些具有下品恶性的人，不堪教化，只能用刑罚加以惩处，使其“畏威而寡罪”[②]。特别是在佛教、道教为害的情况下，违法犯罪猖獗，更应当重视刑罚的运用，严加惩办，即使是对那些不安守本分之人也丝毫不能手软。[③] 韩愈的上述主张，既是对佛教、道教不事生产、遁世无为、忘却天下/国家的愤怒声讨，又是对佛教的“惮于行刑”[④]及道教的法律虚无论的彻底批判，从而在理论上充分肯定了刑罚、法律的现实价值与社会功用。

2.“德礼为先而辅以政刑”

尽管韩愈充分肯定刑罚是治理国家不可或缺的重要手段，但是在对德、刑关系的认识上，以儒家“道统”继承者自居的他，同样是正统法律思想的继承者，必然坚持德礼、政刑兼用而以德礼为先的主张。韩愈明确提出“礼法二事，皆王教之端”[⑤]，即二者都是治理国家的根本手段，但二者的地位并不平等。“孔子曰：道之以政，齐之以刑，则民免而无耻。不如以德礼为先，而辅之以政刑也。”[⑥] 所以必须坚持传统的德主刑辅观。

鉴于当时儒学的衰落和佛教、道教的蔓延，面对李唐王朝的社会危机，韩愈总结了历代的统治经验，并认为，只有复兴儒学，大力提倡忠君孝亲的孔孟之道，才能维护社会秩序、巩固李唐江山。为此他特别强调德礼教化的重要，目的在于使以仁义为核心的“先王之道”深入人心。如果人们能加强个人的仁义道德的修养，从儒学经典《大学》所要求的“格物”“致知”“诚意”“正心”做起，坚守君臣、父子、夫妻等政治等级和伦常秩序，担负起“齐家、治国、平天下”的社会责任，那么何患天下/国家之不能治理？韩愈认为佛、道二教的学说对儒家的伦理原则构成了严重破坏[⑦]，他坚决反对佛教的“四大皆空”、道教的“绝仁弃义”等消极出世的思想，积极阐扬儒家的纲常名教，以期通过“教化”，使人们遵循“先王之道”，以仁义作为行为准则，自觉地安分守己，从而达到维护和巩固统治秩序的目的。

韩愈对德、刑关系的这一认识，还表现在他关于复仇问题所持的看法。尽管唐朝的法制堪称完备，但对于复仇案件如何处理却无明文规定，司法实践中做法不一，引发了多次激烈的争

---

① 《韩愈全集·答刘秀才论史书》载：“夫为史者，不有人祸，则有天刑，岂不可畏惧而轻为之哉！”

② 《韩愈全集·原性》。

③ 《韩愈全集·原道》载：“君者，出令者也；臣者，行君之令而致之民者也；民者，出粟米麻丝、作器皿、通货财以事其上者也。君不出令，则失其所以为君；臣不行君之令而致之民，则失其所以为臣；民不出粟米麻丝、作器皿、通货财以事其上，则诛。”

④ 《韩愈全集·论淮西事宜状》。

⑤ 《韩愈全集·复仇状》。

⑥ 《韩愈全集·潮州请置乡校牒》。

⑦ 《韩愈全集·原道》载：“外天下国家，灭其天常。子焉而不父其父，臣焉而不君其君，民焉而不事其事。”

论。唐宪宗元和六年（811），又发生了梁悦为父报仇而杀人自首一案。宪宗皇帝迟疑不决，令尚书省讨论。时任员外郎的韩愈发表议论，道破了统治者的苦衷：法律如果明文禁止复仇，则伤孝子之心、违先王之道，背上毁弃礼义的恶名；如果允许复仇又会导致冤冤相报，践踏国法的尊严，使社会秩序无法维持。[①] 这是个两难的抉择，礼与法在此形成了尖锐的对立。韩愈提出的解决办法是："复仇之名虽同，而其事各异"，因而不能一刀切，应当视具体情况的不同而区别对待。今后"凡有复父仇者，事发，具其事申尚书省，尚书省集议奏闻，酌其宜而处之，则经、律无失其旨矣"[②]。后来宪宗下诏，将梁悦"杖一百，流循州"[③]，了结了此案。虽然韩愈的这一建议无法真正解决礼与法的矛盾，但他强调处理复仇案件要特别慎重、具体分析、灵活应对，主张"经律两不失"，表现了他对正统法律思想的维护。

二、白居易对正统法律思想的发展

白居易画像

图片来源：http://baike.baidu.com/view/5353.htm。

白居易（772—846），字乐天，晚年自号香山居士，原籍太原，祖上迁居下邽（今陕西渭南县）。他是唐朝著名的诗人，今人以其著作《白氏长庆集》为底本整理而成的《白居易集》，是研究其文学创作及政治、法律思想的较为完备的资料。白居易生活的年代，正是李唐王朝"安史之乱"后各种社会矛盾进一步发展的时期。当时，长期的兵连祸结使社会生产遭到严重破坏，经济凋敝，民不聊生；而且阶级、民族及统治阶级内部各种势力之间的矛盾更加激化，李唐王朝面临严重的社会危机。在这种严峻的形势下，白居易同其他同情人民疾苦、关注国家安危的中下层知识分子一样，积极主张改革政治、减轻剥削和压迫、刷新社会风气，力图挽救岌岌可危的李唐王朝。他以自己的远见卓识而成为当时革新力量的重要一员，并在继承封建正统法律思想的同时，在许多问题上提出了自己的独到见解。这主要表现在以下几个方面。

1. 刑、礼、道"迭相为用"论

白居易总结自汉以来统治阶级以儒为主、杂取各家学说以维护其统治的经验，提出了刑、礼、道"迭相为用"的主张。他认为，刑、礼、道是治理国家的

① 《韩愈全集·复仇状》载："伏以子复父仇，见于《春秋》，见于《礼记》，又见《周官》，又见诸子史，不可胜数，未有非而罪之者也。最宜详于律，而律无其条，非阙文也。盖以为不许复仇，则伤孝子之心，而乖先王之训；许复仇，则人将倚法专杀，无以禁止其端矣。"

② 《韩愈全集·复仇状》。

③ 《资治通鉴》卷二百三十八·唐纪五十四。

三个基本手段，三者性质不同、用途各异①，其中礼是特别重要的，尚刑只不过是崇礼的门径，而任道也得以礼为依归，只有儒家的礼，才是王道教化的根本所在。② 由此可见，白居易思想的主流是儒家思想。虽然儒家的礼乐教化可以使人懂得礼义廉耻而心悦诚服，其作用相当重要，但是法家的“法治”通过严惩恶行可以使人不敢作乱，道家的清静无为可以使人返璞归真、少私寡欲，它们同样是维护封建统治不可或缺的重要措施。刑、礼、道三者，如同一年有四季，废一不可，同时并用亦不可，关键在于顺应社会情势的发展、变化而灵活采取相应的对策。具体说来，“衰乱之代，则弛礼而张刑；平定之时，则省刑而弘礼；清净之日，则杀礼而任道”，即在社会动荡道、德衰败的年代，就应当缓用礼乐教化而注重刑罚；在社会稳定、人心思安之时，就应当减缓刑罚而弘扬礼乐教化；在疲于乱世、急需清静休养之日，就应当减少礼乐教化而崇尚无为而治。刑、礼、道三者“循环表里，迭相为用”，“则天下之理毕矣，王者之化成矣”③，即只要统治者根据社会治乱的程度，适时运用刑、礼、道，就一定可以实现国泰民安。白居易的这一主张对传统的“先教后刑”思想有所改进，也反映出他对待诸家思想兼容并蓄的开明态度。

2. “悬法学为上科”“升法直为清列”

唐朝中后期，吏治腐败，很多善于逢迎的小人窃取了重要职位，而那些贤良之士却常遭打击，甚至被杀。司法官员的选任也是如此。白居易指出：“今之刑法，太宗之刑法也；今之天下，太宗之天下也。”过去、现在实行的是同样的法律，为什么昔日能达到“贞观之治”，而今朝却难以安定社会呢？究其原因，“非刑法不便于时，是官吏不循其法也”，即不是法律不合时宜，而是官吏不依法办事。而归根结底，这种现状又是由朝廷“轻法学、贱法吏”造成的。由于长期受封建正统思想“德本刑末”“重德轻刑”等观念的影响，社会上普遍存在轻法贱刑的意识，导致朝廷不重视法学、轻视司法官吏。这样一来，参加法科考试和执掌司法权的，大多不是德才兼备的君子，而多为无才无德的小人。白居易尖锐地指出，当时的司法官吏多为小人，他们贪赃受贿、庇护亲友、挟嫌报复、畏惧权豪、欺凌卑弱，“重轻加减，随其喜怒；出入比附，由乎爱憎”，刑狱焉能不冤滥？如果这种局面不扭转，那么“虽有贞观之法，苟无贞观之吏，欲其刑善，无乃难乎”？为此，他建议朝廷“悬法学为上科”“升法直为清列”④，即将法学提升为上等考科，同时提高司法官吏的地位，通过慎重考选，让明习法令的贤良之士来担任司法官；认为只有这样才能从根本上铲除司法的弊端，树立起仁爱忠恕、廉洁公正的好风气。白居易的这一主张具有很强的现实针对性，对于法学及司法人员地位的提高具有积极的影响。

3. “贫困思邪而多罪”的犯罪根源论

白居易以其敏锐的观察力，对当时社会的种种弊端有着相当清醒的认识。为了国家的长治久安，结合唐朝法制实践中存在的问题，他提出了许多颇有积极意义的主张。如针对肉刑废复的争论，他明确提出肉刑“复之有害而无利也”⑤，坚决反对恢复肉刑；针对赦罪的频繁适用，

---

① 《白居易集·策林三·刑礼道》载：“夫刑者，可以禁人之恶，不能防人之情；礼者，可以防人之情，不能率人之性；道者，可以率人之性，又不能禁人之恶。”

② 《白居易集·策林三·刑礼道》载：“刑者，礼之门；礼者，道之根。知其门，守其根，则王化成矣。”

③ 《白居易集·策林三·刑礼道》。

④ 该段引文出自《白居易集·策林四·论刑法之弊》。

⑤ 《白居易集·策林三·议肉刑》。

他坚持“赦者可疏而不可数”[①]，必须慎重对待；针对权轻位卑者常因小过而被绳之以法、权大势重者虽罪大恶极却逍遥法外的现状，他极力呼吁“理大罪，赦小过”[②]，即对于藩镇、长吏的大罪绝不放过，而对于小吏的小错小过则可舍而不问；针对法令不一、不循法度的弊端，他主张“法令贵一”“准法科罪”，强调必须保持法令的稳定性和权威性，要求最高统治者身体力行，“责于下者必先禁于上”[③]，这样，百姓才有悦服之心。

忧国忧民的白居易不仅提出了上述颇能切中时弊的主张，而且对犯罪的根源及如何预防，进行了比较深入的分析和论述。

白居易继承并发挥了孔子“富而后教”以及管子“仓廪实则知礼节”的思想，提出“食足财丰，而后礼教所由兴也；礼行教立，而后刑罚所由措也”。意即只有衣食丰足，礼乐教化才能奏效；只有礼乐教化深入人心，无人犯罪，刑罚才能措而不用。他列举历代一些贤明的帝王为例：西周成康之时，天下富庶，人存廉耻之心，“故囹圄空虚四十余年”；西汉文景之世，海内殷实，人人自爱，“故每岁决狱，仅至四百”；唐太宗时期，百姓富足，教化流行，“故一岁断刑，不满三十”。这一方面是由于统治者仁德贤明，能够恤狱慎刑；另一方面是由于百姓生活富足、品德端正而少有过错。与之相反，在夏桀、商纣、秦始皇那样的暴虐之君统治之时，他们荒淫无道、横征暴敛，百姓穷困潦倒、无法生存，只得铤而走险，以致“奸宄并兴”“群盗满山”“比屋可戮”“赭衣塞路”。据此他得出结论：“刑之繁省，系于罪之众寡也；教之废兴，系于人之贫富也。”如果财产不均、贫富悬殊，即使尧、舜那样贤明的君主也无法平息纷争和减省刑狱；如果衣食不足、饥寒交迫，即使皋陶那样正直的法官也不能禁止奸宄和消除盗贼。所以，要想彻底解决问题，必须正本清源，“富其人，崇其教，开其廉耻之路，塞其冤滥之人，使人内乐其生，外畏其罪，则必过犯自省，刑罚自措”。在白居易看来，一个朝代刑罚的繁简取决于犯罪的多少，而犯罪的多少又取决于人民生活的贫富。由此他得出“贫困思邪而多罪”的结论，明确指出了贫穷是产生犯罪的根源，而“富其人”则是消弭犯罪的一个根本途径。[④] 白居易的这一主张显然具有一定的现实针对性。更为大胆的是，他进一步指出：“君之奢俭，为人富贫之源”[⑤]，把百姓贫困的原因直接归之于皇帝的奢欲。白居易的这种分析是相当深刻的，他关于犯罪根源和预防犯罪的论述，无疑在一定程度上揭示了问题的实质，具有重要的意义。

三、柳宗元对正统法律思想的批判

柳宗元（773—819），字子厚，河东（今山西永济县）人，世称“柳河东”；因晚年被贬为柳州刺史，又有“柳柳州”之称，是唐朝著名的文学家、思想家和政治家。柳宗元一生著作甚丰，其遗稿由刘禹锡受托编纂为《柳河东集》。今人据此整理、出版了《柳宗元全集》，是研究柳宗元政治、法律思想的主要资料。

---

① 《白居易集·策林四·议赦》。

② 《白居易集·策林四·使人畏爱悦服理大罪赦小过》。

③ 《白居易集·策林一·号令》。

④ 上述引文出自《白居易集·策林四·止狱措刑》。

⑤ 《白居易集·策林四·人之困穷由君之奢欲》。

柳宗元生活在唐王朝由盛而衰的年代，当时藩镇割据、朋党相争、土地兼并、宦官当朝，百姓处于水深火热之中。柳宗元立志改革现实、济世利民，积极参加“永贞革新”，敢于同腐朽势力作斗争，并在思想文化领域坚持无神论，对当时流行的神学天命论进行了全面、深刻的批判。柳宗元以其哲学上的朴素唯物主义思想和政治上的革新进取精神，从法律的基本理论到立法和司法的具体实践，都提出了自己独到的见解。特别是他对正统法律思想神学观的批判和否定，起到了振聋发聩的作用，其进步意义不言而喻。

《柳宗元全集》

图片来源：http：//book.douban.com/subject/1545950/。

1. *批判“君权神授”和“圣人”制刑说*

柳宗元认为：君主、法律并不是从来就有的，君主并非上天的安排，法律也非圣人的创设，它们起源于“势”，即人类社会发展的必然趋势。人类在刚刚诞生之时，身处草木丛生、野兽成群的原始环境。在那样恶劣的条件下，单单依靠自身的力量根本无法生存和自卫。于是就像荀子所讲的，人必须“假物以为用”，即利用外物来求生。利用外物必然引起争斗，争斗不息只有诉诸能判断是非曲直的人而听从他的命令。那些睿智而英明的人，能公正地作出正确的判断，必然有很多人服从他，因而受到人们的信任和拥戴；那些明知不合道理却不肯改正的人，就必须对其进行惩罚，使其感到痛楚和畏惧而服从。这样，就产生了君主和法律。① 可见，人类社会历史是一个自然的发展过程，它有其不以人们的主观意志为转移的客观发展的必然趋势。从君主和法律的起源看，它们不是上天或“圣人”创造的，而是在一定条件下为适应社会需要而产生的，是时势发展的必然产物。柳宗元的这一主张有力地驳斥了传统的“君权神授”论和韩愈的“圣人”制刑说。

柳宗元还把批判的矛头进一步指向两汉以来以董仲舒为代表所宣扬的符瑞说，把宣扬天命神权的董仲舒等儒学大师斥之为“淫巫瞽史”，明确指出那些受命于符、受命于天的说教纯属欺人之谈。他总结汉、唐的治国经验，得出结论为“受命不于天，于其人；休符不于祥，于其仁”，即帝王不是受命于天，而是受命于人；真正美好的“符”不是什么天降祥瑞，而是“仁德”。国家的治乱兴亡同“祥瑞”抑或“灾异”没有任何关系，真正决定国家命运的是人心的向背，是统治者能否实施仁政、推行德治。“未有丧仁而久者也，未有恃祥而寿者也”，即没有谁丧失了仁德而能长治久安，没有谁只依靠祥瑞而能益寿延年。② 柳宗元劝告统治者，只有一心一意施仁行德，努力争取民心，才能扭转危局，巩固李唐王朝的统治。

---

① 《柳宗元全集·封建论》载：“夫假物者必争，争而不已，必就其能断曲直者而听命焉。其智而明者，所伏必众；告之以直而不改，必痛之而后畏；由是君长刑政生焉。”

② 参见《柳宗元全集·贞符》。

2. 批判“天刑”、“天罚”和“司法时令”说

柳宗元坚持天人相分的唯物主义思想，反对“天刑”“天罚”说。他指出：天地、阴阳和瓜果、草木一样，都是没有意志的，天怎能赏功罚祸？有功的人在于自己立功，有祸的人源于自己闯祸，想要天来赏罚实在非常荒谬；而号呼怨恨，指望得到天的同情和恩惠，那就更荒谬了。[1] 所以，人的吉凶祸福与天毫不相干。天行天道，生养万物，也造成灾荒；人行人道，制定法制，也产生悖乱。天与人各行其是，互不相关。风调雨顺之时，人类社会的政治未必清明；灾害四起之际，人类社会的治理也未必悖乱。天与人之间根本不存在什么感应关系，“天人不相预”，即天干预不了人事，所以，社会的治乱盛衰同样与天毫不相干。[2] 由此可知，治理国家只能依靠人的力量，而法制正是治理国家的重要手段之一，所以应当惩恶扬善、切实加强法制，而不能依赖什么上天的旨意。

针对正统法律思想中“赏以春夏而刑以秋冬”的“司法时令”说，柳宗元进行了尖锐的批判。他明确指出：“圣人之为赏罚者，非他，所以惩劝者也。赏务速而后有劝，罚务速而后有惩。”[3] 意即赏罚就是为了劝勉或惩戒，并没有什么神秘的内容。然而，只有奖赏迅速、及时，才有劝勉的作用；只有惩罚迅速、及时，才有惩戒的作用。所以要达到劝善惩恶的目的，关键在于赏罚的及时。可是秋冬行善，等到春夏才行赏，人们得不到及时的鼓励，必然怠于行善；春夏为恶，等到秋冬再行罚，人们得不到及时的惩戒，必定轻慢刑罚。这等于驱使天下之人去犯罪，犯了罪却又迟迟不予处理，助长他们的轻慢懈怠。这正是刑罚不能弃置不用的原因。柳宗元认为，“司法时令”说不仅不利于及时地赏善罚恶，充分地发挥法律的作用，而且与儒家的仁政爱民思想相违背。设想一个死刑犯，春天即已结案，碍于时令未到而求死不得，身背沉重的枷锁，在监狱里饱受盛夏酷暑的煎熬，这哪有仁爱可言，怎能收到教化的功效？[4] 因此，柳宗元明确反对“司法时令”说，主张不分时令季节，有善则赏，有罪则刑，以此鼓励天下人都乐于为善而避免犯罪，从而达到刑罚不用而教化流行的目的。

需要说明的是，柳宗元对正统法律思想的批判，主要集中于神学天命论。他对“礼法统一”“德主刑辅”等观点则持肯定态度。例如，他在批驳陈子昂关于徐元庆为父报仇杀人自首一案的主张时，就强调了礼与法应当统一。陈子昂坚持对徐元庆“诛而后旌”，即先依法判处死刑，然后依礼予以表彰。柳宗元认为这完全是一种“坏礼黩刑”、自相矛盾的处理办法。如果徐的父亲没有触犯刑律而被冤杀，那么徐元庆冒死复仇是守礼行义，不但不应处死，而且应该表彰；如果徐的父亲有罪而依法当死，那么徐元庆被判死刑是罪有应得，怎能表彰？礼与法在根本上是一致的，定罪量刑既要合法，又要合乎礼义。[5]

---

① 《柳宗元全集·天说》载：“其乌能赏功而罚祸乎？功者自功，祸者自祸，欲望其赏罚者大谬；呼而怨，欲望其哀且仁者，愈大谬矣。”

② 《柳宗元全集·答刘禹锡天论书》载：“生植与灾荒，皆天也；法制与悖乱，皆人也，二之而已。其事各行不相预，而凶丰理乱出焉，究之矣。”

③ 《柳宗元全集·断刑》。

④ 《柳宗元全集·断刑》载：“贯三木，加连锁，而致之狱吏。大暑者数月，痒不得搔，痹不得摇，痛不得摩，饥不得时而食，渴不得时而饮，目不得瞑，支不得舒，怨号之声，闻于里人。”

⑤ 参见《柳宗元全集·驳复仇议》。

相关事例

1. 长孙无忌不解佩刀误入东上阁案

唐朝戴胄任大理寺少卿时，有一天长孙无忌被召入宫，没有解下佩刀就进入东上阁，而监门校尉没有察觉。依照法律，长孙无忌和监门校尉都应判处死刑。时任尚书右仆射的封德彝主张判决监门校尉死刑，而只判长孙无忌赎刑。戴胄提出，监门校尉与长孙无忌的罪过是相同的，这样判决不公正。唐太宗也表示：法律应当公平对待全天下人，怎能偏袒自己的亲戚？于是下诏重新核议。封德彝仍然坚持原判，唐太宗也即将批准。戴胄反驳道：监门校尉是因长孙无忌而获罪，依法应当从轻论处。如果认为他们都有过错，不应当只判处监门校尉一人死罪。在戴胄的据理力争之下，最后长孙无忌和监门校尉都被免了罪。①

2. 权善才、范怀义误砍昭陵柏树案

唐朝狄仁杰任大理寺丞时，以断案公平合理而著称。左威卫大将军权善才、右监门中郎将范怀义误砍了唐太宗昭陵墓地的柏树，罪当免职，唐高宗却下诏处死。狄仁杰上奏，认为他们罪不应死。唐高宗发怒道：不杀他们就将使自己背上不孝的恶名，所以必须杀掉。狄仁杰进而指出：汉文帝时有人盗窃高祖刘邦庙里的玉环，汉文帝就要将其灭族。廷尉张释之当庭进谏说：假使有人盗取高祖长陵一抔土（意即盗掘陵墓），又该怎样加重处罚呢？于是汉文帝只依法将罪犯弃市。陛下立法已有明确的差等，怎么能把没犯死罪的人处死？现在为了误砍一棵柏树而杀掉两名大臣，后世将说陛下是怎样的君主呢？唐高宗于是免除了权善才和范怀义的死罪。②

原典阅读书目

1. 长孙无忌，等．唐律疏议：卷一·名例．刘俊文，点校．北京：中华书局，1983

2. 韩愈．韩愈全集·文集：卷一·赋 杂著·原道．钱仲联，马茂元，校点．上海：上海古籍出版社，1997

3. 白居易．白居易集：卷第六十五·策林四·止狱措刑．丁如明，聂世美，校点．上海：上海古籍出版社，1999

4. 柳宗元．柳宗元全集：卷四·议辩·驳复仇议．曹明纲，校点．上海：上海古籍出版社，1997

① 参见《折狱龟鉴》卷四·议罪。

② 参见《新唐书·列传第四十·狄仁杰传》。

原典阅读举例

博爱之谓仁，行而宜之之谓义；由是而之焉之谓道，足乎己，无待于外之谓德。仁与义，为定名；道与德，为虚位：故道有君子小人，而德有凶有吉。老子之小仁义，非毁之也，其见者小也。坐井而观天，曰天小者，非天小也；彼以煦煦为仁，孑孑为义，其小之也则宜。其所谓道，道其所道，非吾所谓道也；其所谓德，德其所德，非吾所谓德也。凡吾所谓道德云者，合仁与义言之也，天下之公言也；老子之所谓道德云者，去仁与义言之也，一人之私言也。周道衰，孔子没，火于秦，黄老于汉，佛于晋、魏、梁、隋之间，其言道德仁义者，不入于杨，则归于墨；不入于老，则归于佛。入于彼，必出于此。入者主之，出者奴之；入者附之，出者汙之。噫！后之人其欲闻仁义道德之说，孰从而听之？老者曰：孔子，吾师之弟子也。佛者曰：孔子，吾师之弟子也。为孔子者，习闻其说，乐其诞而自小也，亦曰：吾师亦尝师之云尔。不惟举之于口，而又笔之于其书。噫！后之人虽欲闻仁义道德之说，其孰从而求之？甚矣，人之好怪也！不求其端，不讯其末，惟怪之欲闻。①

延伸阅读书目

1. 葛兆光．中国思想史：第 2 卷．上海：复旦大学出版社，2000
2. 冯友兰．中国哲学史：下册．上海：华东师范大学出版社，2000
3. 蔡元培．中国伦理学史．北京：东方出版社，1996

延伸阅读举例

“后代人多说‘盛唐气象’如何如何，其实，从生活的富庶程度上来说是不错的，从诗赋的精彩意义上来说也是不错的，从人们接受各种文明的豁达心态上来说也是不错的，但从思想的深刻方面来说却恰恰相反”，“原来儒家为内核的主流意识形态似乎已经对这个社会伦理与道德的崩溃束手无策，于是不得不让开一块地方，让佛教与道教从旁门进入知识、思想与信仰的主流世界”②。

“真可为宋明道学家先驱之人，当推韩愈。”“韩愈为‘文人之雄’，此所说本无甚大哲学的兴趣。但有几点，可使吾人注意者。（一）韩愈于此，极推尊孟子，以为得孔子之正传。

---

① 韩愈著，钱仲联、马茂元校点：《韩愈全集·文集》，卷一·赋 杂著·原道，120 页，上海，上海古籍出版社，1997。《原道》是韩愈提出“道统论”、提倡儒学、反对道家与佛教的重要论著。

② 葛兆光：《中国思想史》，第 2 卷，115 页，上海，复旦大学出版社，2000。

此为宋明以来之传统的见解，而韩愈倡之。周秦之际，儒家中孟荀二派并峙。西汉时荀学为盛。仅扬雄对孟子有相当之推崇，此后直至韩愈，无有力之后继。韩愈一倡，此说大行。而孟子一书，遂为宋明道学家所根据之重要典籍焉。”“（二）韩愈于此特引《大学》。《大学》本为《礼记》中之一篇，又为荀学，自汉以后至唐，无特别称道之者。韩愈以其中有‘明明德’‘正心’‘诚意’之说，亦可认为与当时所认为有兴趣之问题有关。故特此提出，而又指出‘古之所谓正心而诚意者，将以有为也，今也治其心而外天下国家’。以见儒佛虽同一‘治心’而用意不同，结果亦异。此后至宋明，《大学》遂亦为宋明道学家所根据之重要典籍焉。（三）韩愈提出‘道’字，又为道统之说。此说孟子本已略言之，经韩愈提倡，宋明道学家皆持之，而道学亦遂为宋明新儒学之新名。由此三点言之，韩愈实可为宋明道学家之先河也。”①

“韩愈，文人也，非学者也。其作《原道》也，曰：‘尧以是传之舜，舜以是传之禹，禹以是传之汤，汤以是传之文武周公，文武周公传之孔子，孔子传之孟轲，轲之死不得其传也。’隐然以传者自任。然其立说，多敷衍门面，而绝无精深之义。其功之不可没者，在尊孟子以继孔子，而标举性情道德仁义之名，揭排斥老佛之帜，使世人知是等问题，皆有特别研究之价值，而所谓儒学者，非徒诵习经训之谓焉。”②

“《四库提要》对《唐律疏议》的说明中提到：‘论者谓唐律一准乎礼，以为出入得古今之平。’这是最简单而且具体指出唐律的特质，学界经常引述，也就是具有共识。但是礼与理的关系要如何理解？最简单的回答，就是孔颖达序《礼记正义》说：‘礼者，理也。’说明理也就是礼。……唐律中的理，简单说，就是义理，事理也是义理，正如贡举明经科在试策时，‘须辨明义理’；进士科在试时务策时，‘义理惬当’；明法科考试律令，必须‘识达义理’。理是审判罪行时，除依据律、令外，第三种法源，所以官人考核二十七最当中，第六最是以‘决断不滞，与夺合理，为判事之最’；第九最是以‘推鞫得情，处断平允，为法官之最’。但律、令当中也有不少条文含有理的要素。这样的事实，说明整部唐律的立法思想在于理或义理，执法者应有共识。”③

关键词

《唐律疏议》　德礼为本　刑罚为用　三纲　法典化　韩愈　道统论　性三品　复仇　经律两不失　白居易　贫困思邪　柳宗元　司法时令

① 冯友兰：《中国哲学史》（下册），197～199页，上海，华东师范大学出版社，2000。

② 蔡元培：《中国伦理学史》，77页，北京，东方出版社，1996。

③ 高明士：《唐律中的“理”》，载黄源盛主编：《唐律与传统法文化》，34～35、38页，台北，元照出版有限公司，2011。

思考题

1. 试述《唐律疏议》所反映的法律思想。
2. 简述“三纲”思想在唐律中的体现。
3. 试述韩愈的“道统论”及其在法律思想上的反映。
4. 简述白居易“贫困思邪而多罪”的思想。
5. 试述柳宗元对“司法时令说”的批判。

第七章

宋明时期的法律思想

内容提要

随着北宋政权的建立，中国封建社会开始进入后期发展阶段，其政治、经济及社会形势呈现新的历史特点，法律思想也发生了相应变化：一方面，统治阶级注重从思想及精神上加强对人们的控制与束缚，主张“存天理、灭人欲”的理学应运而生，封建正统法律思想因哲理化而获得进一步发展；另一方面，统治阶级内部不断分化，产生了一批政治改革家和理学反对派，他们锐意革新，倡言功利，提出了自正统法律思想确立以来最具锋芒的主张。宋明时期，政治家、思想家们就改革与反改革、理学与反理学等问题一直争论不休。这种思想上的对立与交融，既加强了正统法律思想的理论基础，又促进了变革思想、功利思想的勃兴，大大丰富了这一时期法律思想的内涵。

第一节　王安石的法律思想

依靠“陈桥兵变”得以黄袍加身的北宋统治者，急欲解决唐末以来的藩镇割据问题。早在立国之初，赵匡胤就接受宰相赵普的建议，处心积虑地采取了一系列措施，大力削弱地方的行政、财政、军事力量，高度集权于中央。但是中央集权的强化并不意味着统治力量的强大。宋王朝虽然成功地防止了军事割据的再现，可是也因猜忌太深、防范过甚而导致国力不强、武功不兴。[①] 北宋时期，国家的重新统一，促进了社会经济的发展。《清明上河图》生动地再现了昔日汴京城的繁华，交子等纸币的发明、使用，反映了当时贸易与商业的兴盛。不过北宋自开国之初，不再实行均田制，而是允许土地自由买卖。这在推动商品经济发展的同时，又加速了土地的兼并与集中，成为加剧社会危机的重要原因。两宋时期，阶级矛盾和民族矛盾异常尖

① 《朱子语类》卷一百二十八·法制载：“本朝鉴五代藩镇之弊，遂尽夺藩镇之权，兵也收了，财也收了，赏罚刑政一切收了，州郡遂日就困弱。靖康之祸，金骑所过，莫不溃散。”

王安石画像

图片来源：http：//baike. baidu. com/subview/2515/15333807. htm。

锐，对内无法摆脱此起彼伏的农民起义的困扰，对外始终未能实现真正的国家统一。为了挽救危局、扫除弊端，一些具有远见和抱负的政治家、思想家，纷纷提出改革的口号，主张变法图强。范仲淹、王安石等人就是其中的杰出代表，特别是王安石变法遭到司马光的坚决反对，他们之间激烈的思想交锋，格外引人注目。①

王安石（1021—1086），字介甫，抚州临川（今江西临川）人，进士出身，历任扬州签判、鄞县知县、舒州通判、提点江东刑狱等地方官，颇有政绩。后入京为度支判官，向仁宗皇帝上万言书②，倡行变法革新，未被采纳。熙宁二年（1069），王安石被锐意图新的宋神宗任为参知政事，主持变法，推行新政，被称为“熙宁变法”。改革进行得十分艰难，王安石曾两度罢相。元丰八年（1085）宋神宗死，新法尽废。王安石退居江宁（今江苏南京），直至去世。王安石的法律思想是通过变法实践表现出来的，主要包括以下内容。

一、“三不足”的变法理论

范仲淹的“庆历新政”失败以后，北宋王朝日益贫弱，要求改革的呼声在一度沉寂以后，很快又高涨起来。在这股浪潮中涌现出来的代表人物就是王安石。他在其万言书中就明确提出，当时的形势是“内则不能无以社稷为忧，外则不能无惧于夷狄，天下之财力日以困穷，而风俗日以衰坏”③。只有对外克服怯懦思想，组织坚决、有效的抵御，对内改变因循作风，实行大刀阔斧的改革，赵宋王朝才能起死回生，而当务之急就是“变风俗、立法度”④。

王安石的这一主张得到了神宗皇帝的支持，一场轰轰烈烈以富国强兵为主要目的的变法运动就此展开。要富国就必须善于“理财”，为尽快摆脱财政危机，宋神宗下诏：“政事之先，理财为急。”⑤ 王安石在执政以后，立即设置了三司条例司，陆续制定和颁布了一系列有关政府财政和社会经济的立法，如青苗法、免役法、方田均税法、农田水利法、市易法、均输法等，此外，还有涉及军事方面的置将法、保甲法、保马法等。

新法的推行遭到了反对派的猛烈攻击，宋神宗也开始有些动摇。为清除变法革新的思想障碍，王安石力排众议，提出了“三不足”的变法理论，即“天变不足畏，祖宗不足法，人言不

① 司马光写给王安石的《与王介甫书》及王安石回复的《答司马谏议书》，均是脍炙人口的名篇佳作。

② 即《上仁宗皇帝言事书》。

③ 《临川文集》卷三十九·上仁宗皇帝言事书。

④ 《宋史》卷三百二十七·王安石传。

⑤ 《宋史》卷一百八十六·食货志。

足恤”[①]。虽然在向宋神宗皇帝进行解释时，王安石的表述比较委婉，但是其基本观点还是明确的。

1. “天变不足畏”

儒家经典《中庸》提出：“国家将兴，必有祯祥；国家将亡，必有妖孽。”董仲舒也认为，“帝王之将兴也，其美祥亦先见；其将亡也，妖孽亦先见”[②]。这种将自然界的变异与社会政治相联系的思想观念在宋朝依然有着相当的影响，当时不少人将地震、干旱、彗星等自然现象的发生归罪于新法的施行。[③] 王安石据理力争，指出，自然界的灾异与人类社会的变故之间并没有必然的因果关系，即便同时发生，也是一种偶然的巧合。[④] 自然灾异的发生有其客观规律，虽圣贤亦不可避免，统治者应当着力修治人事以应对灾异的出现，所以他劝告宋神宗不必为此过于忧心[⑤]，皇帝能够勤勉于政事，从不耽逸享乐，唯恐伤害百姓，这实际上就是畏天变。[⑥]

2. “祖宗不足法”

正统思想强调尊祖敬宗、效法先王，而推行变法必然要改动先王制定的某些典章制度，这成为反对派攻击变法的又一个理由。司马光公开指责王安石“尽变更祖宗旧法”，搞得全天下人无所适从，“纷纷扰扰”，不得安宁。[⑦] 王安石则指出：法令从来都是统治者根据时代需要而制定的，不可能一成不变。三代圣王也要因时更易旧制，但是这并不意味着要变更“法意”即法律的精神原则。[⑧] 设置法律就是为了富国强兵、安定天下，这是必须坚守的，但是这并不与修改具体的法律制度相冲突。效法祖先只是“当法其意”[⑨]，而绝不能墨守先王的旧政、旧法。本朝仁宗皇帝在位期间就曾多次修改敕令[⑩]，可见因时制宜修订法令并不违背先王之道。

3. “人言不足恤”

变法开始后，遭到反对派的群起围攻。他们多次力谏皇帝，要求循民意、恤人言、废止新法，给变法造成巨大的压力。为排除这种舆论干扰，王安石针锋相对，提出“人言不足恤”。他对“人言”作了区分，认为：神宗皇帝能够从善如流，就是“恤人言”。然而“人言”并非

---

① 《宋史》卷三百二十七·王安石传。

② 《春秋繁露·同类相动》。

③ 例如，《宋名臣奏议》卷一百十四·“程颢：上神宗论新法乞降责”中载：“天时未顺，地震连年，四方人心，日益摇动。”

④ 李焘撰《续资治通鉴长编》卷二百六十九中载：“天文之变无穷，人事之变无已，上下傅会，或远或近，岂无偶合？此其所以不足信也。”

⑤ 《宋史》卷三百二十七·王安石传中载：“水旱常数，尧、汤所不免，此不足招圣虑，但当修人事以应之。”

⑥ 杨仲良撰《续资治通鉴长编纪事本末·王安石事迹》中载：“陛下躬亲庶政，无流连之乐，荒亡之行，每事惟恐伤民，此即是畏天变。”转引自杨鹤皋主编：《中国法律思想史》，301页，北京，北京大学出版社，2004。

⑦ 司马光撰《与王介甫书》中载：“今介甫为政，尽变更祖宗旧法，先者后之，上者下之，右者左之，成者毁之，弃者取之，矻矻焉穷日力继之以夜而不得息，使上自朝廷下及田野，内起京师外周四海，士吏兵农工商僧道，无一人得袭故而守常者，纷纷扰扰，莫安其居。”

⑧ 《临川文集》卷七十·策问中载：“夏之法至商而更之，商之法至周而更之，皆因世就民而为之节，然其所以法意不相师乎？”

⑨ 《临川文集》卷三十九·上仁宗皇帝言事书中载：“视时势之可否，而因人情之患苦，变更天下之弊法，以趋先王之意。”

⑩ 杨仲良撰《续资治通鉴长编纪事本末·王安石事迹》中载：“祖宗之法不足守，则故当如此。且仁宗在位四十年，凡数次修敕。若法一定，子孙当世世守之，则祖宗何故屡自变改？”转引自杨鹤皋主编：《中国法律思想史》，301页，北京，北京大学出版社，2004。

都是善意、合理、值得听从和尊重的意见。“人言不足恤”主要是指不必在乎那些反对变法的流言蜚语。如果行事合于义理，何必要听从世俗的议论？① 朝廷制定法律当以国家长远利益为计，不能为那些鼠目寸光之人的言论所牵制，否则，必将贻害于国、一事无成。② 所以应当摒弃流俗异论，坚持变法革新。

“三不足”的变法理论是王安石对中国古代变法革新思想的总结和升华，体现了他无所畏惧、变革到底的坚定信念。这对宋神宗产生了一定影响，使变法运动得以在巨大的压力下继续推进。

二、主张“大明法度”“众建贤才”

王安石十分重视法律在治理国家中的作用，认为当务之急就是废除旧法、弊法，创立新法、善法。③ 同时他也非常重视人的作用，认为单有好的法律不足以治理好国家，还必须依靠好的执法官吏来贯彻执行，因为“守天下之法者吏也，吏不良，则有法而莫守”④。只有“大明法度”“众建贤才”，才能实现天下大治。⑤

王安石认为当时的司法审判质量不高，以致冤滥丛生，其中一个重要的原因，就是司法官员不熟悉法律、缺乏专门的法律知识。宋朝实行的是自古以来行政与司法合一的政治体制，地方官员兼理司法事务。当时选拔官员的主要方式是科举考试，而考试的主要内容是儒家经典和诗赋文章。虽然以往也曾在科举中设立“明法科”，考选司法人才，但是由于在古代社会法律、法学不被尊崇，“明法科”的地位低下，读书人热衷于“进士科”，而耻于研习法律，因此朝廷很难延揽到优秀的司法人才。⑥ 为了提高审判质量，王安石主张加强对执法官吏的培养，要求他们必须理解和掌握法律知识。他建议在科举考试科目中恢复“明法科”，以“律令、刑统大义、断案”作为考试内容，合格者方可充任司法官吏。凡经“明法科”考试合格的，其名次在及第进士之上，以示褒奖。王安石希望借此改变“昔试刑法者，世皆指为俗吏”，“旧明法最为下科”等传统观念⑦，培养和造就更多的懂得法律的可用之才，以推动变法的顺利进行。

综上，王安石为了拯救陷于积贫积弱、内忧外患中的国家，不计私利，坚定不移地主张变法图强。他所推行的一些法令对于抑制兼并、减轻农民负担、兴修农田水利、发展社会生产等发挥了一定的积极作用。但是毋庸讳言，王安石的变法思想本身存在一定的局限性，其推行变法的具体方法也有一些不足。例如，为了解决财政危机，王安石将财富与伦理统一起来，公开

---

① 杨仲良撰《续资治通鉴长编纪事本末·王安石事迹》中载：“陛下询纳人言，无小大唯是之从，岂是不恤人言？然人言固有不足恤者。苟当于义理，则人言何足恤？”转引自杨鹤皋主编：《中国法律思想史》，301页，北京，北京大学出版社，2004。

② 李焘撰《续资治通鉴长编》卷二百二十三中载：“流俗之人，罕能学问，故多不识利害之情，而于君子立法之意有所不思，而好为异论。若人主无道以揆之，则必为异议众多所夺，虽有善法，何由而立哉？”

③ 《临川文集》卷六十四·论议中载：“盖君子之为政，立善法于天下，则天下治；立善法于一国，则一国治。”

④ 《临川文集》卷八十二·度支副使厅壁题名记。

⑤ 《临川文集》卷三十九·上时政疏中载：“盖夫天下至大器也，非大明法度不足以维持，非众建贤才不足以保守。”

⑥ 《宋史》卷一百五十五·选举志中载：“近世士大夫，多不习法……缙绅，多耻此学。旧明法科徒诵其文，罕通其意。”

⑦ 参见《宋史》卷一百五十五·选举志。

宣称："政事所以理财，理财乃所谓义也，一部《周礼》，理财居其半，周公岂为利哉?"① 这一说法明显与传统的仁政爱民思想相悖，给人一种"唯利是取""唯财是求"的印象，从而大大增加了推行新法的难度。再如，王安石主张"人言不足恤"，将那些对新法的不同意见一概斥为守旧的流俗之论，把发表不同意见的臣僚一律视为流俗之人加以贬黜，显然过于偏激、不够明智，结果丧失了人心、陷于孤立。可见，王安石对现实问题的复杂性重视不够、对统治阶级的内部矛盾估计不足，在强调功利、追求富国强兵的同时，对社会利益关系的道德制衡未给予足够重视，使变法一开始便潜下了一种危险的趋向，终于一败涂地。但他那种敢作敢为、不屈不挠的改革精神值得后人崇敬和肯定。

第二节 朱熹的法律思想

与财政上的捉襟见肘、国力上的积贫积弱形成鲜明对照的是，中国古代的思想文化在两宋拔起了又一座高峰。当时中国的科学技术继续走在世界前列，私人兴办书院蔚然成风，思想领域也十分活跃、巨匠辈出。这种局面的出现与宋朝的右文崇儒政策直接相关。从西汉中期到宋初一千余年间，在社会意识形态领域，儒家思想的正统地位不断受到冲击。汉朝佛教的传播、道教的创立，魏晋玄学的兴起，隋唐禅宗的流行，造成儒、释、道三家并存，相互争胜。唐末五代以来，社会动乱不止，伦常纲纪废弛，世风日下，危害中央集权统治的离心力越来越强。因此，重振儒学，统一思想，收拾人心，成为宋朝统治者的当务之急。中国封建社会后期的官方意识形态——"理学"，就是在这种特定的历史背景下兴盛起来的。

"理学"以"理"或"天理"为宇宙的最高本体和产生万物的本原，重视阐发儒家经典中的"义理"。它发萌于唐朝韩愈倡导的儒学复兴运动，是在批判佛、道二教，同时又吸收其某些内容的过程中构建起来的一个理论体系。汉唐以来，以董仲舒的新儒学为基础的正统思想，被涂抹上"天人感应"、阴阳五行等神秘色彩，在理论形式上显得粗浅、直观，在理论体系上也缺乏整体感和系统性。宋明时期的理学家们以儒家伦理道德为核心，吸收佛、道的宇宙构成、万物化生理论和哲学思辨，建立起比较完备的理学思想体系。理学的出现，不仅使正统思想更加缜密、精致、成熟，富有哲理性，而且针对长期以来的"信仰危机"问题，强调个体的心性修养与道德完善，终于确立了儒家思想从社会政治到人生信仰的全面统治地位，结束了自魏晋以来在意识形态领域佛、道与儒学争胜的局面，将正统法律思想提升到哲理化的高度，确立了忠、孝、节、义等伦常道德的本体地位。理学统治中国封建社会后期的思想界长达七百余年，流派众多，其中以程朱理学和陆王心学为主②，而朱熹则是程朱理学的集大成者。

朱熹（1130—1200），字元晦，号晦庵，别称紫阳，祖籍徽州婺源（今江西婺源），出生于

① 《王临川集》卷七十三·答曾公立书。

② 程朱理学是指以北宋"二程"（程颢、程颐）和南宋朱熹为代表的派别，陆王心学是指以南宋陆九渊、明朝王守仁（阳明）为代表的另一派别。二者对理的本体价值不存在争议，其区别主要表现为人如何实现道德完善的方式不同。前者强调通过格物、致知以穷理，要掌握广博的学问、技艺；后者强调"破心中贼"，通过内求于心的方式来体认天理。

南剑州尤溪（今福建尤溪）；进士出身，曾任泉州同安县主簿、知南康军、焕章阁待制兼侍讲等职，为官总计不足十年，一生的绝大部分时间从事讲学和著述。朱熹重视教育，曾亲自为庐山“白鹿洞书院”制定学规，并主持修复了湖南“岳麓书院”等。朱熹的著述极丰，他的《四书集注》在宋以后被官方指定为科举考试的依据。此外，《朱文公文集》《朱子语类》《朱子家礼》等也在后世有着深远的影响。[①] 朱熹以二程学说为核心，吸收周敦颐、张载、邵雍等北宋著名理学家的观点，进行系统的整理，创立了完整的理学思想体系，将儒家思想推进到一个具有哲学深度的新的发展阶段。朱熹还对正统法律思想进行重新加工和完善，完成了正统法律思想的哲理化，并提出了不少有关立法、司法的具体主张。

江西庐山白鹿洞书院

图片来源：http：//www. mylushan. com/Attractions/20091127/20091127121231 26. html。

一、“存天理、灭人欲”

宋朝以来商品经济的发展、现实政治的腐败、社会形势的内忧外困，加剧了思想的非儒化和社会的功利倾向。沉溺于佛、道者众多，揭竿而起者不绝，争讼于公堂者屡见，表明正统儒家学说受到严峻的挑战、旧的价值体系濒临崩溃。在这种背景下，理学家就怎样存善去恶、如何成为圣贤进行了深入探讨。他们不仅为忠、孝、节、义等传统的伦常观念提供了更为坚实的理论依据，而且强调以格物、致知、诚意、正心、修身、齐家、治国、平天下为途径来加强个体的修养[②]，提升个人的精神境界。

① 后人把他的遗文编辑为《朱文公文集》，把他的语录编为《朱子语类》。清康熙皇帝命李光地编出《朱子全书》，是《文集》和《语类》的选集。

② 朱熹撰《四书章句集注·大学章句》中载：“古之欲明明德于天下者，先治其国；欲治其国者，先齐其家；欲齐其家者，先修其身；欲修其身者，先正其心；欲正其心者，先诚其意；欲诚其意者，先致其知；致知在格物。”

“存天理、灭人欲”是朱熹哲学思想的核心，也是其法律思想的指导原则。什么是“天理”？朱熹认为，“三纲五常”就是“理”或“天理”最主要的内容。他说：“宇宙之间，一理而已……其张之为三纲，其纪之为五常”；“所谓天理，复是何物？仁、义、礼、智，岂不是天理？君臣、父子、兄弟、夫妇、朋友，岂不是天理？”① 什么是“人欲”？人欲是指人的各种欲望，朱熹所反对的主要是超出人的基本需求的欲望和违背礼义伦常的行为，并不排斥人的合理要求。例如，饮食是人的基本生存需要，属于“天理”的范畴；但是如果要求美味佳肴，则超过了必要的限度，便属于“人欲”②。这就是说，凡是符合礼义伦常的即为“天理”，反之，与之相悖的，或超过必要限度的，就是人欲。作为道德伦理的范畴，“天理”和“人欲”是完全对立、不可并存的。③“圣贤千言万语，只是教人明天理，灭人欲”④，所以人们应当遵从“三纲五常”，克制不合理的欲望，防止其过度膨胀。

朱熹用区分“天理”“人欲”的方法来裁判历史，认为夏、商、西周三代是“天理流行”的时代，三代以下则是“利欲之私”泛滥的时代。正因为儒家的道统不传⑤，才造成了 1 500 年的昏暗历史。在他看来，南宋王朝已到了十分危险的境地，有如“材木之心已皆蠹朽，腐烂而不可复支持”⑥，只有改弦更张，才能云散天开、柳暗花明。所以，朱熹以承继儒家道统为己任，要求效法三代，改革时弊，重建“天理流行”的盛世。他在一定程度上同情范仲淹的新政和王安石变法，同样主张变法图强，但是在变法的指导原则和具体方式方法上坚持己见。

朱熹认为：纲常名教是本，法律制度是末，变法就是要巩固纲常名教，所以在指导思想上“必以仁义为先，而不以功利为急”⑦，不能本末倒置。变法的具体方法也应重在改变人心、尽除私欲，不能只凭法律制度束缚人的外在言行。而改变人心的关键，在于君主能否革去私念、悟得天理。“君为臣纲”乃“三纲”之首，只要“人主之心一正，则天下之事无有不正”⑧，所以，“今日之事第一且是劝得人主收拾身心”⑨。在朱熹看来，对腐朽政局负主要责任的应是皇帝，要扭转危局也必须从皇帝做起。如果皇帝能够本乎天理、端正心术，那么所有问题都可迎刃而解。

朱熹特别重视发挥“人”在治理国家中的作用。他要求君主进行自我约制、加强修养，以充分发挥表率、感召作用；同时强调选拔好的官吏，以利国家统治。⑩ 尽管“为政必有规矩”⑪，没有法律不可能治理好国家，但是法律不可能尽善尽美。朱熹尖锐地指出，“大抵立法必有弊，未有无弊之法，其要只在得人”⑫。这就是说，立法一定会有弊病，世上没有无弊之法，最重要的就在于要有得力之人。如果执法者的素质不高，即便有了好的法律也难见成效。

---

① 《朱子全书》卷六十。

② 《朱子全书》卷四载：“饮食者，天理也；要求美味，人欲也”。

③ 《朱子全书》卷三载：“人之一心，天理存则人欲亡，人欲胜则天理灭。”

④ 《朱子语类》卷十二。

⑤ 《朱子全书》卷六十三载：“尧舜三王周公孔子所传之道，未尝一日得行于天地之间”。

⑥⑦⑪ 《朱子全书》卷六十三。

⑧ 《历代名臣奏议》卷五十四。

⑨ 《朱子全书》卷六十四。

⑩ 《朱子全书》卷六十一载：“相得人，则百官各得其职。择一户部尚书，则钱谷何患不治？而刑部得人，则狱事亦清平矣。”

⑫ 《朱子语类》卷一百八。

比如，青苗法在地方上试验时曾获得成功，而在推行于全国时却遭到惨败，究其原因，前者是由王安石亲自施行的，而后者要靠他人来推动，结果用人不当，终成败局。[①]

朱熹试图弥补庆历新政、熙宁变法偏重功利的弱点，主张以“存天理、灭人欲”为指导，端正人心，整饬风俗。他重视义利之辨，强调伦理纲常，对于伸张社会正气、砥砺民族气节、唤醒国人舍生取义以赴国难等，都有着积极的影响。但由于他忽视了功利原则的杠杆作用，片面地抑制功利意识，从而又导向了另一个极端，在束缚人们思想言行方面起了消极作用。

二、“以严为本，而以宽济之”

朱熹继承了儒家的“德主刑辅”思想，并对德礼、政刑的关系进行了新的阐发。他认为德礼与政刑虽有本末之分，但它们在治国中同等重要。[②] 在经过“德”“礼”“政”三个环节之后，对那些屡教不改，仍有“为恶之心”的人施以刑罚，是理所当然、仁至义尽的，没有必要人为地从轻、从宽以示仁德。“轻刑”的结果很可能适得其反[③]，所以他主张治理国家应当“以严为本，而以宽济之”[④]。

朱熹对主张执法以“宽”和“轻刑”的原因进行具体分析，指出其思想根源有三：一是片面地对犯人心生怜悯[⑤]；二是受佛教“因果报应”思想的影响[⑥]；三是曲解“恤刑”的本质，误以为“恤刑”就是“轻刑”[⑦]。朱熹对上述三种糊涂认识逐一予以批驳，指出：“杀其人之所当杀，岂不是天理?”[⑧] 如果无原则地一味同情、宽宥那些犯罪者，那就是在作恶，怎能得到福报?[⑨]“恤刑”的目的是避免司法枉滥，要求“疑罪从轻”，而非一概从轻[⑩]，所以“恤刑”不等于轻刑。朱熹主张“以严为本，而以宽济之”，这里的“宽”就是指“罪之疑者从轻”[⑪]。

从“以严为本”的立场出发，朱熹主张恢复适用“肉刑”。他认为采用肉刑不仅可以使刑罚体系更为合理，还能够让犯罪分子“全其躯命，且绝其为乱之本”，所以这是既符合“先王

---

① 《朱子全书》卷六十四载：“其立法之本意固未为不善也……其职之也，以官吏，而不以乡人君子；其行之也，以聚敛亟疾之意，而不以惨怛忠利之心。是以王氏能以行于一邑，而不能以行于天下。”

② 《论语集注·为政》卷一载：“愚谓政者，为治之具；刑者，辅治之法；德、礼则所以出治之本，而德又礼之本也。此其相为终始，虽不可以偏废，然刑、政能使民远罪而已，德、礼之效，则有以使民日迁善而不自知。故治民者不可徒恃其末，又当深探其本也。”

③ 《朱子全书》卷六十四载：“刑愈轻而愈不足以厚民之俗，往往反以长其悖逆作乱之心，而使狱讼之愈繁。”

④ 《朱子语类》卷一百八。

⑤ 《朱子语类》卷一百十载：“今人说轻刑者，只见所犯之人为可悯，而不知被伤之人尤可念也。如劫盗杀人者，人多为之求生，殊不念死者之为无辜。是知为盗贼计，而不为良民计也。”

⑥ 《朱子语类》卷一百十载：“今之法家，惑于罪福报应之说，多喜出人罪以求福报。”

⑦ 《朱子语类》卷一百十载：“以为当宽人之罪而出其死。故凡罪之当杀者，必多为可出之途，以俟奏裁，则率多减等。当斩者配，当配者徒，当徒者杖，当杖者笞。”

⑧ 《朱子语类》卷九十七。

⑨ 《朱子语类》卷九十七载，“恻隐是善，于不当恻隐处恻隐，即是恶”。《朱子语类》卷一百十载：“使无罪者不得直，而有罪者得幸免，是乃所以为恶尔，何福报之有?”

⑩ 《朱子语类》卷一百十载：“所谓疑者，非法令之所能决，则罪从轻”，“非谓凡罪皆可以从轻”。

⑪ 《朱子语类》卷一百十。

之意”又适应“当世之宜”的好办法[1]，并不与儒家思想相冲突。

需要注意的是，一代理学宗师、当世大儒朱熹的“以严为本”思想并不同于先秦法家的重刑主张。针对当时社会上普遍存在的从轻量刑现象，朱熹强调应该严格执法，特别是对于那些悖乱伦常的行为，应当依照法律严惩不贷。他还特地向皇帝提出建议，在司法实践中，一定要严格运用法律手段来维护伦常秩序。[2] 所以朱熹所主张的“以严为本”，仍然是以巩固伦理纲常为其根本目的。

朱熹生当乱世，彼时法令废弛，纲纪荡然。他花费一生的大部分时间和精力用于教书育人，希望在转变学风、培育人才方面能够有所作为，让“四书五经”成为医治时弊的灵丹妙药，让礼义伦常切实起到规范人们言行的作用，以转变颓风败俗，达到收拾人心、恢复道统的目的。但是他在世时连遭厄运：因惹怒南宋宁宗而被下诏免去侍讲一职，又被监察御使沈继祖弹劾犯有“十罪”，他的理学思想也一度被称为“伪学”而受到打压。[3] 朱熹还发展了传统的重义轻利思想，认为“天理”就是“义”、“人欲”就是“利”，这遭到陈亮[4]、叶适[5]等人的批驳。他们从反对空谈义理、注重事功的角度出发，强调经世济民，致力于解决当时的各种现实问题，提出“功到成处，便是有德；事到济处，便是有理”[6]。他们认为自古以来就是“义利双行，王霸并用”[7]，义与利、天理与人欲是相辅相成的，而不是截然对立的。这种务实的观点为当时暮气沉沉的思想界带来了清新的空气，促进了法律思想的多元化发展。但是，朱熹的思想学说以及他提出的一些改革弊政的主张，在当时的历史条件下，基本适应了当权者维护其统治的现实需要，因此，自南宋理宗皇帝开始，朱熹越来越受到尊崇，被提高到几乎与孔子相当的地位，理学也被奉为官方御用哲学，对后世的政治、法律、道德等产生了深远影响。

第三节　王守仁的法律思想

在经历了唐朝的鼎盛之后，宋明时期的经济、文化及科学技术虽然仍有不同程度的发展，但是已然告别了辉煌，渐成强弩之末。经过赵匡胤的“杯酒释兵权”、朱元璋的废除宰相制度，

---

① 《朱子全书》卷三十三载：“今徒流之法，既不足以止穿窬、淫放之奸，而其过于重者，则又有不当死而死，如强暴赃满之类者。苟采陈群之议，一以宫剕之辟当之，则虽残其肢体，而实全其躯命，且绝其为乱之本，而使后无从肆焉，岂不仰合先王之意，而下适当世之宜哉。”

② 《历代名臣奏议》卷五十四载：“臣伏愿陛下深诏中外司政典狱之官：凡有狱讼，必先论其尊卑、上下、长幼、亲疏之分，而后听其曲直之词。凡以下犯上、以卑凌尊者，虽直不右；其不直者，罪加凡人之坐；其有不幸至于杀伤者，虽有疑虑可悯，而至于奏谳，亦不许辄用拟贷之刑。”

③ 参见《宋史》卷四百二十九·朱熹传。

④ 陈亮（1143—1194）：字同甫（同父），婺州永康（今浙江永康）人，世称龙川先生。为人才气超迈，议论风生，但怀才不遇，累试不中，行年五十犹一布衣，多次被诬下狱。1193年策进士，被皇帝亲自擢为第一，授以官，未到任而卒。

⑤ 叶适（1150—1223）：字正则，浙江永嘉人。进士出身，曾任太学博士、兵部侍郎、吏部侍郎等职，亲身参加过抗金斗争，颇有政绩。晚年被夺官去职后，在故乡城外水心村讲学，人称“水心居士”。

⑥ 陈傅良：《止斋集》卷三十六·答陈同甫。

⑦ 《陈亮集》卷二十八·甲辰答朱元晦书。

君主专制进一步加强，统治危机日益深重，面临着吏治腐败、财政窘迫、外敌入侵、农民暴动等诸多困扰。虽然先后有范仲淹、王安石、张居正等人锐意进取、厉行变法革新，但是收效不大，无法从根本上解决问题。统治者愈加希望通过整饬人心、加强思想领域的控制来巩固统治秩序。

进入明朝中后期，理学的分支——“心学”在王守仁的影响下风靡一时。王守仁（1472—1528），字伯安，余姚（今浙江余姚）人，进士出身，“心学”的集大成者；曾筑室阳明洞中攻读、讲学，故世称阳明先生。王守仁在青年时代热心于骑射和兵法，曾任职于刑部、兵部，因得罪宦官刘瑾，被贬为贵州龙场驿丞。其后他因镇压赣南农民暴动及平定宁王朱宸濠叛乱有功，而官至南京兵部尚书，封为新建伯。晚年他奉命兼都察院左都御史提督两广，平息广西少数民族暴动，功成病归，死于江西南安。王守仁的主要著作是《传习录》，其弟子把他的思想材料编为《阳明全书》即《王文成公全书》，今人又在此基础上整理、出版了《王阳明全集》。

浙江绍兴王守仁墓

图片来源：http：//baike. baidu. com/picture/26649/26649/0/eac4b74543a98226bc6394568882b9014a90eb25＃aid＝0&pic＝eac4b74543a98226bc6394568882b9014a90eb25。

王守仁富于创造精神，一脱程朱学派的经院习气，提出“心即是理”和“心外无理”“心外无物”①，主张“致良知”“破心中贼”。他认为，理本来并不存在于外部事物，而是完全地内在于我们的心中，人之穷理求至善，只需在自己心上去发掘、去寻找。王守仁充分肯定认识主体的能动作用，否定用现成规范和书本教条来禁锢身心，反对迷信外在权威，为历经三百余年已经僵化的程朱理学注入了新的内容。陆王学派与程朱学派在修养方法上虽有差异，但政治

① 《阳明全书》卷四·与王纯甫载：“心外无物、心外无事、心外无理、心外无义、心外无善。”

目的是相同的，他们“同植纲常，同扶名教”①。在法律思想上，王守仁与朱熹一样，是正统法律思想的维护者。只不过鉴于明朝中期的社会形势大大地异于隋唐以前，王守仁对正统思想作了某些必要的变通，提出以下主张。

一、因时因地而制宜的立法思想

王守仁处在封建社会的多事之秋——惯常的法律制度已经难以应付当时的局势，并且难以在实践中施行——所以王守仁与前代立法者不同，他很少论述法律的繁简宽严问题，而是切中时弊，提出立法应因时因地而制宜的主张。

明朝工商业在“强本抑末”的传统制约下，艰难地生存着。王守仁看到商业活动既能对社会经济发展、社会秩序稳定带来好处，又可解决军饷不足的实际困难，因此，他提出，应改变过去禁商禁贩的被动措施，制定税法，使“商贾疏通”而国家“照例抽税”，形成“官商两便”的局面。要求制定税法，是王守仁因时立法思想的反映，但这并不表明王守仁反对“重农抑商”的传统思想，相反，他认为税法不过是特殊情况下的“一时权宜”，“候事稍宁，另行具题禁止”②，意即待形势好转后，再请求予以禁止。

王守仁在立法时，不仅强调时代的特殊性，也强调地域的特殊性。他认为，法律制度的设立必须以当地的具体情况为依据，“犹行陆者必用车马，渡海者必以舟航”③，不能搞一刀切。在镇压了广西思恩、田州的兵乱之后，他通过亲身实践总结道：“思、田地方，原系蛮夷瑶僮之区，不可治以中土礼法，虽流官之设，尚且不可，又况常设重臣住扎其地。”意即对于边疆少数民族地区，不可强制推行中原地区的礼法，而应设立土官、酋长，顺应当地的风俗来治理；立法应当“以顺其情不违其俗，循其故不易其宜”④为准，充分尊重当地固有的习俗，以适应各地的特殊情况。

二、“情法得以两尽”的执法思想

王守仁不仅是一个思想家，还是一位具有一定政治权力的官僚，特别注重抚民、治军、执法之实践。他一生所创造的事功业绩，在宋明时期的理学家中，是绝无仅有的。王守仁非常重视赏罚在治理国家方面的作用，提出“赏罚，国之大典”⑤，认为只有赏罚严明，才能整饬纲纪、肃清朝政，所以他主张信赏必罚、赏罚从速，用公正而及时的赏罚促使官吏、士兵效命于朝廷。与此同时，王守仁又强调执法的灵活性，要求根据不同情况区别对待，使“情法得以两尽”⑥。在处置参加宁王叛乱的人员时，他主张只对首要分子予以严惩，而宽免那些被胁迫的下级军官和士兵。在平定农民暴动时，除了镇压之外，他也采用了分化、瓦解的手段，如禁止部下贪功妄杀，劝诱那些农民“改恶迁善，实心向化”，为前来投降者“开自新之路”，保证绝

---

① 《宋元学案》卷五十八・象山学案。

②③ 《王阳明全集》卷九・疏通盐法疏。

④ 《王阳明全集》卷十四・地方紧急用人疏。

⑤ 《王阳明全集》卷二十一・答潘直卿。

⑥ 《王阳明全集》卷十二・恤重刑以实军伍疏。

不追究、报复，并帮助解决生计等。[①] 这种强调“情法交申”[②]即情理与法律兼顾的策略在实践中发挥了积极作用。

三、以法律措施保障教化的推行

王守仁重视赏罚的运用，但是他也看到了刑罚的作用是有限的，提出“破山中贼易，破心中贼难”[③]，意即平定反叛并不难，难的是清除人们心中的“物欲”。从“心学”的基本立场出发，王守仁认为，人人心中都有“天理”，“满街人都是圣人”[④]，只不过为“物欲”所蒙蔽而有恶行，所以为政的根本方法还是教化，但是教化是有条件的，要使百姓衣食无忧、安居乐业，同时还要加强法律措施，以赏罚为手段，保障教化的推行，这样才能移风易俗。王守仁十分重视社会风气的作用，提出“古之善治天下者，未尝不以风俗为首务”[⑤]，认为风俗的美恶直接关乎天下的治乱[⑥]，但是以往只单纯强调教化，而不重视法律措施对于教化的推动作用。王守仁在实践中特别注重运用法律手段来促进社会风气的转变，如发布《告谕》，规定节俭办丧事，“不得用鼓乐，为佛事”；病者应求医药，“不得听信邪术，专事巫祷”；婚事从俭，“不得徒饰虚文”，等等。[⑦] 他还在辖区内推行“乡约”制度和“十家牌法”，要求邻里之间“息讼罢争，讲信修睦”[⑧]，每十家为一“牌”，相互监察，有罪连坐等。

总之，王守仁注重教化，认为教化是长治久安的上策；他也重视刑罚，认为刑罚是改革风俗的必备手段。在当时特殊的历史形势下，他对正统法律思想虽有诸多变通之处，但其目的与宗旨仍在于使正统法律思想振兴。虽然陆王学派在总体上并未脱离正统思想的轨道，但是强调独立思考，对于破除迷信、解放思想发挥了积极作用，对于明末清初启蒙思想的产生具有重要的影响。

第四节　丘浚的法律思想

丘浚（1420—1495）字仲深，号琼台，广东琼山（今海南海口）人，明朝中叶的理学名臣、杰出学者。他出身贫寒，聪敏好学，考取进士后，历任翰林院编修、礼部尚书、文渊阁大学士等职，长期致力于对经史子学和国政典故的研究。《大学衍义补》是丘浚最重要的一部著

---

① 参见《王阳明全集》卷十八·绥柔流贼。

② 《王阳明全集》卷十二·飞报宁王谋反疏。

③ 《王阳明全集》卷四·与杨仕德薛尚诚。

④ 《王阳明全集》卷三·语录三。

⑤ 《王阳明全集》卷三十一·山东乡试录。

⑥ 《王阳明全集》卷三十一·山东乡试录载：“风俗之美恶，天下之治忽关焉。”

⑦ 参见《王阳明全集》卷十六·告谕。

⑧ 《王阳明全集》卷十七·南赣乡约载：“故今特为乡约，以协和尔民。自今凡尔同约之民，皆宜孝尔父母，敬尔兄长，教训尔子孙，和顺尔乡里。死丧相助，患难相恤，善相劝勉，恶相告诫，息讼罢争，讲信修睦，务为良善之民，共成仁厚之俗。”

作。该书以“经世致用”为指导思想，专门论述“治国、平天下”之道，以供皇帝参考。[1] 其中难能可贵的是，丘濬以其渊博的学识，在广泛汇集、归纳前代资料的基础上，对中国历代法律思想和法律实践中的许多问题进行了认真的比较分析和评论，成为历史上难得一见的对正统法律思想作出系统总结和发挥的代表性人物。

海南省海口丘濬墓

图片来源：http：//www. hnsss. com/sight/detailss. asp？ id=14。

一、立法必须“应经合义”，以“便民为本”

丘濬继承正统法律思想，认为立法必须“应经合义”[2]，即符合儒家的经义，以纲常礼教为核心[3]，以“便民”为宗旨。[4]

对于历史上长期争论不休的复仇问题，丘濬主张实行有限制的复仇。他从天理、国法、人情、私义等多个角度，肯定了复仇存在的正当性[5]，同时指出，如果不以法对复仇行为加以控制，那么冤冤相报，后果将不堪设想。所以他又提出了完善相关法律制度的建议，具体说来：

---

① 《大学》是儒家经典《礼记》中的一篇，经理学家提倡，和《中庸》《论语》《孟子》一道被列入“四书”。南宋时期的真德秀著有《大学衍义》一书，着重阐发《大学》中的格物、致知、诚意、正心、修身、齐家等义，而未涉及如何治国、平天下。丘濬的《大学衍义补》，主要是续补其缺。

② 《大学衍义补·定律令之制》载：“其应经合义者，则百世定律之至言要道也。”

③ 《大学衍义补·总论朝廷之政》载：“礼乐者，刑政之本。”

④ 《大学衍义补·山泽之利》载：“立法以便民为本。”

⑤ 《大学衍义补·明复仇之义》载：“复仇之义，乃生民秉彝之道，天地自然之理……人之所生者，必报其所由生。是以相保爱，相护卫，不敢相戕杀。非但畏公法，亦畏私义，非但念天理，亦念人情……然人世有无穷之变，王法有不到之处，天理有未定之时，或相杀焉……苟诉于公而公不为之报，或其势远而力弱，事急而情切，一时不能达诸公，奋其义而报之，则亦公义之所许也。”

凡是父母兄弟为他人所杀，想要报仇的，应当先去告官，如果官府徇私畏势而不予受理，报仇者将仇人杀死，而所杀的仇人又是应当被处死的，那么报仇者无罪；如果没有告官而擅杀仇人，而所杀的仇人也是应当被处死的，那么报仇者免死流放；但是属于误杀、戏杀、过失杀人的，一律不准复仇。丘浚希望以此在经义与法律之间求得平衡，做到“于经于律，两无违悖”①。

明朝从朱元璋立国之初，就强调以“重典治国”。丘浚则主张效法先王之道，立法应当宽严适中，“无过无不及”②；司法应当以仁恕为怀，慎刑恤狱。③ 自汉朝进行刑制改革以来，黥刑等肉刑一直被废弃不用，可是宋朝施用刺配刑，将杖刑、刺面、配役三种刑罚同时施加于罪犯一身，非常严酷。丘浚对此进行了尖锐的批评，认为恢复肉刑不仅有违儒家的仁政思想，而且使罪犯无由自新、为盗为乱，造成了严重的社会危害。④ 所以他呼吁后世的用刑者吸取教训，引以为戒。

丘浚重视法律的作用，主张法律不仅应该公开，还要通俗易懂，让老百姓能够理解法律的内容，尽量避免违法犯罪。他认为前代圣王为了让百姓知晓法律，非常注重法律的宣传。对于西周悬法于象魏的制度，丘浚大加赞颂，并对《左传》所载孔子反对晋国范宣子铸刑鼎公布成文法一事进行了辨析，他认为孔子批评的是范宣子不守晋国旧法，而不是反对范宣子将法律公布。⑤ 丘浚坚持立法应当简明，并对后世律文繁杂晦涩、故意网民于罪进行了抨击。⑥

明朝的商品经济有了相当的发展，但是朝廷的官营垄断也在加强。丘浚坚持儒家的仁政惠民思想，对国家专卖政策进行了猛烈抨击。他认为以往对私贩食盐处罚过重，结果适得其反：唐朝的黄巢与王仙芝、元朝的张士诚等，都是因此获罪而走上反抗道路的。丘浚主张废除历代相沿而明朝尤盛的“榷盐”制度，改为国家监督之下的私人生产和运销，用发展私人工商业的办法来增加国家的财力。他认为国家直接经营工商业，是“与民争利”的不“义”之举，立法应当以“便民为本”⑦，放手让私人工商业自由发展。丘浚的这一主张在那个时代可谓独树一帜，让人耳目一新。

---

① 《大学衍义补·明复仇之义》载：“如此，则于经于律，两无违悖。人知仇之必报，而不敢相杀害以全其生；知法之有禁，而不敢辄专杀以犯于法。则天下无难处之事，国家无难断之狱，人世无不报之仇，地下无枉死之鬼矣。”

② 《大学衍义补·戒滥纵之失》。

③ 《大学衍义补·总论制刑之义》载：“（《尚书·舜典》）‘钦哉钦哉，惟刑之恤哉’，二句凡九字，万世圣人恤刑之常心。圣贤之经典，其论刑者千言万语，不出乎此；帝王之治法，其制刑者千条万贯，亦不外乎此。后世帝王所当准则而体法焉者也。”

④ 《大学衍义补·明流赎之意》载：“心中之意虽欲自新，而面上之文已不可去。其亡去为盗，梃起为乱，又何怪哉？宋江以三十六人，横行河朔，迄不能制之，是皆刺配之徒，在在而有，以为之耳目也。”

⑤ 《大学衍义补·定律令之制》载：“先儒谓详左氏所载夫子之说，第令守晋国旧法，以为范宣子所为非善耳，非谓圣王制法不可使人知也。”

⑥ 《大学衍义补·定律令之制》载：“律令之设，盖悬法以示人，使人知所避而不犯，非故欲为是以待天下之罪人，如人设网罗以待禽兽也。后世之律，往往文深而义晦，比拟之际，彼此可以旁通，下人不知所守，而舞智之吏得以轻重其罪。”

⑦ 《大学衍义补·山泽之利》载：“官不可与民为市，非但卖盐一事也。大抵立法以便民为本，苟民自便，何必官为？”

二、执法“必守之以信”，“以公理而灭私情”

丘浚认为法律应当以仁爱为本，强调恤刑原则，但是他所主张的恤刑并不是有罪不罚。他认为，即使对于小罪，也不能放纵，以充分发挥法律的惩戒作用，防止姑息养奸。丘浚明确指出：“彼以姑息为仁者，真不仁者也。”① 他对赎刑的滥用进行了批评，主张严加限制，只能适用于轻罪，而绝不可适用于死刑，以避免富者侥幸逃生而贫者只能赴死的不公平现象。丘浚反对滥赦，认为赦宥必须慎用，只可施行于社会动乱之时和案情可疑之际，否则，不仅不能感化罪犯，而且会助长犯罪。正是基于这一见解，丘浚批评唐太宗赦免 390 名死囚之举②是“不循天理”、以一己之私意而破坏法制的行为。③

丘浚主张法律一经颁行，“必守之以信”④，无论是最高统治者还是一般司法官吏，都要严格遵守，以取信于民，而恪守法制的关键就是秉公去私，“以公理而灭私情”⑤，秉公执法是“天理”的要求，徇私枉法则是“人欲”的表现。丘浚认为所有的司法官员都应以公去私，这才符合“存天理、灭人欲”的根本要求。他强调只能选任通经学、明义理的仁厚长者来执行法律，绝不可任用那些不通儒家经义的吏胥。所以丘浚对曹魏时期卫觊设立律博士的提议持否定意见。⑥ 在他看来，法律制度就是“天意”的体现，任何人都要严格依法行事，即便是君主也不能对司法审判妄加干涉，司法官员更应当唯法是从，“奉君之法而不奉君之意”⑦，岂能为了迎合君主的意愿而任意裁判？丘浚认为统治者自己知法犯法、肆行无忌，是造成有法不依、社会动乱的重要原因⑧，所以君主应当率先遵守法律、克制私欲、加强修养。⑨ 由此可见，丘浚试图借用“天意”“天理”的绝对权威来抑制君主的专断，做到秉公执法、严格依法办事。

综上，丘浚结合明朝中期的社会形势和政治需要，旁征博引，归纳分析，在立法、执法和守法的一些主要问题上都提出了自己的见解，具有初步的启蒙色彩，对于研究中国古代的法律和法学具有重要的参考价值。

相关事例

1. 周敦颐救死囚

宋朝周敦颐担任江西分宁县主簿时，因为立即审明了久拖不决的案件，而使当地人惊叹

---

① 《大学衍义补·谨详谳之议》。

② 《大学衍义补·存钦恤之心》载：“太宗亲录囚徒，纵死罪三百九十人归家，期以明年秋即刑。如期皆来，乃赦之。”

③ 《大学衍义补·存钦恤之心》载：“刑者，天讨有罪之具，人君承天以行刑，无罪者固不可刑，有罪者亦不敢纵也。人君不循天理，而以己意操纵乎人，亦犹人臣不奉国法，而以己意操纵乎囚也，可乎哉？人臣如此，君必诛之无赦，臣畏国法，必不敢如此。人君以己意纵罪人，而又以己意舍之，独不畏天乎！”

④ 《大学衍义补·慎眚灾之赦》载：“是以善为治者，必不轻于出令。命既出矣，而必守之以信。”

⑤ 《大学衍义补·谨号令之颁》。

⑥ 《大学衍义补·简典狱之官》载：“卫觊欲立律博士，是欲以国家弼教辅治之大典，付之不通经之吏胥也，胡氏非之，诚是矣。夫吏胥之不通经，固不可以掌律令。”

⑦ 《大学衍义补·总论制刑之义》。

⑧ 《大学衍义补·谨好尚以率民》载：“上之人既不能率先以身，以故贵近者仿效而先犯之，然后天下从风而靡焉。”

⑨ 《大学衍义补·谨好尚以率民》载：“正身齐家，而不为非礼非义之事。”

道：老吏都不如他啊！于是周敦颐被推荐调任南安军司理参军。那里有一个囚犯，依法不应当判处死刑。转运使王逵是个凶悍的酷吏，想要严办他。众人都不敢同王逵争辩，唯独周敦颐与他争辩。王逵不听，周敦颐就要弃官回家，并说：像这样不依法办案，还怎么做官行事？他明确表示："杀人以媚人，吾不为也！"意即靠杀人来讨好上司，他坚决不干！王逵明白过来，这个囚犯最终得免一死。[①]

2. 朱元璋释孝子

明朝山阳地区有位父亲犯了罪，应当处以杖刑，他的儿子请求代父受刑。明太祖朱元璋对刑官说，父子之亲是天性，然而也有不念亲情的人，见亲人遭受患难而坐视不管的。现在这个人甘愿以身代父，出于至情，我为孝子屈法，以劝勉、鼓励天下人，还是放了他吧！[②]

原典阅读书目

1. 王安石撰．临川文集：卷三十九·上仁宗皇帝言事书．长春：吉林出版集团，2005

2. 脱脱，等．宋史：卷四百二十七·道学一．北京：中华书局，1977

3. 王守仁．王阳明全集：中册·卷十七·南赣乡约．吴光，钱明，董平，姚延福，编校．上海：上海古籍出版社，2011

4. 丘浚．大学衍义补：中册·卷一百·治国平天下之要·慎刑宪·总论制刑之义．林冠群，周济夫，校点．北京：京华出版社，1999

原典阅读举例

"'道学'之名，古无是也。三代盛时，天子以是道为政教，大臣百官有司以是道为职业，党、庠、术、序师弟子以是道为讲习，四方百姓日用是道而不知。是故盈覆载之间，无一民一物不被是道之泽，以遂其性。于斯时也，道学之名，何自而立哉。

"文王、周公既没，孔子有德无位，既不能使是道之用渐被斯世，退而与其徒定礼乐，明宪章，删《诗》，修《春秋》，赞《易象》，讨论《坟》《典》，期使五三圣人之道昭明于无穷。故曰：'夫子贤于尧、舜远矣。'孔子没，曾子独得其传，传之子思，以及孟子，孟子没而无传。两汉而下，儒者之论大道，察焉而弗精，语焉而弗详，异端邪说起而乘之，几至大坏。

"千有余载，至宋中叶，周敦颐出于舂陵，乃得圣贤不传之学，作《太极图说》《通书》，推明阴阳五行之理，命于天而性于人者，了若指掌。张载作《西铭》，又极言理一分殊之旨，然后道之大原出于天者，灼然而无疑焉。仁宗明道初年，程颢及弟颐实生，及长，受业周氏，已乃扩大其所闻，表章《大学》《中庸》二篇，与《语》《孟》并行，于是上自帝王传心之奥，下至初学入德之门。融会贯通，无复余蕴。

---

① 参见《宋史》卷四百二十七列传第一百八十六·周敦颐传。

② 参见《典故纪闻》卷三。

“迄宋南渡，新安朱熹得程氏正传，其学加亲切焉。大抵以格物致知为先，明善诚身为要，凡《诗》《书》，六艺之文，与夫孔、孟之遗言，颠错于秦火，支离于汉儒，幽沉于魏、晋六朝者，至是皆焕然而大明，秩然而各得其所。此宋儒之学所以度越诸子，而上接孟氏者欤。其于世代之污隆，气化之荣悴，有所关系也甚大。道学盛于宋，宋弗究于用，甚至有厉禁焉。后之时君世主，欲复天德王道之治，必来此取法矣。

“邵雍高明英悟，程氏实推重之，旧史列之隐逸，未当，今置张载后。张栻之学，亦出程氏，既见朱熹，相与博约又大进焉。其他程、朱门人，考其源委，各以类从，作《道学传》。”①

延伸阅读书目

1. 钱穆．国史大纲：下册．北京：商务印书馆，1996
2. 葛兆光．中国思想史：第2卷．上海：复旦大学出版社，2000
3. 萧公权．中国政治思想史．北京：新星出版社，2005

延伸阅读举例

“安石的最大弊病，还在于仅看重死的法制，而忽视了活的人事。依照当时情况，非先澄清吏治，不足以宽养民力；非宽养民力，不足以厚培国本；非厚培国本，不足以遽希武功。安石的新政，一面既忽略了基本的人的问题，一面又抱有急功速效的心理。在国内新政措施全无头绪的当日，却同时引起边衅，对外便觊开疆用武（此亦安石看事太易处）。因此更是加意聚敛，而忽略了为国家的百年长计。”②

“本来，像理学那样具有批评与诊断意义的思想，是具有超越性和独立性的，它是从对宇宙、社会和人生的体验中自内发出的，但是，当后来的模仿者被这些思想所吸引，把这些充满睿智而且有所针对的话语当作真理进行复制（copy）的时候，它就已经蜕变成仪式或文本。不过话说回来，也应当承认，高明的思想常常是要等待着这种平庸的世俗化的，通常，精彩的思想总是要由那些并不高明的人来复制的，当这些并不高明的复制把思想简约化成为最后的几个词语，并成为口号写在旗帜上，当这些思想的深层含义被过滤掉，而只剩下背诵的文本时，这些思想才会真正进入社会生活，思想在这时牺牲了它的深刻和睿智，却换回了更多的接受者。当然，还有一点很重要，就是一种思想要成为普遍真理，它必须成为政治意识形态，而要成为意识形态，则要借助于权力。”③

---

① 〔元〕脱脱等：《宋史》卷四百二十七·道学一，12709～12729页，北京，中华书局，1977。《宋史·道学传》是了解宋朝理学思想发展脉络的重要资料。

② 钱穆：《国史大纲》，下册，578页，北京，商务印书馆，1996。

③ 葛兆光：《中国思想史》，第2卷，389页，上海，复旦大学出版社，2000。

“宋代政治思想之重心，不在理学，而在与理学相反抗之功利思想。此派之特点在斥心性之空谈，究富强之实物。其代表多出江西、浙江。北宋有欧阳修、李觏、王安石，南宋有薛季宣、吕祖谦、陈傅良、陈亮、叶适等。而安石主持新法开‘维新’之创局，尤为其中之巨擘。按经世致用，本为儒学之传统目的。然先秦汉唐之儒多注重仁民爱物、休养生息之治术。一遇富强之言，即斥为申商之霸术，不以圣人之徒相许。后汉王符、荀悦诸人虽针砭衰政，指切时要，然其所论亦不过整饬纲纪，补救废弛诸事。积极有为之治术，固未尝为其想象之所及。至两宋诸子乃公然大阐功利之说，以与仁义相抗衡，相表里，一反孟子、董生之教。此亦儒家思想之巨变，与理学家之阴奉佛老者取径虽殊，而同为儒学之革命运动。”①

“康德强调，真正的道德行为必须是服从理性的命令，而不能有任何感性冲动掺杂其间，不能有利己的好恶之心，整个康德伦理学的基调就是用理性克抑感性。很明显，从孔子的‘克己’、孟子的‘取义’到宋明理学的天理、人欲之辨，与康德的基本立场是一致的。宋明儒者所说的‘存天理、去人欲’，在直接的意义上，‘天理’指社会的普遍道德法则，而‘人欲’并不是泛指一切感性欲望，是指与道德法则相冲突的感性欲望，用康德的话来说，天理即理性法则，人欲即感性法则。理学所要去除的‘人欲’并非像现代文学家过敏地理解的那样特指性欲，更不是指人的一切自然生理欲望。因此把理学叫作禁欲主义是完全不恰当的。”②

关键词

王安石　“三不足”　明法科　朱熹　理学　存天理　灭人欲　以严为本　王守仁　心学　情法得以两尽　丘濬　《大学衍义补》

思考题

1. 简述王安石的变法思想。
2. 简述朱熹以“存天理、灭人欲”为核心的法律思想。
3. 简论朱熹的执法从严思想。
4. 简述王守仁的法律思想。
5. 概述丘濬对封建正统法律思想的总结和发挥。

---

① 萧公权：《中国政治思想史》，296 页，北京，新星出版社，2005。

② 陈来：《宋明理学》，引言，2～3 页，上海，华东师范大学出版社，2004。

第八章 明末清初时期的法律思想

内容提要

明末清初，中国社会处在剧烈的动荡和变化之中，市民阶层的力量日益壮大，出现了痛殴征税官吏等反抗活动。李自成率领的农民军终于攻入北京城，迫使崇祯皇帝自缢。崛起于东北的建州女真部趁势大举入关，建立了统一的清朝政权。山河的破碎，人民的苦难，迫使思想家重新审视历史，思索和寻找新的社会出路。黄宗羲、顾炎武与王夫之被后人并称为“清初三大师”。他们有着相似的人生经历：明末反对宦官专权，主张革新；明亡以后追随南明小朝廷，积极参加反清复明的斗争；抗清失败以后从事学术研究，具有崇高的民族气节。他们有着“国亡家灭”的切肤之痛，对专制王朝的弊端进行了深刻而理性的反思，清醒地认识到君主专制已处于“天崩地解”的危急关头，因而由最初的对明王朝统治的不满转变为对整个君主专制制度的怀疑和批判。他们以传统的民本思想为基础，猛烈抨击君主专制的政治法律制度，批判理学的僵死说教，甚至将矛头直指君主本身。这在当时的思想界称得上惊世骇俗、振聋发聩，是儒学自正统地位确立以来，从其内部产生的一股最激烈、最深刻的社会批判思潮，被后人称为具有中国特色的土生土长的启蒙思想。

第一节　黄宗羲的法律思想

中国历史发展到明清之际，封建王朝的固有矛盾和种种缺陷充分地展现出来。明朝皇帝恣意妄为，重用宦官及厂卫等特务组织，将君主专制发展到登峰造极的程度。朝政黑暗，贤能正直之士备受排挤和打压。贵族官僚疯狂兼并土地，巧取豪夺，将农民逼上绝路，各地不断爆发饥民起义。民族矛盾也空前尖锐，北部边境烽烟迭起。当大明王朝岌岌可危之时，统治集团内部一些具有远见卓识的开明的士大夫，怀着忧国忧民的情怀，不畏权贵，挺身而出，抨击时政，为民请命，被称为“东林党人”①。东林党人在与宦官的斗争中几起几落，常常被逐出朝廷，成为在“野”势力。他们讽议朝政、针砭时弊，反对横征暴敛，主张开放言路，形成朝野对立的政治局势。东林党人试图用儒家正统思想挽救国家和民族的危亡，却被朝廷视为心腹之患，遭到残酷的迫害。他们的精神深深感染和影响了后人，对明末清初社会批判思潮的兴起产生了直接的影响。

江苏无锡东林旧迹牌坊

图片来源：http：//rufodao. qq. com/a/20130904/014060. htm。

黄宗羲（1610—1695）字太冲，号南雷，浙江余姚人，又称梨洲先生。其父黄尊素为东林名士，因弹劾魏忠贤被下狱致死。黄宗羲自幼为东林党人不畏权势的反抗精神所感染。他 19 岁赴京为父申冤，用藏在袖中的铁锥击伤仇人，名闻当时；青年时代就参加“复社”，从事反对“阉党”的活动。清军入关后，他招募义兵，积极参加抗清的武装斗争。失败后他隐居不仕，专心于著述讲学。黄宗羲是当时闻名朝野的大学者，学识渊博，著有《明夷待访录》《明儒学案》等多种著作，前者对君主专制政体进行了深刻批判，后者对明朝的学术史作出了系统整理。在中国历史上，黄宗羲第一次明确地提出了具有近代民主、民权色彩的政治、法律主张。

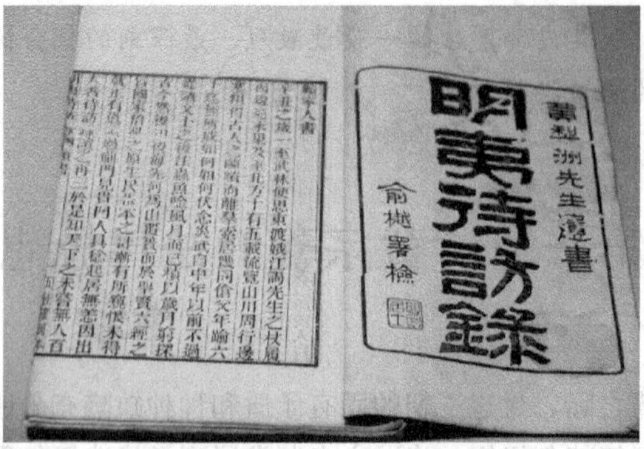

《明夷待访录》书影，浙江博物馆藏

图片来源：http：//guide. yododo. com/01433141A1AD012FFF8080814330AE0B？anchor=1。

---

① 东林党是指明朝晚期以江南士大夫为主的政治集团。1604 年，被革职还乡的顾宪成在无锡修复东林书院，与高攀龙等人讲学其中，常常议论朝政。这种政治性讲学活动，具有广泛的社会影响，逐渐形成了一种政治势力，时人称之为东林党。

一、重构“天下为主，君为客”的政治体制

黄宗羲认为：人类社会伊始，人人自私自利，有“公利”而不兴，有“公害”而不除。有人挺身而出，为天下人兴利除害，不为自己牟私利，这个人比其他人辛苦千万倍，被大家拥戴为君主。所以君主的权力是民授予的，君与民的关系是客与主的关系，君主的职责就是为天下兴利除害、为民服务。所以黄宗羲提出：“古者，以天下为主，君为客；凡君之所毕世而经营者，为天下也。”① 这样无私的君主，当然受到民众的衷心爱戴。后世的君主却将天下视为自己的私产，他们自私自利，无情地剥削、压榨民众，来换取自己的享乐②，完全背离了“设君之道”，因此遭到人们的痛恨。黄宗羲尖锐地指出：“然则为天下之大害者，君而已矣。”③意即天下的大害，就在于君主，君主专制正是天下动乱的根源。所以他反对君主专制，主张限制君权，希望重构“天下为主，君为客”的政治体制，并提出了一些具体的设想。

1. 恢复宰相，以分君权

宰相是中国古代辅佐皇帝统领百官、治理天下的重要官员。黄宗羲认为，只有贤明之人才能担任宰相，倘若天子之子不够贤明，亦可仰赖宰相得到补救。明太祖废除宰相制度，是明朝制度败坏的开始。④ 那些入阁当差的大臣受到宦官的控制，无法起到宰相的作用，而宦官则攫取了宰相的实权，导致了朝政的黑暗。所以黄宗羲建议恢复宰相制度，加重宰相的权力，由宰相统领“政事堂”处理日常政务，以相权来分割和制约君权。

2. 学校议政，以限君权

黄宗羲认为，学校不仅是培养人才的场所，还应当是表达民意、议论朝政，帮助天子治理天下的机构。⑤ 他主张继承东汉、北宋时期太学生议论和干预国事的传统⑥，提高学校的政治地位，发挥其议政、参政、制约君主独裁的功能。黄宗羲建议：推选当世的大儒担任太学的长官——祭酒，祭酒德高望重，其地位与宰相相同。君主每月初一率领朝中大臣亲临太学，就弟子之列，听祭酒直言为政的缺失，体察民意，听从劝谏。⑦ 天子之子和大臣之子都要进太学学习，了解民情疾苦。地方郡县的官员也要定期到郡学、县学，接受地方学校的评议。

3. 地方分治，以制集权

自秦汉确立起“大一统”的中央集权政治体制，中国古代的君主专制愈演愈烈。为了避免君主集各种大权于一身，黄宗羲主张削弱中央集权，实行地方分治。他总结历史的经验教训，认为分封制与郡县制各有弊病，前者不利于中央政教通达于地方，后者易造成天下征伐不息。

---

①③ 《明夷待访录·原君》。

② 《明夷待访录·原君》载：“敲剥天下之骨髓，离散天下之子女，以奉我一人之淫乐，视为当然，曰：‘此我产业之花息也’。”

④ 《明夷待访录·置相》载：“有明之无善治，自高皇帝罢丞相始也。”

⑤ 《明夷待访录·学校》载：“天子之所是未必是，天子之所非未必非，天子亦遂不敢自为非是而公其非是于学校。是故养士为学校之一事，而学校不仅为养士而设也。”

⑥ 《明夷待访录·学校》载：“东汉太学三万人，危言深论，不隐豪强，公卿避其贬议；宋诸生伏阙槌鼓，请起李纲。”

⑦ 《明夷待访录·学校》载：“太学祭酒，推择当世大儒，其重与宰相等，或宰相退处为之。每朔日，天子临幸太学，宰相、六卿、谏议皆从之。祭酒南面讲学，天子亦就弟子之列。政有缺失，祭酒直言无讳。”

他主张在边境重地设立方镇，给其相对独立的经济、军事自主权，“一方之财，自供一方”，“一方之兵，自供一方”[①]，这样，就可以克服分封制与郡县制的弊病，对内能够促进发展，对外足以抵御边患，并且有利于防止君权的过度膨胀。

4. *君臣共治，以弱君权*

黄宗羲指出：天下之大，非君主一人所能治理，所以还要分设大臣来辅佐君主。大臣的职责和君主一样，也应以兴天下之利、除天下之害为己任。[②] 君臣关系和源自血缘的父子关系不一样[③]，他们是一种同为天下万民效力的合作关系。治理天下就好像抬木头一样，君和臣就好比是一同拉着大木的工人，喊着号子，前后呼应、互相配合，才能将天下治理好。[④] 君臣共同治理天下，各司其职，他们只是分工不同，并无尊卑贵贱之别。臣与君应是“师友”的关系，大臣不能只向君主个人效忠，不能只为君主一姓谋私利，否则，就变成了君主的“仆妾”[⑤]。黄宗羲主张，“天下之治乱，不在一姓之兴亡，而在万民之忧乐”[⑥]，真正的“为臣之道”是忠于万民，而不是忠于君主，所以他反对将君臣关系等同于父子关系，反对君主独断专行，强调君与臣应当相互协作，共同向天下人负责。

由此可见，在黄宗羲的思想中，虽然有“君臣”之名，但“君臣”之名的内涵已经发生了变化。他没有否定君主制度，但是主张建立一种开明的君主政体。

二、以“天下之法”取代“一家之法”

“天下为主、君为客”的主张，是黄宗羲的法律思想的政治理论基础。他发挥传统的“民本”“民权”思想，变正统思想中的“君权神授”为“君权民授”，将法律的目的由加强君权变为限制君权。正是在这一思想的指导下，他提出要以“天下之法”取代“一家之法”。

黄宗羲认为：三代以上为“公天下”，三代以下为“家天下”。三代圣王以天下为公，为天下谋福利，施行的是“天下之法”，将天下之利尽归天下之人，法律虽然粗疏，但是人们能够自觉遵守，可以称作是“无法之法”[⑦]。三代以后在“家天下”的体制下，君主利用法律来占有天下的一切利益、享受世间的一切福分；他们视天下之人为草芥，不顾生灵涂炭，剥夺天下人之利尽归于己，藏于“筐箧”之中。他们的法律只以维护君主一家一姓的利益为宗旨，反将天下之人束缚于法网之中，所以这种法律是“一家之法而非天下之法”。君主为了防范他人夺得“筐箧”，制定的法律越来越繁密，对天下的危害也就越来越大。这种“一家之法”使本末倒置的君民关系合法化，沦为君主盘剥、压榨天下之人的帮凶，因此是一种“非法之法”[⑧]。

黄宗羲对几千年来维护君主专制的法律制度进行了深刻的批判，旗帜鲜明地主张以“天下

---

① 《明夷待访录·方镇》。

② 《明夷待访录·原臣》载：“出而仕也，为天下，非为君也；为万民，非为一姓也”。

③ 《明夷待访录·原臣》载：“臣不与子并称乎？曰：非也。”

④ 《明夷待访录·原臣》载：“夫治天下犹曳大木然，前者唱邪，后者唱许。君与臣，共曳木之人也。”

⑤ 《明夷待访录·原臣》载：“出而仕于君也，不以天下为事，则君之仆妾也；以天下为事，则君之师友也。”

⑥ 《明夷待访录·原臣》。

⑦ 《明夷待访录·原法》载：“三代之法，藏天下于天下者也……法愈疏而乱愈不作，所谓无法之法也。”

⑧ 《明夷待访录·原法》载：“后世之法，藏天下于筐箧者也；利不欲其遗于下，福必欲其敛于上……法愈密而天下之乱即生于法之中，所谓非法之法也。”

之法”取代“一家之法”，将天下之人从不合理的“一家之法”的束缚中解救出来，还“天下之利”于“天下之人”。只有“天下之法”流行，那些品德高尚的贤能之人才能摆脱恶法的拘束，放开手脚，实现经世济民的理想。所以黄宗羲提出“有治法而后有治人”[①]，认为只有建构了“天下之法”这样良好的法律制度，才能充分发挥那些贤能之士的才智，更好地为天下之人谋利。

黄宗羲是明清之际思想最犀利、在理论上建树最大的思想家。他主张法律应以天下为本位，强调良好的制度建构的重要性，由此既区别于法家以君权为本位的“法治”思想，又对儒家的“人治”观点有所突破。他不仅对君主专制进行了深刻批判，还从制度层面上提出了一系列限制君权的设想。尽管他提出的宰相制不同于近代的责任内阁制，学校议政也与近代议会政治相去甚远，地方分权更是与近代联邦制有着本质的区别；虽然黄宗羲也只能利用托古改制的方式来论证自己的法律主张，无法真正走出封建正统法律思想的藩篱，但是他所设计的“天下为主、君为客”以及“天下之法”的远景，表达了对民主主义的向往，仍然具有划时代的意义。《明夷待访录》一书是黄宗羲用心血浇铸的政治宣言，也是最能代表其法律思想的著作。该书长期被清政府列入禁毁之列，直到清末资产阶级改良运动中，还被梁启超等人作为有力的思想武器，大量地翻印、秘密地传播，可见其影响之深远。[②]

第二节　顾炎武与王夫之的法律思想

一、顾炎武的法律思想

顾炎武（1613—1682）初名绛，字宁人，江苏昆山人，世称亭林先生。出身世家大族，自幼饱读诗书；年轻时参加“复社”，反对宦官专权；清兵南下后，又参加反清复明的武装斗争，失败后游历山东、山西、河北、陕西等地，在北方度过了25年，坚辞清廷的征召，著书立说，至死未回故乡。顾炎武注重实地考察，学问广博，对经史子集、音韵训诂、典章制度、兵防地理等，都有深入的研究。著有《日知录》《音学五书》《天下郡国利病书》等。

顾炎武主张经世致用，对那种空谈心性、只图名利、不顾民族与国家安危的治学风气进行了批判。他终生以明遗臣自居，有着强烈的民族意识，对“亡国”与“亡天下”作了明确的区分，强调“天下兴亡，匹夫有责”[③]。这种爱国主义思想既有反对清廷民族压迫和野蛮屠杀的

---

① 《明夷待访录·原法》载：“论者谓有治人无治法，吾以谓有治法而后有治人。自非法之法桎梏天下人之手足，即有能治之人，终不胜其牵挽嫌疑之顾盼；有所设施，亦就其分之所得，安于苟简，而不能有度外之功名。使先王之法而在，莫不有法外之意存乎其间。其人是也，则可以无不行之意；其人非也，亦不至深刻罗网，反害天下。故曰有治法而后有治人。”

② 《清代学术概论》载：“梁启超、谭嗣同辈倡民权共和之说，则将其书节钞，印数万本，秘密散布，于晚清思想之骤变，极有力焉。”转引自《中国现代学术经典·梁启超卷》，140页，石家庄，河北教育出版社，2001。

③ 《日知录·正始》载：“有亡国，有亡天下。亡国与亡天下奚辨？曰：易姓改号，谓之亡国。仁义充塞，而至于率兽食人，人将相食，谓之亡天下……保国者，其君其臣，肉食者谋之。保天下者，匹夫之贱，与有责焉耳矣。”

江苏昆山顾炎武塑像

图片来源：http：//www.jryghq.com/video/scenicpic _ 4470.html。

内容，也包含着反对专制和暴政的意义。

顾炎武认为：中国幅员辽阔，政事繁杂，如果君主集一切大权于一身，根本无法治理好国家。例如，秦始皇实行独裁专制，天下大小事情都由他一人决断，虽然日夜辛勤操劳，法令多如牛毛，但是很快亡国。这说明君主权力的极度膨胀，是造成政治瘫痪、国家灭亡的重要原因。君主不能独掌大权、操纵一切，应当适当地下放权力，以“众治”代替“独治”，依靠百官治理天下。所以顾炎武反对君主专制，主张百官分权、各司其职，认为这样才能实现政清、法简、刑措。①

顾炎武指出，君主专制的“独治”，因为信不过人，处处设防，事事设防，以致防不胜防，造成了法网的繁密，带来诸多危害。他认为，“立法以救法”只能徒增繁密，使法制愈益败坏，国家更难治理。② 他明确提出“法者，公天下而为之者也”，反对“用例破法”“因例立法”③，以防止官吏借助繁法酷刑荼毒天下。

在顾炎武看来，法制、禁令虽然是治国不可或缺的工具，但不是治国的根本；国家的真正治理，还要依靠贤人推行道德教化，“正人心，厚风俗”④。他对那些卑躬屈膝于清朝政权的明朝官僚及知识分子深恶痛绝，斥责他们是出卖民族利益的寡廉鲜耻之徒，主张加强礼义教化、倡导良风美俗。顾炎武早年参加“复社”，受到过东林余风的熏陶，因此很重视“清议”⑤的作

---

① 《日知录·爱百姓故刑罚中》载：“人君之于天下，不能以独治也。独治之而刑繁矣，众治之而刑措矣。”

② 《日知录·法制》载：“前人立法之初，不能详究事势，豫为变通之地。后人承其已弊，拘于旧章，不能更革，而复立一法以救之，于是法愈繁而弊愈多……立法以救法，而终不善者也。”

③ 《日知录·铨选之害》载：“法者，公天下而为之者也。例者，因人而立，以坏天下之公者也。昔之患在于用例破法，今之患在于因例立法。自例行而法废矣，故谚称吏部为‘例部’……吏胥得操其两可之权，以市于下。世世相传，而虽以朝廷之力，不能拔而去之。”

④ 《日知录·法制》载：“法制禁令，王者之所不废，而非所以为治也。其本，在正人心厚风俗而已。”

⑤ 清议是指以儒家的伦理道德为依据，臧否人物。为官者一旦触犯清议，便会丢官免职，被禁锢乡里，不许再入仕。

用。他认为社会风俗的邪正关系到天下的治乱，因而明确肯定庶民议论为政得失的正当性①，主张保存“清议”、激浊扬清，以形成强大的社会舆论监督，促进政治的革新和社会风气的转变。②

二、王夫之的法律思想

王夫之（1619—1692）字而农，号姜斋，湖南衡阳人，世称船山先生。青年时他组织“匡社”，尊崇“东林”“复社”之风，力图匡扶社稷。清军南下时，他举兵进行阻击。南明政权失败后，他隐居故乡石船山，终生不薙发，在极其艰苦的条件下坚持著述，长达四十余年，著有《读通鉴论》《宋论》《黄书》《噩梦》等著作。

湖南衡阳王夫之故居湘西草堂

图片来源：http：//difang. kaiwind. com/hunan/whsysy/201308/01/t20130801 _ 1010956. shtml。

王夫之认为，法律不是一成不变的，应当“趋时更新”③，随着时代的变化而发展，这是不以任何人的意志为转移的客观规律。他对美化三代君王、认为只有效法先王才能重建美好社会的复古思想进行了批判，强调“天下有定理而无定法”④。他主张法律的变革不仅要考虑到时代的因素，还要与政治、经济、道德、习俗等各方面制度相协调，“同条而共贯”⑤，“相扶而成治”⑥。他强调：三代有三代之法，如封建⑦、井田、肉刑，它们相辅相成，符合了那个时

---

① 《日知录·清议》载：“天下有道，则庶人不议。然则政教风俗，苟非尽善，即许庶人之议矣。”

② 《日知录·清议》载：“天下风俗最坏之地，清议尚存，犹足以维持一二，至于清议亡，而干戈至矣。”

③ 《思问录·内篇》。

④ 《读通鉴论》卷六载：“定理者，知人而已矣，安民而已矣，进贤远奸而已矣。无定法者，一兴一废一繁一简之间，因乎时而不可执也。”

⑤ 《读通鉴论》卷三。

⑥ 《读通鉴论》卷二十一。

⑦ 这里的“封建”指的是分封。

代的社会需要。现在时代变化了，如果泥古不化，欲以三代之法来拯救时弊，则无异于缘木求鱼，很可能适得其反。

王夫之主张立法设制应当“循天下之公”[①]，以天下百姓的利害为立足点；认为“保类”“卫群”是君长义不容辞的责任[②]，法律不是为君主一人服务的工具。他提出要辨别“公”与“私”的界线，指出：“一人之正义”与“一时之大义”相比则为“私”，而“一时之大义”与“古今之通义”相比亦为“私”[③]。立法应当以“古今之通义”为价值追求，“不可以一时废千古，不可以一人废天下”[④]，法律就是体现“古今之通义”的天下公器。

王夫之反对君主专制、独裁，主张分权分治。他和黄宗羲一样重视宰相的作用，认为这是关系到朝纲好坏的重要因素，要求加强相权[⑤]，认为君主应该选任贤相，与大臣各行其职、各尽其责。他还主张分权于地方，严格确定中央与地方以及地方各级的权限，上下级之间互不干扰，各级官员分别依据自己的权限办事。[⑥]

王夫之认为：治理国家，应当人、法兼重，坚持“任人”与“任法”相结合。如果片面强调“任法”，会带来许多弊病。法律所规定的内容毕竟有限，而世上的犯罪却是形形色色，如果偏重法律，势必造成法网的繁密和刑罚的残酷[⑦]，加之奸吏舞文弄法、任意出入人罪，反而会促使社会矛盾激化。[⑧] 如果只强调“任人”而废法，那么是非功过全无客观、公正的标准加以评价，人们将不恪守职责而只重虚名，以私害公[⑨]，也会造成天下的混乱和动荡。所以王夫之强调，治国之道必须将“任人”与“任法”相统一。[⑩]

王夫之还提出：施政立法应当宽严结合，即“严以治吏”“宽以养民”[⑪]。越是位高权重的大官，越要以严法惩治、绝不偏袒。只有身居高位的当权者奉公守法，才能治理好国家。[⑫] 所以上自天子，下至百官庶民，都要接受法律和道德的约束。[⑬]

综上，明末清初，距离君主专制的最后崩溃还有两百多年的时间，但是那些思想的先行者们，已经从最后一个统一的汉人王朝的覆灭中，敏锐地触摸到了历史大潮的脉搏。他们怀着对

---

① 《读通鉴论》卷末叙论一。

② 《黄书·原极》载：“保其类者为之长，卫其群者为之君。”

③ 《读通鉴论》卷十四载：“有一人之正义，有一时之大义，有古今之通义；轻重之衡，公私之辨，三者不可不察。以一人之义，视一时之大义，而一人之义私矣；以一时之义，视古今之通义，而一时之义私矣；公者重，私者轻矣，权衡之所自定也。”

④ 《读通鉴论》卷十四。

⑤ 《读通鉴论》卷二十六载：“宰相无权，则天下无纲。天下无纲而不乱者，未之或有。”

⑥ 《读通鉴论》卷十六载：“天子之令不行于郡，州牧刺史之令不行于县，郡守之令不行于民，此之谓一统。”

⑦ 《读通鉴论》卷四载：“夫法之立也有限，而人之犯也无方。以有限之法，尽无方之慝，是诚有所不能矣。于是而律外有例，例外有奏准之令，皆求以尽无方之慝，而胜天下之残。”

⑧ 《读通鉴论》卷六载：“治之弊也，任法而不任人。夫法者，岂天子一人能持之以遍察臣工乎？势且乃委之人而使之操法。于是舍大臣而任小臣，舍旧臣而任新进，舍敦厚宽恕之士而任徼幸乐祸之小人。其言非无征也，其于法不患不相傅致也，于是而国事大乱。”

⑨ 《读通鉴论》卷十载：“任人而废法，则下以合离为毁誉，上以好恶为取舍，废职业，循虚名，逞私意，皆其弊也。”

⑩ 《读通鉴论》卷十载：“盖择人而授以法，使之遵焉，非立法以课人；必使与科条相应，非是者罚也。”

⑪ 《读通鉴论》卷八载：“严者，治吏之经也；宽者，养民之纬也；并行不悖，而非以时为进退者也。”

⑫ 《读通鉴论》卷二十三载：“法先自治以治人，先治近以及远。”

⑬ 《读通鉴论》卷十九载：“以法相裁，以义相制，以廉相帅，自天子始而天下咸受裁焉。”

国家和民族命运的深切关怀，基于爱民、利民的立场，猛烈地抨击君主专制，要求以“天下之法”取代“一家之法”，并初步将民主与“法治”结合起来。尽管他们的主张仍未能突破儒家“天下为公”“汤武革命”“民贵君轻”等思想框架，没有形成一个足以和封建正统思想相抗衡的思想体系；虽然他们没能踏上“人民主权”“自由”“平等”这些资产阶级启蒙思想最初级的台阶，其成就远不能同近代资产阶级启蒙运动相比；即便他们的观点表现出朦胧与幼稚等特点，具有明显的不彻底性和缺乏系统性等缺陷，但是他们的思想理论已经达到了当时社会条件下所能达到的先进水平，具有无可替代的开创性，促进了人们思想的解放，对近代法律思想的产生有着重要的启蒙意义，加速了封建正统法律思想的衰败。

相关事例

1. 高攀龙自沉明志

天启四年（1624）八月，高攀龙被授予左都御史。当时杨涟等人群起抨击魏忠贤，双方已然势不两立。高攀龙揭发了御史崔呈秀贪污受贿的丑行，崔呈秀处境困迫，急忙跑到魏忠贤那里，乞求做他的干儿子，并指责高攀龙袒护自己的老师赵南星，结党营私。皇帝下旨严厉斥责，高攀龙马上获罪离职。没多久，南京御史游凤翔被外任知府，他攻击高攀龙是挟私排挤他。皇帝下诏让游凤翔官复原职，削去高攀龙的名籍。崔呈秀不解恨，必欲杀掉高攀龙而后快。他把高攀龙的名字加进李实弹劾周起元的奏疏中，并派遣缇骑前去逮捕高攀龙。那天早上高攀龙拜谒宋儒杨龟山的祠堂，回家后和两个门生、一个弟弟在自家后花园池上饮酒。当听说周顺昌已被逮捕，他笑着说：我视死如归，现在果然是这样。他进到内室和夫人说话，就像平时一样。出来写了两张纸，告诉两个孙子明天交给来抓他的官府的校尉。于是打发他们出去，关上了门。过了一会儿，他的孩子们推门进去，只见一盏灯闪烁着微光，高攀龙已经穿戴整齐地投池水自杀了。拆开他封好的纸，原来是遗书，说他虽被削夺了官职，但过去曾是大臣，大臣受辱就是侮辱国家，谨北向叩头，追随屈原投水而死。①

2. 顾炎武被告通海

顾炎武家里有个三代世仆叫陆恩的，他见顾炎武经常出游在外，家道中落，于是背叛主人，投靠了本乡的豪族叶家。顺治十四年（1657），顾炎武第四次拜谒明孝陵回来，陆恩想告发顾炎武和海上郑成功相联络。顾炎武急忙把陆恩捉回来，历数其罪过，把他打死后沉到水里。陆恩的女婿又投靠了叶家，叶家重金贿赂地方官要杀掉顾炎武，把顾炎武抓去囚禁在奴仆家，而不送官府，顾炎武的生命危在旦夕。原来顾炎武的祖上曾把良田数顷抵押给叶家，顾炎武着急赎回，而叶家企图吞没，再三拖延。他们本想用重金唆使陆恩告发顾炎武私通郑成功，希望顾炎武畏罪逃跑，顾不上过问回赎田地之事。顾炎武的好朋友归庄向钱谦益求助，钱谦益提出必须要顾炎武自称是他的弟子才肯营救。归庄知道顾炎武不会答应，又怕失掉救他的机会，于是私自代顾炎武写了一张称自己是钱谦益弟子的名片交给钱谦益。顾炎武听说后，要马上追回名片，但是已经追不回来了。顾炎武就写了告示，在大街上四处张贴以表白自己的态

① 参见《明史》卷二百四十三·列传第一百三十一·高攀龙传。

度。钱谦益笑着说他性子太急了。后来是文贞公路振飞的儿子路泽溥出面帮忙，将顾炎武的案子移交松江府，顾炎武才幸免于难。①

原典阅读书目

1. 黄宗羲．明夷待访录·原君．段志强，译注．北京：中华书局，2011

2. 顾炎武．日知录（一）：卷之八·法制．严文儒，戴扬本，校点．上海：上海古籍出版社，2012

3. 王夫之．读通鉴论：下册·卷末·叙论一．北京：中华书局，1975

原典阅读举例

有生之初，人各自私也，人各自利也，天下有公利而莫或兴之，有公害而莫或除之。有人者出，不以一己之利为利，而使天下受其利；不以一己之害为害，而使天下释其害。此其人之勤劳必千万于天下之人，夫以千万倍之勤劳而己又不享其利，必非天下之人情所欲居也。故古之人君，量而不欲入者，许由、务光是也；入而又去之者，尧、舜是也；初不欲入而不得去者，禹是也。岂古之人有所异哉？好逸恶劳，亦犹夫人之情也。

后之为人君者不然。以为天下利害之权皆出于我，我以天下之利尽归于己，以天下之害尽归于人，亦无不可。使天下之人不敢自私，不敢自利，以我之大私为天下之大公。始而惭焉，久而安焉，视天下为莫大之产业，传之子孙，受享无穷，汉高帝所谓"某业所就，孰与仲多"者，其逐利之情不觉溢之于辞矣。此无他，古者以天下为主、君为客，凡君之所毕世而经营者，为天下也。今也以君为主、天下为客；凡天下之无地而得安宁者，为君也。是以其未得之也，屠毒天下之肝脑，离散天下之子女，以博我一人之产业，曾不惨然，曰"我固为子孙创业也"。其既得之也，敲剥天下之骨髓，离散天下之子女，以奉我一人之淫乐，视为当然，曰"此我产业之花息也"。然则为天下之大害者，君而已矣。向使无君，人各得自私也，人各得自利也。呜呼，岂设君之道固如是乎！②

延伸阅读书目

1. 吕思勉．中国文化史．北京：北京大学出版社，2010

2. 萧公权．中国政治思想史．北京：新星出版社，2005

---

① 参见张伯元撰：《顾炎武通海之案》，载辛子牛主编：《中国历代名案集成》，下卷，47～48页，上海，复旦大学出版社，1998。

② 黄宗羲撰，段志强译注：《明夷待访录·原君》，6～8页，北京，中华书局，2011。《原君》是《明夷待访录》的第一篇，集中反映了黄宗羲对君主专制的批判。

3. 余英时．中国思想传统的现代诠释．南京：江苏人民出版社，1989

延伸阅读举例

“君主的昏愚、淫乱、暴虐，无过于明朝之多。而时势危急，内之则流寇纵横，民生憔悴；外之则眼看异族侵入，好容易从胡元手里恢复过来的江山，又要沦于建夷之手。仁人君子，蒿目时艰，深求致祸之原，图穷而匕首见，自然要归结到政体上了。于是有黄宗羲的《明夷待访录》出现，其《原君》《原臣》两篇，于‘天下者天下之天下’之义，发挥得极为深切，正是晴空一个霹雳。但亦只是晴空一个霹雳而已。别种条件，未曾完具，当然不会见之于行动的。于是磅礴郁积的民主思想，遂仍潜伏着，以待时势的变化。”①

“盖梨洲所深恶者，空疏之心性与躁进之事功，而其所欲讲求者，修身治世之实学。”“梨洲不汲汲于致用，而其《待访录》所陈之政治思想则为其学术中最精彩之一部分，在亡明遗老中殆可首屈一指。”“《待访录》之最高原理出于《孟子》之‘贵民’与《礼运》之‘天下为公’。其政治哲学之大要在阐明立君所以为民与君臣乃人民公仆之二义。”“夫专制之威至明而极，故专制之害至明而显。梨洲贵民之古义，不啻向专制天下之制度作正面之攻击。使黄氏生当清季，其为一热烈之民权主义者，殆属可能。然而吾人细绎《待访录》之立言，觉梨洲虽反对专制而未能冲破君主政体之范围。故其思想实仍蹈袭孟子之故辙，未足以语于真正之转变。”②

“大陆上有些学者如侯外庐提出一个说法，以为继宋明理学之后，清代在思想史上的意义是一种启蒙运动。这是搬的西洋名词 Enlightenment。这种‘启蒙运动’照他们的阶级分析说，则是代表一种市民阶级的思想。这种说法当然是用马克思的史观来解释清代思想的经济背景，我也不愿意说它完全没有根据。比如说黄宗羲在《明夷待访录》财计篇中曾反驳世儒‘工商为末’之论，并明确提出‘工商皆本’的命题。这与传统儒家以农为本的思想大不相同。但如果我们因此就说顾炎武、黄宗羲这几位大师的立说，全是为了代市民阶级争利益而来，恐怕还是难以成立的。”③

“明末清初的进步思想家，都不同程度地对君主专制进行过抨击，唐甄是他们当中最勇猛的一个。唐甄首先反对神化皇帝，指出皇帝是人不是神。在封建君主专制制度下，皇帝具有至高无上的权威，被视为无所不能的不可侵犯的神圣。而唐甄敢于抹掉皇帝头上的圣光，大胆宣告‘天子之尊，非天帝大神也，皆人也’。把皇帝从天帝大神的至尊地位拉回人间并和老百姓等同起来，这就打击了所谓‘天子’的神话，动摇了君主专制制度的思想理论基础。唐甄进而

---

① 吕思勉：《中国文化史》，56～57 页，北京，北京大学出版社，2010。

② 萧公权：《中国政治思想史》，393、400 页，北京，新星出版社，2005。

③ 余英时：《中国思想传统的现代诠释》，208 页，南京，江苏人民出版社，1989。

对历代封建皇帝的罪恶，作了深刻的揭露和批判，尖锐地指出：‘自秦汉以来，凡为帝王者皆贼也。’”①

关键词

启蒙　黄宗羲　《明夷待访录》　天下之法　一家之法　顾炎武　清议　王夫之　趋时更新

思考题

1. 试论黄宗羲的法律思想。
2. 简述顾炎武的法律思想。
3. 简论王夫之的法律思想。
4. 试评黄宗羲、顾炎武、王夫之的法律思想的历史地位。

① 张国华、饶鑫贤主编：《中国法律思想史纲》（下），243～244页，兰州，甘肃人民出版社，1987。

下篇

近代的法律思想

历史概况

中国近代，一般指1840年至1919年。1840年鸦片战争的隆隆炮声，宣告了中国古代社会的终结和近代社会的开始。已经完成工业革命的西方列强用坚船利炮撞开了古老帝国的大门，闭关锁国的清王朝被强行拖入了一个强国如林、弱肉强食的世界。在随后的一百多年里，中国和外国签订的不平等条约多达一千多个，外国人通过条约"合法"地榨取、控制中国，使中华民族蒙受了巨大的灾难，而中国人民在外来侵略面前表现出的觉醒和顽强又为中国的振兴开辟了新的道路。

清朝中后期以来，一些眼光敏锐的思想家已经认识到清王朝正处在全面的衰败之中。对外战争的惨败更加暴露了这个老大帝国的腐朽，外来势力的入侵使社会矛盾愈加尖锐。以龚自珍、魏源、林则徐等人为代表的早期开明派，是中国近代第一批睁眼看世界的先进人物。他们批判传统的政治法律制度，主张了解和学习西方，"师夷长技以制夷"，要求进行社会改革。

随着西方列强的商品倾销，中国自给自足的自然经济结构被迫分化、瓦解，农民和小手工业者纷纷破产。清政府为了支付战争赔款等费用，加紧搜刮，劳动人民不堪重负，终于揭竿而起，引发了1851年至1864年的太平天国农民战争。洪秀全在《天朝田亩制度》中描绘了一个"有田同耕，有饭同食，有衣同穿，有钱同使，无处不均匀，无人不饱暖"的美好蓝图，主张均平、公有和互助，希望建造一个人间天堂。而洪仁玕在《资政新篇》中，主张学习西方先进的科学技术知识和政治法律制度，大力倡导发展资本主义。但是根深蒂固的皇权思想和小农意识，使这次反抗又滑入了历代农民战争改朝换代的历史轨迹。

太平天国农民战争以前所未有的规模横扫半个中国，几乎耗尽清王朝的所有气力。在太平军与清军在长江中下游激战正酣之时，英法联军又在1856年至1860年发动了第二次鸦片战争，纵火焚毁了圆明园。清政府任人宰割，人民的苦难进一步加深，老迈的帝国在落日余晖的映照下，步履蹒跚地进行着最后的挣扎。空前的统治危机使人心思变，人们逐渐认识到：中华民族只有在实现自身近代化的过程中，才能真正抵抗那些已经近代化了的侵略者。中国只有通过变革，才能顺应世界潮流与历史要求，走上独立富强的发展之路。于是，变革成为清末那个时代的最强音。

第二次鸦片战争后，统治集团内部的洋务派提出"自强""求富"的主张，积极创办近代军事工业和民用工业，设立京师同文馆，派遣学生出国留学，翻译、出版西方著作等，在19世纪60年代至90年代，掀起了一场轰轰烈烈的洋务运动。洋务派坚持"中体西用"，但是也提出要效法"西法"，来改变中国的某些旧制。然而，1895年中日甲午一战，洋务派苦心经营的北洋水师全军覆灭，这无异于宣告了洋务运动的破产。

甲午战争的惨败向中国敲响了警钟：民族危机已空前严重，瓜分之祸已迫在眉睫，中国只有改弦更张、变法维新，才能救亡图存，否则，就要跌进亡国灭种的深渊。深重的民族危机，激发了新的民族觉醒，抗击侵略者的爱国救亡热潮很快在全国兴起，而代表民族资产阶级的知识分子站在了时代的最前列。他们不仅要求学习西方先进的科学技术，而且主张学习西方资本主义的政治社会制度，实行政治变革，为资本主义的发展开辟道路。这一思想迅速发展，酿成了1898年的“戊戌变法”运动。资产阶级维新派要求自上而下地用改良的办法，按照“三权分立”原则建立君主立宪政体，推行资本主义的政治法律制度。“百日维新”虽然以六君子被杀而告终，但是它所带来的思想解放作用远不是西太后发动的政变所能剿灭的。

1900年的义和团运动，是饱受外来压迫的国民不甘继续忍受外侮之情感的总爆发，那种以血肉搏枪炮的气概显示了中华民族顽强的反侵略勇气。由于这种深沉的爱国主义情感和植根于自然经济的保守意识纠结在一起，因而不可避免地表现出非理性的封建主义的内容，造成由救国而误国的悲剧。在八国联军的炮口下仓皇逃出北京的西太后，痛定思痛，不得不以皇帝的名义下诏变法，由此开始了晚清最后10年的所谓“新政”时期。一种求生本能或曰王朝自救意识，迫使几近油干灯枯的大清帝国也主动开始了变法革新。在修订法律大臣沈家本、伍廷芳的领导下，《大清律例》等旧律被删修，民法、商法、诉讼法等新法被陆续编纂出来，司法独立开始试行，中国终于走上了法律近代化之路。但是由清廷导演的这场立宪与修律活动，没能按照统治者预期的那样，消除内忧外患，实现国家的富强。清政府对于请求速开国会的请愿活动的麻木不仁，以及“皇族内阁”的倒行逆施等，反而进一步激化了社会矛盾，将失望之余的各阶级、各阶层民众推向反清的革命阵营。

“戊戌变法”的迅速失败，迫使资产阶级的先进分子另辟蹊径，寻找救国的道路。一股新的政治力量开始在中国的政治舞台上崛起，这就是以孙中山为代表的资产阶级革命派。1905年，中国第一个资产阶级革命政党——“中国同盟会”成立，它决心用暴力手段推翻满清王朝，建立资产阶级民主法治国家。经过多次的流血牺牲，终于通过1911年的辛亥革命，创立了中华民国，结束了中国长达两千多年的封建帝制。资产阶级革命派高举“自由、平等、博爱”的文明大旗，热情地描绘民主共和国的建设方案。以孙中山为首的南京临时政府，在短短的不到三个月的时间里，积极进行制度改革和立法活动，颁布了一系列法律文件，使近代先进的资产阶级法治观念进一步深入人心。但是严峻的社会现实很快使人们意识到，虽然皇帝倒了、辫子割了，可是不仅人们殷殷向往的幸福生活没有到来，而且陷入了军阀割据和混战的灾难之中。孙中山痛心地指出：“夫去一满洲之专制，转生出无数强盗之专制，其为毒之烈，较前尤甚。于是而民愈不聊生矣！”①

中华民国初年黑暗现实与革命理想所形成的巨大落差，催生了以1919年“五四运动”为标志的新文化运动的兴起。这场以科学和民主为旗帜的思想启蒙运动，以辛亥革命后的社会现实为认识起点，追溯到中国几千年的历史文化传统，并对这种传统进行了全面而深刻的理性批判。思想文化论争此起彼伏，如东西文化之争、白话与文言之争、科学与玄学之争、问题与主义之争、“中国文化本位”与“全盘西化”之争，等等，有力地推动了民国时期思想的发展和转型。而新与旧、中与西能否调和，成为思想论争的焦点，并对法律制度的设计产生深刻影响。经历过重重磨难，人们深知没有多数国民的民主觉悟，没有个体的自由、平等，不可能真正建构起西方资产阶级的政治法律制度。

综上，正是在民族、国家岌岌可危之时，中国发生了自春秋战国以来最重大的社会变革。由于国门洞开，这场变革关系的已不只是一个王朝的兴替，而是整个中华民族的生死存亡问题。原本孤立于世界之外的中国被拖进了世界的大舞台，西方政治法律学说被大量介绍和传播

---

① 孙中山：《建国方略·自序》，载《孙中山选集》（上），116页，北京，人民出版社，1956。

到中国，传统的法律思想被迫与西方接轨。在外来文化的强烈冲击下，思想界空前活跃，社会各阶层人士围绕着救亡图存这一时代主题，设计出多种治国方案，提出了不同的政治主张和法律观点，表现出强烈的使命感和深切的爱国主义情怀。这场变革同时包含了由传统社会向近现代社会转变的内容，所以它并没有随着大清帝国的覆灭而结束，而是一直延续到 20 世纪。其间的理论争鸣堪与先秦诸子相媲美，这一时期也因此被视为中国法律思想发展史上的第二个黄金时代。中国近代法律思想正是在这一东西方文化碰撞与交融、各派政治势力斗争与妥协的背景下，在传统法律思想与西方法律思想的相互冲突和相互影响中，在学习与排斥、激进与保守、西方化与民族性、先进性与合理性等一系列错综复杂的矛盾纠葛里，艰难地演进，掀起一幕幕波澜壮阔的时代风潮。

重要内容提示

1. 早期开明派的主要法律观点
2. 洋务派的“中体西用”论
3. 康有为的法律思想
4. 梁启超的法律思想
5. 谭嗣同的法律思想
6. 严复的法律思想
7. 沈家本的法律思想
8. 清末的“礼法之争”
9. 孙中山的“五权宪法”思想
10. 章太炎的主要法律主张
11. 民国时期“三民主义”立法指导思想的确立
12. 民国时期“以党治国”“训政”思想的确立
13. 民国时期关于司法党化的主要论争

第九章

如何挽救大清帝国的法律设想

内容提要

由早期开明派提出“师夷长技以制夷”，开启“变法”思潮的先河，到洋务派坚持“中体西用”、主张“采西法以补中法之不足”，再到资产阶级改良派倡言“变法维新”、主张“君主立宪”，“变法”思潮一浪高过一浪，对传统法律思想的批判逐步加深，对西方法律思想的学习日渐深入，而以宣扬自由、民主、平等、人权、宪政等内容为核心的西方法律学说，终于从根本上动摇了封建正统法律思想的根基。随着古老的中华法系的解体，传统法律思想也被迫走上了近代化的进程。当然，这一转变异常曲折，其间有“戊戌六君子”喋血，有晚清修律时激烈的“礼法之争”，使近代的这场变革终未能彻底完成其历史使命，留下诸多的遗憾和教训。

第一节　早期开明派与洋务派的法律思想

一、早期开明派的法律思想

晚清社会危机的加剧，促使人们努力探求化解危机的新途径，于是“变法”成为这一时期法律思想的主流，由个别仁人志士的孤独呐喊，逐渐发展为社会各阶层的普遍共识。一些最早觉醒的先行者，对传统法制提出了深刻的批判和质疑，并且开始将眼光投向西方，主张变法图强。他们就是中国近代史上的早期开明派，其主要代表有龚自珍①、魏源②等人。

---

① 龚自珍（1792—1841）：又名巩祚，字璱人，号定庵，浙江仁和（今杭州）人。早年跟随其外祖父、著名汉学家段玉裁学习文字学，后来师从“公羊学”家刘逢禄学习“经世致用”之学。38 岁时才考中进士，曾任宗人府主事、礼部主事等闲职，无法施展自己的政治抱负，屡受官场的排挤和打击。48 岁时辞官南下，1841 年病逝于江苏丹阳云阳书院。其著作有《定庵文集》，今人辑有《龚自珍全集》。

② 魏源（1794—1857）：字默深，湖南邵阳人。21 岁随父进京，从刘逢禄学习《公羊春秋》，并与龚自珍、林则徐结识，共同研究学问、议论时政。曾编辑《皇朝经世文编》，并长期以幕僚身份参与漕运、水利及盐政等方面的改革。又受林则徐委托，编成《海国图志》一书，第一次比较详细地介绍了世界各国的历史、地理及政治法律制度。其著作还有《元史新编》《圣武记》等，后人编有《魏源集》。

1. 龚自珍的法律思想

龚自珍认为清朝在经历了康乾盛世之后，已经处在没落的“衰世”，好像一个气息奄奄的人，而衰世的重要表征就是人才的匮乏。他愤怒地谴责清朝统治者在政治和思想文化上实行高压政策，猛烈抨击当时的八股取士制度以及凭资历用人的官僚制度，渴盼人才的出现。他在那首著名的《己亥杂诗》中所提出的“我劝天公重抖擞，不拘一格降人才”，就是这种情感的表达。

龚自珍认为清王朝已经到了非加以改革不可的地步，如果不顾社会现实的变化而一味固守祖宗成法，就可能将大清江山赠与后来者，被他人取而代之。所以他大声疾呼：“与其赠来者以劲改革，孰若自改革?”① 他希望清朝统治者能够作出明智的选择，主动进行改革，以便起死回生。

龚自珍大胆议政，提出“更法改图”的主张，在“避席畏闻文字狱，著书都为稻粱谋”的社会，确实开了风气之先，起到振聋发聩的作用，对清末思想界产生了重大影响。正如梁启超所言：“晚清思想之解放，自珍确与有功焉。”②

2. 魏源的法律思想

魏源比龚自珍多活了十几年，亲身经历了鸦片战争，亲自编写了介绍西方地理、历史知识的《海国图志》一书，因而具有不同于龚自珍的新视角，成为睁眼看世界的最早一批知识分子的代表。

魏源画像与《海国图志》书影

图片来源：http：//blog. sina. com. cn/s/blog _ 64c0ba660100h276. html。

魏源反对“古胜于今”的传统观点，认为后代的法制比前代的进步。他以三点为例：汉文帝废肉刑，说明三代的法律残酷而后代的法律仁慈；柳宗元批评三代封邦建国是为了君主的私

① 《龚自珍全集·乙丙之际著议第七》。

② 《清代学术概论》。转引自《中国现代学术经典·梁启超卷》，186 页，石家庄，河北教育出版社，2001。

利，后世的郡县制则是为了天下人的公利；三代的官员都是贵族世袭，而后世改为从民间选拔，这三点都说明了“三代私而后世公”①。人们无限仰慕的“三代之法”，早已变成一去不复返的历史陈迹。变法是历史自身发展的法则，“天下无数百年不弊之法，亦无穷极不变之法，亦无不除弊而能兴利之法”②，所以魏源提出：“变古愈尽，便民愈甚。”③

魏源认为：变法是为了革除旧弊、利国利民，而这必然会遭到既得利益者的阻挠，而冲破这些人的阻挠可能比革除旧弊本身更困难。所以变法者应当具有过人的智慧和非凡的勇气，明辨大是大非，同时还要讲究一些策略。例如，变法必须具有成熟的条件，不可轻易冒进；变法要考虑民众的承受能力，不可贪快贪多，否则，反而会激化社会矛盾。魏源认为，人君立法就像医生开药方一样，有可能产生两种截然不同的效果。④ 所以他强调在立法之后务必选拔贤才来认真执法。如果王安石变法时所立的青苗法，由韩琦、程颢等贤才来推行，一定不会虐害老百姓，可见选择执法之人是多么重要。

在中国近代史上，魏源是第一个提出向西方学习的人。他在林则徐所编《四洲志》的基础上加以扩充，完成了《海国图志》，其目的就是要人们了解夷情，进而“师夷长技以制夷”⑤。“夷”在古代指华夏周边的少数民族，在近代主要指中国以外的资本主义国家。魏源希望人们能够学习西方的长处，战胜外敌的侵略。尽管在他看来，所谓“夷之长技”还仅限于“战舰”“火器”及“养兵练兵之法”⑥，但是“师夷”的口号影响深远，将寻求真理的目光引向了西方。

魏源在《海国图志》一书中，还对西方的政治法律制度作了介绍，如讲述了美国的总统选举制、议会民主政治及法官选任制度、把不设君主之位的瑞士誉为“西土桃花源”等，表达了对西方资产阶级政治法律制度的赞赏和向往。魏源也曾主张推行民主议政，要求广开言路，强调皇帝要广泛听取意见，做到“不以人废言”“不以言举人”⑦。但是，这无疑与西方的宪政民主制度不可同日而语。尽管魏源的变法主张没有超越正统法律思想的范围，虽然他和龚自珍一样，主观上只是想通过变法来修补已有的旧制度，摆脱日益深重的社会危机，使国家尽快富强起来，恢复昔日的辉煌，但是他在客观上引发了中国近代思想史上的一种新观念，即仿效西方的民主政治来改革传统的君主专制，因而他的思想具有划时代的意义。

二、洋务派的法律思想

“洋务”是19世纪后半叶中国人对外洋事务的概称。虽然早在第一次鸦片战争期间，魏源就提出了“师夷长技以制夷”的口号，但是并没有得到社会的广泛认同。直到第二次鸦片战争爆发，京师被占，圆明园被焚，办理“洋务”才成为清王朝的当务之急。由办理“洋务”而形

---

① 《魏源集·默觚下·治篇九》。

② 《魏源集·筹鹾篇》。

③ 《魏源集·默觚下·治篇五》。

④ 《魏源集·默觚下·治篇四》载：“医之活人，方也；杀人，亦方也。人君治天下，法也；害天下，亦法也。”

⑤ 《魏源集·海国图志叙》载：“《海国图志》六十卷……是书何以作？曰：为以夷攻夷而作，为师夷长技以制夷而作。”

⑥ 《海国图志·筹海篇三》。

⑦ 《魏源集·默觚下·治篇十二》。

成的“洋务运动”，始于 19 世纪 60 年代、终于 19 世纪 90 年代。统治集团内部主张兴办洋务的人被称为洋务派，以区别于顽固拒绝接受外来事物的顽固派。洋务派的代表人物，包括奕䜣、文祥等贵族，以及曾国藩、李鸿章、左宗棠、刘坤一、张之洞等握有实权的地方总督巡抚。他们以“自强”“求富”相号召，主张兴办新式工业，翻译西方书籍，讲求国际公法，以挽救病入膏肓的清王朝。甲午战争的失败，宣告了洋务运动的破产，但是由此引进的西学以及西方资本主义的生产方式，又为以后的资产阶级改良运动准备了条件。

张之洞①是洋务派的后期领袖，也是洋务派在法律思想领域的集大成者。他在《劝学篇》一书中，对洋务派的指导思想“中体西用”② 进行了全面、系统的概括和总结，主张整顿中法与采用西法。在清末的法律改革中，张之洞维护纲常名教，反对采用一些西方资产阶级的审判制度，挑起晚清立法中的“礼法之争”，又成为礼教派的领袖人物。他的法律思想无论在当时还是后世，都产生了很大影响。

张之洞与《劝学篇》

图片来源：http：//book. ifeng. com/shupingzhoukan/special/duyao74/wenzhang/detail _ 2012 _ 05/07/14366927 _ 11. shtml。

1. “中体西用”论

“中体西用”是为了调和当时新学与旧学的矛盾而提出的。称旧学为“中学”，是由于它指的是以中国古代文化典籍为载体，以儒家纲常名教为核心的传统思想；称新学为“西学”，是由于声、光、化、电、器械、武备、通商、律例等新知识主要来自近代西方国家。张之洞认为当时倡新学与守旧学的人各有偏执：守旧派不知变通，无法适应形势的变化，固然落伍；而革

---

① 张之洞（1837—1909）：字孝达，号香涛，河北南皮人。历任山西巡抚、两广总督、湖广总督、军机大臣兼管学部大臣等职，是洋务派在法律问题上最有代表性的人物。其著作被收入《张文襄公全集》。

② 冯桂芬在 1861 年写成的《校邠庐抗议》中提出的“以中国之伦常名教为原本，辅以诸国富强之术”，是关于“中体西用”思想的最早表述。

新派不守根本，蔑视伦常秩序，尤不可行。他主张“中学为内学，西学为外学；中学治身心，西学应世事”，“旧学为体，西学为用，不使偏废”①。这一思想被概括为“中学为体，西学为用”，简称“中体西用”。当然，中学与西学之间的复杂关系，远非“体”与“用”这对范畴所能正确规定的，所以“中体西用论”在提出的当时就曾受到批评和质疑。② 尽管这一表述未必妥当，但是它真实地反映了洋务派在中学与西学之间的那种折中态度。

在《劝学篇》中，张之洞明确肯定，以纲常名教为核心的中国传统思想是不可动摇的立国之本，“中国所以为中国，实在于此”。如果失去了这个根本，中国将不成其为中国。所以对于西方文化要有选择地吸收、利用，而其标准就是“有益于中国，无损于圣教”。凡是有害于君臣之纲、父子之纲、夫妇之纲的思想、学说，统统都在排斥、抵制之列。

张之洞的《劝学篇》发表于维新运动高涨的1898年，他所提出的“中体西用”论在当时具有反对维新变法运动的政治意义，因此曾被清廷以上谕的形式肯定，由军机处分发各省刊刻，风行一时。当清廷提出要变法修律时，这一主张又成为修律的指导思想，对晚清的法律改革产生了直接影响。

2. 整顿中法与采用西法

张之洞在《劝学篇》中总结了清朝的15项仁政，其中包括刑法制度；并对《大清律例》赞美有加。但是他也不得不承认，只有向西方学习，才能国富民强。所以张之洞主张变法革新，只不过要以不触动纲常名教为原则。在“中体西用论”的理论指导下，张之洞于1901年与两江总督刘坤一联衔上奏“江楚会奏变法三折”③，主张“采西法以补中法之不足”，要求整顿中法、采用西法。

张之洞在第二折“恤刑狱”中，罗列了改革清律的具体建议，共分为禁讼累④、省文法⑤、省刑责⑥、重众证⑦、修监羁⑧、教工艺⑨、恤相验⑩、改罚锾⑪、派专官⑫共九个方面。这些对清律的变革措施，基本上没有超越儒家的仁政思想。而在第三折中，他倡议清政府聘请西方各国的名律师，博采各国的法律，为中国制定矿律、路律、商律以及中外交涉刑律，以维护国家主权，保护华商利益，促进中国工商业的发展。

张之洞曾在与沈家本的论争中，提出“法律本原实与经术相表里”⑬，意即法律是形式（“表”）、经术是内容（“里”），“四书五经”中的纲常名教是法律的精义之所在，绝不可动摇。

---

① 《劝学篇》。

② 参见《严复集·与外交报主人论教育书》。

③ 即《变通政治筹议先务四条折》《整顿中法十二条折》《采用西法十一条折》。

④ 禁止胥吏在狱讼中敲诈勒索，建议革除差役，代之以现代警察制度。

⑤ 简省诉讼程序中的繁文缛节。

⑥ 对刑讯进行限制，除命盗等重案外，不得刑讯，建议将笞、杖刑改为羁禁。

⑦ 重证据，轻口供，除死罪必须有供词外，其他各罪只要众证确凿，又经上司复核，即便没有口供，也可按律定罪。

⑧ 改善监狱的环境、生活条件和管理。

⑨ 让犯人在服刑期间学习生产技能，以便将来释放以后可以谋生。

⑩ 官吏勘验命案，应车骑简从，不准扰民。

⑪ 对户婚、田土、钱债等民事案件及轻微刑事案件，不必加以刑责，可以罚金代之。

⑫ 选派专门官员，对监狱进行管理和监督。

⑬ 《张文襄公全集·奏议·遵旨覆议新编刑事民事诉讼法折》。

这决定了他的变革主张难以超越前人，但是他所拟定的不少措施在之后的法律改革中被付诸实施。特别是张之洞与刘坤一、袁世凯共同保举沈家本、伍廷芳主持修订法律，推动了清末为时10年的变法修律，因此对于近代中国的法律发展，也具有一定的积极意义。

第二节 资产阶级改良派的法律思想

在洋务运动兴起的同时，早期改良派也开始登上中国历史的舞台，其主要代表人物包括冯桂芬、薛福成、王韬、郑观应等人。他们对西方知识有了更多了解，逐步觉察到洋务运动的局限，提出要从根本上学习西方，并把眼光投向西方资产阶级的民主政治制度，为资产阶级改良派君主立宪方案的形成，奠定了思想基础。

1895年，日本逼签《马关条约》的消息传到北京，康有为发动在北京应试的举人“公车上书”，提出拒和、迁都、练兵、变法的主张，掀开了维新变法运动的序幕。改良派将学习西方法律摆在了首位，积极宣传西方资产阶级的政治法律学说，在促进传统法律观向近现代化的迈进方面，起到了至关重要的作用。可惜这场运动很快就被慈禧镇压下去，但是它在思想启蒙方面的影响是史无前例的。资产阶级改良派在法律思想方面比较有建树的，主要是康有为、梁启超、谭嗣同、严复等人。

一、康有为的法律思想

康有为（1858—1927），原名祖诒，字广厦，号长素，广东南海（今广州）人。他自幼饱读经史，深受龚自珍、魏源等人经世致用思想的影响。青年时代他曾游学香港，又受到西方资产阶级新学的影响，感受到资本主义制度的优越性，于是下定决心学习西方，改革中国的传统制度。他在家乡创立不缠足会，成立万木草堂，不断讲学著书。从1888年至1898年，他先后7次上书光绪帝，请求变法图强。在1895年“公车上书”之后，他和梁启超等人发动“戊戌变法”，组织强学会，创办报纸，宣传变法维新思想。变法失败后，他逃亡国外，组织保皇会，后改为国民宪政会，宣传立宪，反对孙中山领导的民主革命；辛亥革命后，又组织孔教会，思想日趋保守。其主要著作有《新学伪经考》《孔子改制考》《大同书》等。

1. 借托古改制论变法维新

作为资产阶级改良派的领导人物，康有为认为只有变法维新，才是自强之策，并提出“能变则存，不变则亡，全变则强，小变则亡”①。他主张设议院、开国会、定宪法、实行“三权分立”，建立资产阶级的君主立宪国家，全面改革旧的法律，引进西方资产阶级的法律制度和法律学说。但是在营造变法舆论、宣传变法思想的时候，康有为采用的却是传统的托古改制形式。在“戊戌变法”前，康有为撰写了《新学伪经考》《孔子改制考》，否定儒学经典，否定正统思想，把孔子描绘成变法维新的祖师，以此论证变法维新的重要性和合理性。

---

① 《康有为政论集·上清帝第六书》。

广州万木草堂

图片来源：http：//image. baidu. com/i? tn＝redirect&word＝j&juid＝BEDFED&sign＝ciebzacgwg&url＝http%3A%2F%2Ftripoh. cn%2Fguide%2FSightsView _ 12766. html。

在《新学伪经考》中，康有为力图证明西汉末年刘歆的著作及当时社会崇奉的《左传》等古文经典，都是当年刘歆为了辅佐王莽篡汉、建立“新”朝而假造的“伪经”，认为他们湮没了孔子的“改制之圣法”。《新学伪经考》一书不是严谨的学术论著，旨在破除士大夫对传统经学教条的迷信，引导人们怀疑古代经典、解放思想，为变法维新扫除思想障碍。

在《孔子改制考》中，康有为明确将孔子推为“托古改制”的“圣法”的创立者。他称“公羊三世”是孔子制定的三个循序渐进的历史阶段，人类社会由“据乱世”进入“升平世”，再由“升平世”进入“太平世”；认为沿着人类进化的“三世”，国家也必然地由“专制”进到“立宪”，再由“立宪”进入“共和”。他认为一切应当“循序而行”，不能“躐等”，“三世不能飞跃”，一国的君主专制必须经过立宪制才能进入共和制，所以他反对资产阶级革命派急欲建立民主共和国的主张。

2. “太平之世不立刑”

康有为的《大同书》是一部空想性质的作品，他依据“公羊三世说”，结合儒家的“大同”说，佛教的“慈悲”“平等”“博爱”，卢梭的“天赋人权”，再加上他听到的一些西方空想社会主义学说，构造了一个大同世界。

康有为认为：“公羊三世”中的“太平世”就是大同社会，是人类发展阶段上“至善至美”的理想社会。在那里，人性可以得到充分的发展，致人犯罪的政治、经济根源消失了，社会可以达到“治至刑措”，实现“太平之世不立刑”。而致刑措、达大同的最根本的方法就是“去九界”：一去国界，消灭国家，实行大同；二去级界，消灭等级，倡民族平等；三去种界，同化人类，使全世界都成为优种人；四去形界，解放妇女；五去家界，消灭家庭；六去产界，消灭私有制；七去乱界，取消各级行政区划，全球设大同公政府；八去类界，众生平等，博爱众生；九去苦界，至极乐，实行大同，达到至平、至仁、至公、至治。虽然“太平之世不立刑”，但是还有职业规则以及“禁懒惰”“禁独尊”“禁竞争”“禁堕胎”等禁令。

康有为“治至刑措”的大同理想，在一定程度上表达了他对君主专制制度及其法律的批判，反映了他对人权、民主、自由、平等的热切追求。尽管这只不过是乌托邦的幻想，但是仍然具有一定的积极意义。

二、梁启超的法律思想

梁启超（1873—1929），字卓如，号任公，又号饮冰室主人，广东新会人。他 9 岁即能下笔千言，有神童之誉；12 岁中秀才；17 岁中举人。后他师从康有为，与他一起发动“公车上书”，参加强学会，任《实务报》主笔、湖南时务学堂总教习，发表了许多政论文章，积极宣传变法维新思想，成为资产阶级改良派的喉舌。“戊戌变法”失败后，他流亡日本，主办《清议报》《新民丛报》等，同以孙中山为首的资产阶级革命派进行论战。辛亥革命后，他曾任袁世凯政府司法总长，1916 年策动蔡锷组织护国军讨袁，后任段祺瑞政府的财政总长，晚年致力于教育事业和学术研究。梁启超学识渊博，平生著述一千余万字，笔锋犀利而恒带感情。其著作有《饮冰室合集》，其中阐述法律思想的主要有《变法通议》（1896 年）、《中国法理学发达史论》（1904 年）、《论中国成文法编制之得失》（1904 年）、《先秦政治思想史》（1922 年）、《论立法权》（1902 年）、《立宪法议》（1900 年）等。

天津梁启超故居“饮冰室”书斋

图片来源：http://tj.sina.com.cn/travel/destination/2013-01-09/022610112.html。

梁启超以进化论为依据，论证变法是合乎事物发展规律的。他提出：“法者，天下之公器也；变者，天下之公理也。”中国虽然历史悠久、土地广阔，但是国弱民穷，以至丧权割地，处境万分危险，只有变法维新“可以保国，可以保种，可以保教”。现在地球各国之间的联系已经相通，各国都在蒸蒸日上，所以变法乃大势所趋、势在必行，“变亦变，不变亦变”，这是人力不能阻挠的。主动变法则能自救自强，被动变法则后果难料。所以他驳斥了顽固派坚持

“祖宗之法不可变”的谬论，大声疾呼应当变法维新。[①]

梁启超认为，中国若要救亡自强，实行变法，必须从改革中国社会本身入手，改革中国的政治、法律、文化教育制度，乃至国家的政体。他认为洋务派所提出的练兵、开矿、通商等变法内容，不过是填塞漏洞、修修补补的办法，根本不是救亡图存之道。那么，什么是变法的根本呢？他在《变法通议》中提出：“变法之本，在育人才；人才之兴，在开学校；学校之立，在变科举；而一切要其大成，在变官制。”同时他也指出，变法“必兴民权”。在西方资产阶级国家中，“谓君也，官也，国民之公奴仆也”[②]，因此，变法要从兴民权开始。梁启超认为只有改革官制和政治体制，实行君主立宪，才能使国家日臻富强。因此，他主张设立民选议会，制定宪法，实行“三权分立”。

在《论立法权》一文中，梁启超借鉴西方资产阶级倡导的“三权分立”原则，结合中国当时的实际情况，创造出他自己的“三权分立”说，即由国会行使立法权、由国务大臣行使行政权、独立审判厅行使司法权，并且把统一的“三权”的统治权称为“体”，这是不可分的；又把国会、国务大臣、审判厅分别行使的“三权”称为“用”，这是可分的，即所谓“三权之体皆筦于君主”。这就是说，君主立宪和君主专制的“体”是完全相同的，君主立宪里的“君主”同君主专制里的“君主”一样，享有最高的权力，其区别仅在“用”上，即在三权的使用上，立宪政体对君主有某些限制罢了。梁启超在1900年，曾以“立宪政体者，必民智稍开而后能行之”为理由，认为中国之正式立宪必得二十年后。[③] 其后他又在1905年提出了“开明专制论”，认为当时的中国“万不能行共和立宪制”，也“尚未能行君主立宪制”，只有“以开明专制为立宪之预备”[④]。这种保守的主张反映了近代法律思想演进中复杂的一面。

三、谭嗣同的法律思想

谭嗣同（1865—1898）字复生，号壮飞，湖南浏阳人，出身官宦之家，其父谭继洵，官至湖北巡抚。青少年时代的谭嗣同为学勤奋，博览群书，并酷爱兵法，学过剑术；多次参加科举考试，均名落孙山。他游历过不少省份，比较广泛地接触了下层群众的现实生活。祖国山河的破碎、灾民的流离，使具有强烈爱国思想的谭嗣同深感再不能因循守旧，立志倡导新政。1896年春，谭嗣同在北京结识了梁启超，自称康有为的私淑弟子。同年7月谭嗣同遵父命赴南京就任候补知府。在此期间，他写成了著名的《仁学》一书，思想上发生了由反对变法维新到积极支持变法维新的转变。1897年10月，他弃官回湘，协助巡抚陈宝箴设立时务学堂，筹办开矿、修铁路等新政；又与梁启超一起组织南学会，创办《湘报》，倡导西学，宣传维新思想，使湖南省成为当时全国最富有朝气的省份之一。1898年8月谭嗣同被征入京，被光绪帝破格提拔为四品衔军机章京，是执掌起草变法事宜的“军机四卿”之一，积极参与变法运动。同年9月，“百日维新”被绞杀，谭嗣同义无反顾地甘愿为变法流血以启示后人，为“戊戌六君子”之一。他在绝命诗中写下“我自横刀向天笑，去留肝胆两昆仑”，

---

① 本段引文参见《饮冰室合集·变法通议》。

② 梁启超：《饮冰室合集·中国积弱溯源论》。

③ 参见梁启超：《饮冰室合集·立宪法议》。

④ 梁启超：《饮冰室合集·开明专制论》。

表现出了大无畏的英雄主义气概。今人辑有《谭嗣同全集》，其中具有代表性的著作有《仁学》《报贝元征书》等。

谭嗣同认为使中国陷于苦难而不能自拔的根源，就是有一个个的天罗地网在禁锢着中国人的身体和精神。他在《仁学》中饱含激情地大声疾呼“冲决君主之网罗”“冲决伦常之网罗”，将锋芒直指君主专制政治及其法律制度的根基——“三纲”。谭嗣同认为“三纲”是统治者毒害人民的思想工具，对其进行了痛快淋漓的批判。关于君臣关系，谭嗣同指出：“生民之初，本无所谓君臣”，“君”是由“民”共同推举出来的，因此是“君末也，民本也”。“君”是“为民办事”的，“臣”是帮助君主“为民办事”的，“事不办而易其人，亦天下之通义也”。这不仅抨击了“君权神授”说，而且阐明了民本君末、君由民举、立君为民和民有权“易”君的道理。可是自秦以来的历代帝王，却颠倒了这种本末关系，为了一己的私利，任意屠割天下。谭嗣同愤激地斥责道：“二千年来之政，秦政也，皆大盗也”；“二千年来之学，荀学也，皆乡愿也”；二千年来的帝王，皆“独夫民贼”也，因此，臣民根本无须遵从“忠君”“死节”的要求。关于父子关系，谭嗣同认为“父子朋友也”，“子为天之子，父亦为天之子”，每个男人都既为“子”又为“父”，所以父子关系应该是平等的。关于夫妻关系，谭嗣同认为“男女同为天地之菁英”，“夫妇朋友也”，应该“平等相均”。可是传统的“夫为妻纲”为害甚烈，不把妻子当人看，还宣传“饿死事小，失节事大”，将家庭变成了压迫妇女的活地狱，酿成无数人间悲剧。这不仅违背了平等原则，而且违背了最起码的人道。谭嗣同认为在中国传统社会里，人与人的关系“皆为三纲所蒙蔽，如地狱矣”，“三纲之慑人，足以破其胆，而杀其灵魂”。他深刻地揭露了“三纲”戕害人们心灵的罪恶，道破历代“独夫民贼，固甚乐三纲之名，一切刑律制度皆依此为率，取便己之故也”，即“便己”正是统治者长期奉“三纲”为法律指导原则的重要原因。谭嗣同认识到，如果不彻底否定并推翻纲常名教，所谓的维新变法，也就无从谈起。[①] 所以他坚决主张“冲决一切封建网罗”，用资产阶级的平等、自由、博爱等思想来取代落后的封建意识形态，从根本上摧毁传统政治、法律制度赖以维系的精神支柱。

谭嗣同在《仁学》中提出，“仁”是“天地万物之源”，“仁以通为第一义”，而“通之象为平等”，“平等”是“仁”的第一或最主要的标准，一切事物都应遵循“仁—通—平等”这一普遍规律。这种规律表现在政治方面就是“通政”，即改革黑暗的君主专制政体，仿效西方设议院，兴民权，使上下相通；反映在经济方面就是“通商”，即解除对工商业的禁锢，制机器，筑铁路，办矿务等，使商品的生产和流通畅行无阻，大力发展民族经济；体现在文化教育方面就是“通学”，即革除封闭、保守的旧学，废科举，兴学校，积极引进西方先进的文化知识。谭嗣同认为天下的“器”与“道”都是相通的，具有普遍性，没有必要强分中外，因此，变“器”不变“道”及“中体西用”等说法都是站不住脚的。面对深重的民族危机，他主张“唯变法可以救之”。谭嗣同赞赏西方的民主和法制，认为西方“法度政令之美备”[②] 值得中国效法，应当“尽学西法”以变革中国传统的政治法律制度，最终达到“人我通”，与世界潮流接轨。

谭嗣同是资产阶级改良派中最激进的思想家，他对官逼民反的太平天国革命寄予了一定的

---

① 《谭嗣同全集·仁学》载：“今中外皆侈谈变法，而五伦不变，则举凡至理要道，悉无从起点，又况乎三纲哉?”

② 《谭嗣同全集·报贝元征书》。

同情①，并认为像法国大革命那样，“誓杀尽天下君主，使流血满地球，以泄平民之根”②，不仅值得同情，而且应当赞美。这和康有为、梁启超敌视革命，形成了鲜明对照。谭嗣同的思想在很多方面实际上已经超越了改良主义的范围，成为资产阶级革命派的思想先驱。

四、严复的法律思想

严复（1853—1921）字又陵，又字几道，福建侯官人。1867年严复考入福州船政学堂，1877年被保送英国，攻读海军专业，深受西方资产阶级思想影响；1879年回国后，曾任福州船政学堂教习、天津北洋水师学堂总教习等职。1895年甲午海战的失败，使严复对时局忧心忡忡，他积极投身于维新变法的宣传活动中，写下了大量呼吁变法图强的文章。而他最突出的贡献，则是在1898年翻译、出版了赫胥黎的《天演论》，以“物竞天择、适者生存”的生物进化理论阐发“救亡图存”思想，有力地推动了中国人的觉醒。之后他又陆续翻译了亚当·斯密的《国富论》（严译《原富》）、穆勒的《自由论》（严译《群己权界论》）、孟德斯鸠的《论法的精神》（严译《法意》）等多种西方学术名著，把西方的古典经济学、政治学、哲学、法学等理论第一次较为系统地介绍到中国来，启蒙与教育了一代国人。离开北洋水师学堂后，严复先后出任安徽高等学堂监督、复旦公学和北京大学等校校长，以教育救国为己任，成为近代中国开启民智的一代宗师。辛亥革命后，他列名参加了拥护袁世凯称帝的“筹安会”，为世人所诟病。

严复是资产阶级改良派中比较重视法制和具有鲜明资产阶级法律观的思想家。他认为中国自秦以来的专制君主都是窃国大盗、是“无法之君”，两千年来的专制之国是“无法之国”，两千年来的法律都是“为上而立”的“非法之法”③，是专制帝王用以压制、束缚臣民的工具。他指出：“天下理之最明，而势所必至者，如今日中国不变法，则必亡是矣。”④意即非变法无以救中国，要改变中国的落后局面，就必须顺应天演进化的规律，改革旧制。那么变法应当从何处入手呢？严复认为：“今者事事方为更始，而法典居其最要。”⑤意即虽然变法千头万绪，但是最迫切、最重要的是改革法律，良好的法治秩序是国家富强的前提。

严复认为西方资本主义的强盛并不在于“船坚炮利”，关键在于其“于学术则黜伪而崇真，于刑政则屈私以为公”，即科学和民主才是其富强之本。对于当时甚嚣尘上的“中体西用论”，严复从“体”与“用”不可分割出发，指出：这种观点就像“以牛为体、以马为用”一样荒唐⑥，所以学习西方，“体”与“用”要同时而变。什么是西方国家的“体”？当时不少人都认为是民主政治，而严复却提出，“自由”才是西方国家的灵魂，“民主”不过是“自由”在政治上的一种表现，“以自由为体，以民主为用”⑦才是西方国家文明发达的根源。他对中、西方

---

① 《谭嗣同全集·仁学》载：“洪杨之徒，苦于君官，铤而走险，其情良足悯焉。”

② 《谭嗣同全集·仁学》。

③ 《严复集·辟韩》。

④ 《严复集·救亡决论》。

⑤ 《法意》第十九卷第六章按语。

⑥ 《严复集·与外交报主人论教育书》载：“体用者即一物而言之也，有牛之体则有负重之用，有马之体则有致远之用，未闻以牛为体、以马为用者也……故中学有中学之体用，西学有西学之体用，分之则并立，合之则两亡。议者必欲合之而以为一物，且一体而一用也，斯其文义违舛，固已名之不可言也，乌望言之而可行乎？”

⑦ 《严复集·原强》。

文化进行了比较，指出，“中国最重三纲，而西人首明平等；中国亲亲，而西人尚贤；中国以孝治天下，而西人以公治天下；中国尊主，而西人隆民；中国贵一道而同风，而西人喜党居而州处；中国多忌讳，而西人重讥评”，中、西方文化存在着诸多的不同，但是其最大差异，在于“自由不自由异耳”①。

严复痛恨几千年来宗法礼教对人性的扼杀，认识到救国必先救人，如果没有以人权为基础的自由在观念上和法制上的确立，那么中国的政治法律就不可能真正改观。他根据主权在民的观点阐明法律应当“为民而立”并“利民”“便民”，所以衡量法律优劣的标准就是看其是否有利于“鼓民力”“开民智”“新民德”②。严复认为赋予并充分保障国民的自由权，是中国救亡图存的前提和国家强盛之本。这种远见卓识对当时具有数千年传统的专制社会而言，无疑醍醐灌顶，发人深省。但是，也正是由这一思想出发，严复会因国民政治文化程度不足而主张推迟乃至否定政治改革。例如，他之所以主张君主立宪，是因为他认为君主立宪是当时中国的最佳选择，并非他认为民主共和制不好，而是他认为条件不成熟，“其时未至，其俗未成，其民不足以自治也”③。可是正当“戊戌变法”走向高潮之际，严复又发表文章，以民智未开为由反对维新。④ 可见，严复是集启蒙思想家与政治保守主义者之双重角色于一身，这就注定了他思想的复杂性与矛盾性，因而他才会作出拥袁称帝、反对“五四”时期的新文化运动等落伍之举。

梁启超曾这样总结中国社会近代变革的进程：“第一期，先从器物上感觉不足，于是，福建船政学堂、上海制造局等等渐次设立起来。第二期，是从制度上感觉不足，所以拿‘变法维新’作一面大旗，在社会上开始运动。第三期，便从文化根本上感觉不足。”⑤ 中国近代的法律变革与法律思想的演进，也随着社会变革而一步步走向深入，基本顺应了世界发展的潮流。然而令人遗憾的是，近代法律思想的变革并没有完成其历史使命。由于种种原因，西方的某些先进学说在传入中国以后，不仅难以为国人所理解，反而成为一种新的破坏力。梁启超尖锐地指出：“自由之说入，不以之增幸福，而以之破秩序；平等之说入，不以之荷义务，而以之蔑制裁；竞争之说入，不以之敌外界，而以之散内团；权利之说入，不以之图公益，而以之文私见；破坏之说入，不以之箴膏肓，而以之灭国粹。”⑥ 这表明，近代中国的思想启蒙还是一项远未完成的相当艰巨的工作，任重而道远。

综上，经过改良派的宣传，已经逐渐觉醒的中国人开始将宪制作为政治追求，再也无法对清朝的专制统治逆来顺受。为了维持摇摇欲坠的大清政权，清廷在血腥镇压了“戊戌变法”之后，也不得不在20世纪初，接过了改良派“变法维新”的口号，以“预备立宪”与修改法律来收揽人心、平息舆论。这场法律变革由于是由清廷组织、推行的，因而对于法律制度、法律

---

① 《严复集·论世变之亟》。

② 《严复集·原强》载：“今日要政统于三端：一曰鼓民力，二曰开民智，三曰新民德”，“国之强弱贫富治乱者，其民力民智民德三者之征验也。必三者既立，而后其政法从之，于是一政之举、一令之施，合于其智德力者存，违于其智德力者废”。

③ 《严复集·辟韩》。

④ 《严复集·中俄交谊论》载：“夫君权之重轻，与民智之浅深为比例。论者动言中国宜减君权、兴议院，嗟乎！以今日民智未开之中国，而欲效泰西君民并王之美治，是大乱之道也。”

⑤ 梁启超：《饮冰室合集·五十年中国进化概论》。

⑥ 梁启超：《饮冰室合集·论私德》。

观念的转变，产生了广泛而深刻的影响，推动了中国法律的近代化，意义深远。

第三节　沈家本的法律思想与清末的“礼法之争”

庚子年间的八国联军进北京，给了残破、衰朽的大清王朝沉重的一击。为挽救风雨飘摇中的王朝命运，顽固镇压戊戌维新运动的慈禧太后集团，也不得不在“六君子”的血泊中捡起变法的旗号，下令推行“新政”，从而开启了晚清最后10年的变法修律，而主持这次活动的主要代表人物就是沈家本。由于张之洞等人依然坚持传统纲常伦理的神圣地位，将其作为政治、法律变革的底线，于是围绕着《大清新刑律》等反映近代西方法律原则的新律的制定和实施，出现了法理派和礼教派的激烈争论，史称“礼法之争”。

一、沈家本的法律思想

沈家本（1840—1913）字子惇，又作子敦，别号寄簃，浙江归安（今湖州）人。自1864年起在刑部任职近三十年，使他对历代法典和刑狱档案颇为熟悉，对传统法律制度的发展变化和利弊得失有了深刻认识，为日后主持修律打下了深厚的专业基础。自1893年起，沈家本历任天津知府、保定知府、山西按察使；1900年任刑部左侍郎。1902年，清廷设修订法律馆，沈家本兼任修订法律大臣近十年之久，并先后担任大理院正卿、法部右侍郎、管理京师法律学堂事务大臣、资政院副总裁等职。他积极引进西方的法律、法学，使延续了两千多年的中华法系宣告瓦解，为中国法律的近代化作出了重要贡献。辛亥革命爆发后，沈家本曾任袁世凯内阁法部大臣，1913年病逝于北京。沈家本著述甚丰，后人编有《沈寄簃先生遗书》甲编22种、乙编13种。甲编分为《历代刑法考》和《寄簃文存》两部分，是体现其法律思想的重要论著。2010年又整理、出版了《沈家本全集》（共8册，近800万字）。

《沈家本全集》八册

图片来源：http://www.sinoss.net/2010/0505/21201.html。

1. 以法律救国的法治思想

沈家本是一个忧国忧民、具有强烈民族自尊心的开明官僚。他亲眼目睹了中华民族饱受列强欺凌，曾在八国联军占领保定时遭到侵略军拘押，深陷囹圄数月，并险遭不测。这段刻骨铭心的经历，更加激发了他的爱国之心。他认为西方国家通过改革政治法律制度而日益强盛，中国介于列强之间，在不平等的条约体系下，司法主权遭到严重侵害，更是万难守旧，不得不改。在救亡图存的时代大潮中，沈家本认为，政治、法律制度的转变才是改变国运的根本。他希望通过变革法律，实现国家的有效治理，由弱变强，一雪国耻，收回领事裁判权，让中华民族自立于世界民族之林，与西方先进国家齐头并进。1902年，通商大臣张之洞与外国修订商约时，英、日、美、葡等国表示，在清廷切实改良立法和司法现状后，将放弃领事裁判权。西方的这种许诺给了沈家本以极大的鼓舞，进一步促使他将毕生的精力和全部的才智都倾注在法律变革的事业中。

在这种以法律救国思想的影响下，沈家本比同时代的其他封建官僚，更加深切地认识到法律、法学在国家政治和社会生活中的作用。他提出，“法者，天下之程式，万事之仪表也”①，即法律是衡量社会行为、社会事务的客观标准；“律者，民命之所系也”②，即法律是关系民众切身利害的大事，因此绝不可等闲视之。沈家本总结古代王朝的盛衰规律，认为法律起了最重要的作用，法度的健全与政治的清明成正比，“世未有无法之国而能长治久安者也”③，所以他强调“为政之道，首在立法以典民”④。

沈家本十分重视法学的研究和宣传，专门撰写了《法学盛衰说》，剖析中国法学不发达的原因，认为李斯辅佐秦始皇推行焚书令、元朝废除律博士等，都是导致传统法学衰落的重要原因。在他看来，法学对于立法、司法具有重要的指导作用，所以他对中国历史上法学的衰落深感痛惜。他严厉地批判了纪晓岚编纂“四库全书”时轻视法律和法学的错误思想，认为在这种法律虚无主义的影响下，传统法学每况愈下。⑤ 对比西方法学的兴盛，沈家本对于当时社会不重视法律、法学的现状，表达了深深的忧虑。他根据自己的知识和经验，得出了一个结论：“清明之世，其法多平；陵夷之世，其法多颇。则法学之盛衰，与政之治忽，实息息相通。然当学之盛也，不能必政之皆盛；而当法学之衰也，可决其政之必衰。”⑥ 沈家本明确指出了法学和政治的关系：政治决定法学，有什么样的政治就有什么样的法学；法学盛而政治不一定盛，法学衰而政治必定衰。这一论断无疑具有一定的合理性。他满怀热情地希望中国的法学能够由衰转盛，对法制的发展和时局的变化发挥积极的推动作用。

2. 会通中西的法律改革思想

沈家本认为，清朝旧律已经不是治国的善法，只有吸收西方法律的精华，才能有补于时世。而变革法律的办法就是将中西法律“融会贯通，一无扞格”⑦。在吸收西方先进法律的同时，有选择地扬弃传统法律，“参考古今，博稽中外”⑧。

在这种开放的思想指导下，沈家本在考订中国古代法律制度和浩繁的法学文献的同时，大开研究西法之风，热心探索西方资产阶级的法律制度和法律思想。他组织人员大量翻译了欧美、日本的法律书籍，还派遣官员去欧洲、日本进行实地的考察；设立京师法律学堂，延聘法国、日本的法律专家来授课，参与修律的工作；帮助建立北京法学会，设立法政研究所，出版法学杂志。在具体修律的过程中，他主张废除酷刑、删除比附、实行罪刑法定、改良监狱、对

---

① 《寄簃文存·新译法规大全序》。
② 《寄簃文存·重刻唐律疏议序》。
③ 《历代刑法考·刑制总考三》。
④ 《寄簃文存·旗人遣军流徒各罪照民人实行发配折》。
⑤ 《寄簃文存·法学盛衰说》载：“纪文达编纂《四库全书》，政书类法令之属，仅收二部，存目仅收五部。其按语谓：‘刑为盛世所不能废，而亦盛世所不尚，所录略存梗概，不求备也。’夫《四库目录》乃奉命撰述之书，天下趋向之所属，今创此论于上，下之人从风而靡，此法学之所以日衰也。”
⑥ 《寄簃文存·法学盛衰说》。
⑦ 《大清法规大全·法律部·奏刑律分则草案告成由》。
⑧ 《寄簃文存·重刻明律序》。

未成年人进行惩治教育、废止买卖人口和奴婢制度、对满人与汉人在法律适用上一律平等、禁止刑讯逼供、实行司法独立，并规定了陪审制、律师辩护制以及公开审判制度等，构建了中国近代部门法体系的雏形，推动了中国近代的司法改革，促进了近代法学教育和法学研究的发展，为传统法律体系赋予了新的生命。所以近代法学家杨鸿烈如此评价沈家本："中国法系全在他手里承先启后，并且又是媒介东西方几大法系成为眷属的一个冰人。"①

二、清末的"礼法之争"

在晚清的法律改革过程中，发生过许多争论，而以"礼法之争"最为著名。礼法之争中的"礼"是指礼教，即"三纲五常"等中国传统思想；"法"是指法理，即西方资产阶级的法律原理。礼教派以张之洞、劳乃宣②为代表，要求在改革中坚持纲常礼教原则，又称礼派、礼治派、国情派或家族主义派；法理派以沈家本、杨度③为代表，主张用西方近代法律原则指导立法，又称法派、法治派、反国情派或国家主义派。

1906年，沈家本主持起草的《刑事民事诉讼法》被上奏朝廷。该法采用了西方资产阶级的律师制度和陪审制度，遭到张之洞等人的反对。④ 该法未及公布就被作废。

1907年，沈家本以"折衷各国大同之良规，兼采近世最新之学说，但仍不戾乎我国历世相沿之礼教民情"⑤ 为宗旨，拟定出《大清新刑律草案》。该法采用西方的刑法体例，分总则、分则两编，采纳了西方的罪刑法定、罪刑相应和人道主义等原则。张之洞表示反对，他先以该草案中对"内乱罪"不处死刑而指责沈家本袒护和包庇革命党，又因无夫妇女通奸不治罪而批驳其败坏礼教。清廷于1909年发布上谕，要求"凡我旧律义关伦常诸条，不可率行变革"⑥，明确阐明了其维护纲常礼教的修律原则。《大清新刑律草案》被发回修改，不得不在正文后面加上"附则五条"，规定对有关伦常的犯罪加重处罚，无夫妇女通奸仍定为犯罪，对尊亲属不适用正当防卫等，并由沈家本等联名上奏。

1910年，该草案交宪政编查馆核订，遭到劳乃宣等人的反对。他们攻击沈家本等人一味摹仿外国、不以伦常为重，要求把旧律有关伦纪礼教的各条，直接列入新刑律正文，以免本

---

① 杨鸿烈：《中国法律发达史》，872页，上海，商务印书馆，1930。

② 劳乃宣（1843—1921）：字季瑄，号玉初，又号韧叟，河北永年人，进士出身。曾任直隶知县、宪政编查馆参议、京师大学堂总监督、袁世凯内阁学部副大臣等职。张勋复辟，被任命为法部尚书，借口年老未就职。劳乃宣坚持以三纲五常为修订法律的根本原则。他认为法律生于政体，政体生于礼教，礼教生于风俗，风俗生于生计。农桑、猎牧、工商三种生计产生三种类型的风俗礼教政体，从而产生出家法、军法、商法三种类型的法律。中国是"农桑之国"，产生家族宗法伦理，由此产生家族主义的"家法"。修订法律制度，应以维护家族主义的"三纲五常"为根本原则。

③ 杨度（1874—1931）：字皙子，湖南湘潭人。早年留学日本，鼓吹君主立宪。1907年任宪政编查馆提调，辛亥革命后任内阁学部副大臣。1915年组设筹安会，策划复辟帝制。1922年加入国民党，1929年以秘密党员身份加入共产党，1930年加入自由大同盟。杨度认为，要使国家发达，法律就必须保护个人自由而采用西方的国家主义原理。

④ 《张文襄公全集·奏议·遵旨覆议新编刑事民事诉讼法折》载："盖法律之设，所以纳民于轨物之中，而法律本原实与经术相表里。其最著者为亲亲之义，男女之别，天经地义，万古不刊。"而该法"袭西俗财产之制，坏中国名教之防，启男女平等之风，悖圣贤修齐之教"。

⑤ 《大清光绪新法令·修订法律大臣沈家本等奏进呈刑律分则草案折》。

⑥ 《大清法规大全·法律部》卷首。

末倒置。为了壮大声势，劳乃宣还把自己的主张写成说帖遍示京外。沈家本撰文予以反驳，双方互相辩难。如针对“无夫奸”条，劳乃宣认为：“今草案专列有夫奸罪，其无夫犯奸者不为罪，则失之太过矣。中国风俗视奸情之事于处女孀妇尤重，若竟不以为罪，殊不当于人心。”[①] 沈家本指出：“无夫之妇女犯奸，欧洲法律并无治罪之文”，“此最为外人着眼之处。如必欲增入此层，恐此律必多指摘也。此事有关风化，当于教育上别筹办法，不必编入刑律之中”[②]。劳乃宣则指责：“如不增入此层，此律必为中国人所指摘。畏外国人指摘，独不畏中国人指摘乎？”[③] 最后宪政编查馆基本上未采纳劳乃宣等人的意见，将附则改为《暂行章程》上奏。

其后，该草案交资政院议决。宪政编查馆特派杨度到议场，说明新刑律的国家主义立法宗旨，批评旧律的家族主义原则，又遭到劳乃宣等人的强烈反对，引起轩然大波。议场内外，就中国立法应以家族主义还是国家主义为指导思想，展开了激烈辩论。如针对子孙对尊长能否适用正当防卫，劳乃宣等认为：一般人正当防卫应当不加罪，可是“对于尊亲属，小杖则受，大杖则走，子孙不可有正当之防卫”。而法理派则主张：“国家刑法，是君主对于全国人民一种之限制。父杀其子，君主治以不慈之罪；子杀其父，君主治以不孝之罪”，这样才公平，因此，不应在刑律正文中加入卑幼不得适用正当防卫之条。[④] 资政院的会期已过，这场辩论才随之而结束。

最后，《大清新刑律》于 1911 年正式颁布，在所附的《暂行章程》中规定无夫妇女通奸仍定为犯罪，而子孙对尊长不可以适用正当防卫。礼教派对法理派提出弹劾，沈家本被迫辞去修订法律大臣和资政院副总裁之职，“礼法之争”以礼教派的胜利、法理派的妥协而告终，凸显了中西法律思想的差异和冲突。其实在整个争论中，双方并没有绝对地主张礼教或法理，尤其是法理派，其思想并未完全脱离礼教。“礼法之争”中所提出的那些观点中，有的能以进步或落后的标准来评判，有的则比较复杂，不宜简单定论。针对法理派为了收回领事裁判权而急于袭用西法，礼教派指出，西方国家的允诺靠不住，领事裁判权完全“视国家兵力之强弱，战守之成效以为从违”[⑤]，意即收回领事裁判权主要靠国家实力的日渐强大，而不仅仅是法律的改革，因而绝不会单纯以法律的完善与否为转移。这一论断发人深省。

相关事例

1. 林则徐遣戍伊犁

道光十八年（1838），林则徐请求朝廷采用重法禁止鸦片买卖的主张，得到皇帝的赞同，召他入宫觐见，前后达 19 次。皇帝授予他为钦差大臣，赴广东查办禁烟事宜。道光十九年（1839）春，林则徐到达广东，厉行虎门销烟，抗击洋人的入侵。道光二十年（1840）七月，

① 《桐乡劳先生遗稿·修正刑律草案说帖》。
② 《寄簃文存·书劳提学新刑律草案说帖后》。
③ 《桐乡劳先生遗稿·声明管见说帖》。
④ 参见《资政院议场速记录》第 23 号。转引自李贵连：《沈家本传》，352 页，北京，法律出版社，2000。
⑤ 李贵连主编：《中国法律思想史》，369 页，北京，北京大学出版社，1999。

英国领事义律在侵扰了厦门、定海、宁波等地后，到达天津，写信给总督琦善，声称广东烧毁烟土是挑衅行为，起自林则徐与邓廷桢二人，向他们索要赔偿不肯给，又遭到斥骂和驱逐，所以越境呈诉。琦善把义律所讲禀报皇帝，皇帝的禁烟思想开始动摇。同年九月皇帝下诏说：自查禁鸦片以来，国内的不法之徒没能肃清，外来的贩卖来源也没有断绝，沿海各省纷纷征调，既耗费粮饷又疲劳了军队，这都是林则徐等办理不善所导致的。把林则徐交给大臣们严加议处，命令他立刻来京城，由琦善接替他的职务。很快大臣们评议革除林则徐的官职，命他仍回广东等候查问和差遣。琦善到了广东，义律要求赔偿烟价，厦门、福州开埠通商。皇帝大怒，又命令准备作战。道光二十一年（1841）春，授予林则徐四品卿的官衔，赴浙江镇海协防。同年五月，皇帝下诏斥责林则徐在广东不能德威并用，剥夺了他四品卿的头衔，发配到伊犁守边。①

2. 吴越行刺五大臣

1905 年清朝为预备立宪，特派载泽（镇国公）、戴鸿慈（户部侍郎）、徐世昌（兵部侍郎）、端方（湖南巡抚）、绍英（商部右丞）五大臣出洋考察宪政。革命党人吴越，安徽桐城人，设谋实施暗杀。9 月 24 日五大臣出发时，吴越怀揣炸弹，在北京前门车站伪装成仆人，试图混入五大臣乘坐的花车。当时警卫森严，送行的人很拥挤，吴越来不及抛掷而炸弹猝发，他自己壮烈牺牲，绍英、载泽仅受轻伤。②

原典阅读书目

1. 魏源：魏源集．上册·海国图志叙．北京：中华书局，1976

2. 康有为．康有为政论集：上册·上清帝第六书．汤志钧编．北京：中华书局，1981

3. 梁启超．饮冰室合集．文集：第 1 册·变法通议·论不变法之害．北京：中华书局，1989

4. 沈家本．历代刑法考（四）寄簃文存：卷三·法学盛衰说．邓经元，骈宇骞，点校．北京：中华书局，1985

原典阅读举例

夫盛衰之故，非偶然也。清明之世，其法多平；陵夷之世，其法多颇。则法之盛衰，与政之治忽，实息息相通。然当学之盛也，不能必政之皆盛；而当学之衰也，可决其政之必衰。试观七国之时，法学初盛之时也，桓、灵不德，阉寺肆虐，而篡于魏；北齐之时，法学亦盛，而齐祚不永，凡疑法学之无裨于世。然而秦尚督责，法敝秦亡。隋逞淫威，法坏隋灭。世之自丧其法者，其成效又如是。然则有机善之法，仍在乎学之行不行而已。学之行也，萧何造律，而

① 参见《清史稿》卷三六九·列传一百五十六·林则徐传。

② 参见郭成伟、肖金泉主编：《中华法案大辞典》，836 页，北京，中国国际广播出版社，1992。

有文景之刑措。武德修律，而有贞观之治。及其不行也，马、郑之学盛于下，而党锢之祸作于上，泰始之制颁于上，而八王之乱作于下。有法而不守，有学而不用，则法为虚器，而学亦等于卮言。此固旷观百世，默验治乱之原，有足令人太息痛哭者矣！吾独不解：骩法之人，往往即为定法之人。梁武诏定律令，缓权贵而急黎庶；隋文诏除惨刑，而猜忌任智。至于殿庭杀人，稽诸史册，不胜枚举。法立而不守，而辄曰法之不足尚，此固古今之大病也。自来势要寡识之人，大抵不知法学为何事，欲其守法，或反破坏之。此法之所以难行，而学之所以衰也。是在提倡宗风，俾法学由衰而盛，庶几天下之士，群知讨论，将人人有法学之思想，一法立而天下共守之，而世局亦随法学为转移。法学之盛，馨香祝之矣。①

延伸阅读书目

1. 陈旭麓．近代中国社会的新陈代谢．上海：上海社会科学院出版社，2006
2. 钱穆．国史大纲：下册．北京：商务印书馆，1996
3. ［美］D. 布迪，C. 莫里斯．中华帝国的法律．朱勇，译．南京：江苏人民出版社，2003

延伸阅读举例

“虽说‘中体西用’后来久被指为包庇封建，其实，那个时候的中国，天下滔滔，多的是泥古而顽梗的士人，在封建主义充斥的天地里，欲破启锢闭，引入若干资本主义文化，除了‘中体西用’还不可能提出另一种更好的宗旨。如果没有‘中体’作为前提，‘西学’无所依托，它在中国是进不了门、落不了户的。因此‘中体西用’毕竟使中国人看到了另一个陌生的世界，看到了那个世界的部分，并移花接木地把这一部分引进到中国来，成为中西文化交冲汇融后两者可能结合的一种特定形式。以自强求富为目标的军事工业和民用工业，以翻译、出版、科技、学堂、留学生为内容的近代文化事业都是这种结合所产生的有益结果。这些东西是封建文化和封建制度的对立物，虽然力量有限，但终究打开了缺口，促进了近代中国社会的新陈代谢。”②

“戊戌变政，又称‘百日变政’。这一个变政的生命，前后只有九十八天。这一个变政之失败，第一原因，在于他们当时依靠皇帝为变政之总发动，而这个皇帝，便根本不可靠。第二原因，在于他们鼓动变法，一切超出政治常轨，而又并不是革命。第三原因，由于一时政令太骤，主张‘速变’‘全变’，而无一个按部就班切实推行之条理与方案。第四原因，由于当时政治上旧势力尚相当浓厚，足以阻碍革新运动之进展。紧随着戊戌政变而来者，为庚子拳乱。庚

① 沈家本撰，邓经元、骈宇骞点校：《历代刑法考（四）寄簃文存》，卷三・法学盛衰说，2143～2144页，北京，中华书局，1985。《法学盛衰说》是沈家本阐述法学与政治之间息息相关的重要论著。

② 陈旭麓：《近代中国社会的新陈代谢》，127～128页，上海，上海社会科学院出版社，2006。

子拳乱，虽挟有不少可笑的迷信，然其为中国上下不能忍受外侮压迫之情感上之爆发则一。所以继续于辛丑和议以下的，还是国内一片变法维新的呼声。然而满洲狭义的部族政权，还想挣扎其固有之地位。在狭义的部族政治下，乃惟有革命爆发之一路。”①

“与西方法律相比，中华帝国的法律在有些方面更加人道，更加合理。例如，在中国，盗窃罪一般不处死刑，除非所偷赃物的价值超过一百二十两白银，或者屡次盗窃、第三次所窃赃物价值在五十两白银以上。而在工业革命前的英格兰，法律却规定，盗窃商店货物，价值超过5先令者，即处死刑。这项法律规定直到1818年为国会四次否决之后才被废止……然而，除了上面提到的拷讯和司法程序中其他不合理的制度之外，大概最让近代西方人反感的，首先是中国古代法律中表现出来的严重的不平等（官僚品级、特权、尊卑等方面）。的确，当西方人看到，对于法律所确认的不平等制度哪怕只是轻微的触犯也要受到严厉的惩罚，他不能不对最初只是‘劝导性’的‘礼’在儒教中国施行时所具有的野蛮感到惊奇，除非他还记得，在基督教的西方，宗教和政治上的分歧一直并且经常是继续地受到同样野蛮的惩罚。”②

“陈虬（1851—1904），是清末维新派的代表人物之一，又是造诣精深的中医学大师。一生并没有从事任何专门的法律工作，但是为了变法图强，他在宪法、民事、经济、司法等方面提出了不少卓有见地的观点。其中最引人注目的还是他的废除死刑论。在陈虬看来，处死杀人者来为死者抵命确实适当，但是对死者而言又有什么裨益呢？在死刑案中，无论是犯罪者还是受害者，以及双方的家庭，都将受到很大的伤害。为此，陈虬主张废除死刑，而以杖、宫、墨、髡刑及劳役相折抵，具体做法是：先将杀人犯痛打一顿，处以宫刑，然后在犯人背上刺字涂墨并剪掉头发以防止其逃跑；强令犯人做苦工，以其劳役所得工钱来补偿受害之家，每月由官府定期给付，大约以二十年为期；每年到罪犯戕害人命那天，还要把犯人押解到原来的行凶地点枷号示众三天。这样不仅使受害之家在经济上得到更好的补偿，而且可以有效避免冤冤相报，促进阴阳的平衡与罪犯的悔改。不仅可以消除犯人的桀骜不驯，防止其死后化为厉鬼害人，而且慢慢促使其心生悔悟，重新成为良民，因而可以达到天下大治。”③

关键词

龚自珍　魏源　海国图志　师夷长技以制夷　洋务派　张之洞　中体西用　康有为　《新学伪经考》　《孔子改制考》　太平之世不立刑　梁启超　三权之体皆莞于君主　谭嗣同　冲决一切封建网罗　严复　自由为体、民主为用　沈家本　法学盛衰说　礼法之争

---

① 钱穆：《国史大纲》（下册），901～906页，北京，商务印书馆，1996。

② ［美］D. 布迪、C. 莫里斯著，朱勇译：《中华帝国的法律》，30～31页，南京，江苏人民出版社，2003。

③ 姜晓敏：《晚清的死刑废除问题及其历史借鉴》，载《法学杂志》，2013（12）。

思考题

1. 简述早期开明派的主要法律观点。
2. 试论张之洞以“中体西用”为核心的法律思想。
3. 试论康有为借“托古改制”论“变法维新”的思想。
4. 简述康有为“太平之世不立刑”的“大同”理想。
5. 概述梁启超的变法图存思想。
6. 简述谭嗣同“冲决一切封建网罗”的法律思想。
7. 简述严复“以自由为体、以民主为用”的法律思想。
8. 试论沈家本法律思想的历史地位。
9. 如何认识清末的“礼法之争”？

第十章
怎样建构中华民国的法律论争

内容提要

1898年清政府残酷地镇压了“戊戌变法”运动，这使不少爱国人士深感在中国建立君主立宪制的国家无望，不再对腐朽、落后的清统治者抱有任何幻想，从而坚定地走上了以暴力革命推翻清政权、建立资产阶级民主共和国的道路。以孙中山为首的资产阶级革命派开始登上近代中国的历史舞台。他们以西方的民主宪政思想为武器，对封建专制法制进行了深刻的揭露和彻底的批判，要求废除野蛮、残酷的封建刑罚，主张建立以“自由、平等、博爱”之精神为基础的资产阶级法治国家。民国肇始，百废待兴，具体到法律领域，面对晚清新政遗留下的残局，亟待解决的问题可谓千头万绪。在救亡压倒启蒙的形势下①，如何推陈出新，“为中国法系争取一个新的生命，开辟一个新的纪元”②？怎样融会中西，既不“自置本国古先哲之良法美意于弗顾”③，又能改变法学的“殖民地风景”④？有关这些问题的思考和争论，不仅仅是纯粹学理上的辩论和交锋，而且受到当时政坛上各种力量相互较量的深刻影响，这使民国时期法

① 参见李泽厚：《中国现代思想史论》，7页，北京，东方出版社，1987。“救亡压倒启蒙”是李泽厚于20世纪八十年代中期提出的著名观点，他以“启蒙”与“救亡”两大“性质不相同”的思想史主题来解构中国现代史，认为在中国现代史的发展过程中，“反封建”的文化启蒙任务被民族救亡主题所“中断”。

② 章开沅主编：《居正文集》，下册，492页，武汉，华中师范大学出版社，1989。居正（1876—1951）：湖北人，1905年留学日本，并加入同盟会，积极从事革命工作。南京临时政府成立时，任内政部次长，参与起草《中华民国临时约法》。1932至1949年，任南京国民政府司法院院长，大力推行中国的法制改革。他提出了“重建中国法系”的主张，撰有《为什么要重建中国法系》等著作。

③ ［德］赫善心：《中国新刑律论》。转引自王健编：《西法东渐——外国人与中国法的近代变革》，141页，北京，中国政法大学出版社，2001。原文写作于1910年。针对清末的新刑律草案，德国人赫善心发表评论：“余到中国日浅，于中国立法一事，不敢妄生末议。惟余见今日中国，自置其本国古先哲之良法美意于弗顾，而专求之于外国，窃为惜之。”

④ 蔡枢衡：《中国法理自觉的发展》，60页，北京，清华大学出版社，2005。他指出：“摘拾和祖述是数十年来中国法学著作、讲义、法学论文和教室讲话的普遍现象……若从社会背景看，祖述和摘拾都和殖民地性质有不可分的关系。祖述和摘拾成了一个国家的法学著作、教室讲话和法学论文的普遍现象，这正是殖民地风景。”原书刊行于1947年。蔡枢衡（1904—1983）：江西人，早年留学日本东京帝国大学，获法学学士学位。回国后任教于北京大学和西南联大，主要致力于刑事法学研究和教学，有多种著述行世，是20世纪中国杰出法学家之一。

律体制的构建与完善过程进一步复杂化。了解这一时期一些政要和学者关于若干具体法律问题的争论，对于我们把握中国传统法律思想近代化的曲折过程，具有重要的意义。

第一节 资产阶级革命派的法律思想

随着中华民族内忧外患的加深，以激进的革命代替渐进的改良逐渐成为主流思想。1905年，由孙中山领导的“兴中会”与黄兴、宋教仁等建立的“华兴会”以及蔡元培、章太炎等人成立的“光复会”，在日本联合组成了中国资产阶级的革命政党——“中国同盟会”。“同盟会”以“驱除鞑虏，恢复中华，创立民国，平均地权”为政治纲领，并创立了《民报》来宣传自己的思想主张，同流亡海外的康有为、梁启超等人所鼓吹的君主立宪思想进行了针锋相对的论战，痛斥清廷的立宪骗局，为民主革命思想的传播发挥了重要作用。

经过不断的艰苦奋斗、流血牺牲，终于在1911年，辛亥革命推翻了清王朝，结束了在中国长达两千多年的封建专制统治。资产阶级革命派的法律思想成为新生的中华民国立法的指导原则，南京临时政府第一次在近代中国践行了“三权分立”的宪政体制，开创了中国历史的新纪元。资产阶级革命派中有许多理论家和思想家，如邹容、陈天华、宋教仁、朱执信等，但是最有代表性的当属孙中山和章太炎。

一、孙中山的法律思想

孙中山（1866—1925）名文，字德明，号逸仙，因曾化名中山樵，故后称孙中山，广东省香山县（今中山市）人。他出生于农民家庭，12岁便为生活所迫而随母到夏威夷檀香山投靠哥哥，在那里就读于教会学校；1892年毕业于香港雅丽氏医院附属学校，先后在澳门、广州行医。孙中山自幼就仰慕太平天国英雄，向往“天下为公”的大同世界。西方的文化教育使他更加不满于清朝的专制统治，决心投身于挽救民族危亡的斗争。1894年，他曾上书于李鸿章，提出救国图强的建议，遭到拒绝。同年他在檀香山组建了中国第一个资产阶级革命团体——“兴中会”，提出了“驱除鞑虏，恢复中华，创立合众政府”的口号。同盟会建立后，他被选举为总理。1912年中华民国成立，孙中山任临时大总统。之后他发动了二次革命、护法战争，并重新改组了中国国民党。1925年孙中山病逝于北京。其著作先后被整理成《孙中山选集》（人民出版社1956年版）、《孙中山全集》（中华书局1981～1986年版）。

孙中山是一位富有创见性的政治家和思想家，他提出的“三民主义”“五权宪法”等理论是其法律思想的核心内容。

（一）“三民主义”的立法指导思想

“三民主义”是民族主义、民权主义和民生主义的总称，是孙中山为了解决近代中国社会的民族解放、民主革命和社会改革三大历史任务而提出的资产阶级革命的纲领，也是其法律思想的理论基础和指导原则。

辛亥革命武昌起义纪念馆

图片来源：http：//www.dafeitan.cn/xianlu/hz/hb/wh/3260.html。

“三民主义”分为旧“三民主义”和新“三民主义”两个阶段。1905年11月在《民报》发刊词中，孙中山第一次提出了“三民主义”的主张。在第二年《民报》创刊周年的纪念会上，孙中山发表演说，又详细阐述了“三民主义”的具体内容，将其确立为资产阶级民主革命的奋斗目标。但是之后辛亥革命的胜利，并没有引导中国走上独立、富强的发展道路。在军阀割据的时代背景下，孙中山的革命理想无法得到实现。正当他苦闷之时，苏联“十月革命”的胜利促使其思想发生了重大变化。1924年，孙中山提出“联俄、联共、扶助农工”的三大政策，并重新解释了“三民主义”。

1. 民族主义

“驱除鞑虏，恢复中华”是旧“三民主义”中民族主义的基本内容，即推翻清政府的异族统治，光复以汉族为主体的国家。这是因为清王朝在其统治的二百多年中，推行残酷的民族压迫政策，近代以来清政府又与列强相勾结，成为中华民族实行民族自救的最大障碍。所以这一主张尽管带有一定的大汉族主义思想，但是在当时特定的历史条件下，无疑仍具有革命意义。“排满”、进行“种族革命”是当时资产阶级革命派发动革命的重要口号。不过，孙中山并不赞同一部分人宣传的种族复仇，他指出：“民族革命是要尽灭满洲民族，这话大错。民族革命的缘故，是不甘心满洲人灭我们的国，主我们的政，定要扑灭他的政府，光复我们民族的国家。这样看来，我们并不是恨满洲人，是恨害汉人的满洲人。假如我们实行革命的时候，那满洲人不来阻害我们，决无寻仇之理。”① 这就说明民族革命的矛头是反动的清统治者，而非一般的满族人；民族革命的立足点是反对民族压迫，而不是民族复仇。

南京临时政府成立后，孙中山在《临时大总统就职宣言》中公开强调“五族共和”和“民族统一”②。制定于这一时期的《中华民国临时约法》第5条明确规定：“中华民国人民，一律

① 《孙中山选集》，上卷·三民主义与中国前途，74页，北京，人民出版社，1956。

② 《孙中山选集》，上卷·临时大总统就职宣言，82～83页，北京，人民出版社，1956。

平等，无种族、阶级、宗教之区别。”①

面对民国初期政局的动荡以及列强操控下的军阀混战，孙中山逐渐认识到，帝国主义才是压迫中华民族的最大敌人。正如1924年《中国国民党第一次全国代表大会宣言》所指出的那样：“辛亥以后，满洲之宰制政策，已为国民运动所摧毁，而列强之帝国主义则包围如故，瓜分之说，变为共管，易言之，武力之掠夺，变为经济的压迫而已，其结果足使中国民族失其独立与自由则一也。”所以，孙中山重新解释了民族主义，提出“国民党之民族主义，有两方面之意义：一则中国民族自求解放；二则中国境内各民族一律平等”②。意即国内各民族要在平等、自治的基础上，融合为一个统一的中华民族，解除与列强签订的一切不平等条约，实现中华民族的独立和解放。这一新的解释，使民族主义克服了大汉族主义的缺陷，具有现代民族主义的精神。

2. 民权主义

民权主义是“三民主义”的核心，以推翻君主专制、建立民国为基本内容。按照孙中山的政治理念，民权与民国紧密相连，民权的实现寄托在建立民国之上。在1905年发布的《同盟会宣言》中，他提出“今者由平民革命以建国民政府，凡为国民皆平等以有参政权。大总统由国民共举。议会以国民公举之议员构成之，制定中华民国宪法，人人共守。敢有帝制自为者，天下共击之”。孙中山深受西方“天赋人权”思想的影响，认为以民权取代君权是顺应世界潮流之举，符合历史发展的必然。他以西方民主宪政国家为典范，设计资产阶级共和国的蓝图，希望在新的政体下，“一国之人皆有自由、平等、博爱之精神”③。他曾对民国与民权作出如下解释：“何为民国？美国总统林肯氏有言曰：‘民之所有，民之所治，民之所享。’此之谓民国也。何谓民权？即近来瑞士国所行之制：民有选举官吏之权，民有罢免官吏之权，民有创制法案之权，民有复决法案之权，此之谓四大民权也。必具有此四大民权，方得谓为纯粹之民国也。”④

但是随着新生的民国只剩下一具干瘪的躯壳，演变为军阀挥戈、政客逐利的舞台，孙中山逐渐认识到“天赋人权”的局限性。在提出应当“确定人民有集会、结社、言论、出版、居住、信仰之绝对自由权”的同时，他将反帝反封建作为民权主义真正实现的基本条件，指出：“近世各国所谓民权制度，往往为资产阶级所专有，适成为压迫平民之工具。若国民党之民权主义，则为一般平民所共有，非少数人所得而私也……国民党之民权主义，与所谓‘天赋人权’者殊科，而唯求所以适合于现在中国革命之需要……则凡真正反对帝国主义之个人及团体，均得享有一切自由及权利；而凡卖国罔民以效忠于帝国主义及军阀者，无论其为团体或个人，皆不得享有此等自由及权利。”⑤

为了保障民权，孙中山还提出了“五权宪法”理论，并特别强调以“县自治”为中心的地方自治，以实现“直接民权”。《中国国民党第一次全国代表大会宣言》明确指出：“确定县为

① 蒲坚主编：《中国法制史参考资料》，196页，北京，中央广播电视大学出版社，1989。

② 《孙中山选集》，下卷·中国国民党第一次全国代表大会宣言，525页，北京，人民出版社，1956。

③ 《孙中山选集》，上卷·同盟会宣言，69、68页，北京，人民出版社，1956。

④ 《孙中山选集》，下卷·建国方略之三 社会建设（民权初步），340页，北京，人民出版社，1956。

⑤ 《孙中山选集》，下卷·中国国民党第一次全国代表大会宣言，530、526页，北京，人民出版社，1956。

自治单位。自治之县，其人民有直接选举及罢免官吏之权，有直接创制及复决法律之权。”①

3. 民生主义

孙中山认为，民生主义是他独创的欧美资本主义国家所没有的理论。他看到了西方社会深重的社会危机，指出“英国财富，多于前代不止数千倍，人民的贫穷，甚于前代也不止数千倍，并且富者极少，贫者极多”②。为了避免资本主义制度所造成的严重的贫富不均、劳资对立等问题，孙中山提出要以“土地”和“资本”这两大问题的解决为着眼点，以实现全民族的富足，共享文明进步的成果。他希望在中国尚未出现大资本家和显著的资本主义生产关系之前，未雨绸缪，将民生与民族、民权并立，“诚可举政治革命、社会革命毕其功于一役”③。

关于土地问题，孙中山曾提出“平均地权”的口号。平均地权并不是平均分配土地，他解释说：“文明之福祉，国民平等以享之。当改良社会经济组织，核定天下地价。其现有之地价，仍属原主所有；其革命后社会改良进步之增价，则归于国家，为国民所共享”，使全国“家给人足，四海之内，无一夫不获其所。敢有垄断以制国民之生命者，与众弃之”④。可见，平均地权并非“夺富人之田为己有”⑤。孙中山试图通过温和的办法来消除土地垄断和土地投机，这与广大农民迫切要求得到土地的愿望相去甚远。关于资本问题，孙中山设想通过建立大工业、大厂矿，建设发达的铁路网和交通线等方式，大力发展工商业，以实现国家的富强。他说：“夫吾人之所以持民生主义者，非反对资本，反对资本家耳，反对少数人占经济之势力，垄断社会之富源耳。”⑥ 孙中山试图通过搞“集产社会主义”即国家资本主义，将铁路、交通、矿产等重要资源收归国有，既发挥产业资本的巨大优势，又避免少数资本家的垄断。孙中山的这种主张明显受到中国古代“大同”理想和当时世界上盛行的社会主义思潮的影响，所以他说：“故民生主义就是社会主义，又名共产主义，即是大同主义。”⑦

在与中国共产党合作之后，孙中山的认识发生了变化，提出了“耕者有其田”和“节制资本”的新主张。他说：“农民之缺乏田地沦为佃户者，国家当给以土地，资其耕作。”⑧ 中国自古以来就是以农立国，农民占中国人口的绝大多数，是进行革命的基础，“将来民生主义真是达到目的，农民问题真是完全解决，是要‘耕者有其田’”⑨。“节制资本”是指限制私人资本，允许其适当地发展和扩充，但是禁止其经营铁路、航运等具有独占性质或者在国民经济中占支配地位的产业，而由国家创建和经营，以避免私人资本形成垄断，操纵国计民生。孙中山还将保护劳工、制定劳工法等看作节制私人资本的重要方式，要求健全工人的“养老之制，育儿之制，周恤废疾者之制，普及教育之制”⑩，提高社会福利。

“三民主义”是孙中山努力奋斗的目标，他指出：“我们革命的目的，是为中国谋幸福，因不愿少数满洲人专制，故要民族革命；不愿君主一人专制，故要政治革命；不要少数富人专

① 《孙中山选集》，下卷·中国国民党第一次全国代表大会宣言，529页，北京，人民出版社，1956。

② 《孙中山选集》，上卷·三民主义与中国前途，76页，北京，人民出版社，1956。

③ 《孙中山选集》，上卷·“民报”发刊词，72页，北京，人民出版社，1956。

④ 《孙中山选集》，上卷·同盟会宣言，69页，北京，人民出版社，1956。

⑤ 《孙中山选集》，上卷·三民主义与中国前途，78页，北京，人民出版社，1956。

⑥ 《孙中山选集》，上卷·提倡民生主义之真义，93页，北京，人民出版社，1956。

⑦ 《孙中山选集》，下卷·民生主义第一讲，765页，北京，人民出版社，1956。

⑧⑩ 《孙中山选集》，下卷·中国国民党第一次全国代表大会宣言，527页，北京，人民出版社，1956。

⑨ 《孙中山选集》，下卷·民生主义第三讲，810页，北京，人民出版社，1956。

制，故要社会革命。这三样有一样做不到，也不是我们的本意。”孙中山真诚地相信，“达到了这三样目的之后，我们中国当成为至完美的国家”①。虽然从旧“三民主义”发展到新“三民主义”，仍带有一定的空想性，但是他这种坚持不懈谋求民族独立、社会进步、国家富强的精神令人景仰。

（二）“五权宪法”思想

孙中山秉承资产阶级民主宪政理念，非常重视宪法和对宪法问题的研究，认为“我们要有良好的宪法，才能够建立一个真正的共和国家”②。“五权宪法”是孙中山民权主义的具体化，是他融合西方“三权分立”思想与本国传统治国经验而提出的宪政新理论。

1.“五权宪法”的提出

1906年，孙中山在东京同盟会庆祝《民报》创刊周年纪念的演说中，第一次正式提出了“五权宪法”理论。虽然“三权分立”学说在资产阶级革命中发挥了重要作用，是英、法、美各国宪法的理论基础，但是孙中山认为，这样的宪法“现在已经是不适用的了。兄弟的意思，将来中华民国的宪法，是要创一种新主义，叫‘五权分立’”。这是因为欧美宪法及其“三权分立”制度尚不完备，有不少流弊，主要表现在以下两方面：一是在官吏考选方面，或由选举而来，或由委任而进。以美国为例，“就选举上说，那些略有口才的人，便去巴结国民，运动选举；那些学问思想高尚的人，反都因讷于口才，没人去物色他，所以美国代表院中，往往有愚蠢无知的人，夹杂在内，那历史实在可笑。就委任上说，凡是委任官，都是跟着大总统进退。美国共和党、民主党向来迭相兴废，遇着换了大总统，由内阁至邮政局长，不下六七万人，同时俱换，所以美国政治腐败散漫”。这是考试权不独立的结果。二是在监督弹劾方面，“立法机关兼有监督权限”，议院“往往擅用此权，挟制行政机关，使他不得不俯首听命，因此常常成为议院专制”③。这是监察权不独立的结果。孙中山提出，应该借鉴中国历史上的考试选官制度和御史监察制度，将考试权和监察权独立出来：由专门机关对所有铨选官员先行考试授予资格，然后再经选举或委任，并将监察机关从立法机关中分立出来，使之独立行使弹劾权，以避免任人唯亲、营私舞弊等现象的发生，弥补“三权分立”的不足。

施行“五权宪法”的具体方案是：“以五院为中央政府：一曰行政院，二曰立法院，三曰司法院，四曰考试院，五曰监察院。宪法制定之后，由各县人民投票选举总统以组织行政院，选举代议士以组织立法院，其余三院之院长，由总统得立法院之同意而委任之，但不对总统、立法院负责，而五院皆对于国民大会负责。各院人员失职，由监察院向国民大会弹劾之；而监察院人员失职，则国民大会自行弹劾、罢黜之。国民大会职权，专司宪法之修改，及制裁公仆之失职。国民大会及五院职员，与夫全国大小官吏，其资格皆由考试院定之。此五权宪法也。”④

孙中山认为宪政体制的建立也要尊重本国国情，发扬自己民族的传统，而不能盲目照搬照抄西方的理论学说。他对某些留学生视“五权分立”为标新立异的观点进行了批评，指出：

---

① 《孙中山选集》，上卷·三民主义与中国前途，79页，北京，人民出版社，1956。

② 《孙中山选集》，下卷·五权宪法，575页，北京，人民出版社，1956。

③ 《孙中山选集》，上卷·三民主义与中国前途，79、80、81页，北京，人民出版社，1956。

④ 《孙中山选集》，上卷·建国方略之一 心理建设（孙文学说），151页，北京，人民出版社，1956。

“宪法者，为中国民族历史风俗习惯所必需之法。三权为欧美所需要，故三权风行欧美，五权为中国所需要，故独有于中国。诸君先当知为中国人，中国人不能为欧美人，犹欧美人不能为中国人，宪法亦犹是也。”①

2.“权能分治”理论

孙中山的“五权宪法”是以人民掌握政权、政府实施治权的“权能分治”理论为依据的。其“五权分立”主张，强调的是权力之间的分工与合作，而不是西方“三权分立”下的权力制衡。他将政治权力分为政权与治权两种：“政是众人之事，集合众人之事的大力量，便叫做政权；政权就可以说是民权。治是管理众人之事，集合管理众人之事的大力量，便叫做治权；治权就可以说是政府权。所以政治之中，包含有两个力量：一个是政权，一个是治权。这两个力量，一个是管理政府的力量，一个是政府自身的力量。”为了把中国改造成为新国家，必须将政权“完全交到人民的手内，要人民有充分的政权，可以直接去管理国事”，治权则“完全交到政府的机关之内，要政府有很大的力量，治理全国事务”②。

为了使人民切实拥有充分的政权，可以直接管理国事，宪法必须规定人民享有选举权、罢免权、创制权、复决权，其中，选举和罢免是人民管理政府官吏的权力，创制和复决是人民管理法律的权力。“行政的官吏，人民固然是要有权可以选举，如果不好的官吏，人民更要有权可以罢免。什么是叫做创制权呢？人民要做一种事业，要有公意可以创订一种法律，或者是立法院立了一种法律，人民觉得不方便，也要有公意可以废除，这个创法废法的权便是创制权。什么是叫作复决权呢？立法院若是立了好法律，在立法院中的大多数议员通不过，人民可以用公意赞成来通过。”③ 复决权比较复杂，除通过法律权外，还包括修改法律权：“若是大家看到了从前的旧法律，以为是很不利于人民的，便要有一种权，自己去修改，修改好了之后，便要政府执行修改的新法律，废止从前的旧法律。”孙中山认为，“人民有了这四个权，才算是充分的民权，能够实行这四个权，才算是彻底的直接民权”④。

为了使政府有很大的力量，可以治理全国事务，应当将行政、立法、司法、考试、监察五权交由政府行使，在中央政府设立五院，在总统统率下实行分工、合作。孙中山认为根据各人天赋的聪明才力，可以分为“先知先觉”“后知后觉”“不知不觉”三种。中国的民众几千年来生活于专制政体之下，大多数都是不知不觉的人，政治文化素养低下。虽然他们应该有权管理国家，但是确实不具备这种能力，所以只能把治权交给少数有能力的人去组织政府、治理国家。民众和政府的关系就像阿斗和诸葛亮的关系，“用阿斗和诸葛亮两个人比较，我们便知道权和能的分别”。孙中山认为实行“权能分治”，“用人民的四个政权，来管理政府的五个治权”，“人民和政府的力量，才可以彼此平衡”⑤，造就一个和谐、有效的万能政府。由此可见，孙中山是希望通过以人民政权制约政府治权的模式来防止政府滥用权力，达到主权在民的目的。

毋庸讳言，孙中山的思想和认识具有一定的局限性。早在 1905 年的《同盟会宣言》中，

---

① 《孙中山全集》，第 1 卷，445 页，北京，中华书局，1981。
② 《孙中山选集》，下卷・三民主义 民权主义，754、756 页，北京，人民出版社，1956。
③ 《孙中山选集》，下卷・五权宪法，587 页，北京，人民出版社，1956。
④ 《孙中山选集》，下卷・三民主义 民权主义，759 页，北京，人民出版社，1956。
⑤ 同上书，731、734、761 页。

他就将国民革命分为“军法之治”“约法之治”“宪法之治”三期，要求循序渐进地进行。[①] 在1924年发布的《建国大纲》中，他同样坚持“五权宪法”的实现必须经过“军政”“训政”“宪政”三个时期。他认为在民国进入“训政”阶段后，“政府当派曾经训练考试合格之员，到各县协助人民，筹备自治”，培养民众行使政权的基本素质。[②] “俟全国平定之后六年，各县之已达完全自治者，皆得选举代表一人，组织国民大会，以制定五权宪法。”[③] 这一方面反映出孙中山对中国实行民主宪政的艰难有着清醒的认识，但是另一方面也为独裁者侵夺人民的权利、将治权凌驾于政权之上提供了借口。孙中山提出：“我们现在要集合中外的精华，防止一切的流弊，便要采用外国的行政权、立法权、司法权，加入中国的考试权和监察权，连成一个很好的完璧，造成一个五权分立的政府。像这样的政府，才是世界上最完全最良善的政府。国家有了这样的纯良政府，才可以做到民有、民治、民享的国家。”[④] 遗憾的是，孙中山精心设计的民主宪政方案，不仅在理论上丢掉了“三权分立”中权力制衡的精华，而且经不住实践的考验，根本不可能像他期待的那样使当时中国的一切社会问题迎刃而解。其后标榜继承孙中山遗志的南京国民政府，不过徒有“五权分立”的形式，反而在专制、独裁的道路上越走越远。

二、章太炎的法律思想

1986年发行的章太炎纪念邮票

图片来源：http：//baike. sogou. com/v59477312. htm。

章太炎（1869—1936）原名炳麟，字枚叔，因仰慕顾炎武（初名绛，入清后改炎武），更名绛，号太炎，浙江余杭人。章太炎自幼熟读经史，在杭州“诂经精舍”师从著名的古文经学家俞樾，精通音韵、训诂及历代典章制度。甲午战争的惨败，促使他走出宁静的书斋，投身于挽救民族危亡的政治活动，宣传维新变法思想。1895年他在上海加入强学会，并参与《时务报》的编辑。“戊戌变法”失败后，他遭清政府通缉，逃亡我国台湾省与日本，结识了孙中山，开始接受资产阶级的民主主义思想。1900年八国联军的入侵，使章太炎认识到推翻清政权的必要性。1902年，他再渡日本，与孙中山定交。1903年，他被上海租界内开办的《苏报》聘为撰稿人。因替邹容所写的《革命军》作序，并发表了《驳康有为论革命书》，遭清廷嫉恨，引发“《苏报》案”，被租界当局逮捕，入狱3年。1904年，他与蔡元培、陶成章等组织了光复会。1906年他出狱后前往日本，加入同盟会，任《民报》主编，积极宣传革命思想，与改良派进行论战。章太炎文笔犀利、旁征博引，在思想界引起强烈反响，成为资产阶级革命派的重要一员。辛亥革命后，章

① 参见《孙中山选集》，上卷·同盟会宣言，69～70页，北京，人民出版社，1956。
② 参见《孙中山选集》，下卷·建国大纲，569～571页，北京，人民出版社，1956。
③ 《孙中山选集》，上卷·建国方略之一 心理建设（孙文学说），151页，北京，人民出版社，1956。
④ 《孙中山选集》，下卷·三民主义 民权主义，763页，北京，人民出版社，1956。

太炎的思想急剧"右转"，提出"革命军兴，革命党消"的口号，主张解散同盟会、攻击孙中山。但是他坚决反对袁世凯称帝，并被软禁3年，直至袁世凯死后方获自由。1917年，他参加了孙中山领导的"护法运动"，担任军政府秘书长。不久他闭门著书，鼓吹尊孔读经，"既离民众，渐入颓唐"，"用自己所手造的和别人所帮造的墙，和时代隔绝了"。晚年他在苏州主持国学讲习所，"身衣学术的华衮，粹然成为儒宗"[①]。但是当"九一八"事变发生后，他公开谴责国民党"攘外必先安内"的政策，坚决主张抗日，保持了爱国主义晚节。章太炎著述等身，被整理为《章太炎政论选集》（中华书局1977年版）、《章太炎全集》（上海人民出版社1982～1985年版）。

（一）推崇法治、重视民权的法律观

强调法治，反对人治，是章太炎的法律思想的重要内容之一。他总结历代治乱兴衰，得出结论："以法律为《诗》《书》者，其治必盛；而反是者，其治必衰。"[②] 章太炎对历史上商鞅、秦始皇厉行法治大加赞颂，为他们遭受后人唾骂而鸣不平。他认为商鞅严格执法，不考虑个人得失，明知太子以后继位为君主会给自己带来灾祸，仍然坚持"辱太子，刑公子虔"，"而不欲屈法以求容阅"，堪称"救时之相"[③]；秦始皇不以亲疏贵贱论赏罚，"子弟为庶人"，"世以秦皇为严，而不妄诛一吏也"。章太炎认为秦朝灭亡，"非法之罪也"[④]。他说："遭世衰危，不忘经国，寻求政术，历览前史，独于荀卿、韩非之说，谓不可易。"[⑤] 荀子是先秦儒家学派中最重视法律作用的人，又是韩非的老师，而韩非则是法家思想的集大成者，所以他们的学说为章太炎所称道。章太炎批评汉朝的"《春秋》折狱"，认为"舍法律明文，而援经诛心以为断"，"为法之蠹"[⑥]。对于黄宗羲提出的"有治法无治人"，章太炎认为是"欺世之谈"。因为黄宗羲又主张学校议政，"偏隆学校，使诸生得出位而干政治"，这是"过任治人，不任治法"，其结果只能走向法治的反面，所以章太炎提出："诚使专重法律，足以为治。"[⑦] 像朱元璋那样，既"诵洛、闽儒言，又自谓法家"，试图兼用人治与法治，"是使种马与良牛并驷"，只能越治越乱。[⑧] 在章太炎看来，"今西人之异于商君者，惟轻刑一事，其整齐严肃则一也"[⑨]。这显然混淆了西方近代法治与商鞅以法治国的本质区别。尽管章太炎对历史人物和历史事件的评价不无偏颇，但是他提倡法律至上是值得肯定的。

章太炎特别重视对下层民众权益的保护，提出法律应当"抑强辅微""损上益下"，以保障人民权利的平等。以此为评价标准，章太炎一反中国古代法律以汉、唐为典范的通说，认为魏、晋、宋、齐、梁五朝之法，才是历史上最值得肯定和借鉴的法律。具体说来，"五朝之法，

---

① 《鲁迅全集》，第6卷·且介亭杂文末编·关于太炎先生二三事，546、545、547页，北京，人民文学出版社，1981。

② 《章太炎全集》，四·太炎文录初编·文录，卷一·官制索隐，96页，上海，上海人民出版社，1985。

③ 《章太炎政论选集》，上册·商鞅，70、71页，北京，中华书局，1977。

④ 《章太炎政论选集》，上册·秦政记，499、500、501页，北京，中华书局，1977。

⑤ 《章太炎政论选集》，下册·菿汉微言，743页，北京，中华书局，1977。

⑥ 《章太炎政论选集》，上册所附·原法，43页，北京，中华书局，1977。

⑦ 《章太炎政论选集》，上册·王夫之从祀与杨度参机要，427页，北京，中华书局，1977。

⑧ 参见《章太炎全集》，四·太炎文录初编·文录，卷一·释戴，122页，上海，上海人民出版社，1985。

⑨ 《章太炎政论选集》，上册·商鞅（"说明"部分所载原刊本附识），73页，北京，中华书局，1977。

信美者有数端：一曰重生命，二曰恤无告，三曰平吏民，四曰抑富人”。章太炎以其深厚的国学功底，对此进行了细致论证："重生命"表现在"父母杀子者，同凡论""走马城市杀人者，不得以过失杀人论"；"恤无告"表现在"诸子姓复仇者，勿论"；"平吏民"表现在"部民杀长吏者，同凡论""官吏犯杖刑者，论如律"；"抑富人"表现在"商贾皆殊其服""常人有罪不得赎"。由此他得出结论："魏、晋、南朝诸律，虽已残缺，举其封略，则有损上益下之美；抽其条目，则有抑强辅微之心。"① 章太炎痛恨古代的尊卑贵贱等级制度，主张不论父母、子女，官吏、部民，富人、穷人，在适用法律上应当一律平等。这是应予赞同的。但是他看到"日本一岁死电车道上者，几二三千人"，认为"电车只为商人增利，于民事无益毫毛"，要求参照晋律"众中走马杀人"条，将车主和司机处死；他固守传统的重农抑商政策，认为"商贾惟积贮掊克是务"，主张效法晋令，要求商人于额上著巾，写上经营内容、姓名等，并且一脚穿白鞋、一脚穿黑鞋，以区别身份。这无疑是不可取的。章太炎肯定有条件的复仇，认为允许子姓复仇是"恤无告"的有效手段。这显然与其一贯坚持的排满复仇的民族主义主张有关。他认为"平不平以使平者，斯谓复仇"，"排满洲即排强种矣，排清主即排王权矣"②，即复仇是为了反对民族压迫和君主专制，因而是可取的。此外，章太炎在其独具特色的国家设计方案中，围绕着如何维护民权，提出了诸多保障措施，也体现了他对民权的高度重视。

（二）否定代议制的宪制主张

代议制亦称"国会制""议会制"，是在近代"三权分立"原则基础上发展起来的，被看作是维护民主权利的有力工具。但是一贯重视伸张民权的章太炎，却对"代议制"这一西方资产阶级颇为自豪的政治发明，进行了公开而彻底的否定。1908 年 8 月，清政府推出了《钦定宪法大纲》，实行君主立宪似乎指日可待。同年 10 月，章太炎在《民报》发表了《代议然否论》一文③，明确指出：代议制在中国行不通，也不可行。

从实践方面来说，章太炎认为代议制不适合中国地广人多的国情，无法实际推行：单是议员的选举就面临不少困难。如果实行通选，按照日本选举议员的比例，那么中国当选的议员应为 3 200 人。这么多的议员"分曹辩论，謦欬之声，已足以乱人语"，根本不可能议论政事。当时西方国家的议员最多为 700 人，中国若如此限定人数，则 60 万人中才能选出一个议员，不可能真正代表人民的利益。如果改行限选，同样困难重重。若以识字为标准，当时中国 10 人中只有 3 人识字，7 人将丧失选举权。若以纳税为标准，因中国各地贫富不均，选举权就会集中于富庶的江浙一带，"而西北诸省，或空国而无选举权也"。这明显不合情理。尤其革命党人，"参半为贫乏士"，若以纳税定选举权，这些"素知法律，略有政见者，反无尺寸选举之柄"，也与革命利益不符。

从理论方面来说，章太炎认为代议制的建立有碍"三民主义"的实现，与资产阶级革命派的基本纲领相悖。中国传统上是一个统一的多民族国家，如果像美国那样"众建联州，各为宪法"，等于人为制造民族分裂，"南北美之战争，将亟见于汉土"。这显然有违"辑和民族"的

① 《章太炎全集》，四·太炎文录初编·文录，卷一·五朝法律索隐，79～85 页，上海，上海人民出版社，1985。

② 《章太炎全集》，四·太炎文录初编·别录，卷一·复仇是非论，270、274 页，上海，上海人民出版社，1985。

③ 以下引文未注明出处者，均出自该文。参见《章太炎政论选集》，上册·代议然否论，456～470 页，北京，中华书局，1977。

革命目的，“于民族主义甚反矣”。实行代议制，就要在政府和民众之间横加一个议院，容易造成议员的专制，“民权不借代议以伸，而反因之扫地”。这明显背离“恢廓民权”的革命目标。“凡法自上定者，偏于拥护政府；凡法自下定者，偏于拥护富民。”议院掌握立法权，不会顾及平民的利益，“求垄断者惟恐不周，况肯以土田平均分配”。这也与改善民生的革命宗旨不符。可见，代议制与民权主义、民生主义也是相冲突的。

所以章太炎旗帜鲜明地指出：“通选亦失，限选亦失，单选亦失，复选亦失，进之则所选必在豪右，退之则选权堕于一偏。要之代议政体，必不如专制为善。满洲行之非，汉人行之亦非；君主行之非，民主行之亦非。”如果强制推行代议制，进行选举，其结果也只能是“上品无寒门，而下品无膏粱，名曰国会，实为奸府”。这样的议院不过是侵夺民权、为豪右服务的工具，因而他断定：“议院者，民之仇，非民之友。”

章太炎否定代议制，一方面是国内政治斗争的需要，另一方面也受到国际形势的深刻影响。当时西方资本主义国家议会政治的弊病日益显现，“世人矜美、法二国以为美谈。今法之政治，以贿赂成，而美人亦多以苞苴致贵显”①。日本设置议院不过20年，“其腐败已如是”②。那些选充为代议士的人，“大抵出于豪家。名为代表人民，其实依附政党，与官吏相朋比，挟持门户之见，则所计不在民生利病”③。这种在其他国家已被实践证明为弊病丛生、危害人民的代议制，怎么能再照搬过来在中国实行呢？再者，章太炎认为，“代议政体者，封建之变相”。欧美、日本距封建近，中国距封建远。“去封建远者，民皆平等；去封建近者，民有贵族黎庶之分”。欧美、日本等国家推行代议制，虽有弊端，仍然可行，至于中国则万不能行，因为“君主之国，有代议则贵贱不相齿；民主之国，有代议则贫富不相齿；横于无阶级中增之阶级，使中国清风素气因以摧伤，虽得宰制全球，犹弗为也”。

章太炎对代议制的态度，反映了他对西方国家代议制的失望、对国内可能出现的豪右专政的担忧。章太炎尖锐地指出：“综观今世所谓文明之国，其屠戮异洲异色种人，盖有甚于桀、纣。”④ 法国曾是西方众多近代政治、法律理论的发源地，但是在对越南进行殖民统治时，始创自由、平等的法国人，恰恰“反行其最不自由平等者于越南”，“其酷虐为旷古所未有”⑤。这种强烈的反差所带来的深刻的思想震动，使章太炎在对西方的政治、法律制度产生怀疑的同时，试图从中国传统文化中寻找改造办法。他提出“法律者，因其俗而为之约定俗成”，不能“不问是非，惟效法泰西是急”⑥，“制大法者，当察于历史，不在法理悬谈”⑦。

虽然章太炎是“中华民国”一词的发明人⑧，但是他心中的理想社会是一个无政府、无聚落、无人类、无众生、无世界的“五无”社会。因该理想不能骤然实现，所以他不得已采用祸害最轻的共和政体，但是一定要实施以下“四法”作为补救：“一曰，均配土田，使耕者不为

---

① 《章太炎全集》，四·太炎文录初编·文录，卷一·官制索隐，86页，上海，上海人民出版社，1985。

②③ 《章太炎全集》，四·太炎文录初编·别录，卷三·五无论，431页，上海，上海人民出版社，1985。

④ 同上书，438页。

⑤ 同上书，433页。

⑥ 《章太炎全集》，四·太炎文录初编·文录，卷一·五朝法律索隐，78页，上海，上海人民出版社，1985。

⑦ 《章太炎政论选集》，下册·新纪元星期报发刊辞，624页，北京，中华书局，1977。

⑧ 参见《章太炎全集》，四·太炎文录初编·别录，卷一·中华民国解，252～262页，上海，上海人民出版社，1985。

佃奴；二曰，官立工场，使佣人得分盈利；三曰，限制相续，使富厚不传子孙；四曰，公散议员，使政党不敢纳贿。”这“四法”是限制豪右、保护平民的重要措施，“无是四者，勿论君民立宪，皆不如专制之为愈”①。

在《代议然否论》一文中，章太炎也提出了不少卫护民权的具体办法：为了防止总统专断，要求其严格遵守法律，“法律既定，总统无得改”；总统必须依法任免官吏，不得“以所好用人”，也不得“以所恶黜人”；明确总统的职权，“凡事有总统亲裁者，必与国务官共署而行之”，若有过错共同承担，不得诿过于下。为了保障司法公正，要求人人守法，“百官有司，毋得违越”；“总统与百官行政有过，及溺职受贿诸罪，人人得诉于法吏，法吏征之逮之而治之”；“重谋叛之罪”，官吏若“有割地卖国诸罪，无公布私行皆殊死”；“司法枉桡，其长得治之；长不治，民得请于学官，集法学者共治之”，用学官牵制司法，以防止司法专断。为了保障人民的生命、财产安全和民主权利，“民无罪者，无得逮捕”，“民有集会、言论、出版诸事，除劝告外叛、宣说淫秽者，一切无得解散禁止”，“轻谋反之罪”，以保护人民不受政府束缚；并且由人民监督国家开支，“凡经费出入，政府岁下其数于民”，若增加税收，必须征询人民的意见，“民可则行之，否则止之”。上述种种举措都是为了“抑官吏、伸齐民也”。不止于此，章太炎还就贫富不均问题提出了自己的解决之道：“政府造币，惟得用金、银、铜，不得用纸”，以避免通货膨胀的发生；“轻盗贼之罪”，并不得“以赃论罪”，而按赃数同失主家财产数的比例来定罪；对遗产继承进行管理，“限袭产之数，不使富者子孙蹑前功以坐大也”；严禁官商勾结、牟取暴利，“在官者，身及父子皆不得兼营工商，托名于他人者，重其罪，籍其产；身及父子方营工商业者，不得入官”。章太炎甚至畅想着“田不自耕植者不得有，牧不自驱策者不得有，山林场圃不自树艺者不得有，盐田池井不自煮暴者不得有，旷土不建筑穿治者不得有，不使枭雄拥地以自殖也”，认为这样就可以“抑富强、振贫弱也”。他进而指出：“夫如是，则君权可制矣，民困可息矣，又奚数数然模效代议惟恐或失为？”章太炎真诚地相信，不采用代议制，同样可以把中国引向美好的未来。但遗憾的是，其许多设想虽切中时弊，但并不具有现实可行性。

对代议制的彻底否定，也反映出章太炎对代议制本身存在误解，因为在当时的历史条件下，代议制毕竟要比封建君主专制进步得多。章太炎提出：“民平时无得举代议士，有外交宣战诸急务，临时得遣人与政府抗议，率县一人，议既定，政府毋得自擅，所以急祸难也。”他如此尊重民意固然可贵，但是不难看出，这种做法明显不切实际，也未见得比代议制更能充分表达民意。何况这“率县一人”不是也需经由选举而推出吗？由此看来，章太炎最终并未能如其所愿，彻底摆脱代议制的影响。这反映了他思想的矛盾性。

正因为章太炎看到了西方资本主义社会的阴暗面，不愿步其后尘，所以他独辟蹊径，力求找到一条适合本国国情的革命道路。在不断的探索中，孙中山提出了著名的“五权宪法”理论，而章太炎则设计了一个“四权”严格分立的宪政方案，其具体设想是：“总统惟主行政国防，于外交则为代表”，不得滥用其他权力；法律“不自政府定之，不自豪右定之，令明习法律者，与通达历史、周知民间利病之士，参伍定之”，以避免总统、议员操纵立法；“司法不为元首陪属”，最高司法长官与总统的地位相当，“官府之处分、吏民之狱讼皆主之，

① 《章太炎全集》，四·太炎文录初编·别录，卷三·五无论，429～443页，上海，上海人民出版社，1985。

虽总统有罪，得逮治罢黜”；“学校皆独立，长官与总统敌体”（小学与海陆军学校除外）。上述行政、立法、司法、教育四权均由法律确定，“使后昆无得革更”。在辛亥革命之后的1912年，章太炎又在“四权”的基础上，增加了纠察权。他说：“三权分立之说，现今颇成为各国定制，然吾国于三权而外，并应将教育、纠察二权独立”，“纠察院自大总统、议院以至齐民，皆能弹劾”①。经过修正后的“五权”虽然仍与孙中山的“五权”不尽相同，但是他们的拳拳爱国之心、忧国忧民之情却是相同的。这种不同于西方模式的宪政主张，也反映出近代中国知识分子在对西方文明有了较为深入的了解之后，开始寻求摆脱文化从属上弱势的心态。

第二节　民国时期关于具体法律问题的论争

1912年1月1日，孙中山在南京宣誓就任临时大总统，组建了中华民国南京临时政府。虽然该政权仅仅存在了3个月，但是资产阶级革命派努力贯彻西方的民主宪政思想，制定了《中华民国临时约法》等一系列法律、法规，为促进传统法律观念和法律制度的革新奠定了重要基础。在接下来的北洋政府统治时期，尽管该政权在本质上是野蛮的军阀独裁统治，但是为了寻求统治的合法性、收回治外法权以达笼络人心、稳定政局等目的，其在继续建构近代部门法体系、保障司法独立等方面，亦付出了一定努力。自1927年蒋介石为首的南京国民政府成立，标榜以孙中山的“遗教”作为立法的根本原则，其“三民主义”“五权宪法”“以党治国”“建国三时期”等主张对当时的立法活动和司法实践产生了深刻的影响。民国时期，国内外形势动荡，新旧思想杂陈。切实推动中国的法制进步，以求民族的独立和富强，成为当时众多政治家和法学精英关注的问题。如果说清末人们争论的还多是“改与不改”的问题，那么到了民国时期，只有通过改革才能救亡图存，已经成为社会的普遍共识，所以“如何改革”，怎样兼顾思想、学说的先进性与可行性，成为这一时代的主要论题。围绕着如何对待外来理论学说与中国本土法律文化之间的关系、怎样进行司法改革以收回治外法权，以及立法思想与宪政模式的确立、民法典和刑法典的制定等诸多问题，形成了一定的理论交锋和学术争鸣。而中国共产党人就如何实行工农民主专政、维护广大劳动群众的利益，进行了初步的尝试和探索。上述内容充分展现了这一时期法律思想开放、多元、复杂的特征。

一、立法问题

1. 维护礼教与反对礼教的论争

在清末修律之时，曾发生了著名的“礼法之争”，而礼教派的胜利说明了中国社会传统力量的强大。在积极取法西方变法改制的同时，如何对待传统的礼义道德，在民国时期又引发了

① 《章太炎政论选集》，上册·中华民国联合会第一次大会演说辞，533页，北京，中华书局，1977。

新的争论。[①]

1912 年 10 月，康有为的学生陈焕章[②]、麦孟华[③]等在上海组织了“孔教会”。康有为攻击辛亥革命破坏了纲常礼义，认为中国的治和安，离不开儒家的孔孟之道。他提出的“宪法草案”，要以孔教为国教，因为“有孔教乃有中国，无孔教是散中国”。于是，他的学生以“孔教会”之名，向国会提交了《请定孔教为国教》的请愿书。袁世凯反对奉孔子为教主，但是主张尊崇孔子。

在 1912 年 9 月 20 日发布的《通令国民尊崇伦常文》中，袁世凯就提出，儒家的孝悌忠信礼义廉耻等八德，“乃人群秩序之常，非帝王专制之规也”，不可因国体变更而侵毁，“惟愿全国人民，恪遵礼法，共济时艰”。1913 年 6 月 22 日的《通令尊崇孔圣文》中，袁世凯明确要求对于“万世师表”的孔子，必须在全国学校中恢复“释奠之礼”。在 1913 年 10 月 10 日的《莅任正式大总统宣言》中，袁世凯提出，治国应当“道德为体而法律为用”，而道德的主要内容是忠信笃敬，“奉公守法者，则为是为善；越礼犯义者，则为非为恶”。1913 年 10 月 31 日完成的《天坛宪法草案》第 19 条规定：“国民教育，以孔子之道为修身大本。”1914 年 1 月，袁世凯命令政治会议通过祭天、祀孔两个议案。1915 年 2 月，袁世凯命令全国学校恢复被南京临时政府废止的尊孔读经。

劳乃宣提出：资产阶级革命派建立共和制度，使千圣百王相传的遗教，惨遭破坏。为了维护礼教，中国不能实行民主共和，而必须实行君主立宪，所以应当复辟帝制，还政于清朝。张勋等人曾致电北洋政府，如不通过定孔教为国教的议案，就要以武力解散国会，另组立法机关。张勋也认为共和政体不适于我国国情，所以恭请清朝废帝收回政权。

从提倡孔教、宣扬纲常到改变国体，终于引发了民国初期复辟帝制的逆流。上述尊孔复辟论调，遭到了孙中山、章太炎、李大钊、陈独秀等人的坚决反对。

孙中山在《讨袁檄文》中，揭露袁世凯大搞祭天祀孔是为了复辟帝制。他指出，袁世凯“自以为帝业之成，而天下莫予毒矣。卒以非法攘攫正式总统，而祭天祀孔，议及冕旒。司马之心，路人皆见”。章太炎痛斥建立“孔教会”是“犹素无疮痍，无故灼以成瘢”，树孔教为宗教，是“杜智慧之门，乱清宁之纪”。

1913 年在起草宪法时，进步党成员汪荣宝[④]等人极力提议以孔教为国教，遭到国民党人张

---

① 本部分内容引自华友根、倪正茂：《中国近代法律思想史》，上册，382～398 页，上海，上海社会科学院出版社，1992。

② 陈焕章（1880—1933）：广东人，15 岁入康有为“万木草堂”学习，1904 年中进士，1911 年获美国哥伦比亚大学哲学博士学位。1923 年在京创立“孔教大学”，任校长；1927 年应邀赴瑞士日内瓦参加世界宗教和平大会，被推选为副会长；1929 年在香港设立“孔教学院”，任院长。终生研究推广儒学，主张以宗教形式推行儒家学说，1933 年在香港病逝。

③ 麦孟华（1876—1915）：广东人，康有为弟子和女婿。曾参加“公车上书”和“戊戌变法”，长期在海内外主持维新立宪派的报刊宣传工作，1915 年死于上海。

④ 汪荣宝（1878—1933）：江苏人，曾赴日本留学，入早稻田大学和庆应义塾。1910 年任资政院议员，1911 年奉派为协纂宪法大臣，1912 年任临时参议院议员，1913 年任国会众议院议员，同年 3 月参加进步党、任法制主任，1915 年任宪法起草委员。曾先后任比利时、瑞士、日本公使，1932 年被派为国联调查团北平方面之招待委员，1933 年病逝。

耀增[1]等的坚决反对。最后《天坛宪法草案》仅规定“国民教育，以孔子之道为修身大本”。

李大钊认为：孔子与宪法“渺不相涉”，在宪法中有如此规定是十分怪诞的。孔子是数千年前的残骸枯骨，宪法是现代国民血气精神的结晶；孔子是历代帝王专制的护身符，宪法是现代国民自由的证券；孔子是国民中一部分所谓孔子信徒所崇拜的圣人，宪法则是中华民国全体国民借以“生存乐利”的信条；孔子之道是“含混无界之辞”，而宪法则是一文一字均有极确切的意义和极强的效力的。这样的宪法不是真正的宪法，必将丧失宪法的固有尊严，所以该条款必须删去。陈独秀也认为，孔教本是已经失灵的偶像，与民主国家的宪法毫无关系。他指出：“宪法者，全国人民权利之保证书也，绝不可杂以优待一族、一教、一党、一派人之作用。”把孔教列入宪法，不仅破坏宗教信仰自由，将导致宗教斗争，而且否定了几十年来革命、变法等成果，并违背政教分离和人权平等。所以，尊孔条文与宪法其余条文不可并存，必须删去。

在强大的反对声浪下，1916 年、1917 年讨论宪法内容时，删除了“国民教育，以孔子之道为修身大本”的规定，代之以“中华民国人民有尊崇孔子及信仰宗教之自由，非依法律不受限制”的条文。在接下来的“五四”新文化运动中，民主和科学的旗帜高扬，旧礼教、旧道德受到了更为激烈和彻底的批判与否定。但是，如何具体处理法律传统中的家族伦理问题，一直是民国时期立法工作中备受困扰的难题之一。

2.“三民主义”立法指导思想的确立

北洋政府时期，为了谋求解救国家的出路，涌现出“好政府”主义、制宪救国论、废督裁兵化兵为工论甚至无政府主义思潮，结果无一收效。[2] 南京国民政府自成立后，标榜奉行孙中山的遗教，所以“三民主义”毫无争议地成为了立法的指导思想。但是，关于如何理解“三民主义”，在某些方面仍存在分歧。

1925 年，戴季陶[3]写出了《孙文主义之哲学的基础》和《国民革命与中国国民党》两本书，提出了所谓的“戴季陶主义”。他指出孙中山的革命理论有两个要点：第一，孙中山的思想完全是中国的正统思想，就是继承了尧、舜及至孔、孟而中断的仁义道德的思想，所以孙中山是两千年来中断的中国道德文化的复活者；第二，孙中山的国民革命，是在“仁”的基础上联合各阶级的革命，阶级的差别是不能消灭人类的“仁爱性的”。孙中山继承了孔子的理论，

---

① 张耀曾（1885—1938）：云南人，白族。18 岁考入北京师范大学，后官费送日本东京帝国大学攻读法学，加入了同盟会。武昌起义后，任临时参议会议员、同盟会总干事。1912 年任国会众议院法制委员长，草拟了宪法初稿。曾协助蔡锷策划护国反袁起义，任北京政府司法总长，后辞官去上海当律师，1938 年病逝。

② 参见李光灿、张国华总主编：《中国法律思想通史》（四），478～490 页，太原，山西人民出版社，2001。“好政府主义”的代表人物是蔡元培、胡适，他们认为改革中国政治的最低限度的要求是必须组织一个“好政府”。1922 年由王宠惠任总理组成的“好人内阁”的垮台，证明了此路不通。制宪救国论的代表人物有李三元、邓飞黄等人，他们认为中国纷乱的根本原因在于没有宪法，制定全国性宪法是最理想的治国途径。废督裁兵化兵为工论的代表人物有谢楚桢、丁燮林等人，他们认为国家的最大祸害是军阀混战，要求由人民和政府组成裁兵机构，实行和监督军阀裁兵，所裁官兵去从事农、工、矿业生产。无政府主义的代表人物有刘师复、黄凌霜、区声白等，他们主张用无政府的社会来取代国家，追求一种没有国家、军队、官吏、监狱、法律、警察、裁判所的理想社会，以“公意”和“契约”来调整社会。

③ 戴季陶（1890—1949）：原籍浙江，生于四川。早年留学日本，加入同盟会。1925 年孙中山逝世后，积极参加西山会议派的活动，反对国共合作。历任国民党中央执行委员会常务委员、宣传部部长、考试院院长等职，1949 年 2 月在广州自杀。

所以必须坚持和贯彻儒家的“中庸之道”。如果“要图中华民国的生存，先要图中国国民党的生存，要图中国国民党的生存，一定要充分发挥三民主义的中国国民党之生存欲望所必须具备的独占性、排他性、统一性、支配性，排挤、打击共产党，而由国民党来集权和独裁”。戴季陶主义提出的主张，为后来蒋介石的南京国民政府在20世纪30年代提倡以“礼义廉耻”为准则的新生活运动，奠定了理论基础。但是它遭到了共产党人的坚决反对。瞿秋白专门写了《中国国民革命与戴季陶主义》一书，对于戴季陶把“三民主义”歪曲为封建的中庸仁爱和“道统论”，进行了尖锐而深刻的揭露和批判，指出其思想的根本点便是一种唯心论的道统论。戴季陶宣扬以仁爱感动统治阶级、资产阶级、地主阶级，使他们尊重被统治阶级、工农群众的利益，这完全是欺骗工农群众的鬼话。①

胡汉民
图片来源：http：//baike.baidu.com/view/43350.htm。

一般说来，将“三民主义”的立法指导思想阐述得比较系统而具体的，是南京国民政府第一任立法院院长胡汉民。② 胡汉民长期追随孙中山并积极传播“三民主义”，他以孙中山事业的继承者自居，势必将“三民主义”法律思想奉为立法的圭臬。1928年12月5日，在立法院成立就职典礼上，胡汉民作了题为“三民主义之立法精义与立法方针”的报告，阐发了其“三民主义”的立法观。他指出：“现在中国的目标，是要建造三民主义的国家，所以立法的精神，就要注重于整个民族的社会生活和社会力量之规范，而使之集向于三民主义之实际建树。”以“三民主义”为立法指导思想，就要坚持社会本位的立法观，“中国向来的立法是家族的，欧美向来的立法是个人的，而我们现在三民主义的立法乃是社会的”③。也就是说，立法应当以社会利益为最高原则。胡汉民猛烈抨击了中国过去的“家族本位”、欧美近代的“个人本位”和苏俄现行的“阶级本位”等法律原则：中国过去的“家族本位”法律原则，以宗法家族为保护对象，进而维护封建君主专制制度，根本忽视国家、社会的共同利益和个人的基本权利，其结果是造成了君主与家长的封建宗法专制统治。欧美近代的“个人本位”法律原则，以个人为法律保护的对象，偏重个人自由，忽视社会全体利益，使个人主义日趋极端，整个社会处于经济危机与政治动乱的漩涡之中。苏俄现行的“阶级本位”法律原则，是“误认社会生存关系为阶级对立关系，而不知社会生存关系为协动关系、为连带关系，须以整个社会为单位，决不能分化社会，以任何阶级为单位”。胡汉民进一步指出，由于近代以来人与人之间的

① 该段内容参见华友根：《中国近代法律思想史》，下册，5～12页，上海，上海社会科学院出版社，1993。

② 胡汉民（1879—1936）：广东人。于1902年、1904年两度留学日本，1905年参加同盟会、担任《民报》主编，1907年随孙中山被日本政府驱逐。武昌起义爆发后，被推为广东军政府都督，1912年任南京临时政府总统府秘书长，随后积极参加了二次革命、组建中华革命党、护法运动等革命活动。他是孙中山的得力助手，是“三民主义”的忠实信徒。1924年国民党改组后，胡汉民成为右派首领。1928年任立法院院长，是国民党训政立法的灵魂。1936年病逝于广州。

③ 《胡汉民先生文集》，第4册·三民主义之立法精义与立法方针，782～783、785页，1978。

关系已演化为社会连带关系，立法观念也应随之变化。最近的立法趋势应是："（一）权利本位转移为义务本位；（二）所有权之不可侵，因共同之利益而加以限制；（三）契约自由之原则，因社会之福利而严其范围。"① 胡汉民赞同孙中山提出的"个人无自由，惟团体才有自由""人人当以服务为目的，而不以夺取为目的"的观点，认为应当把个人的自由纳于团体之中，而求团体的自由；把个人的聪明才力贡献到社会和民族之中，而求公共的福利；至于社会对个人权利的承认，"只可较量其对于社会所尽义务之程度，而认其相当权利。断无对于社会绝不须尽义务，而能有单纯的权利之存在"②。

胡汉民关于以"三民主义"为立法精神的主张，得到了孙科③、居正等人的肯定。孙科强调"中国此时此地之需要，只惟有革命的三民主义之建设。故一切法制，当以三民主义为唯一之中心思想与指导原则，无可置疑"④。居正也认为"要重建中国法系，今后一切法制、法规、法令、法例，凡可以形成法律者，无论在创法方面或执行方面或读法方面或解释法方面，不仅以贯彻三民主义为要旨，且必须以三民主义为最高指导原则"。居正不赞同"社会本位"的表达方式，提出应当"创建民族生活本位的法律。质言之，即是一切法律，应以促进民族公共利益、发展民族生活为依归"⑤。可见，他提出的"民族生活本位"与胡汉民主张的社会本位并无本质差别。

"三民主义"的立法思想对南京国民政府时期的法制建设产生了深刻影响。胡汉民等人认为：近代中国所面临的最主要问题，是民族生存和国家地位问题。在弱肉强食、列强环伺的国际环境中，为了实现民族强盛，需要确立社会本位、国家至上的原则。这种以社会义务本位为核心的法律观的形成，显然受到了那个时代盛行的国家本位观念和社会法学派兴起、社会连带主义思潮高涨的深刻影响，同时也与中国传统文化的潜在影响有关。中国传统法律观自古以来就是集体本位的，如"家族本位""国家本位""国家与家族本位"等⑥，其共通的精神是排斥和限制个人权利。所以，当要求对个人的自由和权利进行必要的修正和限制的"社会本位"思潮传到中国时，中国的法学界拍手称快："俗言说得好，无巧不成事。刚好泰西最新法律思想和立法趋势，和中国原有的民族心理适相吻合，简直是天衣无缝。"⑦

胡汉民主张的以社会本位为法律原则，适应了救亡图存的现实需要，因而该原则一经提出，便成为南京国民政府立法的指导原则。但是由于未经过个人本位法律文化的充分洗礼，国民的权利观念和参政意识不发达，该原则又为传统文化中压抑个人人格、践踏个人权利等落后

---

① 《胡汉民先生文集》，第4册·社会生活之进化与三民主义的立法，798～799页，1978。

② 《胡汉民先生文集》，第4册·社会生活之进化与三民主义的立法，784页，1978。

③ 孙科（1891—1973）：广东人，孙中山之子。1910年加入同盟会，1931年任南京政府行政院院长。1932年任立法院院长，先后长达16年之久。1947年任南京政府副主席，1949年辞职旅居香港、法国、美国等地，1973年病逝于台北。

④ 《孙科文集》，第1册·十年来的中国法制改革，388页，台北，"商务印书馆"，1970。

⑤ 《居正文集》，下册·为什么要重建中国法系，507、501页，武汉，华中师范大学出版社，1989。

⑥ 参见武树臣等：《中国传统法律文化》，627页，北京，北京大学出版社，1994。

⑦ 吴经熊：《法律哲学研究》，173页，北京，清华大学出版社，2005。原书初版于1933年。吴经熊（1899—1986）：浙江人，毕业于东吴大学法学院，获美国密歇根大学法学博士学位。曾任东吴大学法学院教授、宪法起草委员会副委员长等职。1949年后客居美国，1966年定居我国台湾地区。著有中、英文法学著作多种，是20世纪真正享有世界声誉的中国法学大家。

观念借尸还魂埋下了祸根。正是在这样的思想指导下，南京国民政府进行了大量立法活动，建立起以“六法全书”为主体的法律体系。

二、宪法问题

1. 关于宪制模式的论争

晚清民初时期，资产阶级维新派与资产阶级革命派就应当实行君主立宪还是民主立宪等问题，曾进行针锋相对的争论。然而，建立帝制的主张不仅没有随着清帝国的土崩瓦解而灰飞烟灭，反而一度甚嚣尘上。袁世凯上台后，其美籍宪法顾问古德诺发表《共和与君主论》，认为在中国实行君主政体比实行民主政体更有利。杨度等人发起成立了“筹安会”，鼓吹君主立宪，为复辟帝制大造舆论。但是，历史的车轮不能倒转。梁启超拒绝了袁世凯 20 万元巨款的收买，毅然发表了《异哉所谓国体问题者》，从宪制的角度声讨复辟，震动了全国舆论，给袁氏当头一击。[①] 随着一幕幕复辟帝制丑剧的失败，实行民主立宪已然成为确定不移的目标。但是，在如何建构民主共和政体，是实行内阁制还是总统制、联邦制还是单一制等具体问题上，人们的认识并不完全一致，成为当时政治界和法学界争论的热门话题。

辛亥革命之后，在南京临时政府的组建问题上，孙中山与宋教仁就产生了分歧。孙中山主张采用总统制，而宋教仁要求采用内阁制。孙中山提出，“内阁制乃平时不使元首当政治之冲，故以总理对国会负责，断非此非常时代所宜。吾人不能对于惟一置信推举之人，而复设防制之之法度。余亦不肯徇诸人之意见，自居于神圣赘疣，以误革命之大计”[②]。可见孙中山认为，在国家尚未统一、新旧政权转变之际，采用内阁制并不符合现实需要。所以 1911 年产生的《中华民国临时政府组织大纲》确定实行总统制。随着形势的变化，1912 年颁布的《中华民国临时约法》改政体为带有内阁制色彩的总统制。这既是为了制约袁世凯的权力，又与宋教仁的一贯坚持有关。他在 1913 年发表演说时指出：“内阁不善而可以更迭之，总统不善则无术变易之，如必欲变易之，必致摇动国本，此吾人所以不取总统制，而取内阁制也。”[③] 意即为了保持国家最高权力的稳定性，应当实行内阁制而非总统制。宋教仁特别重视议会和政党的作用，他认为：“我们要在国会里头，获得过半数以上的议席，进而在朝，就可以组成一党的责任内阁；退而在野，也可以严密地监督政府，使它有所惮而不敢妄为，应该为的，也使它有所惮而不敢不为。那么，我们的主义和政纲，就可以求其贯彻了。”[④] 他天真地以为，内阁制能够起到约束袁世凯的作用，所以提出：“改总统制为内阁制，则总统政治上之权力至微，虽有野心者，亦不得不就范。”[⑤] 可是当宋教仁组建的国民党在议会竞选中获得相对多数、有条件组建内阁时，宋教仁却遭到暗杀。这宣告了通过政党内阁和议会政治以实现共和立宪是行不通的，所以孙中山等人被迫发动了“二次革命”。

---

① 参见范忠信：《认识法学家梁启超》，载范忠信选编：《梁启超法学文集》，7 页，北京，中国政法大学出版社，2000。

② 胡汉民：《胡汉民自传》，63 页，台北，传记文学出版社，1982。

③ 陈旭麓主编：《宋教仁集》，下册，460 页，北京，中华书局，1981。

④ 同上书，456 页。

⑤ 胡汉民：《胡汉民自传》，73 页，台北，传记文学出版社，1982。

王世杰[①]与钱端升[②]在其1936年合著的《比较宪法》一书中，曾指出总统制存在明显缺陷。他们总结各国的宪政经验，提出：总统制以行政机关的实权集中于元首，有碍于保全民治主义的精神，而责任内阁制却无妨于民治的精神。总统制在共和国家，有两种危险："一则因元首的地位极形重要，竞选运动或会过分剧烈，凡握有政治实力之人，甚或不惜从事于法外的竞争；再则政权既集中于一人，则行政机关流于专暴之弊，自较难免……责任内阁制对于此两种危险则俱可解免至相当程度。"不过，责任内阁制也有使行政机关的政策频频变易而陷于不稳定的缺点，这就需要议会中有一个固定的过半数政党的存在，以增加政局的安定。[③] 程树德[④]在1933年出版的《宪法历史及比较研究》一书中指出，在世界各国的宪政历史上，总统制主要分为美国式和法国式两种，前者"有君主之实权，而无君主之虚荣"，后者则是"有君主之虚荣，而无君主之实权"。相比之下，内阁制复杂得多，呈现"君主国议院内阁制之英国内阁""民主国议院内阁制之法国内阁""一党独裁制之意大利内阁""总统制之美国内阁""法律上议院内阁制事实上独裁制之德国内阁""法律上帝室内阁制事实上议院内阁制之日本内阁"等多种样态。[⑤] 这说明在政体建构上，有其名者也未必有其实。上述的论点表明，其实作为一种政体而言，总统制和内阁制本是各有利弊，并无优劣之分。但是在当时列强虎视眈眈、军阀混战不断，国家已经陷入深重的生存危机的险恶形势下，亟须加强中央权力，以外争国权、内讨民贼，所以总统制比较适合中国的国情，有一定的现实合理性。

民国初期面对军阀割据的现状，如何确定中央和地方的关系、是否实行"联省自治"等问题，也曾引发激烈的争论，并直接导致了20世纪20年代初期的"联省自治"风潮和制定省宪运动。

陈独秀极力反对联省自治。他在《对于现在中国政治问题的我见》一文中指出：联邦制若建设在人民经济状况不同及语言、宗教不同的理由上面，倒也无可非难，但中国的状况绝不是这样。中国政局混乱的根源在于军阀割据，在军阀割据的基础上实行联省自治绝非民主的政治表现，相反，会替武人割据的现状加上一层宪法保障。因此，他认为只有集中全国民主主义分子组织强大的政党，对内倾覆封建军阀、建设民主政治的全国统一政府，对外反抗国际帝国主义、使中国成为真正的独立国家，才能解决当时中国的政治问题。胡适在《联省自治与军阀割据》一文中，从历史与现状的角度批驳了陈独秀反对联邦制的各种观点，提出军阀割据是中国纠纷的现状而不是纠纷的根源，认为"用集权形式的政治组织，勉强施行于这最不适于集权政治的中国是今日中国军阀割据的一个大原因"。他认为，中国不适宜于单一的国家组织，打倒

---

① 王世杰（1891—1981）：湖北人，曾留学英国、法国，获伦敦大学政治经济学士学位、巴黎大学法学博士学位。1920年起，历任北京大学教授、武汉大学校长、南京国民政府法制局局长、教育部部长、外交部部长、"总统府秘书长"与"中央研究院"院长、国民党"中央宣传部"部长等职。

② 钱端升（1900—1990）：上海人，1919年毕业于清华大学，1923年获美国哈佛大学哲学博士学位。历任清华大学、中央大学、西南联合大学和北京大学教授。1952年任北京政法学院院长，1954年担任新中国第一部宪法起草工作的顾问。

③ 参见王世杰、钱端升：《比较宪法》，修订版，276页，北京，中国政法大学出版社，2004。

④ 程树德（1876—1944）：福建人，毕业于日本法政大学，曾任教于北京大学、清华大学等，撰有《比较宪法》《九朝律考》等著作。

⑤ 参见程树德：《宪法历史及比较研究》，137～139、165～174页，北京，朝阳学院出版部，1933。

军阀割据的第一步是建设在省自治上面的联邦的统一国家。①

1923 年公布的《中华民国宪法》专门增设“国权”和“地方制度”两章，规定了以服从中央政府为前提的地方自治制度。该部宪法因是曹锟为掩盖其贿选丑剧而炮制出来的，故遭到全国人民的激烈反对。1924 年，中国国民党第一次全国代表大会召开，在宣言中明确批判了“联省自治”论，指出：联省自治派“以为造成中国今日之乱象，由于中央政府权力过重，故当分其权力于各省”，但其结果“不过分裂中国，使小军阀各占一省，自谋利益，以与挟持中央政府之大军阀相安无事而已”，“真正的自治，必待中国全体独立之后，始能有成”。

中国有几千年实行单一制的历史传统，清末民初，不满于清政府和北洋军阀强制推行的中央集权独裁专制，出于对美国等联邦制国家民主政治的向往，出现了采行联邦制的呼声。但是军阀混战、国无宁日的现状，又亟须加强中央权力、迅速统一国家、安定秩序，这种呼声终被淹没。

综上，怎样可以既集中政治权力，巩固新生政权，又能对政治权力进行制约，防止出现集权专制，是民国初年人们在政体选择上最为关心的问题，也是引发总统制和内阁制、联邦制和单一制之争的重要原因。时至今日，这些仍是值得我们深思的问题。如果仅从理论上说，我们无法评价总统制与内阁制、联邦制和单一制孰优孰劣，究竟采纳何种主张并不取决于其学说的华美和理论的精深。历史实践证明，只有适应特定国情、具有现实可行性的主张才有可能被转化为具体的制度。

2. 以党治国的“训政”思想的确立

辛亥革命结束后，章太炎提出了“革命军起，革命党消”的口号②，遭到孙中山的反对。民主共和制度经历的一次次挫折、俄国“十月革命”的胜利，使孙中山逐渐认识到，革命成功必须依赖一个坚强有力的组织。根据他提出的民主革命要经过军政、训政、宪政三时期的“革命程序论”，训政阶段的重点问题就是如何训导国民成为民国的合格主人翁，而这一任务必须在一个富于牺牲精神的、先知先觉的革命政党主导下才能完成。鉴于同盟会组织涣散，1914 年 7 月孙中山组建中华革命党，首次提出了“以党治国”的思想。《中华革命党总章程》第 5 条规定：“自革命军起义之日至宪法颁布之时……一切军国庶政，悉归本党负完全责任，力为其难。”1919 年 10 月，中华革命党改称中国国民党，其以党治国的思想也被国民党完全继承下来。

孙中山明确提出：“要改造国家，非有很大力量的政党，是做不成功的；非有很正确共同的目标不能够改造得好的。我从前见得中国太纷乱，民智太幼稚，国民没有正确的政治思想，所以便主张‘以党治国’。”③ 关于“以党治国”的思想内涵，孙中山解释为：“所谓以党治国，并不是要党员都做官，然后中国才可以治，是要本党的主义实行，全国人民都遵守本党的主义，中国然后才可以治，简而言之，以党治国并不是用本党的党员治国，是用本党的主义

① 参见李秀清：《近代中国联邦制的理论和实践——北洋军阀时期省宪运动述评》，载《环球法律评论》，2001 年冬季号。

② 参见《大公报》（天津），1911 - 12 - 12。转引自牛彤：《孙中山宪政思想研究》，199 页，北京，华夏出版社，2003。

③ 《孙中山全集》，第 9 卷，96 页，北京，中华书局，1986。

治国。”[①]

孙中山的上述思想在南京国民政府时期得到落实。1928年6月，国民革命军完成北伐，全国基本统一。胡汉民、孙科提出了《训政大纲提案》，要求不失时机地开始“训政”，贯彻“以党建国”“以党治国”的主张。胡汉民指出：“夫以党建国者，本党为民众夺取政权，创立民国一切规模之谓也。以党治国者，本党以此规模策训政之效能，使人民自能确实使用政权之谓也。于建国治国之过程中，本党始终以政权之保姆自任，其精神与目的完全归宿于三民主义之具体的实现。”[②] 只有推行“训政”，才能“使全体国民的知识、能力，于最短时间，迅速增进。不仅国民党员对于国民应负责训导，就是国民党员之中，也应互相训导……我们惟其在这种大规模的，竭全力的训政之下，才能使国民对于公民资格的培养得以速成，才能及早实现三民主义的民有、民治、民享。如此急起直追，我们才能迎头赶上世界先进各国，才能在未来世界上立足，而使我们民族永久适于生存。”[③] 胡汉民、孙科的主张，被国民党中央采纳，促成了同年10月《训政纲领》的出台。该纲领明确规定：训政时期“由中国国民党全国代表大会领导国民行使政权”，“中国国民党全国代表大会闭会时，以政权付托中国国民党中央执行委员会执行之”，国民政府总揽“行政、立法、司法、考试、监察”五项治权，“国民政府重大国务之施行，由中国国民党中央执行委员会”“指导监督”[④]。这就为国民党政府的“训政”提供了基本的法律依据，于是在“训政”的掩盖下，国民党“一党专政”的统治地位得以确立。这激起了以胡适[⑤]、罗隆基[⑥]等人为代表的人权派的强烈反对。

1929年4月20日，南京国民政府发布了一项保障人权的法令：“世界各国人权均受法律之保障。当此训政开始，法治基础亟宜确立。凡在中华民国法权管辖之内，无论个人或团体均不得以非法行为侵害他人身体、自由及财产，违者即依法严刑惩办不贷。”胡适等人以此为契机，发起一场“人权”运动，要求制定宪法、保障人权。他在1929年发表的《人权与约法》一文中，列举了国民党破坏人权的种种事实，指出：“无论什么人，只须贴上‘反动分子’‘土豪劣绅’‘反革命’‘共党嫌疑’等等招牌，便都没有人权的保障。身体可受侮辱，自由完全可以被剥夺，财产可以任意宰割，都不是‘非法行为’了。无论什么报刊，只须贴上‘反动刊物’的字样，都在禁止之列，都不算侵害自由了。无论什么学校，外国人办的只须贴上‘文化侵略’字样，中国人办的只须贴上‘学阀’‘反动势力’等字样，也就都可以封禁没收，都不算非法侵害了。”所以他呼吁：“快快制定约法以确定法治基础！快快制定约法以保障人权！”[⑦]

针对孙中山的“训政”思想，胡适提出：“民治制度的本身便是一种教育。人民初参政的

① 《孙中山全集》，第8卷，282页，北京，中华书局，1986。

② 《胡汉民先生文集》，第3册·“党治的政府”附录·训政大纲提案说明书，411页，1978。

③ 《胡汉民先生文集》，第4册·怎样使全国妇女能行使女权，1189～1190页，1978。

④ 《中国近代法制史资料选编》，第2分册，325～326页，1979。

⑤ 胡适（1891—1962）：安徽人，1910年留学美国，入康奈尔大学，后转入哥伦比亚大学，1917年获哲学博士学位，回国任北京大学教授。胡适是新文化运动的领袖人物。1938年任驻美大使，1946年任北京大学校长，1957年出任我国台湾地区“中央研究院”院长。

⑥ 罗隆基（1898—1965）：江西人，早年留学美国，曾任清华、南开、西南联大等大学教授，《新月》杂志主编。1941年加入中国民主政团同盟（后改为中国民主同盟），1949年出席中国人民政治协商会议，后任中国民主同盟中央副主席等职。

⑦ 赵金康：《南京国民政府法制理论设计及其运作》，68～86页，北京，人民出版社，2006。

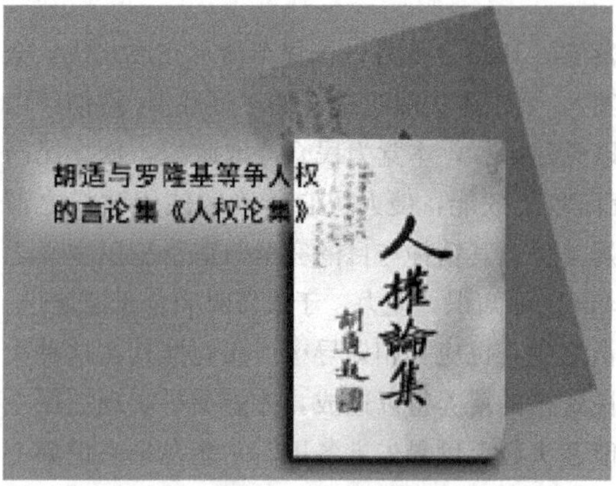

1930 年新月书店出版的《人权论集》，收录了《人权与约法》等文章

图片来源：http：//hxd. wenming. cn/cldzgwm/disk2/0423/html/d12/0423d12. html。

时期，错误总是不能免的，但我们不可因人民程度不够便不许他们参政。人民参政并不须多大的专门知识，他们需要的是参政的经验。民治主义的根本观念是承认普通民众的常识是根本可信任的。”在他看来，民主宪政本身便是最好的政治训练，所以国民党的训政根本没有必要。胡适还进一步指出，不仅要训人民，更要训官员：“人民需要的训练是宪法之下的公民生活。政府与党部诸公需要的训练是宪法之下的法治生活。‘先知先觉’的政府诸公必须自己先用宪法来训练自己，制裁自己，然后可以训练国民走上共和的大路。不然，则口口声声说‘训政’，而自己所行所为皆不足为训，小民虽愚，岂易欺哉?”[①] 罗隆基也否认有“训政”的必要，认为：国家的组织，在性质上就不容有“训政”这回事，就如同公司的股东并不需要个个经过一番商业上的训政和公司经理的专政，才允许股东参与公司的事务。人在政治上的经验与进步是无止境的，一定要国民到了某种理想的境地才可以加入政治活动的话，那么英美人一定也还处在训政时期。从错误中寻经验，从经验里得进步，是英美人做政治的方法，也是我们反对训政的理由。[②]

蒋介石的独裁统治，也引起了国民党内部各种反对力量的不满。继胡适等人之后，国民党内以汪精卫、邹鲁为代表的非主流派，与阎锡山、冯玉祥、李宗仁等地方实力派相结合，以要求实行“民主”和“法治”为名，提出“召开国民会议，制定约法”等口号，积极进行反蒋活动。1930 年 5 月，蒋、冯、阎中原大战爆发。同年 7 月，反蒋各派在北京联合成立国民党中央党部扩大会议。他们发表宣言，指责蒋介石借党治名义实行独裁，并另立一个“国民政府”与南京政权对抗，同时召集罗文干[③]、周鲠生[④]等一些法学家参与拟定《中华民国约法草案》。该草案在相当程度上体现出民主宪政思想，《大公报》曾评之为“从理论言，此项草案实有许多优点”，“极合人权法理”，“比较任何国家现行宪法为周密”[⑤]。1930 年 10 月，蒋介石在武力上打败反对派后，为了赢得政治上的主动，通电全国，提出要召开国民会议，制定训政时期约法。但是这一主张遭到胡汉民的坚决抵制。胡汉民认为，在训政时期内，孙中山的全部遗教即是国家的根本大法，因而无须另定约法。鉴于双方的意见无法调和，蒋介石不得不将胡汉民软

---

① 胡适、梁实秋、罗隆基：《人权论集》，18、21 页，北京，中国长安出版社，2013。

② 参见马小红主编：《中国法律思想史研究》，292 页，北京，中国人民大学出版社，2007。

③ 罗文干（1888—1941）：广东人，早年留学英国，获牛津大学法律硕士学位。归国后担任广东审判厅厅长、广东高等检察厅厅长、北京政府总检察厅检察长、财政部总长、司法部总长、国民政府司法行政部部长、外交部部长等职，曾任教于北京大学、西南联合大学。

④ 周鲠生（1889—1971）：湖南人，早年留学日本，加入同盟会，后留学英国爱丁堡大学和法国巴黎大学，获法学博士学位。历任北京大学、东南大学、武汉大学教授及外交部顾问，是著名的国际法学家。

⑤ 转引自杨天石：《杨天石文集》，409 页，上海，上海辞书出版社，2005。

禁于南京汤山，迫使其辞去立法院院长的职务。1931 年 5 月国民会议召开，通过了《中华民国训政时期约法》，以国家根本大法的形式确立了国民党一党专制的统治制度。

这部曾被人权派寄予厚望的约法让他们大失所望。就在该法颁布后不久，罗隆基发表了《对训政时期约法的批评》一文，公开表达了“绝对不满意”。他指出，约法上“只有‘主权在民’的虚文，没有人民行使主权的实质”，它使国民党实际上享有了超越法律之外的特权；约法有关立法机关及其职权的规定，只会造成“主席的命令就成为国家的法律；国家的法律，就是主席的命令”的结果。他预见，这将出现一个专制独裁政府，而不会走上民主法治的轨道。[①] 就连当时国民党内的宪法学家王世杰、钱端升也发出这样的评论：“我们须知约法虽已颁布，而党治的制度初未动摇，统治之权仍在中国国民党的手中。在党治主义之下，党权高于一切；党的决定纵与约法有所出入，人亦莫得而非之。以此之故，民国二十年六月的约法，并未尝为中国政制划一新的时期。”[②]

“富强为体，宪政为用”，是中国从近代以来影响最大、最深、最远的一个宪政文化范式。[③] “九·一八”“一·二八”事变的发生，加重了民族危机。继胡汉民之后担任立法院院长的孙科认为，在国难当头之际制定宪法，可以凝聚全国的力量，挽救民族危亡，因而“主张于最短期间，结束训政，筹备宪政之开始”[④]。这也引来了一些批评。有人认为在训政阶段没有完成以前，不应该讲宪政；有人认为不应该摹仿北洋军阀种种虚伪的宪政；有人担忧宪法颁布之后，国民党的责任就告终了，政权就要放弃。孙科指出：“像这种种顾虑，固然可以说是老成谋国，不过我们仔细的研究起来，当今世界各国，可以说没有哪一个国家是没有宪法来确定他的国家制度，来保障他国家长治久安的……宪政是革命的目的，同时也是治国方法的表现……到那时候，我相信国民党必能受全国人民的拥戴，国民党的政权，一定可以更加稳固的。”[⑤] 在他的积极推动下，南京国民政府于 1936 年 5 月 5 日公布了《中华民国宪法草案》，又称“五五宪草”，但因第二年抗战全面爆发而未能付诸议决。抗战胜利后，国共两党举行谈判。国民党于 1946 年 1 月被迫召开政治协商会议，顺应各党派和广大人民的民主要求，通过了包括《宪法草案》在内的一系列协定，否定了国民党一党专政，结果因国民党的反对而引起全面内战爆发。1946 年 12 月，在国民党一手包办下的国民大会通过了《中华民国宪法》，于 1947 年 1 月 1 日正式公布，遭到中国共产党和其他民主党派的坚决反对。在该宪法公布的第二天，《解放日报》即发表社论明确指出：“蒋记伪宪的精髓和实质，可以八个字概括而尽之：人民无权、独夫集权。”[⑥] 随着国民党统治集团败退台湾地区，这部《中华民国宪法》退出大陆的政治舞台。

三、刑法问题

民国时期继续变革传统法律的落后内容，积极引进西方先进的法律原则和法律制度，仍是

---

① 参见马小红主编：《中国法律思想史研究》，294～295 页，北京，中国人民大学出版社，2007。

② 王世杰、钱端升：《比较宪法》，修订版，431～432 页，北京，中国政法大学出版社，2004。

③ 参见王人博：《宪政文化与近代中国》，534 页，北京，法律出版社，1997。

④ 《孙科文集》，第 1 册·实行宪政之意义与国民应有之认识，257 页，台北，“商务印书馆”，1970。

⑤ 吴经熊、黄公党：《中国制宪史》，87～89 页，上海，商务印书馆，1937。

⑥ 《解放日报》，1947-01-03。转引自华友根：《中国近代法律思想史》，下册，203 页，上海，上海社会科学院出版社，1993。

刑事法律发展的基本方向，但是在一些具体问题的处理上，争论同样在继续。

1. 关于是否继承传统刑法部分内容的争论

纲常礼教作为传统刑事法律的基本原则，在法律近代化变革中不断遭到否定。但是这一变革不仅在清末遇到了强大阻力，而且直至民国时期依然进行得相当艰难。袁世凯上台后，下令将清末制定但未及实施的《钦定大清刑律》稍作修正后颁布施行，名之曰《中华民国暂行新刑律》，之后又颁行了《施行细则》及《补充条例》，继续加重对卑幼侵犯尊亲属、无夫妇女通奸等违背礼教行为的量刑，使我国刑法的发展出现倒退。董康[①]是清末修律时法理派的重要成员，曾积极主张法律与礼教分离，但是到了民国时代，他的思想发生了很大变化，公开呼吁法律与礼教合一。在其撰写的《刑法宜注重礼教之刍议》一文中，他开篇即言："自欧风东渐，关于刑法之编纂，谓法律论与礼教论不宜混合。鄙人在前清从事修订，亦坚执此旨……旧时所谓纵欲败度者，今于法律，不受制裁，因之青年之放任，奸宄之鸱张，几有狂澜莫挽之势。始信吾东方以礼教立国，决不容无端废弃，致令削足就履。"[②] 1915 年董康在编纂第一部"刑法修正案"时，迎合袁世凯"以礼教号召天下，重典胁服人心"[③] 的原则，增加了"侵犯大总统罪""亲属加重"各一章及"奸通无夫之妇"罪等，造成民国以来刑法史上的又一次倒退。1918 年段祺瑞政府为了消除袁世凯复辟、张勋复辟造成的不良影响，特派董康、王宠惠[④]为修订法律馆总裁，拟定了第二部"刑法修正案"。该草案更多地吸收了一些近代西方资产阶级的原则和制度，使第一部"刑法修正案"中强化军阀专制和封建礼教的内容得到调整，如减轻了侵犯大总统的刑罚，取消了"亲属加重"一章等，"实较前有显著之进步，为民国以来最完备之刑法法典"[⑤]。不过该草案虽然淡化了刑法中的礼教观念，但仍有部分保留，如无夫奸罪仍列入条文。"所谓《暂行律》废《旧律》无夫奸罪，而当时曾于另辑《暂行章程》第四条规定。迨《暂行律》颁布时，又将该章程删除，未免趋于极端。故《本案》于'妨害风化罪章'仍增入无夫奸罪，惟以未满二十岁之良家妇女为限。"[⑥] 直到 1928 年南京国民政府颁布《中华民国刑法》时，才删去"侵犯大总统罪"一章，规定和奸无夫妇女不构成犯罪。1935 年实施新刑法时，仍规定有配偶而与人通奸者处 2 年以下有期徒刑。

尊敬老人、宽宥老人犯罪是中国古代法律绵延数千年的历史传统，民国时期修订刑法时对这一问题的认识也出现了分歧。在讨论如何修订 1928 年刑法时，针对修正案初稿中对于"满 80 岁人之行为"之刑事责任无特别规定，有人批评指出："此与习俗相沿恤老的宗旨，颇有违背。就在生理上讲，年逾耄耋之人，行为能力方面，有恢复到孩童地步。法律上命他负壮年人同样的刑事责任，于情于理，均有不合。何况刑律优遇老弱，乃我国固有之美德"，1928 年刑

---

① 董康（1867—1947）：江苏人，晚清修律时沈家本的得力助手，多次东渡日本考察、学习。后任北洋政府大理院院长、法制编纂馆馆长等职及东吴大学法学院教授、北京大学法科教授等。从事立法、司法及法学研究工作长达四十余年。1937 年在日伪政权任职，1947 年病逝。

② 何勤华、魏琼编：《董康法学文集》，626 页，北京，中国政法大学出版社，2005。

③ 杨鸿烈：《中国法律发达史》（下），1038 页，上海，商务印书馆，1930。

④ 王宠惠（1881—1958）：广东人，早年毕业于北洋大学法科，获耶鲁大学法学博士。曾当选为柏林比较法学会会员、海牙国际法院法官以及国际联盟修订国际法起草委员会委员，在北洋政府和南京临时政府时期法律的修订和起草中发挥了重要作用。

⑤ 谢振民编著：《中华民国立法史》，张知本校订，下册，903 页，北京，中国政法大学出版社，2000。

⑥ 杨鸿烈：《中国法律思想史》，299 页，北京，中国政法大学出版社，2004。

法中规定“满八十岁人之行为，得减轻本刑二分之一”，初稿复加删除，“立法应维持恤老原则，条文则不妨改作‘满 80 岁人之行为，得减轻本刑’”[①]。1934 年 10 月完成的刑法修正案吸纳了该意见，规定“满 80 岁人之行为得减轻其刑”。梅汝璈[②]在其应邀所作的评论中，对此明确提出“实不敢赞同”，原因有二：一是 1928 年刑法和修正案上都有“精神耗弱人之行为减轻其刑”的规定，是故那人果是一个“老糊涂”，他的刑罚当然可以减轻；如果他是一个精神矍铄、身体强健的人，他可以利用他 80 年的经验、阅历，其作奸犯科的方法一定比常人巧妙，而其恶性也一定比常人强烈。国家对于这种老奸巨猾不加重其处罚，已算宽大；减轻其刑，实大可不必。二是我国哲学对于老而无功德者并无当然尊崇之义务。孔子对“幼而不信道，长而无述焉”的原壤且斥其为“老而不死是谓之贼”，并以杖叩其胫，至于作奸犯科者，更无论矣。基于上述理由，梅汝璈提出自己“对于修正案初稿之取消本条曾表示赞同，这次正式草案又骤然的把它恢复起来，这事令人费解！”不过梅汝璈并没有公开反对该修正案中“满 80 岁人犯罪者不得处死或无期徒刑”这一人道主义的条款。[③] 1935 年新刑法本着“老耄应予矜宥”的原则，规定已满 80 岁人不得处死刑或无期徒刑。

2. 关于如何引进西方先进刑法理论的争论

19 世纪中叶以来，西方开始由自由竞争的资本主义步入垄断阶段。这一时期的刑法观念也随之发生了转化，表现为对社会利益的强调，“社会本位”观念成为西方各国立法的主要精神。在刑事领域，以贝卡里亚、费尔巴哈、边沁、康德、黑格尔等为代表的旧派即古典学派强调客观主义及报应刑思想，把客观上发生的实际危害看作是犯罪的基本条件，认为刑罚必须和这个客观上的实际危害相称；而以龙勃罗梭、菲利、加罗法洛、李斯特等为代表的新派或称近代学派强调主观主义及教育刑思想，把犯罪看作是人的内在性格的缺陷即反社会性格的表露，认为刑罚应以预防犯罪再犯、清除其危险性以防卫社会为目的。随着古典学派趋于没落，近代学派登上舞台，其中以龙勃罗梭为代表的刑事人类学派和以李斯特为代表的刑事社会学派，都在一定程度上废弃了罪刑法定主义。此时的刑事立法受上述观念影响，重视主观犯罪意图，加强社会防卫和教育矫正，出现了缓刑、假释和保安处分等制度。已经被拖入世界法律改革大潮之中的中国，也不可避免地受到了这种转化的影响，1935 年刑法就是其中明显的一例。这部新刑法受到了新派刑法思想的影响，在学习西方最新立法成果的基础上，采纳了社会防卫主义、刑罚人道主义等刑法原则，规定了保安处分[④]等制度。

---

① 胡毓寅：《论中华民国刑法修正案初稿之得失》。转引自何勤华、李秀清主编：《民国法学论文精萃》，第 4 卷・刑事法律篇，31 页，北京，法律出版社，2004。作者情况不详。

② 梅汝璈（1904—1973）：江西人，毕业于清华大学，后到美国留学，获斯坦福大学经济学学士学位、芝加哥大学法学博士学位。回国后历任山西大学、南开大学、武汉大学教授。1946 年至 1948 年代表中国出任远东国际军事法庭法官，参与了审判日本战犯的工作，作出了积极贡献。

③ 参见梅汝璈：《刑法修正案的八大要点述评》，载《法令周刊》，第 235 期。转引自何勤华、李秀清主编：《民国法学论文精萃》，第 4 卷・刑事法律篇，41 页，北京，法律出版社，2004。

④ 保安处分制度，是国家刑事法律所规定的，对实施了危害社会的不法行为的无责任能力人、限制责任能力人以及法律上特定的有相当社会危险性的有责任能力人等所施以的，刑罚以外的医疗施治、保护观察等特定措施，以预防和控制犯罪、确保社会平安和矫治行为者本人的不良人格或病理身心的各类刑事制裁制度的总和。保安处分是近代刑罚观由报应刑论向教育刑论转型的结果，是刑罚理念革故鼎新的理论结晶。旧派强调罪刑法定、有罪则罚、罚当其罪、罚完即释的传统报应主义的做法，所突出的乃是个人人权的设置与保障；而新派反对不讲区别、不讲刑事政策的惩罚主义的刑罚观，强调刑罚与保安处分执行的长短和撤销与否，都应视行为人对社会主观危险性的大小以及其个人对刑罚的态度及其矫治状况来酌定，因而后者立论所突出的乃是对社会公权利的集中保护机能。参见屈学武：《保安处分与中国刑法改革》，载《法学研究》，1996（5）。

南京国民政府引进了即使在欧洲国家也相当晚近的保安处分制度（仅意大利于1930年订入刑法典），于1935年刑法中增设“保安处分”专章。这是近代刑事立法颇为注重追随世界最新之立法例的反映。

当“保安处分”被列入刑法修正案时，梅汝璈即不无忧虑地指出：“我们中国是一个政治落后、经济落后、教育落后的国家，这是毋庸讳言的。但是在法律方面，我们却又顶欢喜采纳世界上最时髦最进步的制度和条文。所以结果常是那些制度和条文在实际上每每形同虚设，等于具文。即拿现行刑法而论，它有缓刑制度，它有假释制度，它有感化教育，它有监护制度。可是，在实际上，这些制度几乎等于虚设！这是稍微关心中国司法实况的人们都知道的。这次修正案又平添了许多种的保安处分，如戒酒、戒烟、强制工作、强制治疗……几乎应有尽有。然而，它们在实际上将来是否能够不等同于具文，是否能够不和其他种种制度陷于同一的命运，那却是一个绝大的疑问。”①该刑法起草委员会虽然也提出“各国社会环境不同，修改法典，自应按照实际需要，在可能范围内力求推进，绝不能好高骛远，标奇立异”②，但是考虑到“最近刑事政策，注重社会之防卫，各国新订刑法，关于保安处分一章，规定颇详。旧刑法对于少年犯及精神病人，虽有感化教育，监督品行，及监禁处分之规定，然嫌范围太狭，新刑法特增设保安处分一章”③。

蔡枢衡曾指出：“自清律以来，中国刑法二十余年之沿革，即为抄袭‘多数国立法例’的历史”，“所谓迭次的刑法修正工作，亦不过有意识地或无意识地步趋资本主义各国刑法修正之后尘，并非自觉的结果”，尽管“其间每次修正”“亦不无进步的痕迹”④。这种对西方依附过程中的立法往往带有一种理想化的成分，盲目地追求最新和所谓“最先进”的法律制度，而不顾现实之社会基础和社会需要。但是，法律的实用性特征决定了“最先进”的法未必就是最“适合”的法，反而容易造成符合世界立法潮流的最“先进”的法和现实相脱节，这也是中国近代刑事立法中不容忽视的问题。

民国时期不仅在刑事立法上趋时追新，而且在学理探讨上也不甘人后，如应否坚持古典刑事理论中的罪刑法定原则、是否废除死刑等问题都曾引起学者的关注。

刑法学家王觐⑤对罪刑法定主义和罪刑擅断主义之得失进行了理论评判，他认为二者均有其缺陷和优点：罪刑擅断主义能适应变化的社会现实。司法官素质高，易收预防犯罪之效；水平低，则枉法裁判、出入人罪。罪刑法定主义规定明确，无擅断之弊，唯律无正条，不得加人以罚，故有漏网之鱼。“擅断主义有审判专横之弊；法定主义有不能应情科刑之缺点”，所以他提出应采用相对的罪刑法定主义。蔡枢衡则进一步明确主张取消刑法中的罪刑法定原则，要求在刑法中规定准许根据法律意识或法理认定罪刑的条文，肯定类推解释和扩张解释，使刑法随

---

① 梅汝璈：《刑法修正案的八大要点述评》，载《法令周刊》，第235期。转引自何勤华、李秀清主编：《民国法学论文精萃》，第4卷·刑事法律篇，40页，北京，法律出版社，2004。

② 谢振民编著：《中华民国立法史》，张知本校订，下册，921页，北京，中国政法大学出版社，2004。

③ 同上书，934页。

④ 蔡枢衡：《中国法理自觉的发展》，294页，北京，清华大学出版社，2005。

⑤ 王觐（1890—1981）：湖南人，1914年上海中国公学毕业，后留学日本明治大学学习法律。1919年回国后，历任清华大学、北京大学、河北大学教授、系主任、教务长及朝阳学院代院长、广西文史研究馆馆员等职。著有《法学通论》《法学通则》《中华刑法论》等。

时随地保持其本质即担当其维护社会秩序的使命。在他看来，“罪刑法定主义的历史使命已经完成了，刑法解释从严之原则已经成了历史的陈迹”①。

至于死刑，王觐认为：重刑并非预防犯罪的良策，“不于刑法以外求种种预防犯罪之方法，独恃死刑为消灭犯罪之工具，正所谓不揣其本，而齐其末”。废止死刑是刑法发展之大趋势，然则今日死刑之存废不可一概而论，应根据一国之现时国情而论。② 居正则明确提出了废除死刑的主张，他认为：在整个社会动荡不安、人民不得温饱的情况下，“人们犯罪，实在就是整个社会的过失，整个社会之病态，而不是个人之罪过”。想要杜绝犯罪，就应力图改善这种民不聊生之状况；刑罚制裁犯罪者绝不能仅以报复为目的，而应当以教育、感化为主，帮助罪犯洗心革面、重新做人。基于这一认识，他在《死刑存废论》一文中历陈了死刑的五大弊端：第一，“刑罚贵在感化”，使罪犯悔过自新，而死刑之设，完全堵塞了自新之路。即使罪犯有痛改前非之愿望，也难得改邪归正之机会。第二，刑罚作为惩罚的手段，其效果“不在有威赫性而在有持续性。人类之精神，往往对于一时之痛苦颇能忍受，而卒不能忍受长期之痛苦，故以儆戒论，死刑实不及自由刑。至以政治犯而罹死罪者，或且以殉身溅血，为无上光荣，死刑于此，尤完全失去作用”。第三，“刑罚贵有伸缩”，只有罪刑相当，刑罚才能收到惩戒之效。“而死刑无伸缩”，这不仅失去了法律的公平性，而且势必导致死罪者穷凶极恶、无所顾忌。第四，“刑罚不能保无过误，而一旦执行死刑，虽明知冤滥，无由救济”。无期徒刑则不然，它不但有“昭雪回复之余地”，还有“赦免假释之机会”。第五，“就事实论，死刑之行久矣，而可当刑之重罪，方层出不穷。回视实行废止死刑诸国，犯罪之数，未闻加多”。因此他说：今日提倡废止死刑，不仅“上合天理，下契人心”，而且大有裨益于法治国家的建设。③

四、民法问题

中国古代没有专门的民法典，清末修律时起草了中国历史上第一部民法典草案，但是未能正式颁布、实施。北洋政府没有颁行统一民法典，而是在援用清末法律有关规定的同时，拟订了第二部民律草案。南京国民政府在1929年至1931年间编撰的《中华民国民法》，分为总则、债、物权、亲属、继承5编，计1 225条。这是中国历史上第一部正式颁布、实施的民法典。对于如何认识中国传统的民事法律规范，怎样制定一部符合自己本国需要的民法典，民国时期人们的意见也很不相同。

1. 对于传统民事法律规范的不同认识

有感于传统民事法律规范的不发达，民国时期的学者特别强调民法的重要性。王宠惠注意到民法与人们日常生活的密切关系，提出：刑法是为了制裁犯罪，“苟稍知洁身自爱之人，亦何至触罹刑网”；而民法则不然，“毕生之中，凡吾人在社会上所为之法律行为，无往而不与民法有关系”。所以他极为赞赏英国法律史家梅因所言：一国之文化，观其民法与刑法之比较可知矣。半开化之国，民法少而刑法多；进化之国，民法多而刑法少。王宠惠认为，“民法之为

---

① 本段内容引自梁根林、何慧新：《二十世纪的中国刑法学（上）》，载《中外法学》，1999（2）。

② 引自梁根林、何慧新：《二十世纪的中国刑法学（上）》，载《中外法学》，1999（2）。

③ 转引自李光灿、张国华总主编：《中国法律思想通史》（四），560～561页，太原，山西人民出版社，2001。

物，实为人生日用云为之准绳。在古昔风俗纯朴之世已然，在今日事物繁赜之世则尤然，其重要于此可概见矣”①。吴经熊也提出：“窃谓民法者，民族精神之表现，民权借以保障，而民生恃以发展者也。故一国文化之高下，与其民法之良窳，适成一正比例焉。民法不善，非惟为文化幼稚之明证，抑且壅塞进步之路。”② 史尚宽则认为，“民法为众法之基。私法固不待论，欲治公法者，亦应对于民法有相当理解，而后可得其真谛”③。

中国古代有无民法，是迄今为止人们仍在争论的问题。由于该问题的答案与传统中国是否文明、开化纠缠在一起，因而无形中加剧了民国时期学者讨论的复杂性。持肯定意见的梅仲协曾言：“我国春秋之世，礼与刑相对立……礼所规定之人事与亲属二事，周详备至，远非粗陋残酷之罗马十二表法所敢望其项背者。依余所信，礼为世界最古最完备之民事法规也。”④ 胡长清则指出：《大清律例》中“《户律》分列7目，共812条，虽散见杂出于《刑律》之中，然所谓户役、田宅、婚姻、钱债者，皆民法也。谓我国自古无形式的民法则可，谓无实质的民法则厚诬矣”⑤。持否定意见的梁启超则对中国古代私法的缺失表示了深深的遗憾，他说：“我国法律界最不幸者，则私法部分全付阙如之一事也。”“我国法律之发达垂三千年，法典之文，万牛可汗，而关于私法之规定，殆绝无之。”“此所以法令虽如牛毛，而民法竟如麟角也。”⑥ 王伯琦则明确指出：“在清末以前，根本没有真正的民法。”⑦ 在其后来的著作中，王伯琦进一步从学理的角度进行了具体分析，他指出：“（历代律令）中户役、田宅、婚姻、钱债等篇，虽亦含有个人与个人间应遵循之规范，但其所以制裁者，仍为刑罚，究其目的，仍在以政府之政治力量，完成安定秩序之作用。其间之关系，仍为公权力与人民间之关系，仍属公法之范畴，与所谓民事法之趣旨，不可同日而语。如现行刑法有侵占、诈欺、背信、重利等罪之规定，其中无不含有民事上债权物权关系之规范在内，但其为刑事法而非民事法，固不待言也。”⑧

针对当时学术界流行的关于中国古代“重刑轻民”问题，董康提出了自己的独到见解：

---

① 王宠惠：《比较民法导言》，载吴经熊、华懋生编：《法学文选》，419～420页，北京，中国政法大学出版社，2003。原书初版于1935年。

② 吴经熊：《关于编订民法之商榷》，载何勤华、李秀清主编：《民国法学论文精萃》，第3卷·民商法律篇，2页，北京，法律出版社，2004。

③ 史尚宽：《债法总论》，自序，北京，中国政法大学出版社，2000。史尚宽（1898—1970）：安徽人，15岁赴日本留学，获东京帝国大学法学学士学位，1923年赴德国柏林大学研究法律，两年后前往法国巴黎大学研究政治经济。1927年回国，历任中山大学、“中央”大学、政治大学教授。1929年进入立法院参与民法及其他法律的起草工作。著有“民法全书”，即《民法总论》《债法总论》《债法各论》《物权法论》《亲属法论》《继承法论》。

④ 梅仲协：《民法要义》，15页，北京，中国政法大学出版社，1998。原书初版于1943年。梅仲协（1900—1971）：浙江人，曾留学法国获巴黎大学法学硕士学位。后来在“国立中央”大学、“中央”政治学校、台湾大学、东吴大学等长期教授民法。

⑤ 胡长清：《中国民法总论》，16页，北京，中国政法大学出版社，1997。原书初版于1933年。胡长清（1900—1988）：四川人，毕业于朝阳大学，后留学日本明治大学。先后任教于朝阳大学、中央大学、中央政治大学、燕京大学等。

⑥ 梁启超：《饮冰室合集·论中国成文法编制之沿革得失》。

⑦ 王伯琦：《近代法律思潮与中国固有文化》，30页，北京，清华大学出版社，2005。原书初版于1956年。王伯琦（1908—1961）：江苏人，毕业于东吴大学法学院，获法国巴黎大学法学博士学位。回国后以法学教育为主。有多部作品行世，是近代中国法学家的杰出代表之一。

⑧ 王伯琦：《民法总则》，15页，台北，台湾编译馆，1963。转引自马小红主编：《中国法律思想史研究》，346页，北京，中国人民大学出版社，2007。

“有疑中国重刑事不重民事者，此殊不然。从立国之原则言，礼为维持社会必要之具。易言之，即社会之一种公法也。社会间之接触，无时不有民事行为，即在处处无时不有礼教之维持力。刑为最小部分之最后制裁。以是观察，谓为民事为礼教所熔化则可，谓为不重民事则不可。”[①] 这说明，民法与礼教的关系极为密切。

2. 关于民法典制定的讨论

(1) 民商合一立法体系的确立。

中国传统社会以自给自足的小农经济为立国的根本，奉行重农抑商的基本国策，工商业者的社会地位低下。鸦片战争以后，对外贸易不断扩大，资本主义工商业逐步发展。为了保障工商业者的权益，清末统治者中的一些有识之士，纷纷呼吁尽快制定独立的商事法律。清末修律时，关于民法、商法是统一于民商法典还是分立的问题，曾有过一场争论。当时的修订法律大臣沈家本、俞廉三不同意民商法典合编之议，他们认为：“自法国于民法外特编商法法典，各国从而效之，均别商法于民法各自为编。诚以民法系关于私法之原则，一切人民均可适用。商法系关于商事之特例，唯商人始能适用。”[②] 所以清末采用的是民法典和商法典分别编撰的立法体系。

北洋政府延续了清末民商分立的模式，另一方面拟订第二部民律草案，另一方面颁行单行的商事法规。时任北洋政府修订法律总裁的江庸[③]曾专门著文解释说：现在世界各国的立法趋势是将民商法合并，结合中国的实际似乎更没有分离的必要。因而，修订法律馆当初本打算将民法、商法合二为一，但考虑到目前这样做困难较多，加之社会生活离不开商法，仍旧先将两法分开编纂，提交国会讨论通过，待时机成熟之后再实行合并。[④]

南京国民政府成立之初，原也打算分别制定民法和商法，并组织了民法起草委员会和商法起草委员会，但是遭到持民商合一论者的强烈反对，其代表人物杨兆龙[⑤]认为：将民法、商法分立的制度是一种历史的产物，现在欧洲的许多国家如瑞士、苏俄、意大利等都已放弃了这种做法，如果我们只知一味学习日本而忽视了对欧洲其他国家的观察，岂不是在自走冤枉路吗？[⑥] 当时的立法院院长胡汉民、副院长林森提交了建议统一编纂民商法典的议案，他们提出：“查民商分编，始于法皇拿破仑法典。维时阶级区分，迹象未泯，商人有特殊之地位，势不得不另定法典，另设法庭以适应之……然商法所订定者，仅为具有商业性质之契约，至法律上原则或一般之通则，仍须援用民法。而商法上最重要之买卖契约，且多在民法中规定。是所谓商法者，仅为补充民法之用而已……吾国商人本无特殊地位，强予划分，无有是处。此次订立法典，允宜考社会实际之状况，从现代立法之潮流，订为民商统一之法典。”[⑦] 该议案经国民党中央政治会议通过，并交立法院遵照执行，于是有关民商合一还是分立的争论逐渐平息。

---

① 转引自何勤华、魏琼编：《董康法学文集》，“编者前言”，10～11页，北京，中国政法大学出版社，2005。

② 李贵连：《沈家本传》，266页，北京，法律出版社，2000。

③ 江庸（1878—1960）：福建人，中国近代著名法律家、大律师。1907年毕业于日本早稻田大学政治经济科，回国后参加了清末和北洋政府时期的立法、司法工作，也从事过法制的教育与研究工作。

④⑥ 转引自李光灿、张国华总主编：《中国法律思想通史》（四），569页，太原，山西人民出版社，2001。

⑤ 杨兆龙（1904—1979）：江苏人，早年考入燕京大学哲学系，后获哈佛大学法学博士学位，到德国柏林大学法学院作博士后研究。1948年当选中国刑法学会会长。曾任南京国民政府司法行政部刑事司司长、最高法院检察署代理检察长等职。

⑦ 谢振民编著：《中华民国立法史》，张知本校订，下册，758页，北京，中国政法大学出版社，2004。

（2）对传统习惯、礼俗的改造和保留。

民法的制定与一国的文化传统、民族习俗等密切相关。清末修律时曾进行了比较广泛的民商事习惯调查，民国时期立法同样进行了这一工作，在吸收西方民法学原理的同时，比较注重同本土民事习惯的结合。例如，北洋政府制定第二部民律草案时增入中国土生土长的“典权”，南京国民政府颁布民法典时也保留了典权制度。一般而言，婚姻家庭制度往往是法律变革中最为保守的部分。北洋时期民律草案的“亲属”“继承”两编基本遵循中国法律的传统精神，民国时期虽然进行了很大变革，如废止宗祧继承、主张男女平等等，但是对家族制度仍有相当保留，如规定夫妻财产由夫管理、子女财产由父管理、妻冠以夫姓、子女从父姓，等等。对此人们褒贬不一。

胡汉民在一次演讲中对民法亲属、继承两编内容中有关家族制度的规定进行了说明，他指出：“目前有许多人——尤其是若干所谓感受新思潮的青年，都以为家庭与宗教，是陈腐的封建时代的产物，在理想的二十世纪中，应该不需要了。”家族制度的畸形发展流弊固然很多，但也不能因此抹杀其部分优点：“中国家族制度所以能特殊巩固，有二千余年的历史，乃至到今日在我们民法中必欲保存其精神而不能全部改造，如一般感受新思潮的青年所想望，完全为物质生活的生产方法所决定的……据我们调查社会情况的结果，中国若干都市，已进化到二十世纪美式的工业社会而无逊；而大部分农村，却还滞留在中世纪的农业组合中，这种社会进步不齐一的现象，更使立法者不能不从‘令今可行’方面去着想，于是承认保存家族制度的精神而酌为变革，在民法上便全行确定了……真实的良好的家族主义，是民族主义的缩影，所包含的是合于互助原则的济弱扶倾的王道精神，中华民族，因将借此精神以存续其悠远的生命，世界各民族也必须靠此，才能巩固其生存的基础。”[①] 这说明，民法中有关家族制度的规定，一方面是为了兼顾各地发展极不平衡的社会现实，另一方面是为了发扬互助济弱的民族精神。这不仅是出于尊重传统的考虑，更是当时的社会经济状况所决定的。

胡汉民乐观地认为，通过对家族制度的改革，“过去一切大家族制度的专制，依赖男女不平等种种弊病，也都可以一扫而清了”[②]。杨鸿烈也认为，民法的“这些规定虽然还不能说是极彻底的法律革命，但已经是能够根本推翻几千年来‘藏垢纳污’伪善的旧礼教所护持的名分、亲属关系、宗法观念，造成了一种不流血的礼教革命了”[③]。事实果真如此吗？有人对此表示了担忧，认为“改除习惯，非法律单方面之力量所可奏效耳。何则？法律之力只能于受屈者请求保障时，加以保障。若受屈者安于旧习，自甘放弃……则法律之力穷矣！……彼习惯之来非一朝一夕，积重难返。而其原因则极为复杂：……有因政治不良，有因经济压迫，有因交通闭塞，教育不普及，而民智不开，纷繁错综，难以缕述”[④]。

改革传统的家族制度固然不易，但这毕竟是历史发展的大势所趋，可是民国时期仍然有人坚决反对，董康就是其中的一员，他认为“法律为一种社会学，吾东方之社会组织法，一在三

---

① 胡汉民：《民法亲属继承两编中家族制度规定之意义》，载吴经熊、华懋生编：《法学文选》，451～461页，北京，中国政法大学出版社，2003。这是作者在1930年11月17日立法院总理纪念周的演讲词。

② 胡汉民：《民法亲属继承两编中家族制度规定之意义》，载上书，460页。

③ 杨鸿烈：《中国法律思想史》，309页，北京，中国政法大学出版社，2004。

④ 王自新：《从新法之施行难说到旧习之革除不易》，载《中华法学杂志》，第四卷第八号。转引自上书，316页。作者情况不详。

纲，即君臣父子夫妻……一在五常，即仁义礼智信……二语虽老生常谈，实治乱兴亡之所维系”。如果法律违背传统礼教，将带来败坏伦常、危害社会的恶果。所以董康对这部民法提出了尖锐批评，指出“国家之组织，泰西以个人为单位，吾国以家为单位……今民法之编纂，专以提倡个人，故将家列入第六，意在革易。此制颁行之后，庭闱薄视其所亲，闺阁牺牲其素节，淫侈成风，不能罄述”①。

民国时期的婚书

图片来源：http：//www. xfwed. com/ketang/topic/20110511547 _ 6. html。

（3）对西方先进民法理念的吸纳。

19 世纪末叶以前，私有财产神圣不可侵犯、契约绝对自由被奉为民法的至高原则。但是随着周期性经济危机的爆发、资本主义制度弊端的充分暴露，人们对传统民法理念的怀疑达到顶点。公共利益原则、禁止权利滥用原则和诚实信用原则得到确立，社会性立法活跃，民法领域出现了从“个人本位”到“社会本位”的变迁。从此，契约不再绝对自由，财产所有权不再绝对神圣不可侵犯，归责原则不再是单一的过错责任。

清末修律时就自觉不自觉地选取了反映 19 世纪末民法社会化特征的《德国民法典》作为参照，到北洋政府时期亦然。

关于南京国民政府民法的立法原则，胡汉民曾明确指出：“我们所立的法，原都根据于总理的三民主义，民法当然也如此……世界各国的法律大都根本于罗马法和《拿破仑法典》这两种法，大都以个人为本位，而忽略了多数人的利益，这就不是王道，而是霸道。我们不然。我们立的法是以全国社会的公共利益为本位，处处以谋公共的幸福为前提的，这便是王道。我们要以仁恕公平贯彻我们全部民法，处处表示它保护弱者的精神。”②“我们的民法极注重社会团

① 何勤华、魏琼编：《董康法学文集》，96～97 页，北京，中国政法大学出版社，2005。

② 胡汉民：《民法债编的精神》，载吴经熊、华懋生编：《法学文选》，439 页，北京，中国政法大学出版社，2003。

体的公益，与从前个人主义的民法立足点不同……所谓个人主义的原则有三：一是个人意思的自由，一是个人的责任，一是个人财产的保障。这三个原则都是从个人方面着想的，如果放到人人所共有的社会组织里去就不免要发生许多阻碍了。所以到了近代，社会组织发达，这三大原则便很受摇动。我们编订民法，首先注意到：凡是公众所认为不良的，有损于公共利益的习惯，统统革除掉，以纠正个人主义的错误。"① 可见胡汉民所倡导的"三民主义"的社会本位思想就是民法的指导原则，这既是为了弘扬仁恕、公平的传统王道精神，亦是为了迎合社会本位的世界发展潮流。

社会本位精神在《中华民国民法》中多有体现，如规定"法律行为有背于公共秩序或善良风俗者无效"（第 72 条），"权利之行使，不得以损害他人为主要目的"（第 148 条），等等。

中国传统法律历来重视家族利益、群体利益和国家利益，与西方社会化理念看似非常相近。对此有人欢欣鼓舞，有人忧心忡忡。前者如吴经熊在《新民法和民族主义》一文中提出："刚好泰西最新法律思想和立法趋势，和中国原有的民族心理相吻合，简直是天衣无缝！……换言之，他们的法制与我国固有的人生哲学一天近似一天！我们采取他们的法典碰巧同时也就是我们自己的文艺复兴中重要的一幕，也就是发挥我们的民族性！"② 后者如王伯琦在《社会本位法制与传统道德观念》一文中针锋相对地指出："迨及 1929 年至 1931 年新《民法》陆续制订施行，西洋法律的道德化，正是炽烈风靡之时，与我国传统的法律与道德累世同居的情形，不谋而合，所谓天衣无缝，并非过言。不过这件天衣虽是无缝，但是件狐裘。西洋的时季已届隆冬，体质已剩了点皮骨，穿上这件狐裘，非常舒适。我们季候乃是盛暑，体质亦浮肥不堪，穿上了这件狐裘，看来虽是漂亮，终不免觉得发燥。"王伯琦认为，我们的固有道德与西洋的道德，"根本不相为谋"，虽然现行法典采纳了西洋最新的立法原则和道德原则，但是这并不等于人们已能接受西洋的观念。在他看来，这是"貌合而神离，这是形式的偶合不是观念的贯通"，"他们的社会立法是从个人出发而到社会的，没有个人权利观念，根本就无从谈起社会利益。我们的社会立法是没有出发点的，从好的方面说，倒亦少了个人观念的牵制，要多长就多长，要多短就多短。没有二点就没有距离，没有距离即无从觉有长短。从坏的方面讲，这是没有根的浮萍，到处随风漂流，只有风力的转向，没有自主的立场，中国法令之所以易于施行在此，其难于切实收效亦在此"③。

王伯琦的观点虽然语言犀利，但是指出了中国传统社会本位与西方近代社会化理念的形似而神非，发人警醒。尽管《中华民国民法》在制定之时，既注意考察了西方最新的民法思想和立法趋势，又兼顾了中国传统的民族心理和行为习惯，在一定程度上体现了融贯中西的特色，可是从立法层面而言，《中华民国民法》显然主要是移植西方的民法。梅仲协称："现行民法，采德国立法例者，十之六七，瑞士立法例者，十之三四，而法日苏联之成规，亦尝撷取一二。"④ 吴经熊言："我们试就新《民法》从第一条到第一二二五条仔细研究一遍，再和《德意志民法》及《瑞士民法》和'债编'逐条对校一下，倒有百分之九十五是有来历的，不是照账

---

① 胡汉民：《新民法的新精神》，载吴经熊、华懋生编：《法学文选》，434～435 页，北京，中国政法大学出版社，2003。

② 吴经熊：《法律哲学研究》，173、176 页，北京，清华大学出版社，2005。原书初版于 1933 年。

③ 王伯琦：《近代法律思潮与中国固有文化》，49～57 页，北京，清华大学出版社，2005。原书初版于 1956 年。

④ 梅仲协：《民法要义》，自序，北京，中国政法大学出版社，1998。原书初版于 1943 年。

誊录，便是改头换面!”① 在中国这样一个民法不发达的国家，移植西方先进的法律原则和法律制度，无疑是非常必要的。但是，任何移植的法律必须经过本土化的过程，才能与其所依托的文化环境相融合。中国民法的近代化不可能只是西方先进民法理念与中国传统习惯、礼俗在立法层面的简单糅合，其文化价值上的同化、吸收势必还将经历一个相当的过程，任重而道远。

五、司法问题

法律观念的变革是法制变革的重要前提，法制变革成功与否有赖于这种新的法律观念是否被社会大众接受和认可，并最终在司法实践中得以真正贯彻落实，所以司法改革是中国法律近代化过程中一个相当重要的问题。传统中国长期奉行司法、行政不分的体制，在漫长的社会中已然根深蒂固的一些传统观念是很难用几纸法令来消除的。所以自清末以来，虽然在法律上确立了司法独立的原则，但实际影响有限。民国时期，改革司法体制、实现司法独立仍是法制发展确定不移的目标。但是，外有列强领事裁判权的干涉，内有各路军阀的专断横行，加之司法人才的不足、经费的短缺，以及国民法律知识的匮乏、权利意识的淡薄，等等，使司法改革步履维艰，甚至出现了由县知事兼理司法的倒退现象。民国初年伍廷芳与陈其美关于姚荣泽案、宋汉章案如何审理的激烈辩论②，北洋时期张志、邵飘萍未经正常司法审判而被杀③，国民党统治时期特务机关的法外司法，等等，都反映出在动荡、复杂的局势下司法独立的艰难。但是不容否认，也正是在这一时期，中国对外收回了领事裁判权，对内取得了增设新式法院、培养法律人才、改良旧式监狱、推行辩护及陪审制度等诸多成就；学者就行政法院如何设置④、是否取消检察制度⑤以及陪审制度的取舍、审级制度的改革⑥等一系列问题进行了比较深入而广泛的探讨。由于司法问题内容繁杂，在此仅就以下两点略作介绍。

1. 收回领事裁判权

清末领事裁判权及会审机关的设立，使中国的司法主权遭到严重破坏。这种对法律上国家属地优越权的侵犯，极大地伤害了中国人民的感情，成为许多人心中无法化解的伤痛。⑦ 收回领事裁判权，恢复国家的司法主权，是引发清末变法修律最直接的动因，也是民国政府一直孜孜以求的目标。尽管这一时期社会动荡、政治分裂，但是民族意识、国家观念日益觉醒，摆脱

---

① 吴经熊：《法律哲学研究》，172页，北京，清华大学出版社，2005。原书初版于1933年。

② 1912年江苏山阳县令姚荣泽杀害革命志士，中国银行上海分行经理宋汉章拒绝为陈其美筹款。姚、宋二人被逮捕后，时任司法总长的伍廷芳与沪军都督陈其美，相继就是否由司法机关严格依照法律程序审理等问题发生了激烈辩论。

③ 1925年山东高等审判厅厅长张志，被该省军政长官张宗昌以通敌嫌疑下令逮捕，第二天早晨未经审判即被枪决；1926年著名记者、《京报》总编辑邵飘萍被奉系军阀杀害。

④ 参见李秀清：《从平政院到行政法院——民国时期大陆型行政审判制度探究》，载何勤华主编：《法的移植与法的本土化》，373～405页，北京，法律出版社，2001。

⑤ 参见杨兆龙：《由检察制度在各国之发展史论及我国检察制度之存废问题》，载艾永明、陆锦璧编：《杨兆龙法学文集》，279～304页，北京，法律出版社，2005。

⑥ 参见李光灿、张国华总主编：《中国法律思想通史》(四)，578～583页，太原，山西人民出版社，2001。

⑦ 在最初设立领事裁判权时，由于对此缺乏了解，并不认为这是什么大不了的问题。但是随着法律观念的进步，由领事裁判权而带来的一系列危害，逐渐为人们所认识，收回的愿望也随之日渐增强。

列强干涉、恢复民族权利成为千百万中国人的共识，推动收回领事裁判权运动如火如荼地展开。

在1919年的巴黎和会期间，中国代表团正式提出了撤废列强在华领事裁判权的要求，被认为不合和会范围，不加讨论，推到以后成立的国联去解决。在1921年召开的华盛顿会议上，中国全权代表王宠惠又提出了这一要求，还是不能得到与会各国的同意。最后会议决定，由享有领事裁判权的各国各派遣一人，成立"法权考察委员会"，考察中国司法状况，将考察结果及撤废领事裁判权的建议报告给各国政府，再由各国政府决定是否撤废在华领事裁判权。"法权考察委员会"迟至1926年1月才来到北京，因军阀混战、交通堵塞，仅调查了河北、山东、山西三省的司法状况，于9月作出了调查报告书。该报告书对中国军阀干政及行政权、司法权不分等现象攻击激烈，认为中国的司法状况尚未彻底改善，建议各国仍不能放弃领事裁判权。但是由于"五卅"运动的爆发，在中国人民的强大压力下，1926年江苏省政府与列强达成协议，规定将上海会审公廨改为上海临时法院，由中国司法官员适用中国现行的法律、条例审理案件，外国领事只能对违反租界治安及原"洋泾浜章程"所规定的案件进行"观审"。1930年南京国民政府与有关各国签订了《上海公共租界内中国法院协定》，宣布废除一切有关租界内审判机构的条约、协定、章程，领事不得再进行"观审"。随着各地租界陆续被收回，会审公廨相继被撤废，由领事裁判权派生的列强在租界的司法权也被逐渐收回。

为了早日收回法权，北洋政府以及其后的南京国民政府除了外交上艰苦的努力外，还参照西方模式积极推进司法改革，所以收回领事裁判权是民国时期司法改革的重要动力源泉。北洋政府于1922年设立了以司法总长张耀曾为委员长的"法权讨论委员会"，其目的即在于拟订司法改良计划，督促各级司法机关做好应付列强检查等相关事宜，力争尽快解决领事裁判权问题。1925年年底，段祺瑞政府为迎接列强的法权调查，特地成立了"调查法权筹备委员会"，由王宠惠担任全权代表。从"法权讨论委员会"所拟订的司法改良计划，到"调查法权筹备委员会"所承担的大量工作，体现了民国政府收回法权的积极努力和良苦用心。1930年王宠惠在《中华法学杂志》发表了《二十五年来中国之司法》一文[①]，对1906年至1930年间法律思想之变迁、法典之编订、审判之制度、人才之训育、法院之增减、监狱之设备、法权之收回等情况进行了总结，肯定了中国司法改革所取得的成就。

值得注意的是，民国时期在全国上下一致呼吁废除领事裁判权之时，在何时废除及如何废除等方面，曾出现了不同意见。1923年江庸在其主办的《法律评论》创刊号上发表《闻考察司法委员缓期来华敬告友邦》一文，就提出希望附以相当年限，俟司法确实改良后再行收回法权。他提出："领事裁判于外人亦不尽有利，而外人所以不撤废此权者，实以我国司法未尽改良耳。"他认为若司法改良毫无实效，即使侥幸收回领事裁判权，但法律徒有具文而不能运用、审判徒具形式而不能独立，这样"不惟随时随地为外人诟病，适足为国家之辱；且收回领事裁判权之后，外人之身命财产，举而托诸我，果何以对我好意之友邦耶"？因为中国司法还不够完善，所以领事裁判权不能马上收回。为了改良司法，江庸要求从政府、军界、国会到地方立法机构、舆论界以及广大人民，都来监督、支持、鞭策司法改革；并批评了政界、军界对司法

① 原文发表于《中华法学杂志》，第1卷第1期。参见何勤华、李秀清主编：《民国法学论文精萃》，第5卷·诉讼法律篇，457～462页，北京，法律出版社，2004。

独立的约束和干涉。[1] 1942 年居正在《收回法权之切要》一文中，针对 1926 年“法权考察委员会”在报告中对中国法制不完备的指摘，指出：“国民政府成立之后，有鉴于此，整顿司法，不遗余力。迄今民刑法典已灿然大备。新式法院监所已经成立六百余所，仍在继续普设中。司法经费自三十年起，已一律归国库负担。至言军人干涉司法，则更早无此事。是各国所藉之事实均已根绝，依原约规定，自应即时放弃，不容再事拖延。”[2]

在具体收回方式上，北洋政府在积极进行外交努力之时，南方政府即反对“法权考察委员会”的活动，要求贯彻孙中山“废除一切不平等条约”的遗教，主张效法苏俄，以较激进的革命武力的方式达到目的。1931 年制定的《中华苏维埃共和国宪法大纲》，从“彻底地将中国从帝国主义压榨之下解放出来”的目的出发，“宣布中国的民族的完全自由与独立”，不承认帝国主义在华的一切特权，主张废除一切不平等条约，无条件收回帝国主义的租借、租借地。[3] 当时的国际法学家郝立舆分析了武力收回方式的不现实，他指出：“吾国民中一般激进分子，有主张武力撤废之说者，谓今世国际道德，未离欺诈卑污之境，国际交涉，更无公理信义可言，我苟力图振作，跻于强盛，挟吾武力，以相周旋，则马到功成，一战而霸，凌驾寰球，亦正易易，区区领事裁判权，欲撤销斯撤销耳，何事委婉磋商，仰人鼻息为？不知此种激烈肤廓之空说，究非根本解决之办法；试问今世之国际形势，能否容吾有此雄图？即以吾之实力而论，视欧战前之德意志何如……是则论者主张，多见其不自量耳，究无补于实际也。”[4]

随着抗日战争中中国国际地位的提高，1943 年 1 月 11 日，中国政府与英美政府签订了《取消在华治外法权及处理有关问题条约》，正式废除领事裁判权。其他国家也纷纷与中国签约，长达一个世纪的领事裁判权问题终于被解决。居正欣然写下“百年桎梏一朝除，无量牺牲血洗诸”[5]，肯定了这是百年来中国人民不断抗争、不懈努力，并在反法西斯战争中付出巨大牺牲、作出重要贡献的结果。但是也有学者对由此引发的负面影响进行了省思，如蔡枢衡指出了中国法治发展的被动性：“中国史上产生法律和社会间不适合问题的偶然事实是把变法当作撤销领事裁判权或图强的手段，而不是由于国内社会自然发展之结果，也不是由于当作实现纯粹自动的改革之手段。”[6] 当代亦有学者提出，治外法权的收回，“一方面它强化了近代中国自学习西方法律和司法制度以来就一直存在的为废除治外法权而改良法律和司法的论证逻辑；另一方面导致了在此之后发动民众，以运动的方式参与法律和司法事务的先河。这种论证逻辑和参与方式成为近代中国司法近代化过程中的严重症结，至今仍不时影响着我们的思维方式”[7]。

2. 司法的党化

司法的党化是国民政府“以党治国”的“训政”思想在司法领域贯彻的必然结果。从 1926 年开始，广州、武汉革命政府就积极推行以“司法党化”为中心的司法改革，确立了国民党享

---

① 该部分内容引自华友根、倪正茂：《中国近代法律思想史》，上册，438～439 页，上海，上海社会科学院出版社，1992。

② 《居正文集》，下册・收回法权之切要，688 页，武汉，华中师范大学出版社，1989。

③ 参见马志冰主编：《中国法制史》，297 页，北京，北京大学出版社，2004。

④ 郝立舆：《领事裁判权问题》，114 页，上海，商务印书馆，1925。转引自李启成：《治外法权与中国司法近代化之关系——调查法权委员会个案研究》，载《现代法学》，2006 (4)。

⑤ 《居正文集》，下册・梅川谱偈・癸未条下，565 页，武汉，华中师范大学出版社，1989。

⑥ 蔡枢衡：《中国法理自觉的发展》，50 页，北京，清华大学出版社，2005。

⑦ 李启成：《治外法权与中国司法近代化之关系——调查法权委员会个案研究》，载《现代法学》，2006 (4)。

有最高立法权和司法权的法律体制，颁布了《党员背誓罪条例》，使党员义务法律化；并废除了司法党禁。诞生于这一时期的《新司法制度》第2条明确规定："非有社会名誉之党员，兼有三年以上法律经验者，不得为司法官。"

众所周知，禁止司法官加入政治党派，是为了防止司法官因为党派利益而影响司法公正的必要举措。1914年袁世凯曾发布禁止司法官加入任何党派的命令。但是随着党治理论的提出，党派利益与国家利益、社会利益日相竞合，那么是否会因此损害司法公正？当时人们的意见并不统一。

1926年9月20日，上海《民国日报》刊登了国民政府司法行政委员会主席徐谦[①]的《改革司法制度说明书》。徐谦提出："旧时司法观念，认为天经地义者，曰'司法独立'，曰'司法官不党'，此皆今日认为违反党义及革命精神之大端也。如司法独立，则司法可与政治方针相背而驰。甚至政治提倡革命，而司法反对革命，势必互相抵触，故司法必受政治统一不可。观苏联之政治组织，立法行政，固属合一，即司法机关，亦非独立，此即打破司法独立之新制也。"[②] 之后在《武汉国民政府第十三次会议上的报告》中，徐谦又明确宣称："现在要打破司法不党，要党化，要纯粹有学识的党员去做法官。"[③] 为了更好地推行司法党化，武汉国民政府还确立了法院的集体领导体制，并实行参审陪审制。

1935年9月，时任司法院院长的居正在第一次全国司法会议上，对"司法党化"进行了具体解释。他提出：在"以党治国"一个大原则统治着的国家，"司法党化"应该视作"家常便饭"。在那里，一切政治制度都应该党化，何况司法是国家生存之保障，如果不把它党化了，换言之，如果尚容许旧社会意识偷藏、潜伏于自己司法系统当中，那就无异容许敌方遣派的奸细加入自己卫队的营幕里，这是何等一个自杀政策。"司法党化"必须包含以下两个意义：司法干部人员一律党化——主观方面；适用法律之际必须注意于党义之运用——客观方面。"司法党化"应该是把一切司法官都从那明了而且笃行党义的人民中选任出来，不一定要他们都有国民党的党证，却要他们都有"三民主义"的社会意识。"三民主义"之国家，要求每一个法官对"三民主义"法律哲学都有充分的认识，然后可以将党义充分地运用到裁判中。法律所未规定之处，应当运用党义来补充它；法律规定太抽象、空洞而不能解决实际的具体问题时，应当拿党义去充实它们的内容；法律已经僵化之处，应该拿党义把它活用起来；法律与社会实际生活明显地表现矛盾而又没有别的法律可据用时，可以根据一定之党义宣布该法律无效。[④]

废除司法党禁、实行司法官的国民党化，这一进程并非一帆风顺，而是不断遭到反对。早

---

① 徐谦（1871—1940）：祖籍安徽，出生于江西，1903年中进士，入翰林，在译书馆攻读法律政治科，在前清官至京师检察厅检察长，并赴欧美考察司法制度，北洋时期两次出任司法部次长。1916年加入基督教，1917年随孙中山南下，担任护法军政府秘书长；1918年以南方代表身份参加巴黎和会，反对在和约上签字；1920年任广州军政府司法部部长；1921年被非常国会选为大理院院长；1926年任广州国民政府司法部部长，是武汉国民政府时期国民党中央和国民政府的重要领导人之一；1927年声明退出政界；1933年任李济深在福建组建的中华共和国人民革命政府司法部长。1940年病逝于香港。

② 张国福：《中华民国法制简史》，221页，北京，北京大学出版社，1986。转引自韩秀桃：《司法独立与近代中国》，350页，北京，清华大学出版社，2003。

③ 余明侠主编：《中华民国法制史》，271页，北京，中国矿业大学出版社，1994。转引自上书，351页。

④ 参见居正：《司法党化问题》，载李贵连主编：《近代法研究》，第1辑，137～153页，北京，北京大学出版社，2007。原文刊载于1935年《东方杂志》，第32卷第10号。

在1924年广州大元帅府时期，大理院院长赵士北[①]主张“司法不党”“司法独立”，被孙中山以违反“以党治国”原则而下令免去职务。[②] 1934年，时任司法行政部部长的罗文干反对“司法党化”，到处宣传英国的“法治”精神，主张“以英为师”，法官不应参加任何党派，反对国民党插手司法，亦被解职。[③] 特别是如前所述，以胡适、罗隆基等人为代表的自由主义知识分子向国民党当局发出挑战，锋芒直指“以党治国”的“训政”思想。针对国民党在全社会推行的“党化教育”，胡适在谈及思想言论自由时指出：“我们所要建立的是批评国民党的自由和批评孙中山的自由。上帝我们尚且可以批评，何况国民党与孙中山?”[④] 罗隆基也认为，以“三民主义”来统一思想的党化教育，“实际所摧残的是三民共产以外，学术上一切的真理”；要解决中国问题，只有以思想自由代替思想统一的一条路，只有“解放思想，重自由不重统一”[⑤]。在《我对党务上的“尽情批评”》一文中，罗隆基指出：“一个有政治信仰与政治主张的团体，根据信仰及主张来夺取政权，最后取得政权，因以掌握政府，主持国事”，这就是“党治”。至于国民党的“党权高于一切”“党在国上”“党外无党”等，这是一党独裁，而非“党治”，与孙中山先生的遗教、学说是相悖的。[⑥] 罗隆基认为司法独立是法治国家的关键，而法治的最基本含义是法律的统治，法律具有最高权威，不允许有任何权力超越其上。国民所希望的是：“党国的领袖们，做个守法的榜样！国民党的党员，做个守法的榜样！”[⑦]

在国民党不惜违背“法治”与“司法独立”原则，大力推进“司法党化”之时，共产党人在革命根据地建立了人民民主政权的司法机关，并不断摸索着适合中国革命的司法制度。抗日战争时期，陕甘宁边区陇东分区专员兼高等法院陇东分庭庭长马锡五同志改革司法作风，将中国共产党群众路线的工作方针灵活运用到司法审判中，创造出一种崭新的审判方式，被称为马锡五审批方式。其特点是尊重、相信和依靠群众，深入调查研究，查明案情，依法判决，手续简便，不拘形式，方便群众。

董必武是新中国法制的重要奠基人之一。以国民党为鉴，他提出“党员应当自觉地遵守党所领导的政府的法令。如果违犯了这样的法令，除受到党纪制裁外，应比群众犯法加等治罪”。他十分强调法律的阶级性，认为旧法律是统治阶级压迫广大人民的工具，“反动的法律和人民的法律没有什么‘蝉联交代’可言，而是要彻底地全部地废除国民党的法律”。新中国同过去旧的国家有本质上的不同，所以“法律也就非从本质上加以改变不可，决不能率由旧章，以为新法未完全订出以前不妨暂用旧法的观点，那完全是错误的”。董必武曾讲：“我写过一句‘恶

---

① 赵士北（1871—1944）：13岁赴美谋生，获哥伦比亚大学法学博士学位。1896年结识孙中山，加入同盟会。1911年被选为十七省临时议会议长。1917年随孙中山南下，任广州军政府司法部司长。1923年任广州大元帅府大理院院长兼管司法行政事务。被解职后于1928年重返政坛，被选为立法院立法委员。1936年调任广州市地方法院院长。1938年广州沦陷，辞职赴香港，因拒当汉奸被日军拘捕，1944年病逝狱中。

② 参见朱勇主编：《中国法制通史》，第9卷·清末·中华民国，596～597页，北京，法律出版社，1999。

③ 参见金沛仁：《国民党法官的训练、使用与司法党化》，载《文史资料选辑》，第78辑，102～104页，北京，文史资料出版社，1982。转引自张仁善：《论中国近代司法文化发展的多层面冲突》，载《法学家》，2005（2）。

④ 胡适：《〈人权论集〉序》，载《胡适论学近著》，491页，济南，山东人民出版社，1998。转引自马小红主编：《中国法律思想史研究》，285页，北京，中国人民大学出版社，2007。

⑤ 罗隆基：《论中国的共产》，载《新月》，第3卷第10期。转引自上书，285页。

⑥ 参见上书，292页。

⑦ 罗隆基：《对训政时期约法的批评》，载《新月》，第3卷第8期。转引自上书，295页。

民国时期的司法状纸

图片来源：http：//big5.wuzhou.gov.cn/info/120506。

法胜于无法’，意思是我们的法虽然一时还不可尽善尽美，但总比无法要好。我说‘恶法’，是指我们初创，一时还不完备的法。”这就是说，新法虽是初创、不完善，但总比旧法要好，因为它毕竟代表了无产阶级与劳动人民的利益与意志。在这种观点的指导下，1949 年 2 月，中共中央发布了《关于废除国民党的六法全书与确定解放区司法原则的指示》，宣布废除一切原国民党政府公布的法律，确定人民民主政权的司法原则是：在目前法律还不完备的情况下，“有纲领、法律、命令、条例、决议者，从纲领、法律、命令、条例、决议之规定；无纲领、法律、命令、条例、决议者，从新民主主义的政策”。并要求“司法机关应该经常以蔑视和批判‘六法全书’及国民党其他一切反动的法律、法令的精神，以蔑视和批判欧美日资本主义国家一切反人民法律、法令的精神，以学习和掌握马列主义、毛泽东思想的国家观、法律观及新民主主义的政策、纲领、法律、命令、条例、决议的办法来教育和改造司法干部”。新中国成立之初，一场以反对“旧法”观点、旧司法做法和改造各级司法机构为主要内容的司法改革运动得到广泛开展。法学界和司法界按照马克思主义的立场、观点和方法，对国民党的法律制度、法学理论进行了彻底的否定和批判，原解放区的一些司法经验得到广泛的宣传，“依靠群众，走群众路线”被作为人民司法工作的优良传统而得到提倡。但是，对“六法全书”和欧美资本主义国家的法律一概加以否定，不是科学的态度，而是“左”的思想倾向的一种反映。[①]

综上，近代西方列强的入侵，使古老的中国在懵懵懂懂之间被迫匆忙应对挑战，失去了主动变革的从容，来不及进行冷静的反思和坚实的探索。为了挽救空前的民族危机，中华大地成为各种陌生的主义与方案的试验场，思想的大潮如脱缰的野马迅猛奔腾，在短短的百余年间，越过了欧洲由启蒙到成熟的数百年行程。达尔文的进化论、卢梭的天赋人权、孟德斯鸠的“三权分立”，与纲常礼教、天下为公、经世致用等思想交错杂陈，几乎同时铺展在同一个时代断面上，使人眼花缭乱、应接不暇。在风云变幻的社会动荡和匆匆前行的历史脚步中，不少思想家由引领时代风潮的先导，迅速蜕变为落伍者，甚至滑落到拉倒车的行列。这究竟是个人的人生悲剧，还是社会急遽变化的必然结果？这种现象让人匪夷所思，却又值得深思和长思。

在每一次社会转型之际，法律变革和思想争鸣总是相伴而行，只要变革还在继续，争鸣也就不会止歇。自清末变法修律以来，中国的法律改革已经被拖入世界法律变革的大潮之中，陷入传统与近代、本土与西化等一系列剪不断、理还乱的纠葛之中。那些能转化为具体制度的未必一定是最先进的理论学说，而有的最先进的理论学说在转化为制度之后，又未必能带来良好的社会效果。这就要求法律变革必须兼顾思想、学说的先进性与可行性，既不能盲目趋新，又不可抱残守缺。可以看到，近代法律思想的演进，也是在这一背景下展开的。

当年的先辈们虽然慷慨激昂、壮怀激烈，但是没能真正建立起一套系统、完整的法律思想体系，让自由、民主的观念在亿万民众的头脑中扎下根来。他们争论的许多论题，并没有随着时光的流逝而烟消云散，而是延展至当下，成为我们思考和建构相关法律制度不可轻忽的基础和资源。就像人类在思想文化上每一次新的飞跃，都得益于回顾轴心时代所创造的精神财富一样，相信中国现代法律发展的飞跃，也一定需要不断回顾自己的法律变革历史，重温自己的法律文化传统。

相关事例

1. 姚荣泽杀害周实、阮式

周实、阮式是同盟会友、南社社员，又都是江苏淮安人。为响应武昌起义，他们于1911年11月14日宣布淮安独立，却在11月17日被光复后任淮安县司法长（前清淮安县县令）的姚荣泽下令杀害。南京临时政府成立后，该案最初在江苏审理。沪军都督陈其美以“旧官僚残杀革命志士的严重事件”为由，向孙中山请求将姚荣泽押解到上海依军法审判。时任司法总长的伍廷芳，与陈其美就如何审理该案发生了激烈的争论。最后在孙中山的指示下，案件按照伍廷芳所坚持的方案进行了审理，由3人充任裁判官，组成临时合议庭，同时由7名具有较高名望的人组成陪审团，并允许被告聘请律师出庭辩护。经过1912年3月23日、30日、31日三次公开审理，陪审团认定姚荣泽谋杀罪成立，法庭判处姚荣泽死刑，在3个星期内执行。判决后，法庭允许姚荣泽发言5分钟。姚荣泽声称自己受到乡绅团的逼迫，非出己意而杀人。7名陪审员共表同情，经承审官认可，由陪审员集体禀请大总统施恩减刑。当时袁世凯已就任大总

---

① 本部分内容引自华友根：《中国近代法律思想史》，下册，312～322页，上海，上海社会科学院出版社，1993。

统，姚荣泽获准特赦，以改判监禁10年、附加罚金而结案，实际仅关押3个月就被释放。①

2. 施剑翘刺杀孙传芳

1935年11月13日，大军阀孙传芳在天津居士林诵经时，被一名叫施剑翘的女子击毙。施剑翘当即自首，并声称是为父施从滨报仇。施从滨于1925年任山东军务帮办兼第一军军长，同年10月与孙传芳的军队在安徽交战时，被孙俘斩。“刺孙案”发生后，天津地方法院与河北高等法院前后共开庭7次，三审结案，于12月16日判处施剑翘有期徒刑10年。此案发生后，社会舆论多寄同情，全国各地声援电报不计其数，纷纷呼吁赦免施剑翘。冯玉祥、宋哲元等二十多名党政大员联名上书国府主席林森，要求赦免。1936年10月16日，南京国民政府颁发明令，宣布对施“特予赦免，以示矜恤”②。

原典阅读书目

1. 汤志钧．章太炎政论选集：上册・代议然否论．北京：中华书局，1977
2. 胡适，梁实秋，罗隆基．人权论集・人权与约法．北京：中国长安出版社，2013
3. 罗福惠，萧怡．居正文集：下册・为什么要重建中国法系．武汉：华中师范大学出版社，1989

原典阅读举例

难者曰：知代议必不可行，而公等昔尝主持共和政体，何其自相斫也？应之曰：昔者吾党以为革命既成，必不容大君世胙，惟建置大总统为无害，而又慕说美利坚人，哀思窈窕，为我好仇，故联想及于共和政体。不悟置大总统则公，举代议士则戾。且未尝推校丁口，与他国相稽也。美之丁口七千有余万，视震旦五不当一；其地三千万方里，视清所据疆土四分而三，视震旦本部以倍，然犹众建联州，各为宪法，其议员亦无等差高下，然后分布得均耳。震旦不分为联州，多选议员，则召喧呶；少选议员，则与豪右。若分为联州耶？此土情势，即又与美軵戾，今之务在乎辑和民族，齐一语言，调度风俗，究宣情志，合之犹惧其隔阂，况剖分之。自宋以降，南人视北人则有异，荆、扬、益三州人，视岭外人则有异。地方自治始萌芽，而湖南、江苏、安徽比邻之民，又且相视若戎狄。滨海通商之地，其民羯不均，顾反有贱其宗国而厚爱欧、美人者。若一日分为联州，其逖离则愈甚。而南北美之战争，将亟见于汉土，于民族主义甚反矣。③

---

① 参见马小红、柴荣、刘婷婷编著：《中国法律思想史十讲》，264～265页，北京，中国人民大学出版社，2008。

② 转引自郭成伟、肖金泉主编：《中华法案大辞典》，892～893页，北京，中国国际广播出版社，1992。

③ 汤志钧编：《章太炎政论选集》，上册・代议然否论，北京，中华书局，1977。《代议然否论》是章太炎否定在中国推行代议制的重要论著。

延伸阅读书目

1. 徐复观．中国思想史论集．上海：上海书店出版社，2004
2. 李泽厚．中国近代思想史论．天津：天津社会科学院出版社，2003
3. 萧功秦．与政治浪漫主义告别．武汉：湖北教育出版社，2001

延伸阅读举例

“从历史发展来看‘五四’新文化运动，它是由辛亥革命成果的落空，政治上空前的混乱，一切没有得到正常发展，知识分子的心灵抑郁而无可宣泄，因而以对外问题为导火线所爆发起的运动。从此运动的本身看，实含有政治革命的强烈因素。但因当时国民党未能接上此一运动，亦无其他政治势力可以拥抱此一运动，于是对当时现实政治未能发生积极的作用，只有完全落在文化运动方面。因此，便发生两种结果：一种结果，‘五四’的新文化运动所走的路，不是正常的学术文化发展所走的平实的路，而是走的带有火药气味的文化革命的路，因而其本身的命运，注定了破坏性多于建设性。另一种结果，则是国民党及后起的共产党，直承‘五四’运动的政治革命情绪，另作现实政治活动的展开，使它在政治方面的后果，与作为此一运动标志的‘科学与民主’脱了节。即是它是给予了尔后政治的发展以影响，但所给予的却不一定是科学与民主的影响。”①

“五四运动提出科学与民主，正是补旧民主主义革命的思想课，又是开新民主主义革命的启蒙篇。然而，由于中国近代始终处在强邻四逼外侮日深的救亡形势下，反帝任务异常突出，由爱国而革命这条道路又为后来好几代人所反复不断地在走，又特别是长期处在军事斗争和战争形势下，封建意识和小生产意识始终未认真清算，邹容呼唤的资产阶级民主观念也始终居于次要地位。”“资产阶级民主思潮并未在中国生根，在中国有深厚基础的是封建统治传统和小生产者的狭隘意识，正是这两者结合起来，构成了阻碍中国前进、发展的巨大思想障碍。它们与近代民主主义格格不入，蒙昧、等级、专制、封闭、因循、世袭，从自给自足的经济到帝王权术的‘政治’，倒成为习以为常的思想状态和正统力量。”②

“自二十世纪初期以来，中国知识分子政治心态的一个基本特点是，崇尚某种抽象的中心象征符号，并以这种符号与理念作为一劳永逸地、整体地解决中国问题的基本处方。这是一种以某种‘主义’来推演和涵盖解决具体问题的途径的思维模式。它认为，一旦人们认定某种主义是合理的，有功效的，只要把人们自认为符合某种‘主义’的制度与理念，迅速地激进地取

① 徐复观：《中国思想史论集》，219 页，上海，上海书店出版社，2004。
② 李泽厚：《中国近代思想史论》，285 页，天津，天津社会科学院出版社，2003。

代传统秩序，那么，从官僚腐败、国民道德水准低下直到各种社会弊症和令人困扰的实际问题，也都能迎刃而解。这种以意识形态的‘主义’来简单涵盖‘问题’的政治文化现象，可以说是自五四以来直到八十年代末中国知识分子的共同心态特征。”①

“从法律历史的演化进程看，杀直系血亲尊亲属罪乃源自传统中国法制遗绪，当时，伦理价值及身份道德紧密结合，身份伦理与法律责任常相混同，是属于身份差等秩序下的时代产物。而现今，宪法贯彻民主理念，强调维护个人尊严与人格价值的平等，法律规范与伦理道德的分合界限逐渐明朗，这使杀直系血亲尊亲属罪加重处罚的理论基础发生了动摇。换个说法，尊卑亲属间的相互亲爱，宜任由当事人发至内心的情谊而为，而不宜以法律予以强制；伦常亲情虽然是至高的道德，法律却只是最低限度的道德，不宜混淆法律与伦理道德的关系。所谓孝道尊亲的基本道德，理应由个人本于自觉主动遵守，如果想动用严刑峻罚来强制履行，这是一种僵化式的道德，是一般预防刑罚理论下的思维，虽具吓阻功能，但恐难收实效。”②

关键词

孙中山　三民主义　五权宪法　权能分治　章太炎　《代议然否论》　孔教会　胡汉民　社会本位　总统制　内阁制　联省自治　以党治国　训政　人权派　胡适　保安处分　民商合一　居正　司法党化

思考题

1. 试论孙中山的“五权宪法”理论。
2. 试论章太炎对代议制的否定。
3. 简述民国时期围绕“孔教入宪”的思想论争。
4. 试述胡汉民对“三民主义”立法指导思想的阐发。
5. 试述民国时期关于宪政模式的论争。
6. 试述民国时期“以党治国”的“训政”思想的确立。
7. 试述民国时期关于刑法问题的主要论争。
8. 试述民国时期关于民法问题的主要论争。
9. 试述民国时期关于“司法党化”的主要论争。

---

① 萧功秦：《与政治浪漫主义告别》，27页，武汉，湖北教育出版社，2001。

② 黄源盛：《晚清民国刑法春秋》，495页，台北，犁斋社有限公司，2018。

图书在版编目（CIP）数据

中国法律思想史/马小红，姜晓敏著．—4版．—北京：中国人民大学出版社，2019.9
新编21世纪法学系列教材/曾宪义，王利明总主编
ISBN 978-7-300-27448-5

Ⅰ．①中… Ⅱ．①马… ②姜… Ⅲ．①法律-思想史-中国-高等学校-教材 Ⅳ．①D909.2

中国版本图书馆CIP数据核字（2019）第207450号

"十二五"普通高等教育本科国家级规划教材
新编21世纪法学系列教材
中国法律思想史（第四版）
马小红 姜晓敏 著
Zhongguo Falü Sixiangshi

出版发行	中国人民大学出版社		
社　　址	北京中关村大街31号	**邮政编码**	100080
电　　话	010－62511242（总编室）		010－62511770（质管部）
	010－82501766（邮购部）		010－62514148（门市部）
	010－62515195（发行公司）		010－62515275（盗版举报）
网　　址	http：//www.crup.com.cn		
经　　销	新华书店		
印　　刷	固安县铭成印刷有限公司	**版　　次**	2010年2月第1版
开　　本	787 mm×1092 mm　1/16		2019年9月第4版
印　　张	16	**印　　次**	2024年9月第6次印刷
字　　数	381 000	**定　　价**	45.00元

《　　　　　　》※任课教师调查问卷

为了能更好地为您提供优秀的教材及良好的服务，也为了进一步提高我社法学教材出版的质量，希望您能协助我们完成本次小问卷，完成后您可以在我社网站中选择与您教学相关的1本教材作为今后的备选教材，我们会及时为您邮寄送达！如果您不方便邮寄，也可以申请加入我社的**法学教师QQ群：83961183（申请时请注明法学教师）**，然后下载本问卷填写，并发往我们指定的邮箱（cruplaw@163.com）。

邮寄地址：北京市海淀区中关村大街31号中国人民大学出版社411室收

邮　　编：100080

再次感谢您在百忙中抽出时间为我们填写这份调查问卷，您的举手之劳，将使我们获益匪浅！

基本信息及联系方式：※

姓名：＿＿＿＿＿＿ 性别：＿＿＿＿＿＿ 课程：＿＿＿＿＿＿＿＿＿＿

任教学校：＿＿＿＿＿＿＿＿＿＿＿＿ 院系（所）：＿＿＿＿＿＿＿＿

邮寄地址：＿＿＿＿＿＿＿＿＿＿＿＿ 邮编：＿＿＿＿＿＿＿＿＿＿

电话（办公）：＿＿＿＿＿＿ 手机：＿＿＿＿＿＿ 电子邮件：＿＿＿＿＿＿

调查问卷：※

1. 您认为图书的哪类特性对您使用教材最有影响力？（　　）（可多选，按重要性排序）

　A. 各级规划教材、获奖教材　　B. 知名作者教材

　C. 完善的配套资源　　D. 自编教材

　E. 行政命令

2. 在教材配套资源中，您最需要哪些？（　　）（可多选，按重要性排序）

　A. 电子教案　　B. 教学案例

　C. 教学视频　　D. 配套习题、模拟试卷

3. 您对于本书的评价如何？（　　）

　A. 该书目前仍符合教学要求，表现不错将继续采用。

　B. 该书的配套资源需要改进，才会继续使用。

　C. 该书需要在内容或实例更新再版后才能满足我的教学，才会继续使用。

　D. 该书与同类教材差距很大，不准备继续采用了。

4. 从您的教学出发，谈谈对本书的改进建议：＿＿＿＿＿＿＿＿＿＿＿＿

＿＿＿＿＿＿＿＿＿＿＿＿＿＿＿＿＿＿＿＿＿＿＿＿＿＿＿＿＿＿

＿＿＿＿＿＿＿＿＿＿＿＿＿＿＿＿＿＿＿＿＿＿＿＿＿＿＿＿＿＿

选题征集：如果您有好的选题或出版需求，欢迎您联系我们：

联系人：黄　强　联系电话：010-62515955

索取样书：书名：＿＿＿＿＿＿＿＿＿＿＿＿＿＿＿＿＿＿＿＿＿＿

书号：＿＿＿＿＿＿＿＿＿＿＿＿＿＿＿＿＿＿＿＿＿＿＿＿＿＿

备注：※为必填项。